U0922763

沈国威 编著

Studies of Global History
& East Asian Cultural Interaction
全球史與東亞文化交涉研究叢書

主编　李雪涛　沈国威

汉语近代二字词研究

语言接触与汉语的近代演化

华东师范大学出版社

图书在版编目（CIP）数据

汉语近代二字词研究：语言接触与汉语的近代演化 / 沈国威编著. —上海：华东师范大学出版社，2019
（全球史与东亚文化交涉研究丛书）
ISBN 978－7－5675－9689－4

Ⅰ.①汉… Ⅱ.①沈… Ⅲ.①汉语－词汇－研究－近代 Ⅳ.①H134

中国版本图书馆 CIP 数据核字(2019)第 197819 号

汉语近代二字词研究
——语言接触与汉语的近代演化

编　　著　沈国威
责任编辑　曾　睿
审读编辑　李潇潇
装帧设计　卢晓红　冯逸珺

出版发行　华东师范大学出版社
社　　址　上海市中山北路 3663 号　邮编 200062
网　　址　www.ecnupress.com.cn
电　　话　021－60821666　行政传真 021－62572105
客服电话　021－62865537　门市(邮购)电话 021－62869887
地　　址　上海市中山北路 3663 号华东师范大学校内先锋路口
网　　店　http://hdsdcbs.tmall.com/

印 刷 者　浙江临安曙光印务有限公司
开　　本　787×1092　16 开
印　　张　20.25
字　　数　345 千字
版　　次　2019 年 10 月第 1 版
印　　次　2019 年 10 月第 1 次
书　　号　ISBN 978－7－5675－9689－4
定　　价　68.00 元

出 版 人　王　焰

先秦儒者、古希腊哲人直面天地大块，思索无极自然。东贤西哲虽相隔万里，所论却似曾相识。此丛书的标志预示着“全球史与东亚文化交涉研究丛书”将冲破民族国家的藩篱，从互动中来理解历史，从更加广阔的视域，探寻东西文明间的互动与共生规律。

Despite the geographic distance, the philosophies of ancient China and Greece present similar views on matters relating to the nature of the cosmos. This implies that any approach to an historiography of all civilizations naturally spans all geographical and political borders. Our Studies of Global History and East Asian Cultural Interactions Series takes readers on an intellectual journey across East Asia and beyond. Each volume is placed in an historical context that emphasizes the ideals of East-West interactions. Thus, the logo expresses exactly our attempt to draw a new outline of history as a continuous change emanating from inter-and transnational correlations.

一

跟以往分裂来研究世界各个部分以及不同领域的世界史相比，全球史研究打破了民族国家的界限，以跨国家、跨地区、跨民族、跨文化的历史现象为研究对象。全球史学科的观念，同时也打破了在东亚史和世界史之间的学科界限，从而将东亚历史纳入到全球史之中进行整体研究。

大航海以来，欧洲习惯于将自身的利益通过国家或宗教的意识形态扩展到世界的各个角落，这是现代性的一个特点，同时也形成了一个真正意义上的世界贸易。世界贸易体系的形成，使得世界资源得以重新分配，欧洲的技术得以在全世界范围内传播。民族国家的形成，使得西方国家通过签订各种合约确定主权国家间的外交关系。对于以欧洲为中心的殖民扩张来讲，世界仅仅是一个海外的存在而已。全球史学科的建立，在于以跨文化互动的发展，来破除欧洲中心主义的论点。以往以欧洲的历史经验作为其他社会发展程度的标尺的做法，已经被当今学界所摈弃。作为全球史之父的麦克尼尔（William Hardy McNeill，1917—2016）认为，“与外来者的交往是社会变革的主要推动力”①，因为特别是与异质文化的接触与交往，往往会引起对很多约定俗成惯例的调整和改变。历史变革在很大程度上是由于与外来者的交往而引发的，也正是这一动力，推动着欧亚共生圈（ecumene）的形成和发展。霍奇森（Marshall G. S. Hodgson，1922—1968）甚至认为，“西欧的演变取决于欧亚非作为一个整体的发展过程”②。

全球史的理念超越了以往人们看待世界和空间的方式。

① 麦克尼尔著《变动中的世界历史形态》，载夏继果、本特利主编《全球史读本》，北京：北京大学出版社，2010 年，第 3—21 页，此处见第 45 页。

② 霍奇森著《历史上各社会之间的相互联系》，载夏继果、本特利主编《全球史读本》，北京：北京大学出版社，2010 年，第 22—43 页，此处见第 43 页。

尽管现代性产生于西方，但却是在西方与其他异质文明的接触中产生的。芝加哥大学的德裔欧洲史教授盖耶(Michael Geyer，1947—)和芝加哥的另一位历史学家布莱特(Charles Bright)甚至认为，“作为一种反作用力，包括中国在内的这些非西方国家，才是产生全球一体化的力量源泉，正是它们在一体化进程中让世界逐渐融合，而世界各地区的历史也因此同世界历史产生了关系”①。

作为方法论和研究领域的全球史实际上是一个上位的概念，也是一个有待开发的广阔学术空间，任何人都没有办法穷尽这之中的所有学问。目前我们仅仅是从学术史的角度对全球史与东亚的各个研究领域的成果进行整合，以期能够出现一些全球史与东亚的研究新成就。全球史与东亚文化交涉研究这一题目，并非某一学科的某一人可以从事的专业，它必然是不同专业、不同学科的学者积极参与及密切互动的结果，同时它也必然需要经过几代人的共同努力，才能初见成效。

二

东亚文化交涉学是关西大学研究团队提出的重要学术概念。之所以使用“交涉”，而不是“交流”，是团队将自己的研究特色定位于：越境、互动、周边和中心的互视。2007 年 6 月，关西大学历史、思想史、东西语言接触研究的学者共同申请的文化交涉学教育研究基地(ICIS)的计划获得日本文部科学省的批准。同年 10 月的成立大会上，余英时(Yu Ying-shih，1930—)教授在主题报告中精辟地论述了汤恩比(Arnold Joseph Toynbee，1889—1975)和亨廷顿(Samuel Phillips Huntington，1927—2008)的文明论，并指出文化交涉学的建构以及为了推动相关研究而设立的东亚文化交涉学会所具有的重要意义。2009 年 6 月，东亚文化交涉学会(Society for Cultural Interaction in East Asia，SCIEA)正式在日本大阪成立。学会的宗旨是为了对东亚内部文化的形成、接触、冲突、变迁、融合等现象进行动态的把握，并且综合多种人文学科的方法论对文化交涉的形态进行多方位的阐释，以推动东亚各国学者相互之间的学术交流为目的。

① 盖耶、布莱特著《全球化时代的世界历史》，载夏继果、本特利主编《全球史读本》，北京：北京大学出版社，2010 年，第 172—202 页，此处见第 186—197 页。

在学术研究方面，团队学者主张，应力求研究活动拥有全球化视野和创造性。学会虽然将研究对象设定在“东亚的文化交涉”上，但也包括“东亚范围内的东西文化交涉”和“东亚各地域间的文化交涉”两方面。同时在对该文化交涉的实际特征进行分析时，将超越、突破两个国家或两个地域之间的所谓“一对一”研究的局限，尽可能地灵活运用多国间或者多地域间的“多对多”研究的方法。那种以国家、文明或陆地空间为标准的地域划分，并不能构成今天学者研究的界限。①

三

因此，在全球化背景下，人文学科的整合研究，已经成为趋势。当代全球化背景下历史学“全球转向”(global turn)展现了作为全球史观和研究对象的全球史：前者是一种历史研究及历史书写的新视角、新方法，从整体观和联系观来编纂宏观世界史或考察微观个案，或者以超越民族国家的视野来看待一些跨国历史现象；而后者则是研究领域和历史学分支学科——超越民族国家范围的历史研究。全球史和东亚文化交涉学希冀打破民族国家的界限，以整体观的大视野，将研究对象置于广阔的相互关系情景之中来予以理解和考察，突破以往人类认识的各种中心主义偏见。“全球史与东亚文化交涉研究丛书”(Studies of Global History & East Asian Cultural Interaction)计划收录以上述背景为研究立场和方法的全球史和东亚文化交涉研究领域的最新成果。从根本上来讲，全球史与文化交涉所强调的是全球范围内的互动。“全球史与东亚文化交涉研究丛书”所涉及的内容，实际上是对大航海以来东亚与不同地域、民族、文化的人群在政治、经济、文化等领域所形成的互动情况的考察。除了通史性、区域性全球史与东亚文化交涉的著作外，这套丛书也涵盖世界与东亚文化的专题性研究，其中包括：贸易史、移民史、传教史、语言交流史、知识迁移史、科技史、疾病史、概念史、翻译史、留学史等内容。之所以有这些专题，是与法国年鉴学派所倡导的“问题史学”相关的，年鉴学派强调“分析”、“提问”对史学研究的重要性。

---

① 如贝利爵士(Sir Christopher Alan Bayly，1945—2015) 著《现代世界的诞生》一书的副标题“全球互动与比较”(global connections and comparisons) 所示。Christopher Bayly. *The Birth of the Modern World 1780 - 1914: Global Connections and Comparisons*. Oxford: Blackwell Publishing, 2004.

刘新成列出了西方全球史学者所表达的互动模式的八种形式：1. 阐述不同人群“相遇”后，文化影响的相互性和双向性；2. 描述人类历史上曾经存在的各种类型的“交往网络”或“共生圈”；3. 论述产生于某个地区的发明创造如何在世界范围内引起连锁反应；4. 探讨“小地方”与“大世界”的关系；5.“地方史全球化”；6. 全球范围的专题比较研究；7. 生态史、环境史研究；8. 探讨互动规律与归宿。① 上述全球史与东亚的专题都可以归纳到刘新成所列的互动模式之中。美国历史学家本特利(Jerry H. Bentley，1949—2012)就认为世界史(全球史)所考察的是“超越了民族、政治、地理或者文化等界限的历史进程。这些历史进程已对跨地区、大洲、半球甚至全球范围内的各种事物都产生了影响，其中包括气候变迁、物种迁移、传染病蔓延、大规模移民、技术传播、帝国扩张的军事活动、跨文化贸易、各种思想观念的传播以及各种宗教信仰和文化传统的延展”②。东亚的文化发展的历史，是既有自己的独特传统，同时也通过东亚内部以及与世界的交流和互动而不断创新和突破的历史。正是通过全球史与东亚文化交涉的研究，才能看到今天的东亚文明是与不同文化交流的结果，并揭示出东亚文化的全球性意义。

这套丛书所关注的是大航海以来的欧洲与东亚的文化交流，即便涉及古代东亚历史、思想、宗教、文化的内容，也是在西学思潮影响之下的再阐释或重构。东亚思想由于脱离了原有的情景和脉络，在新的语境中往往会有意想不到的新的阐释和理解。任何思想都有其滋生和发展的社会和学术土壤，这一土壤发生变化显然会产生“橘枳之变”。任何的问题意识都是基于时代和环境的刺激而生发出来的思考。正是由于融入了本国文化的脉络和情境，原本陌生的思想、概念在新的脉络下重新变得鲜活起来，继而起着重要的作用。西方学者对东亚的很多研究都将东亚文化带入到他们的语境之中，这便意味着，经过这些学者们的努力，东亚文化超越了其产生的特定的历史时空，获得了另外的价值。

现由中日两所高校研究院——北京外国语大学全球史研究院与关西大学东亚文化交涉研究院——携手合作推出系列丛书，目的是推动上述领域的成果出版，侧重方法论上的探索，促进学术资源的共享。入选的书稿计划在中日两国同时出版，有日文也有中文著作，在于突显东亚文明形态的多元性特征。罗马时代的思

① 刘新成撰《在互动中建构世界历史》，载《光明日报》2009年2月17日。

② 夏继果、本特利主编《全球史读本》，北京：北京大学出版社，2010年，第45页。

想家塞涅卡(Lucius Annaeus Seneca，4—65)在《道德书简》(*Epistulaemorales*)中谈到哲学时说：Non in verbis，sed in rebus est.（Ep. 16）意思是说，哲学不在于耍嘴皮子，而在于实际行动。我们希望“全球史与东亚文化交涉研究丛书”能真正为东亚的学术界带来一些改变。

北京外国语大学教授　李雪涛

关西大学教授　沈国威

2016 年岁末于北京/大阪

目录

第一章　汉语与二字词

我们首先对本书的书名略作说明。本书的“近代”与汉语史研究的断代不同，主要指19世纪。笔者认为，19世纪是前近代汉语向现代汉语演化的重要时期。至于“二字词”，汉语史研究中多称“复音词”，词汇研究的专书、论文也称“双音词”或“双音节词”。本书除了引用外，一般使用“二字词”这一术语。[①] 这主要是基于以下两点考虑：一、“音节”一词作为语音学的术语使用是在20世纪第一个十年之后，直至“五四”期间，讨论此问题只用“字”，而不用“音节”。二、与汉语不同，在日语、朝鲜语里，汉字和音节并不存在一一对应的关系；而本书所讨论的二字词化问题同时也是东亚汉字文化圈其他语言所存在的现象，这也正是下文标题中“我们”的意义所在。本书讨论的二字词化所涉及的二字词，实际上包括两方面的内容，一类是名词，主要表示新出现的事与物，这是社会发展、科学进步的结果；另一类是同义词群内的新增成员，虽然有大量的名词，但更主要的是现代话语叙述行为得以成立的动词和形容词。前者是社会史、科学史、概念史乃至所有冠以“近代”的学术史研究的对象，笔者从近代中日词汇交流史的视角，对此也有所探讨（参见书末参考文献）；后者是近代书写语言成立及言文一致相关研究的对象。就现状而言，研究成果还显薄弱，而本书的重点毋宁是后者。

第一节　我们为什么需要二字词？

现代汉语是从19世纪以前的近代汉语发展而来的，其基本架构在直至1919年的“五四”新文化运动以后的完成过程中，词汇体系最明显的变化莫过于词语的

① 日语称「二字語」。现代汉语中，含有“-儿”的词虽然是二字，但表示的是一个音节。不过这对本书并无实质性的影响，因为本书的考察对象主要是19世纪以来的新词、译词、抽象词汇，以及“突然”活跃起来的二字动词、形容词。另外，由于众所周知的理由，本书的二字词亦不包括联绵词和音译词。

二字化。二字化不仅仅限于词汇的层面，同时作为横跨语法、文体的现象，赋予了汉语最显著的近代特征。词汇的二字化为汉语带来了以下一系列根本性的变化：

1. 谓词体词之间得以实现词性转换；
2. 促进了词缀及类似成分的发达；
3. 二字形式动词“进行、给予、受到、开始、结束、引起……”①，复合介词“关于、对于、基于、由于……”等的频繁使用改变了汉语传统的句子结构，促进了定语修饰部的复杂化；
4. 二字词形式为学术用语体系的建构准备了必要条件；②
5. 二字词提供了大量同义词、近义词，提高了汉语的表达性、描写性和精密性；
6. 促成了基于言文一致的科学叙事的实现。③

汉语词汇的二字化早在先秦已经初现端倪，晋唐的佛经翻译大大地促进了二字词的产生；始于16世纪末的耶稣会士的西书翻译，尤其是进入19世纪以后，新教传教士主导的宗教的，或者世俗书籍的翻译以及汉外辞典的编纂，都催生了大量的二字词；19世纪末20世纪初，在汉译日本书的影响下，二字词数量再次空前增长，最终奠定了现代汉语词汇体系的基本格局。④ 二字词既然是现代汉语的重要特征之一，其发生的诱因、成词机制及形成的历史等就都是必须搞清楚的问题。前辈学者如王力、吕叔湘等早在20世纪40年代就指出了词汇二字化的问题；50

① 所谓“形式动词”是指那些实义弱化，主要以动名词为宾语的词。

② 本书的“学术用语”与所谓的“科技术语”不完全相同。后者一般指科学技术的专业名词，即technical term，而前者，即笔者所意图的是指进行近代科学——人文的或自然的——叙事所需要的所有词语，包括动词和形容词。

③ 关于“言文一致”，笔者认为其本质不是“我手写我口”，即将有声语言转换成文字，而是能够听懂的文章，即可以将视觉映象转换成听觉映象的文章。其主要内容与其说是小说，毋宁是自然或人文的科学。参见本书“结语”。

④ 现代汉语以二字词为主已成定论。二字词在《现代汉语常用词表》（商务印书馆，2008）中占总词汇量56 008词的72%（40 351词），一字词仅为5.7%（3 181词）；为外国汉语学习者准备的词汇表《汉语水平词汇与汉字等级大纲（改定版）》（经济科学出版社，2001）中二字词占总词汇量8 822词的72.5%（6 400词），一字词为21.9%（1 931词）；在《汉语国际教育用音节汉字词汇等级划分（国家标准）》（北京语言大学出版社，2010）中二字词占总词汇量11 092词的75.6%（8 390词），一字词为15.1%（1 675词）。不同的词表对一字词的认定标准不同，但作为总体倾向，笔者认为有统计过宽之嫌。根据笔者的统计，现代汉语中一字词的数量在1 200左右（远远小于上述3种文献），现代汉语中一字词可以看作一个稳定的常数，所以分母越大，一字词所占的百分比也越小。

年代，尤其是进入 80 年代以后，词汇二字化现象已成为学术界持续性的关注点，研究成果大量涌现。[①] 笔者近年的学术兴趣在于在西学东渐背景下，东亚汉字文化圈各国的国语建构及其相互之间的影响关系在词语层面的各种反映，本书就是从语言接触、词汇交流的视角考察、解明现代汉语词汇二字化现象及其机理的一种尝试，也是笔者近期研究的一个阶段性总结。

一、汉语的演化与二字词

汉语为什么会发生词汇的二字化现象？最常见的答案是词汇二字化符合汉语发展的大趋势。王力指出："汉语构词法的发展是循着单音词到复音词的道路前进的。"[②]这也就是说，由一字词到二字词的变化是汉语"进化"的必然结果。[③] 19 世纪和 20 世纪之交是汉语二字词发生的一个高潮期，同时也是进化论学说在中国广泛流行的时期。人们毫不怀疑地接受了这样一种观点：随着人类认识自然、改造自然力度的增加，新的事/物的不断产生，人类知识水平、认知能力的逐步提高，知识积累出现了飞跃，语言作为人类活动的交际工具也需同步发展。以汉语而言，中国社会的进步要求汉语在表达内容和交流方式上也随之发生变化，反映到词汇上就是二字词的大量增加。总而言之，为了适应社会的发展，语言及其词汇也需要与时俱进。

最早从汉语历时"发展"的角度讨论二字词问题的是留学日本东京大学博言

---

① 近期专书管见所及就有伍宗文著《先秦汉语复音词研究》（巴蜀书社，2001）、程湘清著《汉语史专书复音词研究》（商务印书馆，2003）、董秀芳著《词汇化：汉语双音词的衍生和发展》（商务印书馆，初版 2002，修订本 2011）等，研究论文更是数以百千计。朱庆之、梁晓虹等的汉译佛经译词研究中也有相关章节讨论二字词的形成问题，如朱庆之著《佛典与中古汉语词汇研究》（文津出版社，1992）；梁晓虹著《佛教词语的构造与汉语词汇的发展》（北京语言学院出版社，1994）；颜洽茂著《佛教语言阐释——中古佛经词汇研究》（杭州大学出版社，1997）等。此外，在关于现代汉语形成、欧化语法的研究中，词汇的二字化现象也是一个重要的考察内容。

② 王力著《汉语史稿》，北京：中华书局，1980 年，第 340 页。董秀芳说："从以单音词为主过渡到以双音词为主，这是汉语内部的一个发展趋势（这一点已被高本汉、王力以来很多研究古汉语的学者注意到，并已成为汉语语言学界的共识）。"参见董秀芳著《词汇化：汉语双音词的衍生和发展》（修订本），北京：商务印书馆，2011 年，第 10 页。

③ 除了下文的胡以鲁以外，胡适也是用"进化"一词系统地讨论汉语的近代演化问题的重要研究者。胡适说："单音字变成复音字，乃是中国语言的一大进化。"（胡适撰《国语的进化》，载《新青年》第 7 卷第 3 号，1920 年 2 月 1 日，第 7 页）参见沈国威撰《"形式"与"精神"的拮抗——重读胡适〈文学改良刍议〉（一）》，《東アジア文化交渉》2013 年第 6 号，第 43—55 页。

科、师从日本国语学家上田万年，并且与章太炎有着师承关系的胡以鲁。[①] 胡以鲁由日本回国后出版了一本被认为是第一部以普通语言学理论的框架研究记述汉语的著作：《国语学草创》(1913)。《国语学草创》初印本几不流传，现在能看到的是商务印书馆于1923年5月出版的重印本。刊登在《申报》上的广告词称：

《国语学草创》：一册 四角五分

胡以鲁著 本书为日本帝国大文学士定海胡以鲁氏之遗著。胡君湛深语学，于二十年前首先讨论国语问题，实为国语书中第一部之创作。章太炎先生序文有“本之心术，比之调律，综之例证，证之常言，精微毕输，黄中通理”等语，推重甚至。惟坊间印本甚少，不易购得。版权自归本馆后，兹为第一次印行。研究中国语言学者不可不读此书。[②]

由此可知，胡以鲁去世之后其著作版权移至商务印书馆，由该馆重新出版。[③] 其实最早刊登该书消息的是北京的《新青年》杂志，《新青年》第3卷第3号(1917年5月1日)的“书报介绍”栏对胡以鲁的《国语学草创》有如下详细介绍：

书凡十一篇。(1) 论纲。(2) 说国语缘起。(3) 国语缘起心理观。(4) 说国语后天发展。(5) 国语后天发展心理观。(6) 国语成立之法则。(7) 国语在语言学上之位置。(8) 论方言及方音。(9) 论标准语及标准读音。(10) 论国语国文之关系。(11) 论译名。“论译名”一篇，印书时未曾脱稿，别载癸丑甲寅间《庸言报》中。(?)胡君留学日本帝国大学，专心研求各国古今语言文字，以为创造中华新国语之准备。不幸早世，致民国失一优秀人物，甚可惜也。是编所论，既不同于迂儒高远难行之说，尤非情钟势耀之流，专欲以

---

① 胡以鲁(1888—1917)，字仰曾，浙江省宁波定海人。先在日本大学学习法政，获法学学士学位；后入日本帝国大学(今东京大学，笔者注)博言科攻读语言学，获文学学士学位；在日期间亦师从章炳麟。胡氏回国后，历任浙江高等学校教务长等教育行政方面的职务，1914年转入北京大学讲授语言学课程，1917年英年早逝。近日，东京大学文学部大西克也教授找到了与胡以鲁相关的两件珍贵资料，厦门大学李无未教授据此断定胡以鲁为宁波府定海厅人，生于光绪十四年十月二十五日(1888年11月28日)，其父胡燿。胡以鲁的入学保证人为鸠山秀夫，日本著名法学家与律师，具保日期为明治四十二年九月十六日(1909年9月16日)。笔者衷心感谢二位教授惠赐资料及卓见。

② 《申报》第18107号(1923年7月25日)3面。按，文中的“二十年前”应为“十年前”之误。

③ 最近又见山西人民出版社推出《国语学草创》复刻版(2014)。时隔百余年，胡以鲁遗著得以再次进入研究者的视野，功德无量。当然复刻本如能有解题、导读一类则更好。关于《国语学草创》，另有关西大学博士——海晓芳的专著《文法草创期中国人的汉语研究》(商务印书馆，2014)可供参考。

北京方音为中华国语者，所可同年而语。书中要点，略具于章太炎先生之序中，今录如次。章氏曰：①

“仰曾（胡君字）之言曰。中夏幅员辽阔，方语不能无小殊，犹南欧诸国同出罗甸，而言音往往别异，不失同归之道。所以发扬国语之长者曰，语言之成，无过‘综合’、‘分析’二端。以综合成名者，希腊、印度为最上。以分析成名者，惟中国为完备，西方英语亦近焉。故他国所云‘三性’，涉于宗教迷妄者，中国皆能廓清无余。其长一也。

婴儿之语，先动词，复名词，盖客体先现而主观次之，有从此例以成排列者，其语言皆非进化者也。上世国语，亦有次第颠倒者，若云‘室于怒，市于色’，‘野于饮食’，汉魏以来，涤除殆尽，而他国皆不能比。其长二也。

即音而存义者，地逾十度，时越十世，其意难知也。即形而存义者，虽地隔胡越，时异古今，其文可诵也。夫夏人之性，以保守名，然语言文字，赖此形象不易，得以通达，翻译训故皆省焉。不齐而理，至繁而简。其长三也。

若夫音以表言，言以达意，舍声音而为语言文字者，天下无有，宙合之文，皆谐声矣，虽中国固不能出此类例，是以六书胪陈，而谐声者什有七八。或云中国字皆象形，斯则诬妄之论已。”

（章氏）又曰：

“古之正音存于域中者，洋洋乎其惟江汉大鄂之风。其侵谈闭口音，宜取广东音补苴之，异时经纬水陆之交凑于汉上，语音旁达，天下为公。今者考文正读，宜逆计是以为型范。斯余畴昔所持论，而仰曾亦有取焉。”

观此所述，可以知是书之价值矣。胡君又谓，“苟教育普及，一般知文词之适用，而大思想家、大文豪如德意志加堆氏 Goethe、西来而氏 Shiller，其人者更起其间，以古语补今语之不足，以古语防外语之侵入，自成纯粹国民之文学，定言文一致之国语，此吾辈之所馨香祷祝者也。然是既不可旦暮遇，而谋教育之普及，又非从来国文所能奏其效。故吾辈权拟偶近于语言之‘质文’，以应义务教育之实用。”因定“质文建设案”，略谓质文应用文字，约二千字已足，定以今义，及今义应属之词品，与今语一般之语法，编为教科书。凡繁缛之称

① 章太炎“国语学草创序”署“民国二年一月”（1913 年 1 月）所引章氏序言根据《章太炎全集·太炎文录补编》（上海人民出版社，2017 年，第 463—464 页）进行分段，引文中的误植亦径直改正，不再一一注出。

呼，（如足下，阁下，执事，等）无谓之区别，（如崩，薨，卒，不禄，等），但取常用之一，而废其余。陈语古典，概废不用。实字虚字，皆取言文相近者用之，

国音之须制定，国语之须创造，皆今日至要之务。而于言文一致之先，制作近语之文，以为过渡时代之用，藉以驱除选学妖孽、桐城谬种之毒焰，尤为刻不容缓之举。胡君此书，陈义甚正，大足供参考之资。[①]

推介文称胡以鲁“不幸早世”，可知 1917 年 5 月 1 日前胡氏已经去世。[②] 推介文大段引用章太炎的序言，对胡氏的著作评价极高。其实章氏的序言中还有：

而仰曾综贯大秦驴唇之书，时时从余讲论，独有会悟。[③] 今见其书，乃为比合音理，别其弇舒，音有难喻，以珊斯克利及罗甸文参伍相征，令古今华裔之声，奄然和会，斯治语学者所未有也。……余闻之，伟其比校中外，密栗邃深，以为江、戴、钱、孔诸儒亦既运而往矣。今异域交通，殊语瑰音，粲然毕效，继是以后，殚精穷贯，以为国语扬灵舒光者，非仰曾谁与赖焉？

等语，对胡以鲁的学识极为赞赏。《新青年》推介文最后两段更是谈及胡氏著作在以言文一致为特点的新国语建构的进程中所能起到的作用。如何建立新国语是当时《新青年》上学术讨论的一个主要内容，同一期上还刊登了刘半农的《我之文学改良观》、胡适的《历史的文学观念论》等论文，均为新国语问题的重要文献。从《新青年》的推介可知，初版本于其时已（少量？）印行。不过 1923 年刊行的商务印书馆版（以下简称“商务版”）中并没有第一篇《论纲》（只有章太炎的序言），商务版中作为附录所收的《论译名》在初版刊行时也尚未收录。

继《新青年》之后，《大公报》也在 1918 年 12 月 1 日对胡著加以介绍：

胡以鲁国语学草创（胡君为章太炎先生高足，曾留学日本，通英德日三国文。是书本言语学原理，博征各国语言，上探我国古音韵及经小学源流，原原本本为我国学术界放一大异彩，为将来国语学者之光导。论者谓其书价值尤在马氏文通之上，洵不诬也。）[④]

---

① 见《新青年》第 3 卷第 3 号，1917 年 5 月 1 日。

② 《新青年》（第 3 卷第 3 号，1917 年 3 月 1 日）所载钱玄同致陈独秀信中已有“亡友胡仰曾君”的文字。

③ “大秦驴唇之书”即梵语、西方语言关于音韵学的书籍。胡以鲁“时时”与章太炎“讲论”，应该向章提供了相关知识。但两人的师承交流，不明之处甚多。章氏在日本的活动记录中也没有发现与胡以鲁相关的记述。

④ 见《大公报》0626 号，1918 年 12 月 1 日。标点为引用者所加。

《大公报》的广告词称胡以鲁是"章太炎先生高足",本书中很多学术观点也来自章氏。在进一步讨论胡氏著作之前,似有必要先对章太炎的学说做一番整理。

章太炎在其著作《訄书》"订文"及后附的"正名杂义"中对世纪之交中外翻译所引起的新概念剧增带来的词语问题做了专门讨论。[①] 其主张大致如下:

一、词语日益繁复,这是社会发展的结果;

二、斯宾塞说:有语言,然后有文字,而文字始于图画,即图画简略为象形文字。但有图画无法表达的事物,"乃假同音之字以依托之,于是有谐声字,则西域字母根株于是矣。"而汉语采用的是文字孳乳的方法,几个意义不同的字具有相同的来源(同源字),但是由于年代久远,互相之间的关系已经模糊不清了。现在英语的词语最细密,共有6万词,各有自己的词义,互相不混淆;

三、《史籀篇》有9千字,《说文解字》亦9千字,自《玉篇》至《集韵》则不下2万字(重订本以后改为3万字,笔者注)。但是北宋以后,民众懒惰,口头上只用1千字,公文用2千字,文史书籍上用3千字,朝廷的赋颂中用4千字。以中国之大,民众之多,公文2千字怎么能够用?

四、现在各国互市,新器物、新概念日益增加。以区区2千字和英语的6万词相角力,差距这么大,只能牵强附会地译,困难之大,可以想象。

五、西方语言用"数声"(几个音节,笔者注)合成一个词,而汉语应对新概念的主要方法是造字。当然除此之外也有"若事物名号,合用数言"的情况,如"岁阳、岁阴;放勋、重华;冢宰、祈父"等都是二字合为一个称呼。这与西方语言中的"词"是一样的。现在一般使用的汉字虽然只有2千,由于有了二字合为一名的方法,用于公文的词可以过万,这才没有让使用者感到特别困难。但是对于经济学等新的知识,词语还是非常不够的。创作新词可以利用既有的语言资源,合称为一词,这样"数必盈亿"。

六、强借既有之字,命名新的事物,并不是好办法。

七、"有通俗之言,有科学之言,此文辞与言语不能不分之由。"如果不新造字,新增加的事物只能借用旧的名称,难于区分。需要造的字或成千上万,"择其要者,为之制字,则可矣。"

① 《章太炎全集·訄书初刻本、訄书重订本、检论》,上海:上海人民出版社,2015年,第44—50页;第208—233页;第498—522页。据点校者朱维铮的考证,初刻本完成于1900年1月前;重刻本1904年刊行于日本;检论完成于1915年3月前。

以上就是章太炎对如何应对新概念的主张。简而言之就是把希望寄予发掘汉字的古训和造新字上。章氏说:"译书之事,非通小学者,亦不为功。所以者何?通行文字,所用名词,数不逾万,其字不过三千而已,外来新理岂能以此包括?求之古书,未尝不有新异之名词,可相影合,然其所涵之义,究有不同。呼鼠寻璞,卒何所取?若非深通小学,何能恣意镕化?晋、唐之世,译佛典者,大抵皆通小学。……今则不然,略习制义程序,粗解苏、王论锋,投笔从戎,率尔译述。其文辞之诘诎,名义之不通,较诸周诰殷盘,益为难解。此新译诸书所以为人蔑视也。如上所说,则小学者非专为通经之学,而为一切学问之单位之学。"①

章氏发掘汉字古训及造字为新词的主张当然是走不通的。下面我们来看一下胡以鲁是如何在现代语言学理论的框架下讨论这一问题的。商务版《国语学草创》共147页,卷首有胡以鲁小照及章炳麟(太炎)撰于1913年1月的序文,卷末附论文《论译名》②,全书章节如下:

第一编　说国语缘起
第二编　国语缘起心理观
第三编　说国语后天发展
第四编　国语后天发展心理观
第五编　国语成立之法则
第六编　国语在语言学上之位置
第七编　论方言及方音
第八编　论标准语及标准音
第九编　论国语国文之关系
［附］　论译名

图1-1　胡以鲁像

在第一编"说国语缘起",即汉语的起源中,胡以鲁认为汉语词汇源于"同一声

① 《章太炎全集·演讲集》(上海人民出版社,2015年,第14—15页)。章氏多次表达过这种想法:"今英语大数,无虑六万余言,[斯氏道当时语]言各成义,不相凌杂。盖自书契之作,斯为最广矣。"《章太炎全集·译文集》"斯宾塞尔文集·第一论",上海:上海人民出版社,2015年,第10页。

② 胡以鲁所著《论译名》登载在《庸言》杂志25、26合刊号(1914年第2卷1、2合刊号)。这篇论文反映了胡以鲁在《国语学草创》写作过程中的某些思索。参见沈国威撰《"译词"与"借词":重读胡以鲁"论译名"》,《或问》2005年第9号,第103—112页。

类”，指出“吾国语大抵单节音也。意有余而音不足，故同一近似之语意，在字义有辨而语音同者甚多数也。”(25 页)[①]对于汉语这种“先天”的不足，胡以鲁在这本仅为 9 编 125 页的著作中专设两编，即第 3 编“说国语后天发展”(51—58 页)、第 4 编“国语后天发展心理观”(58—63 页)，讨论以词汇二字化为中心的汉语发展问题。以下根据笔者的理解，对这两章的内容加以整理综述。

胡以鲁指出：汉语在发展的初始阶段，词汇在一字词和二字联绵词的范围内(即单纯词)进行意义的引申和分化。一字词和二字联绵词的语音形式简单，区别性弱，造成了大量的同义词和近义词。古汉语尽管有利用变音、变调对词义、词性加以区别的方法，但终究极其不便。词义在扩大的过程中，暧昧不清的概念随之混入。在文学文字受到社会推崇的时代，意义上的暧昧能产生含蓄、浑厚的效果，故沿袭至今。胡以鲁说：

> 吾国语词，世虞不足。然不足者用语耳，废弃语词保守于断简残编者固太多也。释故训三十余语为一意，方言之训亦以十计。是谅所谓八代方国之差异，非一时有如许同义语也。文人者起，集时地之方言为俪语，或以字形，或以意标，训别其义。如刻玉为〔瑑〕，刻竹为〔篆〕，合耦为〔逑〕，怨耦为〔仇〕，马之重迟者为〔笃〕，物之重厚者曰〔竺〕，文字上形式之区别，诚彰明矣。语言上形式之区别则无可辨。无辨而强以辨之，少数人之造作，非保守社会之所许。即行之不能远也。即方言而非方音，其形式之差甚辨。然苟非固有，亦不能得一般之同情。盖分担固后天之发展，而可以通用者即亦因陋就简通用之。烦琐之别，又非吾国语之所欲有也。狗有悬蹄曰〔犬〕，犬未成豪曰〔狗〕，鸟白曰〔皠〕，霜雪白曰〔皑〕，玉石白曰〔皦〕。以吾辈观之，是殆皆方言之差耳。文人以之作概念之辨矣。然而辩于墨子者曰，〔狗犬也，而杀狗非杀犬也〕，辩于孟子者曰，〔白羽之白犹白雪之白，白雪之白犹白玉之白〕，可知矫揉造作，只是当时，已非一般之所认矣。盖言语固精神之产物而亦受辖于心理者，非可以名理范畴制定之者也。[②]

即汉语自古以来就有词汇不敷使用之虞，但所不足的是普通使用的词语。古代的文献(断简残编)中保存了很多已经废弃不用的(意义相同的)词语。例如《释

---

① 下文凡引用胡以鲁著《国语学草创》，1913 年初版(2014 年山西人民出版社复刻版)，皆直接标注引用页码。

② 《国语学草创》，62 页。

故》里有30多个字具有相同的意思,《方言》中表示“大”义的竟有12个字。其实这些词语很多不过是文人把不同时代、地域的同义字汇集在一起而已,并不是某一个共时状态下真有那么多同义字。之所以要这样做,是因为文人们出于修辞上的需要,利用意思相近的字构成“俪语”(即并列结构的二字词,笔者注)。为此,文人们用字形或偏旁对字义加以区分。例如,刻玉是“瑑”,刻竹就是“篆”,都读作zhuàn;两性相好是“逑”,相怨是“仇”,都读作qiú;笨重迟缓的马是“笃”,重厚的物品是“竺”,都读作dǔ。这样做,字形上的区别尽管十分明显,但是完全不存在语言形式(声音)上的区别。胡以鲁指出这些词只是“方言”而不是“方音”,也就是说汉字并没有反映出语音上的地域性区别,字形的差别虽然很大,但终究不是语言原有的区别,没有区别而勉强加以区别,这是少数人的行为,所以不能得到语言社会的认同。这段议论是胡以鲁根据章太炎《訄书·订文·正名杂义》重订本的内容加以整理的。

胡以鲁反复指出,古汉语中同音异义、同义不同用法的词非常多,同音异义词的大量存在,势必损害口头语言的明晰性。随着人类社会的发展,思想渐趋复杂,概念势必细分;事物多了,名称也就多了;科学进步了,术语也会增加。思想越复杂,表达思想的工具,即语言反而越要单纯(即由综合转向分析,笔者注),语言成分的分工也越要彻底。要对概念进行区分,词汇的数量就要增加。语言如果不能精确地指示概念,就失去了作用;语言不能表达思想,也就没有了存在的价值。语言社会的发展变化,一方面要对词汇的概念加以界定,使之相互有所区别;另一方面需要新词应对新出现的概念。那么如何增加语词数量?胡以鲁在第一编“说国语缘起”中就指出:“吾国语大抵一节,多亦不过二节。以有限之音声表丰富之思想,其间相应尤为微妙。”(9页)在第四编中又具体指出,古汉语词汇量的增加“终不外乎单节之语词,仍有限也”。古汉语“单节之语音又有所限,斯同音异义之语多而闻者又虞淆惑矣”,“盖数不足还而求诸容量者,亦势也”。意即,由于汉语音节数不足,同音异义词就特别多,在口头表达上就有混淆的可能性。要想进一步扩展词汇的数量,一字词是没有出路的,只能诉诸复音形式(“容量”者即词的长度)。[①] 古汉语中有很多双声叠韵的联绵词,虽然也是二字形式,但有先天性的缺

① 译词不敷使用,需要新词,对此时人并无疑义,但如何应对,似没有形成共识。胡以鲁主张增加词的“容量”,即长度(二字词),这与他老师章太炎发掘汉字古训的主张不同。

陷：词义暧昧[1]，不适用于非文学的语境。汉语需要用其他成分或方式构成二字词，而复合词就成了增加词汇种类、数量最有效的方法。所谓复合词就是词与词的结合，一字词意思不足时就添加其他成分予以补充，意义不确定时就加以界定。汉语有一个特点，即无词尾的形态变化，造词成分前接后续的结合比较自由，这种结合能够应对无限的意义概念。世界的语言中梵语最为丰富，汉语次之。梵语中所有的六种复合词构成方式（六合释 Shatsamasa），汉语都有。[2] 胡以鲁在书中所列的“六合释”的内容和例词如下：

（1）带数释 Dvign，即数词与实词结合而成的复合词：四海、十方；

（2）有财释 Bahuvrihi，以形容词作修饰成分的复合词，如以某种特点称呼其人的例子：苍头、方丈、近视；

（3）限定释 Determinativ，又称“依主释”，限定性的修饰成分和被修饰成分之间具有某种格的关系，但不需要使用前置词加以表示，如雪花的“雪”表示领属格；园丁的“园”表示方位格（住园之丁）；车夫的“车”表示宾格；

（4）重复法 Iterativ，即重叠造词，用法广，意义也较多。如来来往往、风风雨雨、唯唯否否等；

（5）连置释 Kopulativ，即“相违释”，以并列或对立的方式构成的复合词，前者有溪谷、典章、制度；后者有上下、尊卑、长短、轻重、缓急、存亡等。

胡以鲁没有谈及“邻近释 Avyayi-Bhava”，即以副词为修饰成分的复合词，“重复法”也不是六合释中的内容。[3] 关于重复法的作用，胡以鲁指出，汉语是“单节之语，语感 Sprachsgefuhl 有所不足，补是缺憾，乃延长其语音，或重复之以促相与语者之加意。故重复之法，见用尤多”。（56 页）从胡以鲁提示的例词可知“重复法”只是语感上的改变，与实质性的词义增减无关。但是，胡以鲁对“连置释”则作了颇为详尽的说明：

---

① 双声叠韵的联绵词都属于拟声拟态词，即 onomatopoeia，二字浑然成一体，是非分析性的词汇成分。

② 刘天行《漫谈声明并略诠六合释与八啭声》（《海潮音》1935 年，第 16 卷第 12 号，第 29—35 页，古籍出版社复刻版，第 749—755 页）亦指出：中国文字可任意连缀数字成新名，自无变化形式，而在泰西文字则变化繁多，决不如是之简捷也。

③ 刘天行《漫谈声明并略诠六合释与八啭声》中所示六合释内容如下：（1）相违释（Duamdva）；（2）依主释（Prtpurusa）；（3）持业释（Karmrdhrrasa）；（4）带数释（Dvign）；（5）邻近释（Avyayi-Bhava）；（6）有财释（Bahuvrihi）。

连置释中有并立对立二法，要皆复合二语为一语词也。并立者，合同义之语即所谓俪语者为一语词。有如“溪谷”《广雅》释为山。或合意义相近之二语为一语，别成一义。[①] 有如“典章”、“制度”等。并立法亦然[②]，“上下”、“尊卑”言序也。“长短”、“轻重”言度量也。“缓急”言告急之时，“存亡”言将亡之际也。要皆复合二语为一语词，融和其义使之浑厚，或急遽其义使之强烈，以促对话者之加意，或融洽二者别成一义以补语词之效用耳。语词复合法，亦吾国语后天发展也。

连置释又作“相违释”，“相违”顾名思义就是不一致。[③] “相违释”似可类比汉语的联合式构词法，但汉语的联合式有两种类型，即“并立型”和“对立型”。并立型在造词上的特点是“复合二语为一语词，融和其义使之浑厚，或急遽其义使之强烈，以促对话者之加意”；对立型在造词上的特点是，言及事物或状态的两个极端，总括指称全体，即“融洽二者别成一义以补语词之效用”。并立型只是同义或近义语素的重复，故与词义的增减、变化无关。在这里，胡以鲁再次提到了“俪语”。章太炎在《訄书·订文·正名杂义》重订本中增加了大量的篇幅专门讨论俪语的问题，胡氏显然是受了章太炎的启发。但胡氏的“‘溪谷’广雅释为山”似为笔误。章的原文是：

> 捶句皆双，俪辞是昉，察其文义，独多对待。然老云“为天下溪，为天下谷”，溪谷大同，《释水》：“水注川曰溪，注溪曰谷。”此广狭之异。《释山》：“山谷无所通溪。”《说文》：“水出通川为谷。”此通塞之异。而《广雅·释山》则直云“溪，谷也”。故谓大同。……非有一训数文，亦不得为斯语矣。

章太炎在这里的主张的是，汉以后“俪辞盛行，语须耦对”，没有“一训数文”，也就无法造出俪语了。“溪谷”就是章氏举的例子之一。如书影所示，《广雅》在“释山”一章里言及“溪谷”，但并不是把“溪谷”释为“山”。关于“溪”、“谷”、“溪谷”等的意义，《辞源》(商务印书馆，2015 版)的解释是：

● 谿：山间的河沟。同“溪”。也作“磎”。说文作“豀”。《广雅·释山》作

---

① 此处为衍词，下文中的“别成一义”是实义。

② 此处的“并立法”疑为“对立法”之误。

③ 刘天行在其论文《漫谈声明并略诠六合释与八啭声》中指出：(1) 相违释：梵名“对偶”(Duamdva)，唐译“相违”，此释系集合各别之名以为一名，各名所诠事体不同，并皆连缀为一字，有“与”、“及”等义而无其缀字，例如“教观”，或如“天人”。教、观各别，天、人各异，皆合不相随顺之物以为一名是也。德语于此不同之二名须加连字，不能合成一字也。

例：海陆军，渔盐。

Gotter rmd mensscheu

"篸"。《左传·隐三年》:"涧谿沼沚之毛。"注:"谿,亦涧也。"亦指无水的山沟。《吕氏春秋·慎行》:"行不可不孰。不孰,如赴深谿,虽悔无及。"注:"有水曰涧,无水曰谿。"(《辞源》,3857 页)

- 谷:两山间的夹道或流水道。《诗·小雅·十月之交》:"高岸为谷,深谷为陵。"(《辞源》,3855 页)
- 谿谷:山谷,沟壑。《文选战国·楚·宋玉风赋》:"夫风生于地,起于青苹之末,浸淫谿谷。"(《辞源》,3857 页)

图 1-2
"谿谷"书影

"谿谷"不是"山",而是山间的沟壑、河沟,与"谿"和"谷"意义相同,并没有"别成一义"。也就是说,并立型的复合词充其量可以"融和其义使之浑厚,或急遽其义使之强烈,以促对话者之加意"。只有对立型的复合词才有可能"融洽二者,别成一义,以补语词之效用"。胡氏的这种主张源自马建忠,马氏说:"古籍中诸名,往往取双字同义者,或两字对待者,较单辞只字,其辞气稍觉浑厚。"并列举了以下的例子:"双字同义者,如规模、威仪、形容、纪纲、典章、矩矱、德政、礼乐、度数、制度、性命之类。其对待之名,率假借于动静诸字,如古今、是非、升沈、通塞、升降、可否、安危、出入、宽严、否泰、因革、盛衰、进退之属。"①不过需要注意的是,马氏认为"同义"、"对待"的两种类型,只有一种功用,即"辞气稍觉混厚",并没有指出"别成一义"。

而另一方面,胡氏在此所作的论述显然也受到了荀子相关言论的影响。② 荀子在《正名篇》中言及事物命名方法时说:"同则同之,异则异之。单足以喻则单,单不足以喻则兼;单与兼无所相避则共,虽共不为害矣。"③荀子这段被认为是最早关于二字词的言说,前半部较好理解:对于相同的事物就给它们相同的名称,不同的事物就给它们不同的名称。单字的名称足以使人明白时,就用单字的名称,单字的名称不能使人明白时,就用二字的名称。④ 但是后两句则颇为费解,王先谦解

---

① 马建忠著《马氏文通》,北京:商务印书馆,1983 年,第 38 页。

② 胡以鲁在本书卷末附录的《论译名》中数次引用荀子的《正名》,详见其后。

③ [清] 王先谦撰《荀子集解》,载《新编诸子集成第一辑》,北京:中华书局,1988 年,第 418—419 页。

④ 王先谦注:单,物之单名也。兼,复名也。喻,晓也。谓若止喻其物,则谓之马;喻其毛色,则谓之白马、黄马之比也。(《荀子集解》,第 418 页)"兼",王先谦作"复"解,而有的注释本解释成"多音节"。笔者赞同王先谦说,认为应该解释为"复字"。事实也是如此,荀子所处的时代超过二字的语词还极为稀少。另,"喻"被解释为"晓",即"懂",笔者认为也可解释为"听懂"。这样"不喻则兼"就有两种解释,一是一字词听不懂就用二字词;二是一字词解释不清楚,就用二字词加以精密描写。如下文所述,二字词兼有使人听懂和精密描写的两种功能。但为了叙述方便,以下暂按后者行文,即兼语专指词义的精密化。

释为:“谓单名、复名有不可相避者,则虽共同其名,谓若单名谓之马,虽万马同名,复名谓之白马亦然,虽共,不害于分别也。”[①]意即单名的“马”可以指称所有的马,同理,双名的“白马”也可以指称所有的白马;不同的马虽然用相同的名称,但对于个体的区别并没有妨碍。如此,笔者认为王先谦对“单与兼无所相避则共,虽共不为害矣”的解释颇为牵强。而管见所及的现代汉语译注本则解释说:单音节名称和双音节名称不需要互相回避的,就用同一个名称,虽然用同一个名称,也没有什么损害。[②] 按照字面这样的解释固然不能说是错,但终究令人感到似懂非懂,如坠五里雾中。荀子在这里指的是什么样的情形?笔者毋宁作如下的理解:两个字义互相矛盾或对立的字,在一定条件下字义可以中和,放在一起也不发生冲突,凝结成一个词也不会损害词义的确立。荀子在这里意识到的应该是“国家”、“妻子”、“市井”等对立型的复合词。[③] 荀子在接下来的段落中说:“名闻而实喻,名之用也。累而成文,名之丽也。用丽俱得,谓之知名。”关于这句话,笔者也有不同的理解[④],认为应该解释为:听到声音(能指)就能理解意义(所指),这是“词”的效用。(为达此目的,二字词最为有效,其中)将两个意义相同或相近的字,即“俪语”,叠加在一起可以构成新词。[⑤] “俪语”叠加构成的词,并没有意义上的动机,但是有调整韵律节奏、加强语意等作用。只有知道了(汉语的)“词”作为语言单位的这两种性质,才能说是真正了解了(汉语的)“词”的本质。如果笔者的理解正确的话,那么荀子在这里所说的实际是两种不同类型的二字复合词。第一种是“单不足以喻则兼”型,这里的“兼”完全是为了满足意义上的要求,即有意义上的动机,是为了命名新事物,或概念的精密描写(如王先谦所举的马:白马、黄马);第二种是“累而成文,

---

① [清]王先谦撰《荀子集解》,载《新编诸子集成第一辑》,北京:中华书局,1988年,第419页。

② 方勇、李波译注《荀子》,北京:中华书局,2011年,第361—362页;黄建军译注《荀子译注》,北京:商务印书馆,2015年,第226—227页。

③ 此处如作以下理解实质也是一样的。即,国与国家可以共同存在,共同存在也没有什么害处。

④ 王先谦注:“名之用,本在于易知也。累名而成文辞,所以为名之华丽,诗、书之言皆是也。或曰:丽与俪同,配偶也。浅与深,俱不失其所,则为知名。”(《荀子集解》,第423页)前引现代汉语译注本译文为:“听到名称,就能知道它所代表的实际事物,这就是名称的作用。积累名称形成文章,这就是名称的配合使用。使用与配合使用都恰如其分,就叫做真正懂得了名称。”(黄建军译注《荀子译注》,第233页)“听到名称就能了解实物,这是名称的功用。积累连缀名称而形成文章,这是名称的配合。名称的功用、配合都得当,就叫做懂得名称。”(方勇、李波译注《荀子》,第366页)王先谦解释“文”为“文辞”,今人黄、方等解释为“文章”。《正名》中“文”字三出,都不作“文章”解,笔者倾向于理解为“文采”。丽通俪,也可作对偶、相配解,但不是译注本所示的词与词的配合(即句法层面的词语组合),而应该是词的内部构成形式。

⑤ 如胡以鲁所说:“并立者,合同义之语即所谓俪语者为一语词。”(56页)

名之丽也”型，这种二字词没有意义上的动机，只是为了达到某种表达上的功能，例如调整音韵节奏、加强语意等。“不喻则兼”一类，在先秦文献中主要以偏正结构成词，如，淑女、良人、黄泉、天下、四海；也有一部分对立型的复合词，如，昧爽、昧旦、左右等。[①] “累而成文”类绝大部分是同义并立型，也有少量对立并列型，前者如，朋友、道路、典章、制度、邦国、杀戮；后者如，国家、妻子、园圃等。已有的研究表明，战国前期复音词以偏正结构为主，中期后期以后联合结构后来居上。吕云生指出：“至迟到战国后期，并列复合词的数量已跃居各类复合词之首，到了东汉，它竟比其他复音词的全部总和还要多。”[②]程湘清也指出：“进入战国时期以后，联合式双音词的增长速度却比偏正式显著加快了。”[③]在《孟子》、《荀子》中联合式已经超过偏正式，显示出其强大的造词力。殷晓明的统计显示，《荀子》中联合式复音词共有 767 个，占全书复音词总数的 51.93%。[④] 李仕春根据先行研究提供的数据进行分析，其结论是：复合词中的联合式和偏正式是最能产的两种构词方式，动宾式、主谓式、补充式、附加式、重叠式以及综合式是非能产的。联合式发展的总趋势是其能产性由远古时期次于偏正式到战国中期其能产性大于偏正式。[⑤]鲁六进一步指出：《荀子》中复音词共有 2 126 个，其中联合式复音词 1 043 个，占全书复音词总数的 49.1%，是《荀子》中最重要的复音词结构方式。[⑥] 胡以鲁指出，“语词复合法，亦吾国语后天发展也”，并认为最晚至汉代联合式构词法已经形成：

> 汉书而下可勿论，即见诸左传者亦已多矣。如“申之以盟誓，重之以婚姻”，“躬擐甲胄，跋履山川，踰越险阻”，“离散我兄弟，挠乱我同盟，倾覆我国家”，“又欲阙翦我公室，倾覆我社稷，帅我蝥贼，以来荡摇我边疆”，此先秦纪传，吾辈所信为语言纪传者也。况是等语词，迄今固犹未尝死也。雅言社会

---

① 《荀子》中还有“大小、动静、进退、出入、取舍、曲直”等。但如马真所说，有一些还停留在词组的阶段，不是结合紧密的复合词。参见马真撰《先秦复音词初探（续）》，《北京大学学报》1981年第1期，第76—84页。

② 吕云生撰《论汉语并列复合词形成的条件与原因》，《古汉语研究》1990年第4期，第8—11页。秦汉以前的汉语复合词，是偏正式为主，还是联合式为主似有不同意见。见本书第二章第一节，此不深论。

③ 程湘清撰《汉语史专书复音词研究》，北京：商务印书馆，2003年，第89页。

④ 殷晓明撰《〈荀子〉中的联合式复音词》，《安庆师范学院学报》2005年第2期，第95—97页。

⑤ 李仕春撰《从复音词数据看早期汉语各类复音词的发展趋势》，《烟台教育学院学报》2005年第3期，第15—18页。

⑥ 鲁六《〈荀子〉联合式复音词研究》，《郑州大学学报》2006年第5期，第162—165页。

上例中诸语词殆皆通用。即在通俗"婚姻"、"兄弟"、"同盟"、"国家"、"边疆"等体词，及"离散"、"挠乱"等用词，亦皆用之殆不能有所代。其单语转且绝响矣。①

除了"婚姻"等以外，胡氏引文中所举的"甲胄、山川、跋履、踰越、险阻、倾覆、社稷、蟊贼、荡摇"等也是并列型复合词。而"国家"这种属于对立并列型的复合词在今天的词汇学中被称为"偏义复词"。所谓的"偏义复词"是由意义上相对或相反的两个成分构成的，其中一个有实义，另一个没有实义，只提供语音形式，所以又称为"凑音节"。如"妻子、存亡、园圃、动静"等在荀子的时代也已经具有偏义复词的用法了，魏晋以后的文献中词例更多，如"巷陌、崩殂"等。偏义复词的形成是并列的语素之一在使用中意义逐渐弱化的结果。例如在"昼夜勤作息"(《孔雀东南飞》)中的"息"，在"缘溪行，忘路之远近"(陶渊明《桃花源记》)中的"近"，都没有实义；在"无一时一刻不适耳目之观"(李渔《芙蕖》)中既然是"观"，"耳"就无实义。但这些都是在诗作中的情况，如果单独拿出来，就如胡以鲁所说能"融洽二者，别成一义"。如"浅深、少长、生死、利害"等都可以找出类似的用法，这种用法固定下来就形成了偏义复词。②

现代汉语词汇体系的另一个特点是大量的新词缀的发生，胡以鲁在第四编中对词缀问题也进行了讨论。胡以鲁指出，有一些成分在复合词中意义虚化，即不再对复合词有意义上的贡献，只保留了调整音节或者限定意义用法的作用。这一类成分"已流而为形式矣"，成了词缀性质的语言单位。胡氏认为，屈折型语言的形式部分有追求简单，融合成为语词中一部分的倾向，而汉语形式部分发生之途径在于"习为常套，流于乏意"，即字义的虚化。汉语形式部的发生动机是"欲求明了"，采用的是分化、附属的形式。胡以鲁指出："形式之界说虽为本义之消微及其原音之变化，然吾国语之本质，各语音独立不相侵越者也。故原音变化一项，不适用于吾国语之所谓形式也。"(58 页)即，按照形态论的观点，实际意义的消失和语

---

① 胡以鲁此处的意旨和例句等也源于马建忠前揭书(38 页)。胡以鲁还认为，用不同的词表达不同的意思，固然是语言的发展方向，但是可以通用的还应该尽量简便地去使用。我们的国语并不希望烦琐。需要分析性的命名，古时狗有悬蹄的称作"犬"、没有长大的叫"狗"、深青色的(乌白)叫"睢"、霜雪的白叫"皑"、玉石的白叫"皦"等，在我们看来都是方言的区别，是文人们在强辩概念。胡以鲁这里所举的例子与章太炎《订文》同。

② 相关问题可参见杨吉春著《汉语反义复词研究》，北京：中华书局，2007 年。

音的屈折性变化是形式部的定义，但是在这一点上，汉语与屈折型语言有所不同。[①] 汉字具有视觉上的个体可识别性，既是听觉映象，也是视觉映象。有些构词成分在复合词中仍未丧失实质的意义，可以作逐字解，但这种情况并不妨碍复合词的结合紧密度。胡氏指出，尽管二字融合一体，别成一义，字的本义有所减弱，但并未消失。汉字有很强的惰性，被编入复合词后，"虽流而为形式本意殆不复见。音声具在，勉自保持其名价，仍卓然自成一部耳"。所以胡以鲁称之为"部分上之形式"。(57 页)胡氏说"此种发展，纪传中不概见，盖晚近事矣"。所举的例子是"-儿"和"-子"，而没有涉及当时大量来自日语的新词缀，胡以鲁甚至牵强地列举了德语的例子。[②] 对于这种可以理解为词形复杂化的倾向，胡以鲁指出，虽然增加了音节，词形变得复杂了，但是概念有了分工，意义更明确了，这也是一种简单化。胡以鲁称之为"此心理上简明之要求与夫保守性之改良法，盖亦吾国语之自然进化也"。(62 页)旧词缀早已失去了活力，新词缀则日益重要。胡以鲁敏感地捕捉到了汉语发展的新动向。

按照西方语言研究中关于复合词、派生词的定义，汉语中的派生词固然极为有限，但如果将所谓的"派生"理解为附加形式义，则是一种范畴化的手续，汉语自然也有独自的实现范畴化的方法。[③] 汉语在二字词范围内，几乎不存在定位语素，这一特点，抑制了汉语使用者的词缀意识。所以关于词缀现象，胡以鲁反复强调"言其时世，惟形式附属不过晚近事"。汉语由于自身的特点"形式部分附属语所以少，而复合语所以特多也"，笔者认为新词缀的发生是汉语近代化的一个显著标志，其中一方面有外来因素的影响，另一方面也缘于汉语本身的特质，只不过这一特质在相当长的一段时间里没有被激活而已。近代以后，三字词的增加，促进了词缀化的进展。但既然新词缀是在二字词化基础上产生的，考察的对象就应该限定在二字词以上的范围内。这也是以二字词为考察对象的本书对词缀不多加讨论的原因。

胡以鲁指出："要之分担作用使概念分化为简单而明辨者，吾国语后天之发展

---

① 但是，某些屈折型语言也有屈折手段减少、派生复合手段增加的倾向，如英语。

② 胡以鲁说："以小示昵近，德意志妇人小子多用 Chen，lein 等形式语其例也。"(57 页)

③ 马真在《先秦复音词初探(续)》中指出"然、如、若、焉、尔"在先秦已经有词缀的用法，但仅限于动词和形容词。郭锡良则列举了殷商卜辞中的元示、二示、三示、大示、小示；丘商、丘雷、丘绍；妇周、妇喜、妇多、妇康等例。参见郭锡良撰《先秦汉语构词法的发展》，载高思曼、何乐士主编《第一届国际先秦汉语语法研讨会论文集》，长沙：岳麓出版社，1994 年，第 51—71 页。

也。然发展而仍不失其保守性，此形式部分附属语所以少，而复合语所以特多也。”又说：“虽不无意义之可解，然而本义微矣。此晚近之发展，盖亦语言有就二节以上之倾向故也。……今者二节语固甚普通，学术语词且有进向三节以上之倾矣。此欲求概念之明简而仍不能弃其保守性，直角方向之二力作用，所以向对角线进行也。”(58—61页)旧有的方法不足，就以创造新词的方法加以更替，这是人为淘汰的方法。但是语言是社会心理的产物，并非个人所能创造。只好修订旧词，让那些旧的语言材料分担新的职责，或者加上限定成分，规定适用的范围；或者扩展词义使概念明确而丰富。这些都是折中的方法。这就是词类划分以外，双音节复合词或附加词缀的方法得以采用的理由。现在双音节词已经非常普遍，学术用语还有向三音节发展的倾向。这是一方面要追求概念简明，另一方面又不能抛弃传统，就像直角方向的合力在对角线方向一样。

二、单纯词与合成词

在进一步讨论之前，我们在此先作一些预备性的考察。现在的词汇研究将词分为单纯词和合成词，合成词又分为复合词和派生词。根据索绪尔以后的语言学理论，单纯词的形式和内容，其关系是任意的，即单纯词不存在成词的理据。质疑索绪尔这一原则的中国学者时有所见，但至少在共时层面上索绪尔是正确的。单纯词作为“能指”与“所指”建立听觉映象的关系，这一过程被称为“命名”。上古初民以综合的方式为事/物命名，例如称四肢强健、善跑的力畜为[ma]，汉字发生后记作“马”，不同的马又被称为“驹、骏、驳、驽、骁、骥……”。[①] 单纯词在命名之初或有某种理据，但这种理据只是命名者或命名者所在族群的感觉或印象[②]，是非分析性的。就上面的例子而论，“好、快、小、美”等义素都不可分割地融汇在一个音节

① 初民用这种方式为周围所有个体命名，包括一草一木一石，这时的“词”具有强烈的专有名词的性质。偏旁的“马”作为标记是后加上去的(当然不能完全否认类推造字的可能性)。胡认为“马”与“骏、驹”等的关系是“盖分担固后天之发展”，即是进化。其实，这或与初民的认知水平有关，随着人类对自然界认识的深化，个体名被归纳为相同的类，如松树、柳树；小马、老马式的分析性手段更为普遍。

② 即荀子所说的(名之)“何缘而以同异？曰：缘天官。凡同类、同情者，其天官之意物也同，故比方之，疑似而通，是所以共其约名以相期也”。[清]王先谦撰《荀子集注》，北京：中华书局，1988年，第415页。

里。这样的理据在其后漫长的岁月里逐渐磨损并被遗忘。[①] 大量没有理据的事物之名势必加重记忆的负担。可以断定单纯词在任何一种语言中都是一个有限的量,并且已经达到了极限(饱和状态)。今天不管是哪种语言,都不能再创造单纯词(即"根词创造")了。法国语言学家 A. 马丁内指出,人类语言的本质性特点是双层切分,正是这一特点将人类语言与其他交际符号系统区分开。所谓"双层切分"是指语言可以切分为词,词可以切分为语素,语素又可以切分为一系列音位;人类语言只要有少量音位(通常不超过 50 个)就可以构成无数有意义的话语。笔者是这样理解语言的双层切分的:人类的语言由包含数十个音位的单音构成有限的音节单位,再由有限的音节构成近乎无限的音节连锁。音节及其连锁是词的物质形态;词是记忆的对象,所以尽管音节连锁的数量可以近乎无限(天文数字),但词必然是有限的;词构成句子,句子发展成篇章,句子是无限的。音节的结构和数量、音节连锁的心理长度,因语言而异。[②] 现代日语只有约 110 个音节,音节连锁的心理长度为 2—4。[③] 现代汉语加上声调,音节数在 1 200 左右,上古汉语应该不会多于这个数量(因为声调、送气与否等区别性手段都是后起的),音节连锁的心理长度为 2。汉语最重要的特点是音节单位与意义单位一一对应,联绵词、外来词都是少数。用 1 200 个左右的音节表示宇宙间的森罗万象,自然不敷使用。为了解决这一问题,汉语一方面增大单位音节的信息负荷量,即一形多义化,另一方面诉诸汉字的"视觉映象"功能以维持意义体系(即同音异字、异词)。汉语借助汉字可以增加词量,这也是汉语一直采用的方法。"字"被认为是一个可以不断孳乳繁衍的开放系统。如章太炎所言,历史上,创制新的汉字一直是应对概念增长的重要手段之一。例如东汉许慎的《说文解字》,收字不足一万,至清代《康熙字典》已超过四万。可以认为东汉时,汉语单纯词有一万以上(因为有假借等原因造成的同字异词)。但这是书面记载,听觉上的词应远远低于这个数字。汉语词汇的合成化(即造词上的分析性手段)尽管由于汉字的出现而延缓了进程,但终是不可避免的。战国中期,汉语迎来了词汇合成化的第一次高潮。

---

① 章太炎在《訄书·订文·正名杂义》中列举了很多古汉语中融合型单纯词的例子。如"骊、缁"、"皠、皑、皦"。这种综合命名的现象常见于语言形成的初期。

② 所谓心理长度是指母语者平均感受的词长。超过这个长度,将被感觉为是一个合成单位。

③ 日语由于音节单位过少,进入平安时代(8 世纪)后,多义现象造成单音节意义系统崩溃,故现代日语中单音节词(原生词汇,不含汉字等外来成分)极少。

汉语是孤立语，屈折、派生手段贫乏，词汇的合成化主要以二字词形式实现。和一字词相比，二字词有哪些不可替代的长处？首先，二字词可以提供一字词无法企及的数量级的词形供语言使用者选择。汉语语素的基本形式为单音节，在1 200个左右单音节的基础上要增加词语数量，或者一形多义，或者借助汉字的视觉映象，别无他法。而如上所述，这些方法在口语层面，最迟于战国中期已经达到了极限，不得不另辟蹊径，其中最重要的方法之一是复音化(即二字化)。与单音节相比，1 200个音节的双音自由组合，理论上可以得到100万以上的音节连锁，如果将三音节、四音节的因素考虑进去，这个数量将会更大。尽管实际上可实现的音形远远低于这个数量，但仍数十倍于单音节。[①] 加之汉字同音异形的特点，现实的文字串种类可以说是取之不尽，用之不竭。二字词的出现为汉语的发展作出了以下的贡献：

1. 二字词可以开示命名理据。理据的明示化便于词汇记忆，与人类语言从综合性向分析性发展的大趋势相符。

2. 二字词可以对事物进行精密描写，如马—白马、人—大人。缩小外延，扩大内涵，建构上下位意义体系(主要是名词)。这同时也是人类认知能力发达的结果。精密描写还包括对词义的限定。汉字在漫长的发展过程中引申、派生、比喻造成字义重叠，分化。脱离具体语境的汉字常常无法确定字义。严复说西方各国“文字所以不待注解而无不可通也”[②]。意即西方的古典不借助注释书(仅靠辞典)也可以读懂。相比之下，中国仅仅依靠如《康熙字典》等字书显然读不懂古典，所以出现了很多笺注书。而二字词可以对意义范围加以限定，减少歧义。

3. 二字词可以对事物进行分类。单纯词没有理据，也无法分类事物。西方语言的派生词缀有分类的功能，但词缀数量有限，分类也就较粗糙。汉语则不同。上古汉语无论名词、动词，还是形容词都采用单音节形式。在形态变化不发达的汉语中，单音节是非分析性的语音单位，无缘分类。但汉语的词在获得记录形式，即汉字创造的过程中，被加入了民俗分类上的考虑。例如汉字中的偏旁：木、鱼、虫、氵、讠、金、石、足、口等已经对概念作了类别化的处理。偏旁固然是造字部件，属于视觉映象，与有声语言无关，但是反映了初民对自然界，尤其是对植物界、动

① 章太炎说二字“并为一称”，就与西文的word无异，仅二千字，就可“得词逾万”。参见《章太炎全集·訄书初刻本、訄书重订本、检论》，第47页。

② 王栻主编《严复集》第2册，北京：中华书局，1986年，第253页。

物界的民俗性理解和分类。在后来的汉语词汇发展过程中(二字化),封入汉字中的类别标记又被释放出来,获得了语音形式,如:

A. 松树、柳树、榆树、鲫鱼、鲤鱼、鲸鱼、蝗虫、骏马;

B. 树根、树叶(葉)、树枝、鱼鳞、鱼鳍、鱼鳃、车轮、车轴、车辕、马驹;

A类是包含型,后部成分以词缀的方式表示上位的"类";B类是分节型,复合词的前部是整体,后部是部分。B组里将类别成分置于复合词前部,起限定作用,从而保证了后部成分的比喻、引申用法的明晰性。例如"根"除了树根以外,还可以指称草根、墙根等。上面A、B类的下划线部分,在词义上是羡余成分,但是具有口语层面上的事物分类或修饰区别的功能。如前所述,二字词的分类现象在卜辞里已经存在,现代汉语词缀又在三字词、四字词中得到,或正在进一步发展。

正是由于二字词提供了更多的词形,我们才有可能为不断涌现的新事物、新概念命名。同时,单纯词无法开示理据,合成词中的复合词,除了联合式以外都有开示理据的功能,派生词则更有分门别类的功能。如胡以鲁的预测,现代汉语的派生词正在由二字向三字发展,词语将更加具有体系性。笔者想强调指出的是:以上三项的二字词从构词法角度看,多为偏正式结构。

4. 二字词可以提供同义近义异形词。关于这一点,我们需要作一些特别说明。汉语的单纯词(联绵词、外来词除外)无一例外都具有"同形(音)异义",即一形(音)多义的特质。同形异义词也是任何一种语言都存在的现象,但如果数量超过一定限度,将给语言的交流功能造成负面影响,汉语在这方面格外严重,以致极大地限制了口头交流。二字词最大限度地解消了一字词同形异义的缺点。非但如此,二字词还具有以不同的词形表示相同或相近词义的同义异形功能。笔者认为"同义异形词"这一貌似违反语言经济性原则的特点,其实反映了语言的"一物多名"的另一种本质。在汉语中,"同义异形词"有两类情况,一类是"同义异长",如"书—书籍,改—改变,学—学习,大—伟大、巨大、庞大"等;另一类是"同训异字",如"改良、改善,伟大、巨大、宏大、洪大"等。汉语在一字"词"的范围内,绝少有同义近义词,其同义词群是以一字词、二字词构成等义关系的方式实现的(即下文的"单双相通")。"同义异形词"对词汇体系并没有意义上的贡献,只是实现了词与词的区别。关于这一问题,我们将在下一节详细讨论。

5. 二字词有助于听觉辨识。汉语以单音节为基本,音形短小,羡余度低,不利于口头交流。索绪尔以后的语言理论认为有声语言是第一位的,有无文字的语言，但是没有无声的自然语言。人类为了记录有声语言，发明了文字。文字发生后，有声语言始被记录，这同时是一个有声语言被加工、精炼的过程，并以牺牲可复原性为代价。文字记录的不仅是有声语言本身，而且是知识的积累。这样，口语需要完成的任务就至少包括以下两项，一是信息交流，二是知识的传递。前者在日常生活中无时无刻不在发生，后者只在特定的时间空间，针对特定的对象进行；前者的能力可以自然习得，后者则需要长时期有意识地培养和训练，即学习。这种来自口头传播上的要求，长期以来形成了汉语使用者"用字成双"的韵律习惯，语词在搭配上要受到来自音节数量上的限制。①

以上两项的二字词从构词法角度看，多为联合式结构。

三、精密化与区别性

胡以鲁指出："思想进于复杂，起分化之必须。事物多则名称繁，科学进则术语繁，益促是必须之急进。盖语言而不能精确指概念，则语言失其用。语言而不足于表彰其思想，则语言不能尽其用故也。"(60 页)②又认为"欲求明了，欲行分业，音数不足，乃弸张于容量，而作二节"(59 页)③。随着社会的发展，概念在不断细化，为此词语也需随之增长，单节音不足，双节音就成为必需。新概念的命名需要更多的二字词，同时，二字词是分析性的，不再浑然一体，所以可以根据事物的不同特征——外在的或内涵的，对事物进行更精密的描写。王国维在批评严复多用单字译词时也说"余虽不敢谓用日本已定之语，必贤于创造，然其精密，则固创造者之所不能逮(日本人多用双字，其不能通者，则更用四字以表之。中国则习用单字，精密不精密之分，全在于此)"④。王国维认为二字词有助于概念的精密描写，所以日本的译词远胜于严复使用的一字译词。王氏的"精密"似乎是对荀子"不喻则兼"的理解。然而如前所述，二字词有助于概念的精密描写只是事情的一个方面，大量的"俪语"与精密与否并无关系。关于严复一字译词的得失以及由此引发的论争，我们将在第二章第四节进行具体的分析。

---

① 近年的研究显示，这种现象不但汉语有，使用汉字的日语、韩语、越语中也同样存在。

② 此处的"必须"是日语的用法，汉语意为"必然如此"。"益促是必须之急进"意即"愈加促进这种必然的急剧变化"。

③ "弸张"即"膨胀"，这是 19 世纪和 20 世纪之交的流行词。

④ 王国维撰《论新学语之输入》，载《王国维遗书》(第五册)，上海：上海古籍书店，1983 年，第 97—100 页。

描写的精密化是通过二字词构词成分之间的修饰、限定功能实现的。从构词格上看主要有定中、状中、述补等形式。那么，何谓“区别性”？词义有两种类型，一种是积极义，另一种是消极义。积极义有意识地对相似概念进行特征描写、加以区分。精密化就是积极义的实际应用。社会的发展需要对原来不加区别的概念加以区别，例如，外语教学理论中的“学习”（learning）与“习得”（acquisition），“错误”（mistake）与“偏误”（error）等。又如汉语只有“停车”一个概念，但是日语将同一事象按照驾驶员是否在车上，细分为“停车”和“驻车”；日语中“病院”和“医院”的区别则在于病床数（后者少于25床）。汉语的“酒驾”和“醉驾”的区别也是交通法规上的定义。对某一概念范畴内的成员进行明示性的区别，此时二字词是最优先选择的手段。笔者想指出的是：对原来不加区分的概念，加以区分，除了社会生活的诉求外，跨语言接触也是常见的契机。不同的语言社会以不同的方式切分世界，加以命名。跨语言接触传递了不同语言社会以不同的方式对森罗万象进行范畴化的信息。关西大学的博士生仇子扬在其博士论文中对“战争”、“战役”、“战斗”如何在19世纪的英华辞典影响下分化成互相区别的上下位近义词的过程作了细致的考证。①

与积极义相比，消极义的功能是在不涉及概念义的情况下，把一个词同另一个词区别开来。例如“改良”和“改善”是两个不同的词，尽管两个词的结构、意义都一样。消极义所实现的区别性只是形式上的示差，类似“改良品种”、“改善生活”等词语搭配所显示的周边义的分化是后起的，是同一概念范畴内复数成员竞争分工的结果。不同的词可以提供不同的组合搭配，避免单调重复，从而有助于修辞效果的实现。积极义反映的是语言与外部世界的关系，消极义则是语言内部的关系，并不受外部世界的影响，是人类语言追求多样性的产物。近代二字词很大一部分是消极义的产物，大量消极义词语的发生也是教育（汉字知识）普及的结果。关于动词、形容词的增加以及由此引起的词汇体系的重构，我们将在第四章中进一步讨论。在此笔者只想指出，在汉语中同一概念范畴的词语常常共有同一构词成分或同训异字，如“错误、偏误、谬误”及“改良、改善”等，这一特点从形式上保证了相同、相似概念的集束性。

---

① 参见仇子扬于2019年4月提交给关西大学的博士论文《近代日中軍事用語の変容と交流の研究》（日文）。

四、内容抑或形式

让我们再回到胡以鲁对汉语二字化现象的讨论。胡以鲁把二字化称为汉语的后天发展，指出汉语先天性音节数有限，在“思想进于复杂”、“事物多则名称繁，科学进则术语繁”的现实面前，二字词必然成为不二选择。这是胡以鲁对二字词发生的动机的解释。关于二字词化的原因，王力在20世纪50年代也曾指出：“汉语复音化有两个主要的因素：第一是语音的简化；第二是外语的吸收。”[①]即王力认为语音由繁变简，形式的示差力减弱，加之吸收外来的概念，此两者促成了词语的二字化。但是胡运飚对王力的观点提出了质疑，“语音的简化”发生在唐末宋初，这甚至可以看成是二字化（复音化）的结果，因为词形变长后，单音节的示差负担自然就降低了；战国中后期的二字词化高潮与吸收外语也并无直接关联。[②] 胡运飚将二字化的原因分为内因与外因。所谓内因，即来自汉语本身的原因，具体是：（1）单纯的音节形式无法表达事物的复杂特征（理据开示）；（2）有限的单音节数量无法应对概念的增加；（3）单音节形式无法应对词义的多重化；（4）朴素的单音节词汇体系无法满足褒贬、雅俗等周边义的表达及修辞上的需要。胡运飚所说的外因是指人类社会的发展——包括人际交流的扩大和思维能力的进步——对词汇体系提出的新要求。上述胡运飚所总结的第三点其实是音节数量种类有限的必然归结，是结果而不是原因。而第四点的问题核心也不在单音节这一形式本身，例如“杀—弑”、“食—啖”等在褒贬雅俗上的修辞性并不比二字词逊色，其字义甚至无法用二字词表达。其实，我们的设问可以改成，语言使用者为什么需要这么多新词？研究者毫无例外地说这是社会进步引起的概念增加和分化的结果。古汉语曾用变音变调等屈折性手段增加音节数量，但终于没有成为形态学上的手段，意义的引申派生成为主要方式，同形多义成为普遍现象。单音节的信息负荷量，在先秦已经达到临界点。虽然通过改变字形等视觉手段避免了意义体系的崩溃，但这是以损害口头表达的明晰性为代价的。古汉语有限的单音节数量不足以应对概念的日益增加及分化，是二字词化的动机之一，但并不是全部。另一个动

① 王力著《汉语史稿》，北京：中华书局，1980年，第340页。王力还预测，“将来实行拼音文字的时候，拼音文字也会成为汉语复音化的第三因素，因为复音化是减少同音词的重要手段之一”。另，胡适也有相似的主张，参见本书第三章第一节。在可预见的将来，有无拼音化的可能性暂且不论，笔者认为拼音文字等书写层面的因素终究是第二位的。

② 参见胡运飚撰《汉语词汇复音化原因的哲学探索——兼谈语音简化说和吸收外语词汇说的失误及语音简化的原因》，《贵州民族学院学报》1997年第1期，第68—73页。

机是语言表达上的多样性要求。前者是语词的“内容”方面，后者是语词的“形式”方面。那么，作为二字词发生的动因，此二者孰轻孰重？对此，既往的研究并没有给予足够的关注。概念的增加和分化的问题主要由偏正结构的词语来解决；而实现“修辞上的多样性”这一任务，主要由联合式词语完成。汉语中联合式词语的大量存在告诉我们：二字词的涌现不一定是新概念使然，事实上新概念的发生对于词汇的二字化并不像我们想象的那么重要。[①] 如前引李仕春、殷晓明、鲁六等的研究所示，战国中期以后，联合式超过了偏正式，逐渐占到二字词的50%以上；现代汉语中联合式复合词则占20%以上，也是最能产的形式。但如笔者反复强调，联合式只是同义近义语素的叠加，对语词意义的增减并无实质性的贡献。根据鲁六的统计，《荀子》中联合式复音词共有1 043个，其中名词422个，动词325个，形容词278个。[②] 名词暂且不论，动词、形容词的增加，并不完全是因为新动作、新状态、新性质的出现。那么，作为汉语词汇的重要特点之一的联合式，其存在意义又是什么？笔者认为作为构词法，联合式的贡献主要是：在不改变基本义的条件下，增加词汇量。除了名词—动词—形容词之间的词性转换的目的之外，调整韵律节奏等修辞目的很大程度上也都依靠联合式实现。联合式提供形式，不提供内容，战国中期以后，新增词语的一半以上没有意义上的动机。由此可知，作为词语的发展趋势，与内容相比形式的重要性越来越不可忽视了。这在近代以后，更加显著。[③]

章太炎在《订文》的第3稿《检论》中写道：“中国之字，非少也。今小篆九千文，以为语柢，其数过于欧洲。累而成名，则百万以往。”尽管章太炎提到了“合二为一”，即二字为一词的方法，认为可得百万之“名”，但他又抱怨时人“不得其术，则以为少”。[④] 他所意识到的还是俪语，应对新概念的方法也主要是发掘汉字古训和造新字（详见本书第二章第三节）。这是他与胡以鲁的最大区别。

我们为什么需要新词？就像某些人士永无休止地购置衣物一样，语言永远需要新词。衣服可以保暖，也可以保护皮肤，但这只是衣服功能的一个方面，衣服还

---

① 联合式自不待言，偏正式词语，如前所举，树根、树叶（葉）、树枝、鱼鳞、鱼鳍、鱼鳃、车轮、车轴、车辕、马驹；松树、柳树、榆树、鲫鱼、鲤鱼、鲸鱼、蝗虫、骏马等，从发生上看，一字词在前，二字词在后，而概念并没有增加。

② 参见鲁六撰《〈荀子〉联合式复音词研究》，《郑州大学学报》2006年第5期，第162—165页。

③ 沈国威撰《近代漢字訳語研究について： 中国語からの視点》，载沈国威、内田庆市编著《東アジア言語接触の研究》，大阪：关西大学出版部，2016年，第19—51页。

④ 参见《章太炎全集・訄书初刻本、訄书重订本、检论》，上海：上海人民出版社，2015年，第499—500页。

有社会交际上的作用：显示身份、定义活动的空间等。词汇也是如此，一方面要表达概念，进行信息交换，另一方面要完成语言的社会交际功能。用孔子的话来说，前者是“辞达而已矣”，后者是“言之无文，行之不远”。

第二节　现代汉语的二字词来自何处？

在本章第一节，我们对二字词产生的原因、动机进行了讨论。关于二字词化的原因与动机，大致可以归纳为如下数条：

1. 汉语单音节的数量种类不丰富；
2. 概念的增加与细化；
3. 事物命名由综合型向分析型发展的趋势；
4. 在语言生活中追求多样化的修辞效果；
5. 知识在口头传递时明晰性的需要；
6. 汉语自身的韵律特点。

我们的考察试图导入不同既往的视角，如单纯词与合成词的特质、概念的精密化与词语区别性的差异、形式和内容的比重等。而需要特别指出的是，原因的诠释，并不是本书目的的全部，更重要的是我们需要回答：现代汉语中数以千计的二字词来自何处？如何得以在短短的十余年间融入既有的词汇体系之中？

一、“词汇化”假说及其射程

“现代汉语中数以千计的二字词来自何处？”这一设问，或者应该改成：大量的二字词是如何成为现代汉语词汇体系成员的？董秀芳认为汉语的二字词是词汇化的结果。董氏是这样界定“词汇化”的：

> 所谓词汇化，是指原来非词的语言形式在历史发展中变为词的过程。词汇化与语法化一样，都是语言单位从理据清晰到理据模糊、从分立到融合的变化。除联绵词与音译词以外，占现代汉语词汇系统主体的双音词在历史上的产生和发展就是一个不断词汇化的过程。①

---

① 董秀芳著《词汇化：汉语双音词的衍生和发展》（修订本），北京：商务印书馆，2011 年，“内容摘要”1 页。

董秀芳指出：

> 汉语双音词的词汇化主要有三条途径：从短语降格而来；从由语法性成分参与形成的句法结构发展出来；从本来不在同一句法层次上但在线性顺序上紧邻的两个成分所形成的跨层结构中脱胎出来。词汇化的发生要受到句法、语义和语用因素的制约。词汇化是一个连续渐进的过程，不同的形式可能具有不同的词汇化程度。①

这三个途径中，由短语的词汇化所形成的二字词是现代汉语二字词的主要部分，董书的大量篇幅也花费在这一部分。

所谓的短语成词，即两个原来结合得并不紧密的字（语素），在使用过程中凝固成一个复合词的现象。② 董秀芳指出，短语词汇化有两个重要的先决条件，一是语素的线性排列，即"紧邻"、"共现"；二是反复（高频率）使用。即如董书所说"只有两个成分经常一起出现，才有固化成词的可能性"③。汉语是孤立型语言，古汉语以字为词，用"词汇化"来把握汉语联字成词的过程，不失为一种颇具魅力的假说。但是，"占现代汉语词汇系统主体的双音词"真的如董书所说"就是一个不断词汇化的过程"的结果吗？笔者认为用词汇化理论描述近代以降的二字词现象有以下几点必须解决的问题。

1. 词汇化是一个渐变的过程，文字串的出现只是起点，凝固成词是结果。在漫长的演化过程中，我们很难确定何处是临界点。也就是说，文献上能观察到的只是结果，而不是由非词到词的瞬间。④ 那么，如何验证词汇化的过程？我们来看一下董书的验证步骤。董书的具体考证方法是：首先设定词之为词的标准，如语素间结合的紧密程度、能否带宾语等⑤，然后根据上述标准列举，例如"规矩、准绳、消息、鼓舞、聪明、责备"等文字串作为短语的书证，这些书证主要采集自早期秦汉

---

① 董秀芳著《词汇化：汉语双音词的衍生和发展》（修订本），北京：商务印书馆，2011 年，封二的简介。

② 以往的词汇史研究中亦有文字串凝固成词的议论，详见本书第二章第一节。

③ 董秀芳著《词汇化：汉语双音词的衍生和发展》（修订本），北京：商务印书馆，2011 年，第 41 页。任学良《汉语造词法》（北京：中国社会科学出版社，1981）早就提出过词法词和句法词之别。名词与名词之间不存在支配关系，是概念的融合。

④ 当然，如果词汇化是一个渐进的过程，也就不可能存在这样一个"瞬间"。董秀芳也指出书证的时间有落后于实际使用的可能。参见董秀芳著《词汇化：汉语双音词的衍生和发展》（修订本），北京：商务印书馆，2011 年，第 29 页。

⑤ 董秀芳著《词汇化：汉语双音词的衍生和发展》（修订本），北京：商务印书馆，2011 年，第 25—27 页。

的文献；接下来再列举凝固成词的书证，这些书证以晋唐的文献为主，间或有明清的文献；最后给出结论。结论的形式往往如下：

(1) 后来“规矩”成为一个名词，指一定的标准、法则或习惯；①

(2) 后来“聪明”变为一个形容词，……从短语变为词，其意义发生了隐喻引申。②

至于由短语到复合词这一过程中究竟发生了什么？成词的契机如何？均付诸阙如。总之，我们从上述步骤中是无法知晓成词具体细节的。词组(字串)凝固为词历有主张，这一主张的缺点是没有告诉我们凝固成词的过程、动机、条件、有规律性的现象等。词汇化假说应该有异于此才有存在价值。③

2. 词汇化假说对二字化问题有效论域如何？董书似乎认为占现代汉语词汇体系主体的二字词都是词汇化的结果。同时又说：“历史上反复出现的词汇化模式可能变为后代的构词法，当构词法确立之后，复合词就有可能直接通过构词法产生了。”④即董书也承认有语素直接通过构词法产生的复合词。只是“后代”具体何指，语焉不详；“直接通过构词法产生的复合词”在二字词整体所占比例如何也未加言及。董书第二章“由短语词汇化而成的双音词”讨论了以下 5 种短语的词汇化问题。为了讨论方便，笔者把董书中的“偏正短语”细分成 3 个下位类。

	董书短语类型	备　　注
1	并列短语	并列型短语
2	偏正短语	名词型短语(N+N)
		定中型短语(A+N；V+N)
		状中型短语(Adv+V)
3	动宾短语	动宾型短语
4	主谓短语	主谓型短语
5	述补短语	动补型短语

① 董秀芳著《词汇化：汉语双音词的衍生和发展》(修订本)，北京：商务印书馆，2011 年，第 52 页。

② 董秀芳著《词汇化：汉语双音词的衍生和发展》(修订本)，北京：商务印书馆，2011 年，第 54—55 页。

③ 颜洽茂认为中古之前凝固为词是主要部分，在译经以后，句法式造词占主要部分。参见颜洽茂著《佛教语言阐释——中古佛经词汇研究》，杭州：杭州大学出版社，1997 年，第 266—267 页。详见本书第二章第一节。

④ 董秀芳著《词汇化：汉语双音词的衍生和发展》(修订本)，北京：商务印书馆，2011 年，“内容提要”第 1 页。

从 Word-formation 的观点看，哪些类型的短语容易成词，哪些不容易成词，这是一个不可或缺的视角，所以讨论应该从短语的类别与二字词生成的关系开始。如果把“短语降格成词”理解为语法单位降为词汇单位的话，1 并列短语和 2 中的名词型短语以及定中型短语中的 A + N 等类型可以说“降”的距离最短。笔者认为大量的同义近义语素并列构成的联合式复合词与叠词、联绵词本质上是一样的。战国中期就已经形成的“朋友”、“道路”，甚至“国家”、“妻子”等对立型联合式语词，表示的是单一概念，不需要在成词过程中设定一个“词汇化”的存在。[①] 名名语素和形名语素相结合的一类，其“词汇化”的过程并不明显，董秀芳自己也说“双音偏正式的词汇化由于意义上的变化往往不太显著，所以比较隐蔽”。[②] “天子”、“百姓”、“中国”等大量以定语修饰关系结合而成的复合词不需要借助词汇化来解释其成词的过程。这一类复合词不仅在词义上，而且在语法上与短语也没有明显的差异。[③] 可以说，以上类型的短语凝聚成词是顺水推舟，在现象记述上亦无需叠床架屋。但是其余各类在凝聚成词上则各有特色。首先，看“主谓短语”，主语是外项，能够成词的限于自然现象和生理现象，如“地震、海啸，骨折”等。这是一个泛语言现象，英语、日语也是如此。如果要说汉语特色，“蚕食、鲸吞、狐疑、猬集”等动物比喻型或可提及。“动宾短语”和“述补短语”是汉语的句法结构，但并不是能产词格。至于 V + N 结构的“定中短语”型复合词，在汉语典籍中虽然不是绝无仅有，但数量极少。这是因为 V + N 结构的定中格复合词是不折不扣的非句法词，即词法词，其由短语凝结成词需要强烈的动机和较长的融合过程。现代汉语词汇中可以分析为 V + N 定中结构的词很大一部分是借自日语的，因为在日语里这是语法性的能产词格（详后）。另外，具体分析请参见本书第二章第一节，词根造词也多是“类推”的结果，不是词汇化。

3. 关于导致短语词汇化的原因，董书提到了三点：即，（1）隐喻和转喻；（2）创造性用典；（3）外来语的影响。[④] 前两项只适用于偶然现象，很难想象大部

---

① 需要指出的是，有很多联合式复合词的词序是 19 世纪末以后在日语的影响下才固定下来的，详见后文。

② 董秀芳著《词汇化：汉语双音词的衍生和发展》（修订本），北京：商务印书馆，2011 年，第 144 页。

③ 20 世纪 50 年代就有过“羊肉”是词组还是复合词的讨论。参见陆志韦著《汉语的构词法》，北京：科学出版社，1957 年。

④ 董秀芳著《词汇化：汉语双音词的衍生和发展》（修订本），北京：商务印书馆，2011 年，第 93—97 页。

分二字词都是通过这两种方式产生的。而最后一点，董书则称这是一类特殊情况，“有些双音词……从短语到词的词汇化过程却不是语言系统内部自然而然的发展结果，而是由于文化接触受到外来语影响而产生的，不少是意译的结果”[①]。所谓“意译的结果”不知具体何指。笔者对汉译佛经所知不多，暂置不论，仅就16世纪末以降的耶稣会士的翻译和19世纪以后的新教传教士的翻译略作探讨。

作为译词形成探究的术语，如图1－3所示，“意译词”有广义、狭义二解，广义的“意译词”与“音译词”相对；狭义的“意译词”与“直译词”即“逐字译”相对，同为“译词”的下位概念。传教士的翻译，不论耶稣会还是新教，均采用“西人口述，中士笔录”的方式。由于中国的合作者不懂外语，故直译，即逐字译或语素对应译形式的译词较少，多为狭义的意译词。这样的意译词一开始就是用一个文字串对应一个概念（即接近于“命名”），很难预设“词汇化”的过程。耶稣会士，特别是新教传教士，在书籍翻译、辞典编纂中创造了大量的二字译词。确实如傅兰雅（John Fryer，1839—1928）所说，很多译词经历了由短语说明到凝结成词的过程[②]，但这基本上可以看作是辞典编纂者对语词精炼的努力，而非自然发生的“词汇化”（详见本书第二章第三节）。如，麦都思（Walter Henry Medhurst，1796—1857）、罗存德（Wilhelm Lobscheid，1822—1893）在自己的辞典中都曾成功地把马礼逊（Robert Morrison，1782—1834）辞典中的很多短语、词组精炼凝缩成一个复合词。[③] 董书中谈到了“‘者’字名词化结构的词汇化”问题，却完全没有涉及19世纪的英华字典。[④] 至于日本译词，董书具体举例是来自日语的“经济”。可是“经济”不过是日本的译者用汉籍中的字串去对译 economy，中国人再把对译的结果原封不动地搬过来使用而已，并不存在词汇化的过程。尽管董书也承认“还有不少双音词是通过日本人的中介而形成的”，但紧接着又特别强调道：“外来影响只

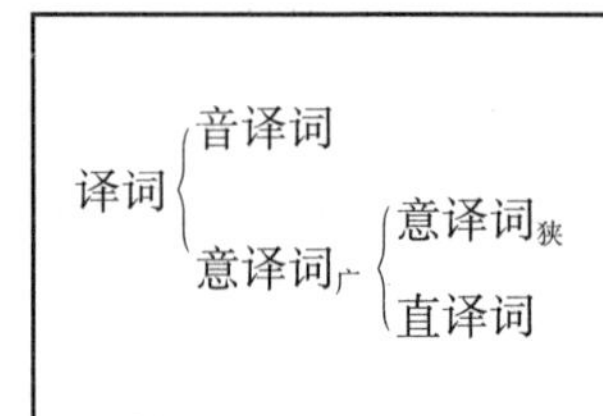

图1－3　译词类别

① 董秀芳著《词汇化：汉语双音词的衍生和发展》（修订本），北京：商务印书馆，2011年，第96页。
② 沈国威著《近代中日词汇交流研究——汉字新词的创制、容受与共享》，北京：中华书局，2010年，第132—141页。
③ 沈国威著《近代英华华英辞典解题》，大阪：关西大学出版社，2011年，第1—16页。
④ 朱晓平撰《近現代接尾辞「者」の成立と展開》，《或问》2018年33号，第39—50页。

是一个外因。由于其他文化的影响而产生的复合词之所以能够存在，是因为汉语中本已经有了从短语到词的造词模式。”①清末科举加试策论，1902年“经济特科”施行，此时“经济”还是经邦济国之略。日本的“经济”初入汉语时，受到了包括严复、梁启超等在内的几乎所有中国知识分子的激烈反对，但尽管如此，1905年以后仍在汉语中基本普及定型。如果不是借用日语的译词，“经济”能否词汇化于economy不得而知。

除了来华传教士以外，汉字文化圈的非汉语母语者的造词——主要是指日本17世纪中叶以后产生的新汉字词，即「和製漢語」——还有另外两种现象应该提及，一是非句法词的发生，二是汉字字义的扩展引伸。如前所述，在汉语中动词性语素作修饰成分构成的V+N定中格是非句法结构，能产性较低；但是在日语里相同的结构则是句法结构，有很高的能产性。近代以后，日语利用这一方式创制了一大批新词并传入汉语，如“备品、绷带、标语、触角、担架、定义、动产、动机、动力、动态、动议、读物、读本、挂图、领土、领海、领空、玩具、吸盘”等，“好转、暗转”等和制汉语也不符合汉语动补格的规则。②

与造词格相比，用字法是一个更不易总结规律的复杂问题。汉字传入日本（汉字文化圈其他国家、地区也是如此）后，在漫长的历史过程中字义、用法等都有了独自的发展和演变。例如，汉语中的“出”，近代以后只能和表出发点的宾语一起使用，如“出国、出境、出厂”，但是日语的“出”则延续了古汉语的特点，仍然可以和表终点的宾语一同使用，近代以后新造或改造了如“出席、出庭、出场（vs. 出厂）”等词。又如“领”在古代汉语中“持有”的意义并不强烈，除了上文的“领土”等以外，“占领、领有、领域”在本土文献中也没有书证。再如“考”在汉语中是“省察、考核、考稽”的意思，但在日语中“考”被训作“かんがえる”，是“思、想”的意思，并根据这一扩展义造出了“考虑、思考”等新词，改变了古典词“考案”的词义（详见本书第五章第一节）。

以上两种情况都表明，有些词不可能在纯粹的汉语环境里通过词汇化的途径实现，而且本书第六章的调查结果将告诉我们，所谓“有些”其数量并不在少数。

---

① 董秀芳著《词汇化：汉语双音词的衍生和发展》（修订本），北京：商务印书馆，2011年，第96—97页。

② 参见沈国威撰《[V+N]構造の二字漢語名詞について——動詞語基による装定の問題を中心に、言語交渉の観点から》，《国语学》1990年第160期，左起134—124页。沈国威著《近代中日词汇交流研究——汉字新词的创制、容受与共享》，北京：中华书局，2010年，第36页。

4. 也是最重要的一点，所谓“词汇化”是一种对语言在自然状态下所发生的变化进行的描写，应该排除语言社会外部的，如政治、军事、经济等因素的干预和影响，尤其是跨语言接触造成的词汇体系的变化不应视作词汇化的过程。事实上很多二字词在本土文献的范围内，无法确认词汇化的过程。例如“成功、同意、同情、提纲、表情、对策、保守”等词，直到 19 世纪末，在《申报》等本土文献中，仍然是短语，并无所谓词汇化的征兆，可谓自中古以来“一成不变”。董书对上述词语也并没有给出成词后的书证，而是直接给出了结论：

- “成功”是一个动宾短语，…… 后来“成功”成为一个动词，可以做谓语和状语；
- “同意”为动宾短语，……后来“同意”变为一个及物动词；
- “同情”作为一个动宾短语，……后来，“同情”词汇化了。[①]

又如“改善”，董书同样先从《后汉书》、《晋书》中列举作为短语的书证，然后直接从《清史稿》、《围城》等 20 世纪以后的文献中选取词义变化、成为及物动词的例子，得出结论说：“后来‘改善’在语义上泛化了”。“后来”被用来概括整个成词过程，成词的契机等都被遮掩了。董一方面批评《汉语大词典》跳跃式的词义诠释，另一方面也同样将连续性释义的责任置于一旁。其共同点之一就是 16 世纪以后的翻译文献及本土文献的缺失。很多二字词需要在中外译籍及同时代其他受到外来影响的文献群中仔细地辨别旧词的词义、词性的变化。当然，这里还有一个更根本性的问题：即直至 20 世纪初为止，现代汉语中的很多二字词甚至无法在 20 世纪前的翻译文献及本土文献中发现紧邻、共现的事实。

二、现代汉语二字词的主要来源

那么，现代汉语中的二字词究竟来自何处？如果以“五四”新文化运动（1919 年）为下限，二字词的生成期可分为三个阶段，即近世之前（宋元之前）、近世（明至清中叶）、近代（19 世纪至“五四”前后）。而从造词者（含地域）和书证出典文献群（时代）的角度看，其来源如表 1－1 所示大致有以下两类：

---

① 见董秀芳著《词汇化：汉语双音词的衍生和发展》（修订本），北京：商务印书馆，2011 年，第 67—71 页。

表 1 - 1　二字词的主要来源

地域	时代/造词者	文　献　群
本族词汇	古典词	先秦以来的汉语典籍
	近世新词	佛经、禅宗语录、白话小说、善书……
	近代新词	19 世纪以来的中国士子的著述、翻译
外域词汇	耶稣会士译词	16 世纪末以来的早期汉译西书
	新教传教士译词	19 世纪初以来的后期汉译西书
	日语借词	20 世纪以后的汉译日本书、报刊、辞典

"古典词"主要来自中国的典籍，如四书五经、历代诗赋古文。清代《四库全书》按照经史子集分门别类，这是汉语书面语的源泉和宝库。需要注意的是，其中二字词，作为文字串即使存在，与现代汉语的复合词也有一段距离。词汇化假说，对其中一部分无疑是有效的，而对另外一部分则不具备解释力。"近世新词"主要指唐宋以来的白话口语新词，包括汉译佛经、禅宗语录、白话小说及《福惠全书》、《妇女宝鉴》类的善书等。这些文献都提供了大量的二字词，其中佛经贡献最大。佛经是翻译作品，本应作译词看待，但时代久远，本土化程度高，暂作本族词处理。为了应对外域的某一概念，译词常常于创制初始就是作为一个意义单位产出的。尽管形式是复合词，但大多数情况下并不存在词汇化的过程。而禅宗语录、白话小说等的二字词其中有一部分并非直接融入现代汉语书面词汇系统的，而是迂回经由 20 世纪以后的日本译书和媒体。此前我们对这一事实缺乏清醒的认识。本书的本族"近代新词"主要是指 19 世纪以来中国士子著述翻译里所使用的新词语。[①] 鸦片战争之后，著名的有梁廷枏的《海国四说》(1846)、魏源的《海国图志》(1842—1852)、徐继畬的《瀛寰志略》(1849)以及王韬、郑观应等口岸知识分子的著作；《循环日报》、《上海新报》、《申报》等本土的定期出版物，严复等的翻译也都属于这个范围。应该指出的是，尽管是中国士子的著作，仍然受到外部知识的强烈影响。他们大都不懂外语(但与西人交游)，影响是间接的；只有一小部分精通

① Federico Masini(马西尼), *The Formation of Modern Chinese Lexicon and its Evolution toward a National Language: The Period from 1840 to 1898*,《现代汉语词汇的形成——十九世纪汉语外来词研究》，黄河清译，上海：汉语大词典出版社，1997 年，第 153—161 页。

外语,影响则是直接的。[①] 用汉字串表达传递西方的新概念,引发的是直接造词,因此也不存在词汇化的过程。这一点与汉译佛经的情况相同。

让我们再看一下外域词汇的情况。"耶稣会士译词",主要是指 16 世纪末来华耶稣会士的译著及撰述中的词语。这些著述被称为早期汉译西书,内容以各国概况,世界地理、天文、几何等为主,一部分被收入《四库全书》,编入了传统的知识体系。"新教传教士译词"是指 19 世纪初来华的基督教新教传教士的著述、译著、定期出版物、英华字典等中的词语。这部分资料又称后期汉译西书,涉及内容从宗教到世俗,较耶稣会士译籍范围更加广泛。"日语借词"是指借自日语的词。迄今为止的研究一般将日语借词具体分为"借形词"和"借义词"。前者是词形,即文字串借自日语,如"哲学、义务"等;后者词形为汉语原有,而从日语借入了新的词义,如"革命、经济"等。笔者近期认为上述关于日语借词的两分法还不足以记述日语对汉语影响的全貌。首先,"借义词"中有这样一种情况:在日语的影响下,汉语的某些古典词增加了新的义项。固然这种借义项词可以作为借义词的下位类处理,但笔者想强调的是,如"革命、共和、经济"等典型的"借义词"是词义的完全更新,而新增义项的词往往是新旧义项重叠,词义和用法都更加复杂,应该给予必要的关注。同时,笔者主张增加"激活词"一类。这是指那些在汉语典籍中有书证,故在词源上是汉语古典词,但使用例有限,长期处于冬眠状态。日本在近代翻译中把这些词改造为译词,并成为现代日语的常用词。这些词通过日本书中译和日本媒体,影响到汉语,使用频率在短期内有了明显的提高。但是词义等并无变化或变化较小。义项的增加隐藏在词义变化之中,激活,即词频的增加更不易察觉。但这些现象如实反映了词汇体系近代化的两个侧面,不容忽视。关于日语如何影响汉语,我们将在后文的章节中详细阐述。

以上是从词源角度的把握。词源与古典词,乃至近世近代以后的新词和外域词语如何融入现代汉语的词汇体系是两个不同层次的问题。笔者等的研究显示,古典词和现代词之间常常不存在"连续性"。笔者所谓的"连续性"是指:古典中的

---

① 所谓"间接"、"直接",是说译词创造者与外文原著的关系。日本兰学家大槻玄泽说中国的翻译方式是西洋人口述,中国人笔录,而日本则是"直就彼邦横文抗颜强译"。前者"本所取于重译。而非直就彼书译之者。则未免隔一层而观焉"(《重订解体新书》卷十一);后者"以直从事翻译。故东西万里。而得与西哲交臂。讨论于一堂上"(《重订解体新书》卷十二)。大槻玄泽一语破的地道出了汉译西书和兰学翻译在方法上的不同,这种差异不但影响到译词的创造,而且影响了整个 19 世纪两国接受西学的成功与否。

词语，在汉译西书（前期耶稣会士译著，后期新教传教士译著、英华华英辞典）、包括口岸知识分子著述在内的19世纪书籍报刊，直至“五四”以后的现代汉语文献中均有连绵不断的用例；词义和用法即使有变化也可以从派生、引申的角度作出解释。[①] 这样由古至今、一以贯之的二字词并不像我们想象的那么多。1915年出版的《辞源》比较真实地反映了汉语二字词的这种非连续性。具体问题将在本书第三章中讨论。

三、语言接触：二字词的催化剂

如上所述，在讨论短语词汇化的原因时，董秀芳谈到“外来影响只是一个外因”。研究者在谈及语言变化时，常常将其原因分为内因和外因，“唯物辩证法认为外因是变化的条件，内因是变化的根据，外因通过内因而起作用”[②]。这也常常成为讨论语言嬗变原因的哲学箴言。什么是内因？什么是外因？胡以鲁指出，汉语的变化缘于其自身的特质和思想、科学的进步。胡运飚认为，词形和词义的矛盾是内因，社会、交际和思维的发展是外因。这些代表性的主张认为：环绕语言的诸种因素从外部引发了语言内部的变化。然而笔者认为，语言既然是对自然界的切分与描写，不断反映外部世界的变化也就是理所当然的了。这一切都是语言这一符号系统与生俱来的问题。但不同的语言对自然界的切分也不尽相同，不同语言互相接触——大航海时代以后主要是指东西和东东的语言接触时，会对语言的变化造成何种影响？特别是封闭的社会按照自身的节奏运动，语言的变化也与之相呼应，不同语言的接触能否改变其固有的节奏？笔者主张只有这种来自语言社会外部，即跨语言接触的因素才应该视作造成语言变化的外因。以往的研究多注重语言的内部因素，即认为二字词化主要是自汉语先秦以来历时变化的结果，个案的词源考证成为主要研究模式，近期也有如董秀芳书所示，着眼于词组向复合词发展的词汇化视角的研究。[③] 对于语言接触这一外部原因，研究者的关注点也更多地停留在外部概念的导入上。如王力指出二字词化的“另一因素是外语的吸

---

① 具体所言，如事物的变化、认知的深化、对译关系的建立等可解释的原因。如“铅笔”、“兵器”等指示内容都发生了变化。亦可参见本书第五章第三节。

② 毛泽东著《毛泽东选集一・矛盾论》，北京：人民出版社，1991年，第302页。

③ 参见董秀芳著《词汇化：汉语双音词的衍生和发展》（修订本），北京：商务印书馆，2011年。

收”[①]，列举了音译词“葡萄、菩萨、罗汉”，意译词“火车、电话、发动机”等。王力的论述有些简略，容易被理解为用音译的形式吸收外来词，胡运飚就是在这一点上提出质疑的。外来音译词并不一定经过文字的翻译，口岸城市流行的大量音译词就反映了这一事实。王力的“吸收”也并不一定准确，因为“吸收”常常意味着对外来概念的接受。而如前所述，二字词一半以上与新概念无涉。笔者认为并不一定伴随概念转移的“语言接触”是更适当的术语。语言接触有程度深浅、范围广狭之别，但都以两种方式具现：口头语言和书面语言。前者在人类社会形成之初既已有之，是为常态，如战争、边境贸易、异族通婚等，以社会生活中的信息、情感之交流为目的；后者以文字转换的形式实现，即翻译，主要目的是知识的传递。如果说跨语言接触是最重要的外部因素，那么其中扮演最重要角色的就是“翻译”。[②] 翻译是语言接触的高级形式，势必对语言产生持续性的影响。翻译的先决条件是书面语系统，日本古代与汉语接触时尚无书面语，翻译意识的确立相对滞后。[③] 二字词更多地具有书面语的特征，受翻译的影响也最为显著。在二字词化这一问题上，之所以要强调“翻译”这种跨语言接触的重要性，是因为作为历史的经验，二字词产生的两次高潮都与大规模的翻译活动有关。第一次是佛经翻译，第二次是16世纪末耶稣会士开启的西书翻译。耶稣会士的翻译经由新教传教士、严复等本土译者，最终连接20世纪初的大规模的日书汉译。语言事实表明，翻译是二字词产生的催化剂，除了汉语和汉语语言社会内部的因素外，我们还需要认真考虑跨语言接触对汉语的深刻影响。

关于佛经译词，朱庆之、梁晓虹、颜洽茂等讨论了二字词化的问题，他们的研究成果尤其值得注意。朱庆之指出，缘于语言本身原因的双音词的形成必将是一个渐进的、缓慢的、长时期的过程。佛经翻译作为外因引起汉语词汇的变化用时以百年单位计，即便如此，朱仍认为佛经汉译起到了促进、加速二字词形成的作用。[④] 梁晓

① 王力著《汉语史稿》，北京：中华书局，1980年，第341页。王力认为二字词化的第一个原因是“语音的简化”。

② 其实，王力已明确意识到了翻译活动对汉语的影响。《汉语史稿》中分别有讨论佛经汉译和西书汉译的章节。

③ 日本在解读汉文典籍的过程中逐步确立了书面语系统。但首次明确指出中日文之间的翻译行为的是江户时代汉学家荻生徂徕（1666—1728）。氏说“和训即翻译”，提醒日本读者注意翻译过程中必然存在的“误解”。参见沈国威著《近代中日词汇交流研究——汉字新词的创制、容受与共享》（二、新词创造编），北京：中华书局，2010年。

④ 朱庆之著《佛典与中古汉语词汇研究》，台北：文津出版社，1992年，第131页；朱庆之撰《佛教混合汉语初论》，载朱庆之编《佛教汉语研究》，北京：商务印书馆，2009年，第19页；朱庆之撰《论佛教对古代汉语词汇发展演变的影响·下》，《普门学报》2003年第16期，第2页。

虹也在其著作中专列一章(下编四·加速了汉语词汇双音节化的进程)表述了相同的观点。[①] 汉译西书中传递西方新概念的译词,自耶稣会士起就逐渐积累,新教传教士又多有贡献,但传教士的翻译由于内容及文体上的限制[②],汉语词汇的二字词化并未最后完成。总之,与佛经译词的研究相比,对汉译西书中的译词,及其给予汉语的影响等,其研究起步较晚,其中的大量词语甚至无缘成为近代汉语研究者的考察对象。[③]

汉语二字词的急遽涌发期是在19世纪末20世纪初,如果以1919年"五四"新文化运动为初步达成期计,时间不过十数年而已。为什么二字词会出现这种剧增现象?笔者认为日本书汉译的词语起了决定性的作用。[④]

20世纪以后的汉语近代译词研究,几乎一开始就同日语借词的现象联系在一起。尽管日语也使用汉字,但终究是一种不同于汉语的外国语言。中国知识分子认识到这一事实是在19世纪末,这一点与有史以来一直以汉语为规范的日本知识分子完全不同。20世纪初,中国的知识分子又不得不面对日语二字词大量涌入汉语这一前所未有的事实。对于日语新词的大量涌入,当时就有一些人从社会语言学,如彭文祖的《盲人瞎马之新名词》(东京秀光舍,1915),翻译术语学,如上文提及的胡以鲁的论文,以及余又荪的《日译学术名词沿革》(《文化与教育旬刊》,1935)等角度加以探讨。而作为词汇学上的考察对象进行系统的研究则是在20世纪50年代后期,讨论的内容也限于自然科学、人文科学的术语。80年代以后,关于近代中日词汇交流的研究,取得了令人瞩目的成果,但其出发点是近代西方新概念的引入,以及由此造成的汉语日语间的语词借贷。[⑤] 在这种主导思想下,研究者对日语译词新词的借用是如何填补了短时期内汉语词汇系统出现的空白表现出强烈的兴趣,而对于日语给汉语词汇体系以及造词法上造成的影响似乎关心

---

① 梁晓虹著《佛教词语的构造与汉语词汇的发展》,北京:北京语言学院出版社,1994年。

② 西人口述、中士笔录的翻译方式决定了译文文体很难摆脱文言文的束缚。

③ 耶稣会士的译述,尽管很多被收入了《四库全书》,成为传统学术体系的一部分,但在汉语研究领域并不被视作本土典籍。如《近代汉语词典》(上海教育出版社,2015)、《辞源》(第3版,商务印书馆,2016)等都几乎不收录其中的词语。

④ 笔者甚至想作极端之论:二字词化与其视作汉语词汇变化的趋势,毋宁是16世纪以后中外对译,20世纪以后中日对译所引发的词汇现象。从语言由综合向分析发展的大趋势上看,汉语自身是否存在二字词化的动机令人怀疑。

⑤ 关于日语借词的研究史,参见沈国威著《近代中日词汇交流研究——汉字新词的创制、容受与共享》,北京:中华书局,2010年,第41—63页。

不够。例如，对“改良、改善、考虑、解决，伟大、简单、优秀、正确”等大量的二字动词、形容词如何成为现代汉语常用词汇这一问题，无论是从事汉语词汇研究的学者，还是从事近代中日词汇交流研究的学者，都没有给予应有的关注。

日语不仅仅提供了新词和新义，在使用上也影响了汉语。关于日语对汉语影响的方式、范围等问题，我们将在第五章详细讨论。笔者在此只想指出，在日语里大多数情况下单字不成词，所以包括科技术语在内的日本近代新词译词都不可避免地要采用汉字二字词的形式，即遵循以下的原则：一、新的概念主要用汉字词表示，甚至音译词也需以汉字形式表示，如“瓦斯、倶乐部”等；二、日本的固有词汇“和语”，必须获得与之意义相同或相近的汉字词形式。以上两项笔者称之为“和汉相通的二字词原则”。在本书中这主要是指与汉字形式的术语配合使用的二字动词(「サ変動詞語幹」)和形容词(「形容動詞」)。可以说，日语词汇体系的近代化是以“和汉相通”为标志的。而关于汉语，朱庆之在谈及汉译佛经对中古汉语的影响时指出，双音化是中古汉语词汇发展的重要标志，具体有二：一是新的概念主要是由双音节形式来表示；二是原来由单音节词表示的旧有概念大都有了双音节形式。[①] 这一论断同样适用于19世纪以降近代汉语词汇的发展实际。我们可以这样说：现代词汇体系的建构有两个重要特征，一是新的概念用二字词表示，如果新概念是通过翻译导入的，就可以说译词必须采用二字词形式；二是为表示旧有概念的一字词准备一个(更多的情况下是一组)同义的二字词形式。笔者将上述特征称之为汉语的“单双相通的二字词原则”。[②] 这一原则意味着近代词汇体系的建构，第一位是术语的获得，但仅有术语还不足以进行科学叙事，二字动词、形容词及大量的区别词也是不可或缺的。汉语韵律上的特点，以及现代语言活动要求词汇系统为同一概念准备单双不同的词形。日语的近代词汇体系建构起步于18世纪中叶以后勃兴的兰学，进入明治20年(1887—)以后，日本术语辞典的出版告一段落，术语体系的建构基本完成。此后，以二字动词、形容词为主的“和汉相通”的问题被提上了日程。“和汉相通”所引起的二字词获得(自造或借自中国典籍、汉译西书)的过程一直持续到明治与大正的更替时期(1911年前后)。在时间上，日

① 朱庆之著《佛典与中古汉语词汇研究》，台北：文津出版社，1992年，第124页。

② 沈国威撰《中国語語彙体系の近代化問題——二字語化現象と日本語の影響作用を中心として》，载内田庆市编著《周縁アプローチによる東西言語文化接触の研究とアーカイヴスの構築》，大阪：关西大学东西学术研究所，2017年，第15—35页。

语的二字词化先于汉语一步，有了为汉语提供资源的可能性。中国的古典词、近世词语、近代词语，尤其是汉语西书的译词曾经给予了日语以巨大的影响。[①] 日语正是在这样的基础上再反过来影响汉语，乃至朝鲜语和越南语的。我们将这一过程称之为“汉字文化圈内的词语环流”。在中日朝越现代词汇体系中，以学术用语、抽象词语为主的二字词都是这种环流的结果。

四、新课题与新方法：大数据的运用

上文中，我们曾指出，董书的考证常以“后来”导出结论，“后来”遮掩了事实。其记述的方法是，发现首见书证、历时地或共时地甄别词义变化。从方法论上看，本质上还属于传统的词源考证，这也是我们的研究所借重的基本方法，但是我们在此基础上加入了语言接触的视角。我们的考察大致遵循以下步骤：[②]

1. 对考察对象词，首先确认包括汉译西书在内的本土文献中是否存在书证，如果没有则是中日词汇交流的考察内容；
2. 如果本土文献中有书证，则需进一步考察意义用法的变化，并找出引起变化的原因；
3. 基于时间序列考察对象词在使用频率上的变化，由此观察词语成为近代词的全过程。

例如，针对“同意、同情”这两个词，我们的具体做法是：

1. 寻找书证，确认“同意、同情”是汉语古典词；
2. 在本土文献内解明从早期书证到19世纪末，“同意、同情”的意义用法无显著变化（即没有发生所谓的词汇化）；
3. 记述“同意、同情”在19世纪中叶的英华辞典中分别与consent，agree，sympathy发生关联，成为译词。但传教士的译词基本上没有影响到本土的使用者；
4. 考证成为译词的“同意、同情”通过英华辞典被借入日语，并在日本明治时期的日本英和辞典中固化为consent，agree，agreement，sympathize，

① 沈国威撰《漢語の育てた近代日本語——西学東漸と新漢語》，《国文学》1996年Vol. 41-11，第80—86页。

② 参见本书第五章的叙述。

sympathy 的译词，进而成为常用词汇；

5. 考证在日语的影响下，20 世纪初，汉语媒体、中文著述、译书、英华辞典中，汉语古典词“同意、同情”发生了意义用法的变化，使用频率亦大幅度提升，最终成为现代汉语的常用词。

而对于“优秀、正确、考虑”等词，我们的具体做法是：

1. 进行词源考证，确认“优秀、正确、考虑”等为非汉语古典词；
2. 在日语的相关文献中完成“优秀、正确、考虑”的词源考证；
3. 通过对 20 世纪初，中文媒体、著述、汉译日本书的调查，记述“优秀、正确、考虑”等进入汉语并普及定型的过程。

由上可知，我们的方法有三点不同于以往。一、将书证调查的文献范围扩大至汉译西书以及在此影响下的口岸知识分子的著述、译著；二、保持一个清醒的认识，即一部分汉字词是在中国以外地域，由非汉语母语者创制的——主要是“和制汉语”，故需要将考察的范围扩大至域外汉字文献；三、更加注重作为现代汉语词汇成立的过程，即不但要追根寻源，发现首见书证，还要描述记述由古至今的变迁及最后定型于现代汉语的种种现象。古典词融入现代词汇系统常常表现在使用频率的增加上。如董书所述，考察词汇化过程的关键是发现“紧邻共现”和“高频率使用”的事实。在浩如烟海的古代文献中，发现“从不连属”（樊增祥语，详后）的新的文字串，这在以前实属不易。但现在动辄数亿字节的大型语料库相继问世，寻找书证已经是弹指之间了。[①] 同样，把握词语的使用频率需要进行穷尽式的调查，这在以前也几乎不可能，而近年迅速发展的语料库的运用及大数据研究法为我们提供了新的可能性。例如，谷歌词频分析界面 Ngram Viewer（https://books.google.com/ngrams）可以调查某一时间段特定语词的使用频率变化。《申报》（1872—1949）、《大公报》（1902—1949）、《东方杂志》（1904—1949）等语料库可以调查 19 世纪中叶以后的二字词使用的情况。日本国立国语研究所于 2016 年公开的“日本語歴史コーパス（本书以下记作“日语历史语料库”）”则提供了观察日语词频变化的工具。笔者曾利用《申报》语料库对常用二字抽象词汇 100 词做过词频预备调查。如图 1－4 所显示的调查结果，词频曲线上升的拐点集中在 1904

① 另外，尽管检索精度还有待改进，Google Books 也可以对数千万册图书进行全文检索。

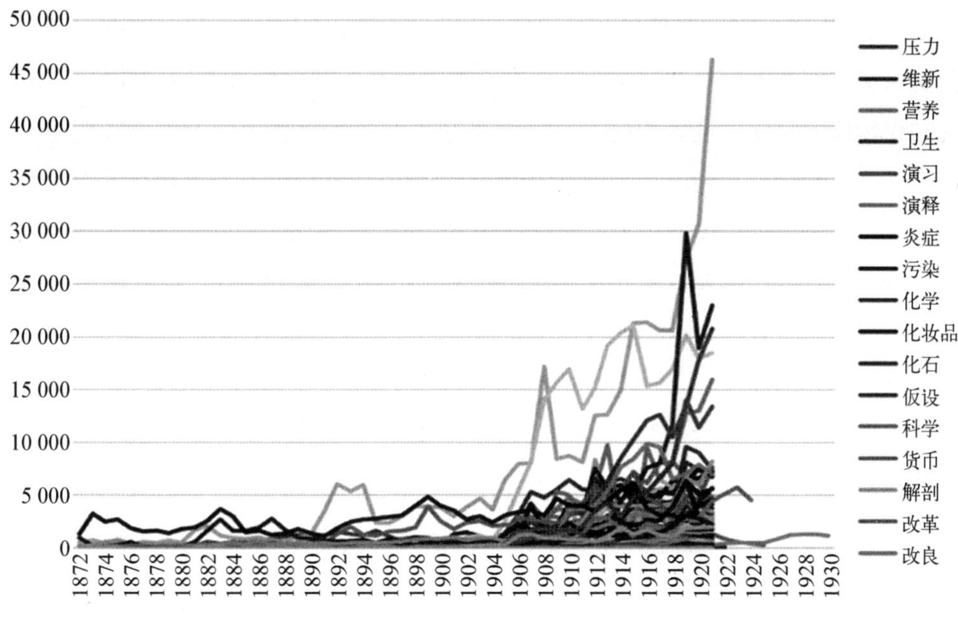

图 1-4 《申报》现代汉语常用二字抽象词汇 100 词使用频次变化图（部分）

年前后。[①] 笔者进一步利用日语历史语料库对其中的“改革、改善、改良、伟大、冷静、特殊、优秀、简单、正确”作了中日对比词频调查[②]，日语中二字动词、形容词词频上升的拐点在 1900 年前后，领先汉语 5—10 年，二者之间的相关关系非常明显。诚然，报刊媒体上双音词词频的增加有着复杂的因素，如媒体字数总量、事件、新闻源、执笔者的知识背景等，但随着语料库的逐步完善，尤其是日语历时语料库的扩大，我们可以得到更精确的检索结果，并从中了解中日二字词词频增加的时间差，进而考察两者之间可能存在的互动关系。

五、近代词汇体系的建构与语言近代化

近代的亚洲是东西方冲撞、融合的时代。表达西洋近代文明的新概念随着西方列强贸易和军事的扩张如怒涛一般涌入东方。东方各国则为了国家、民族的生

① Ngram Veiwer 用于分析的语料性质、语料库的内部结构等都未公开，这也使我们不得不对调查结果有所保留。参见沈国威撰《中国語語彙体系の近代化問題——二字語化現象と日本語の影響作用を中心として》，载内田庆市编著《周縁アプローチによる東西言語文化接触の研究とアーカイヴスの構築》，大阪：关西大学东西学术研究所，2017 年，第 15—35 页。

② “改革、改善、伟大、冷静、特殊”是汉语古典词，“改良、优秀、简单、正确”在汉籍中均没有书证，可以断定为“和制汉语”。部分词语的详细考源，见本书第五章。

存和发展，不得不努力接受这些新的概念，而古老的汉字由于历史上的原因则成为汉字文化圈各国接受西方文明时的唯一选择。在东西之间和东方内部，汉字成为知识传播的媒介。进入 19 世纪以后，东方各国又都面临着一个国语建构的问题。什么是“国语”？国语是一种意识形态，是身份认同的工具。近代民族国家的形成呼唤国语。近代民族国家的成立促使自然语言层次上的“方言”成为“国语”。语言的近代化就是随着近代民族国家的形成，一方之言成为“国语”的过程。16 世纪末的耶稣会士东来，特别是 19 世纪初新教传教士来华以后，人们开始强烈地意识到“外国语”的存在。占据东亚学术语言地位的汉语书面语被相对化，并在词语体系上逐渐与西方语言建立了互相对应的关系。广泛的接触和深度的互动是语言的“近代”特征。近代的语言接触不仅仅指边界、移民、贸易等引起的语言现象，更主要的是指作为知识载体、媒介的语言的交流。前者常以口头语言为主，引起了生活、名物语词的借贷、洋泾浜语等现象，后者主要通过书面语实现，促成了抽象词汇的发生和文章体裁的变革。

笔者在近期的研究中，更加明确地意识到中日之间的词汇交流问题，不仅仅是语词借贷取予的“恩恩怨怨”，而应该放在“近代”的历史脉络中，作为民族国家的形成和“国语”获得的问题加以考虑。这种研究思路的转换首先得益于马西尼(Federico Masini)的那本 *The Formation of Modern Chinese Lexicon and its Evolution toward a National Language: The Period from 1840 to 1898* 的著作①，以及与近代学术史其他领域的专家学者们的交流。

我们从词汇、语音、语法三个层面感受到语言的变化。近代以前的汉语是否处于“超稳定结构”的状态？需要指出的是：语言的变化至少在近代以后被视作一种“进化”，即朝着一个特定的方向逐渐完善。可以说这是西方进步史观对语言意识的影响。例如，我们曾经相信象形文字是野蛮的文字，必然要向拼音文字发展进化，并最终被其取代。现在我们反思：语言是按照其自身的客观规律而变化的，其基本动因是时代、社会的要求和语言使用者的价值取向；同时，政治等外力的作用也是强大的，足以一时，甚至永久地扭曲语言。近代以后，东亚各语言的词汇体系发生了哪些变化？之间的互动关系如何？这些课题都需要我们加以深入的

① 中译本《现代汉语词汇的形成——十九世纪汉语外来词研究》，黄河清译，上海：汉语大词典出版社，1997 年。

研究。

词汇体系的更新重组是国语建构的首要任务，汉语的二字词化现象也必须放在文化交流、语言接触所引发的“语言近代化”这一大背景下讨论。词汇化假说所提示的理论框架之所以无力，是因为如上所述，词汇化基本上是封闭环境下的现象；其最大的弱点是只能处理偶发的个案，对数以千计的二字词不具备解释力。①

近代词汇如何演进为现代词汇？如何实现科学叙事？19 世纪以来的中外语言深度接触在这一演进过程中扮演了何种角色？讨论二字词化现象时，这些都是我们绕不过去的问题。需要指出的是：二字词的增加是汉字文化圈其他语言，例如日语、朝鲜语、越语等都可以观察到的“近代”语言现象，相关研究也需要横跨日语、汉语、朝鲜语、越南语等展开。

语言是知识的载体，是信息传递的媒介，社会生活之间存在着紧密的互动关系。西方新知识的东渐促进了东亚各语言向近代转变，同时语言的变化又记录了东亚社会的种种近代性获得的轨迹。汉字文化圈的存在，使域内的语言处于一种紧张的力学状态中。如同汉语与中国的近代有不可分割的关系一样，汉字与东亚的近代也有着密切的联系。在西学东渐的大背景下，汉语一方面对汉字文化圈的其他语言产生了巨大的影响，另一方面也受到了汉字文化圈其他语言，尤其是日语的强烈的反作用。汉字文化圈内，大量抽象词语或时代的关键词都是以汉字同形的形式存在的，这毫无疑问是域内语言接触、词汇交流的结果。而各语言之间的同形词在意义、用法上的异同反映了不同的国家、地区容受西方新概念、新知识的历程。

几个世纪以来，汉语发生了巨大的变化，特别是 19 世纪和 20 世纪之交，汉语迎来了质变的时期，其后汉语的“进化”也没有停止，一直持续到今天。那么，现在我们使用的汉语可以称之为“近代”的语言吗？或者说，汉语的近代化进程完成了吗？答案也许是否定的。笔者认为，作为民族国家的“近代”语言，至少应该具有以下的特征：②

---

① 参见沈国威撰《汉语与近代——置身于东亚语境中的思考》，《澳门语言学刊》2009 年第 1 号，第 20—23 页。

② 沈国威撰《汉语与近代——置身于东亚语境中的思考》，《澳门语言学刊》2009 年第 1 号，第 20—23 页。

1. 全民性：国语必须为绝大部分国民所掌握，为此国家须承担教育之义务，以消除因语言能力造成的机会不平等。①
2. 国际性：能翻译外语，或被外语所翻译（互译性），这样才能应对社会的进一步发展。
3. 传播性：可以用来讲授新知识，能讨论人文科学和自然科学问题；可以用来表述不断出现、日益增多的新概念。
4. 普及性：书面形式和口头形式具有较大的一致性，知识传递不受语言媒介形式上的限制，即言文一致。

“五四”新文化运动以后的汉语可以表述不断出现、日益增多的人文科学、自然科学的新概念。但是，口语形式与书面语形式仍有较大的不一致性，讲演等口语形式中还存在着大量文言的化石，如成语、典故；汉语的书面语也还是一如既往地不能完全听懂，特别是存在着笔者称之为“母语限制”的现象，即非母语使用者的书面语无法获得广泛的认同，例如还没有非母语作家获得过中国现代文学的奖项。汉语还远远没有实现“近代化”。汉语中还有很多历史的遗物在左右我们的书面语价值取向。考察世纪之交的二字词，必将促进对汉语近代化的深入审视；对历史的把握有助于我们了解汉语的现状和今后的发展方向。这也是本书执笔的主要动机。

第三节　本书概述

本书共分六章，卷末为参考文献、索引条目和后记。

第一章概述汉语词汇研究领域关于二字词研究的历史与现状，提出并阐述了笔者的基本观点。本章主要分析了“词汇化”假说的局限性，提倡在语言接触与语言近代化的视角下考察二字词的问题。对于“词汇化”，笔者的基本主张是：词汇化应局限于动宾式和状中式的短语范围之内；名词性成分的组合、联合式复合词无需引入词汇化的解释；译词为语言外部因素引发的造词活动，故也不存在所谓的“词汇化”过程；对于非句法词，则需要区别对待。

第二章通过整理回顾翻译史研究中的事例及丰富的研究成果，汲取先学学

① 在中国和日本，汉字教育的任务必须在义务教育阶段（初中）完成就是这一要求的反映。

殖，探索二字词研究的新视角。第一节讨论了佛经翻译引发的二字词问题。佛经译词研究的成果对笔者学术观点的形成也极有影响。第二节讨论了日本江户期兰学家的翻译实践，日本二字为词意识的形成和译词创制的方法是我们分析的重点。逐字译造词在兰学翻译中具有重要的地位，这也是明治以后译词创制的主要方法。他山之石，可以攻玉，考察日本兰学家在近代科技术语创制上的原则和方法，必将对汉语译词研究提供有益的启示。第三节聚焦19世纪来华传教士的科技术语造词活动，特别是分析傅兰雅的翻译理念、译词创造的实践，以及对后世的影响。傅氏的造字为词的方式取得了化学元素命名的成功，但是，罗存德的化学元素造字法和博医会的造字为译词的努力都以失败而告终。本节具体分析了两者的相同之处和不同之处。第四节讨论本土译者关于单字与复辞这一译词形式的问题，主要是严复的主张和实践与同时代人的碰撞。

第三章以"近代书写语言的形成与二字词"为题，讨论词语形式和文章类型之间的关系，分析了汉语史上第一部具有近代性质的工具书——《辞源》(1915)的贡献与局限性。

第四章"关于基本词汇化现象"讨论词汇体系重构以及由此引发的词汇体系上的一些问题。笔者强调所谓"基本词汇化"是认知语言学理论所论的"典型化(prototype)"过程，这是以二字词为主体的同义词群的发达带来的必然结果；是在同义词群形成的过程中，原来使用频率并不高的词逐渐占据中心位置，成为该词群的代表词的现象。本章在对认知语言学的范畴理论、原型理论作出修正的基础上，对基本词汇化的机制等进行了阐述。日语影响汉语的实质是什么？中日之间的语言接触，以及与知识移动相伴随的词汇交流，对日语、汉语都产生了重大的影响。除了科技术语以外，其他方面的词汇影响是否存在？基本词汇化的现象从侧面回答了这些问题。

第五章以"近代二字词环流与日语影响"为题，从东亚汉字文化圈词汇交流的视角，重点阐述日语对汉语的影响方式、所及范围，并以胡适的从古代典籍中寻找二字词的主张为切入点，讨论汉语如何在短期内获得了大量的二字词，以期最终回答现代汉语二字词来自何处这一根本性的问题。本章的考察分别选取"优秀、正确、考虑、思考(以上为日语借形词)；关系、影响、传统、保守、同意、同情、表情(以上为日语借义词)；解决、问题(以上为日语激活词)"加以考察。个案研究的目的是为不同类型的词语考源提供一套切实可行的方法。本章的内容有笔者讲座的博士生参与。

第六章是对7 501条现代汉语词汇中的5 791条二字词所作的词源调查结果的分析和展示。这是一次大规模的、长时间的调查，得到了师友、同学们的广泛参与和热情帮助。调查结果大致廓清了日语影响汉语的情况，为今后近代词汇史研究，乃至汉语研究提供了一个基础性的材料。具体结果还将以《近代汉字新词辞典》和《近代概念史辞典》的形式公开。

结语"二字词与汉语的近代演化"，聚焦"言文一致"的问题，是对本书的简单总结及对今后研究的展望。

汉语词汇的二字化是一个连续的过程，需要用共时和历时相结合的方法进行考察，世纪之交作为过渡期尤为重要。但纵观近代汉语词汇的研究，19世纪末至20世纪初叶这一时间段的研究难免有缺位之感，近代词汇和现代词汇两种研究还处于某种断裂状态。希望本书对消弥这一现象有所补益。

第二章 来自翻译史的启示

不同语言的接触促生了"翻译"这一语言行为。翻译是操不同语言的人进行沟通的媒介,也是触发语言变异的激素。现代汉语中的"翻译"一词,没有口译、笔译之别,但毫无疑问,翻译的初始形式是口口相移;异民族杂居地区、越境贸易集市是最原始的翻译实践场所。文字的产生和使用使口头的移译摆脱了时间空间的束缚,也将不同语言碰撞的痕迹长久地保存了下来。

在中国,历史上曾有四次对中国的文化、思想,乃至汉语产生过重要影响的大规模翻译活动。第一次是由东汉延续到宋代的佛经翻译,有名的或无名的译者将产生于印度或西域的佛教典籍译成中土信众可读可诵的经卷。译经无论是规模上,还是时间跨度上,都是空前绝后的。佛经翻译尽管以书面语的形式呈现,但是,如《翻译名义集》开宗明义所云"夫翻译者,谓翻梵天之语转成汉地之言,音虽似别,义则大同"①。语言的"音"仍是被强烈意识着的因素。这是因为贯穿佛经翻译千余年全过程的翻译法,主要是由懂外语的人口述,再由不懂外语,但精通汉语的人笔录下来并加以润色的。这种翻译法给经文中留下了大量的口语因素。"经"是用来"诵"的,译者无法忽视受众的这种要求。

第二次大规模翻译活动的主角是16世纪末来华的耶稣会士。航海术和印刷术的发明及应用,开启了史称"西学东渐"的知识大移动的时代。利玛窦(Matteo Ricci,1552—1610)、邓玉函(Johann Schreck,1576—1630)、艾儒略(Giulio Aleni,1582—1649)、汤若望(Johann Adam Schall von Bell,1592—1666)等名震一时的耶稣会士,既是虔诚的宗教人士,也是当时世界范围内亦堪称第一流的学者。他们秉奉"文化适应政策",除了宗教书籍以外,所译内容还涉及了其他广阔的世俗领域。西方的天文学、地理学、数学、医学、逻辑学等新知识就是经他们之手首次介绍给中国士子的。而他们的合作者,如徐光启(1562—1633)、李之藻(1565—

① [宋]法云编《翻译名义集》(上),扬州:江苏广陵古籍刻印社,1990年影印本,第13页。

1630)、王徵(1571—1644)等也属于中国最优秀的士大夫群体。耶稣会士的译著很多被收入《四库全书》,获得了正统的学术地位。

18世纪初叶起,雍正朝的禁教政策使耶稣会士主导的西书翻译事业沉寂了近百年。1807年,新教传教士马礼逊悄然登陆澳门,并假借东印度公司翻译的身份进入广州。新教传教士的东来引发了第三轮外域书籍的翻译潮。

西学东渐是16世纪以降最值得予以关注的近代历史进程之一。19世纪中叶以后,除了传教士引介的西方近代启蒙知识以外,清政府亦设立官方翻译机构,组织人力、物力翻译西方工业方面的书籍;自上而下的洋务运动大大地推动了西方自然科学知识的传入。但是这些引介工作并没有给中国社会,乃至语言带来根本性的变革。

1894年爆发的中日甲午战争,以中国的惨败而告终。此后,一方面,国人开始重新审视西方新知识的引介问题。另一方面,传教士逐渐退出了世俗内容的翻译活动;本土的翻译家开始成为主角,迎来了翻译的新时期。在第四次翻译活动中,翻译内容更加广泛、细化、深入,传播渠道的多元化也是这一时期的显著特征。引介内容由西艺向西政、西学延伸;引介渠道由传教士主持的报刊书籍向国人创办的媒体扩展;中国人开始尝试独自引入新知识,本土的译者承担起了更大的社会责任。尤其是进入20世纪以后,翻译活动深入到所有社会领域,假道日本翻译西方书籍也成为一种新的选择。① 甚至可以说20世纪的第一个十年主要是日本书翻译或者重译的时期,直接从西文译书还有待于翻译人才的培养,西译取代日译则是20世纪20年代以后的事。即便在此之后,文艺理论、现代戏剧,以及社会主义、马克思主义论著的翻译仍主要取径日本。

翻译史上的第三、第四次翻译活动,即传教士推进的翻译和本土译者的翻译,可以说是一个既呈连续状态,又有着质的不同的事件。在这一过渡交替的时期,无论是翻译形式,还是翻译内容,严复(1854—1921)都是一名伟大的实践者。严复以后,以其为代表的本土译者逐渐成为翻译的主力军,并最终改变了"西人口述、中士笔录"的传统翻译模式。

转观日本,江户时期(1603—1868)兰学家的翻译活动与中国有着极大的相似

① 参见沈国威著《近代中日词汇交流研究——汉字新词的创制、容受与共享》(三、语言接触编·第二章),北京:中华书局,2010年。

之处。杉田玄白(1733—1817)等江户的汉方医们在着手翻译荷兰语的解剖学书《解体新书》(1774)时[①],面临着同样的困难：缺乏外语知识、专业知识及译词。但是兰学翻译没有西方人的参与,此点大异中国。[②] 兰学翻译使用的语言是“汉文”,即汉语的文言文。这是因为直至明治维新(1868)及以后的一段时间里,汉文是日本唯一的学术语言,兰学家以及江户时代的精英层可以看作是汉文的准母语使用者。这也是将兰学翻译放入本章加以讨论的理由。

大规模的翻译活动促进了二字词的大量生成。本章依次讨论佛经翻译、日本兰学翻译、新教传教士翻译以及严复的翻译,从不同视角审视翻译与二字词的关系。

第一节　佛经译词与二字词

佛经翻译是中国有史以来第一次大规模的翻译活动,是中外语言在书写层面上的首次碰撞。持续了千年以上的译经活动,必然深刻地影响了汉语。研究者们认为佛教词汇影响汉语具体表现在,增加了新词、吸收了大量的外来词、丰富了汉语的造词方式、促进了汉语词汇的双音化等方面。[③] 以下的讨论将以和词汇化假说密切相关的造词法为中心展开。

一、佛经中的联合式造词

联合式又称并列结构,是意义相同或相近的语素并列连接形成的复合词。[④] 联合式复合词最大的特征是不存在意义上的动机,只是“辞气稍觉浑厚”(马建忠《马氏文通》);“融和其义使之浑厚,或急遽其义使之强烈,以促对话者之加意”(胡

---

① 《解体新书》的翻译出版被称作“兰学肇始”,其后通过荷兰语学习西方医学等的人士被称为“兰学家”。

② 《解体新书》的改订者——大槻玄泽写道:“闻是召洋人于本地(即中国：引用者),传译笔录,以所纂修云,亦是异于吾辈之直就彼邦书横文,抗颜强译者也。”见大槻玄泽译《重订解体新书》(1798 成,1826 刊)卷十二,三十一叶上下。

③ 朱庆之著《佛典与中古汉语词汇研究》,台北：文津出版社,1992 年;梁晓虹著《佛教词语的构造与汉语词汇的发展》,北京：北京语言学院出版社,1994 年;颜洽茂著《佛教语言阐释——中古佛经词汇研究》,杭州：杭州大学出版社,1997 年;朱庆之著《论佛教对古代汉语词汇发展演变的影响(上・下)》,《普门学报》2003 年第 15 期,第 1—41 页;2003 年 16 期,第 1—35 页。

④ 如第一章所述,联合式也有同类或意义相反的语素结合成词的情况。此不深论。

以鲁《国语学草创》)。这一点与叠词、联绵词相近,从成词之初就是一个意义单位,故较难预设词汇化过程的存在。梁晓虹指出:"上古的复合词,以同义或近义联合的最多,偏正次之。这是流行的一般结论。但在某种情况下,二者也稍有异。"①因为颜洽茂对《百喻经》、《杂宝藏经》、《贤愚经》等三经的调查结果表明,中古期"译经中偏正式占句法造词的30.8%,并列式则占58.1%(均三经平均值)"②。据此,梁晓虹认为在佛经中"联合式继续发展"。关于联合式造词在佛经翻译中的特殊作用,朱庆之有过深入的讨论。朱庆之指出,佛经词汇的"双音化是中古汉语词汇发展的一个十分重要的标志。具体表现为,一方面,新的概念主要是由双音节形式(binom)来表示,……另一方面,原来由单音节词表示的旧有的概念大都有了双音节形式"。"一般认为,汉语词汇双音化发生的内部原因是以单音词为主的词汇系统已不能满足人们思维能力和认识水平不断提高的需要,因此必定要朝多音节方向发展以增加表义单位;而其外部原因则是社会生产力和文化的发展导致更多的概念的产生。"③唯笔者认为,这种内因、外因的理由对于上述第二点,即表示旧有概念的单音节词大都获得了双音节形式,并不具备充分的说服力,因为不管是单音节还是双音节应对的实际上是同一概念,这里并不存在新词产生的必然性。朱庆之指出上述外部及内部原因所引发的变化都是"逐渐的、缓慢的,必然要经过相当长的时期"④。而佛经中的双音词的增加异常猛烈。故朱氏推测其背后一定存在着其他原因。朱庆之认为佛经中急剧的双音化,不应该完全视作口语的特征,其直接原因毋宁是佛经的"四字格"节奏及偈颂这一文章体裁上的需要。⑤ 佛经中的二字词从构词格的角度看主要是并列结构,即由同义或近义的造词成分构成的复合词。朱庆之所引用的颜洽茂对《贤愚经》所作的调查结果显示3

---

① 梁晓虹著《佛教词语的构造与汉语词汇的发展》,北京:北京语言学院出版社,1994年,第158—159页。

② 颜洽茂著《佛教语言阐释——中古佛经词汇研究》,杭州:杭州大学出版社,1997年,第148页。唯颜洽茂关于联合式的统计数字有一些出入,书中142页为58.1%,148页亦为58.1%,但242页表的三经平均值及243页为53.1%。

③ 朱庆之著《佛典与中古汉语词汇研究》,台北:文津出版社,1992年,第124页。文中的波浪线为笔者所加。下同。

④ 朱庆之著《佛典与中古汉语词汇研究》,台北:文津出版社,1992年,第124—125页。

⑤ 朱庆之著《佛典与中古汉语词汇研究》,台北:文津出版社,1992年,第130页;朱庆之撰《佛教混合汉语初论》,载朱庆之编《佛教汉语研究》,北京:商务印书馆,2009年,第19页;朱庆之撰《论佛教对古代汉语词汇发展演变的影响·下》,《普门学报》2003年第16期,第2页。

899个双音节词中，并列式为2 291个，占58.8%。[①] 朱庆之认为“并列式双音词是中古汉语词汇的主要组成部分，认识其表意方面的特点对语义研究有重要的价值”[②]。关于并列式双音词的语义特点，朱庆之写道：

许多双音词的产生严格说来并不是出于表意的需要，例如“即”和“即便”，“皆”和“皆悉”，“都”和“都共”，双音形式与单音形式基本上可以说是等义的。这表明在特定的时期文体是造成双音化的更为直接的因素。由于特殊的文体需要大量的双音节形式，而在作者个人言语(idiolect)的词汇系统里又没有足够的双音词可供选择，于是就必须创造。相对而言，并列造词(就是所谓“同义连文”)无疑是最便捷的，因而也成为最常用的一种音节拓展方式。[③]

也就是说，大部分并列式二字词的发生并不是缘于意义上的动机，而只是为了扩展音节。朱庆之将这种佛经中最便捷、最常用的音节拓展方式称为“同义连文”。根据“同义连文”创造出来的二字词与一字词可以说基本上是等义的，如“即”和“即便”，“皆”和“皆悉”，“都”和“都共”均为同义，再如“皆各、皆共、皆俱、皆普、皆悉、都皆、悉皆、率皆”等也都与一字的“皆”(都)同义。朱庆之继续指出，在中古期“汉语词汇双音化过程中，有某些单音节词似乎具有特别强的与其他词相结合使其由单变双的能力”。[④] 这些词“可以同许多词构成‘同义’关系，所以经常被用来构成某个单音节词的双音节形式，这就使它们的性质发生了一些变化，在某种程度上成为一种构词手段”[⑤]。朱庆之提醒人们注意：

我们今天看来具有或大或小区别的语素在当时人们的意识中可能要么没有什么不同，要么虽有不同，但为了实用，也就漫不区别。因此我们必须把那些单纯为了补充音节以“同义连文”方式构成的并列式双音词看成是由一个表意的语素和另一个在实际上不表意的语素构成的结合体，或者是某个核心语素(它们当时仍然是可以单用的词)的双音节扩展形式。[⑥]

---

① 实际上，在颜洽茂《佛教语言阐释——中古佛经词汇研究》中数值并不统一，第142页为60.4%，第242页为54.7%。

② 朱庆之著《佛典与中古汉语词汇研究》，台北：文津出版社，1992年，第131页。

③ 朱庆之著《佛典与中古汉语词汇研究》，台北：文津出版社，1992年，第132页。

④ 朱庆之著《佛典与中古汉语词汇研究》，台北：文津出版社，1992年，第138页。

⑤ 朱庆之著《佛典与中古汉语词汇研究》，台北：文津出版社，1992年，第148页。

⑥ 朱庆之著《佛典与中古汉语词汇研究》，台北：文津出版社，1992年，第134页。

朱庆之进一步指出：

> 根据性质和功用，我们把“行”、“取”、“切”、“毒”和“复”、“为”、“自”等主要起扩充音节作用的语素称为“自由构词语素”。他们在原则上可以分别同某个相当大的范围里的单音词随意构成该词的双音形式。必须看到，在实际运用上，这些自由构词语素最初主要应是充当“同义连文”的补充角色，也就是说在作者的个人言语词汇系统里找不到合适的“同义”语素时，就利用它们来完成某个单音词的双音化任务。但这并不意味着这些自由构词语素的地位不重要，恰恰相反，由于并非所有的单音节词都能轻而易举地找到一个“同义”词来构成自己的双音形式，尤其是功能词以及某些副词，它们的意义比较抽象，也比较单纯，“同义”词的数量更是有限，所以只能更多地借助于这些自由构词语素。自由构词语素体现了语言的自偿性(self-compensation)原则。①

由此可知，佛经里面有许多并列关系的双音节复合词，双音化固然与汉语的韵律结构有密切的关系，但更是为了满足佛经“四字格”与偈颂这种文体上的需要而产生的。汉文佛典独特的文体对词汇的运用提出了比散文更严格的要求。这表明在特定的时期，文体是造成双音化的更为直接的因素。②

佛经语言的双音化在一定程度上是在佛经特殊文体的要求下强制完成的，而且来得迅猛、激烈，以至于语言中现成的双音节形式根本不能满足它的需求。于是，就有了翻译者的临时创造；又由于翻译者可能不自觉地受到原典和母语复音词结构方式的影响，于是，这些创造不仅可能带来大量双音节的新词，而且可能带来双音化的新方法和新途径。③

朱庆之认为，就词汇而言，在魏晋南北朝时期，佛典翻译可以说是制造双音词的大工厂。正是这项巨大的文化工程，才有可能在整个汉语词汇系统双音化的过程中扮演了推动的角色，而具体的造词法是“同义连文”。这种方式借助“自由构词语素”将单音词双音化或多音化，因而产生了许多双音词，包括双音动词在内。④

朱庆之的研究告诉我们，译词中有一部分并没有真正意义上的动机，而是来

---

① 朱庆之著《佛典与中古汉语词汇研究》，台北：文津出版社，1992年，第159页。
② 朱庆之编《佛教汉语研究》，北京：商务印书馆，2009年，第15页。
③ 朱庆之撰《佛教混合汉语初论》，载朱庆之编《佛教汉语研究》，北京：商务印书馆，2009年，第19—20页。
④ 朱庆之撰《论佛教对古代汉语词汇发展演变的影响・下》，《普门学报》2003年第16期，第3页。

自汉语韵律及文体上的要求。后来的语言事实又告诉我们，这种韵律要求，在脱离佛典的“偈颂”文体之后，也顽强地存在着。

联合式复合词的生成不存在所谓词汇化的主张需要解决一个技术上的问题，即并列结构复合词的“同素反序”现象。或有人质疑两种形式并存，最后定于一尊不正是词汇化吗？对此颜洽茂指出“刍见以为，六朝同素反序现象，未必就是不成词的标志，它恰恰是一个词并行流通的两种形式”①。笔者愿意指出，近代以后日语中也有为数不少的同素反序词，最后一方被采用，另一方被摒弃，甚至与汉语形成同素反序现象。两种不同词形被词汇系统整合，只有两种可能：摒弃一方，或使二者承担不同的意义、用法。很多联合式造词并没有保留下来，但这不能说是由于词汇化失败，只是没有被语言社会接受而已。大量的新文字串就是这样产生又消失的，不足为怪。

二、佛经中的偏正式造词

梁晓虹认为在佛经翻译的过程中，偏正式复合词开始超过联合式。“六朝文献中，联合式仍居冠军之列，但是，在复合的佛教词语中，却是偏正式居冠军之列，联合式次之。”对此，梁晓虹列举了两条理由：一、“梵汉合璧词”以偏正为主；二、意译复合词以偏正为主。② 这种逆转说明了新概念的大量发生，需要使用修饰、限定型的词语加以区别性应对。笔者在本书第一章中称之为“精密描写”，属于“兼则喻”的类型。梁晓虹指出：从词性上看，偏正式佛教词语有动词性的，亦有形容词性的，主要以名词性为主。③ 笔者认为名词性的新词可以说是为了应对新概念而产生的，这一点与动词和形容词不同。颜洽茂在其著作中给出的统计结果是，偏正式词语在《百喻经》中占 31.0%，《杂宝藏经》中占 32.5%，《贤愚经》中占 29.8%。对此颜的解释是“先秦时期，并列式和偏正式的‘产量’大致相当(参见《先秦汉语研究》112 页)，此期译经中偏正式占句法造词的 30.8%，并列式则占 58.1%(均三经平均值)。译经中偏正式的‘产量’虽然低于并列式，但构成的词

---

① 颜洽茂著《佛教语言阐释——中古佛经词汇研究》，杭州：杭州大学出版社，1997 年，第 246—247 页。

② 梁晓虹著《佛教词语的构造与汉语词汇的发展》，北京：北京语言学院出版社，1994 年，第 159 页。

③ 梁晓虹著《佛教词语的构造与汉语词汇的发展》，北京：北京语言学院出版社，1994 年，第 160 页。

类、作修饰的词类都比先秦有所扩展，尤其是动词、形容词有所增加”①。笔者在此想强调的是名词性语素的结合，并不存在词汇化的问题。②

三、关于佛经中的词根造词

颜洽茂指出，佛经翻译接受梵语有以下的形式，“对音转写”、“转写＋指类名词”、“转写＋意译”、“意译组合”。其中“转写＋指类名词”占绝大多数。③ 此即梵汉合璧词，或称合璧双音。梁晓虹也指出，佛经中有 21 个译成单音节的常用佛教术语。它们是能产的构词要素，前或后再加汉语成分，这样可产生成批的双音节词。所举的例子，为“佛、禅、僧”等。又说“由于受佛教教义的影响，一大批同佛教经义有关的单音节词，如‘法’、‘业’、‘性’、‘心’、‘识’、‘意’、‘信’等成为能产词素，由此构成的双音节语词也是成批的”④。指类名词具有归类的功能，是汉语的一大特点。指类名词固定后，成为“词根”，产生类推效果，形成词模造词的能力。⑤ 从佛教概念专用字扩展到一般字，如“海、城、鼓”等，也涉及词根化的问题。19 世纪的英华辞典中可以观察到明显词根化现象。⑥ 日本明治维新以后的新词创造过程中也可以观察到被称之为“轴字”造词的现象。⑦ 总而言之，词根造词不应视作词汇化的结果。

另外，比喻造词是否可以，或需要预设词汇化过程也是一个有探讨余地的问题。因为很多比喻的方式是通过佛经、西书的翻译进入汉语的。

汉语语音层面以音节为单位，文字层面以汉字为单位。集单字成复辞大致可

---

① 颜洽茂著《佛教语言阐释——中古佛经词汇研究》，杭州：杭州大学出版社，1997 年，第 148—149 页。

② 汉语中名词性语素的结合不需要小辞（如英语的“of”，日语的“の”），这是汉语构词法的另一个特点。

③ 颜洽茂著《佛教语言阐释——中古佛经词汇研究》，杭州：杭州大学出版社，1997 年，第 214 页。

④ 梁晓虹著《佛教词语的构造与汉语词汇的发展》，北京：北京语言学院出版社，1994 年，第 183 页。

⑤ 孙常叙著《汉语词汇》，长春：吉林人民出版社，1956 年，第 108—126 页。

⑥ 如罗存德的《英华字典》中“-学”、“-者”等都已经显现出词根造词的端倪。参见沈国威著《近代日中語彙交流史》第四章，东京：笠间书院，1994 年。改订新版 2008 年。

⑦ 铃木英夫撰《幕末明治期における新漢語の造語法——「経国美談」を中心として》，《国語と国文学》1978 年第 5 期，第 143—158 页。

以推测存在以下的历史发展进程：单字→叠词→联绵字→联合式→其他造词格。这也是一个由词法词向句法词过渡的过程。①

关于造词格的发达，胡以鲁说“至复合则汉书而下可勿论，即见诸左传者亦已多矣”(61 页)，但他主要讨论的是联合式造词。梁晓虹认为佛教词语促进了汉语构词法的全面发展，并具体分析了联合式、偏正式、动宾式、补充式、主谓式、附加式等造词格的发展过程。② 颜洽茂在论及“译经词汇在汉语史上的地位及其功用”时指出：③

- 译经词汇顺应汉语语词双音化的趋势，为汉语词汇复音化做出了努力。(第 266 页)
- 六朝时期大量复音词的产生(主要指句法式复音词)不再走由词组向词凝固的道路，而是直接用句法式构词法成词。(第 247 页)
- 译经词汇表明汉语造词由语音造词为中心向结构造词为中心的转移业已完成。相当数量的复音词不再通过词组凝固而是直接运用句法式造词法构造成词，例如反映教义的慈悲、色界、无漏、轮转……即为其明证。(第 267 页)
- 由于佛教的影响，一大批同教义有关系的单音词，如信、法、著、善、恶、身、恼、瞋……成为能产词素，促进了新词的产生。(第 267 页)

词组(字串)最终成为复合词，在词义、用法上都有了不同于字串的质变。这一过程称为“凝固”也好，“词汇化”也好，都需要我们对其中的机制和各种现象作出合理的说明及细致的记述。

第二节　日本兰学译词与二字词

日本古无文字，早在汉代或者更早的时期汉字就已经随中国的典籍通过朝鲜半岛传入日本。其后经过几个世纪的吸收，汉字成为记录日语的文字，汉文成为

① 胡以鲁的《国语学草创》字里行间已经能读取此想法，但因其过早去世，很多学术设想未及详细展开。

② 梁晓虹著《佛教词语的构造与汉语词汇的发展》，北京：北京语言学院出版社，1994 年，第 158—173 页。

③ 颜洽茂著《佛教语言阐释——中古佛经词汇研究》，杭州：杭州大学出版社，1997 年，以下引用页码随文注出。

日本统治阶层的阅读语言和书写语言。同时，日本又在汉字的基础上创造了假名，获得了记录日本固有语言的书写手段。日本的文章体裁——"文体"至19世纪末主要有以下几种：

1. "汉文体"，即语法、词汇均以中国的典籍为规范的文章。为了方便日本读者阅读汉文，通常加上表示词序的"训点"和表示形态变化的词尾，这种文体兴起于四世纪下半叶。
2. "和文体"，即使用假名、按照日语语法撰写的文章体裁，主要用于和歌等传统文学作品。八世纪下半叶起逐渐形成，使用者以女性为主。
3. "侯文体"，江户时代信函等社交性文章的文体。使用者为男性，助词、形式动词等为日语固有成分，表实质概念的词语多为汉字词。
4. "汉文训读文体"，即汉文直译式的文体。词序调整为日语的词序，添加帮助解读词义的假名。这是接受、吸收中国典籍过程中形成的一种阅读、撰写汉文式文章的技术。与"侯文体"的私人属性不同，主要用于正式的或学术性的文章，直至20世纪初，是翻译文章的标准文体。
5. "和汉混淆文体"，即在日语语法的框架下混合使用日本传统词语和中国典籍中的汉字词的文章体裁。这种文体的基本特征是：汉字以"音读"（即根据古汉语发音形成的日本式汉字读音）的形式表达来自中国的，或抽象性的概念；以"训读"（与汉字意义相对应的日语译义）的形式表达日本固有的、日常性的概念。是现代日语主要的文章形式。

在江户时代（1603—1868），和汉混淆文体还没有获得学术语言的地位，正式的文章使用"汉文"，或汉文训读文。直到明治初期为止，学术书、翻译书几乎无一例外都是用汉文体或汉文直译文体（即汉文训读文体）撰写的。汉文在明治十七年或十八年（1885年前后）达到隆盛状态之后渐渐衰退。明治维新以后，针对一般民众，尤其是妇女儿童的汉字教育受到了极大重视，与此同时，政府的布告、法令、启蒙家的文章也逐渐由"汉文调"向和汉混淆文体过渡，最终取代了汉文训读文体。

日本学术语言的这种转变得益于大量的汉字复合词（包括译词、新词、科技术语）的出现。日语文体上的区别明显地表现在使用词汇的不同上。与日本传统的和文体相比，和汉混淆文体在词汇上的特点是使用汉字词表示实质性的概念。汉字词主要来自中国的典籍这一点毋庸赘言，但是在汉字传入日本后的漫长历史中，是否产生了日本独自创造的汉字词？如果有，那么日本利用汉字创造新词始于何时？具体成果如何？对这些问题我们大致可以作出如下的回答：从上古汉籍传入到江户时代为止的漫长岁月是日本的汉字接受、渗透、普及和定型的时期，虽然不能完全否认新造汉字词的可能性，但是，作为总体倾向，即无论是从量上看还是从质上看，汉字新词的出现应该被当作是一种个别的突发性的事件。新词的产生不是基于有意识的创造，而是由于使用过程中所发生的发音、书写、意义等层面的"异变"（在一定程度上可以理解为"误用"）。日语词汇史的研究成果告诉我们，在"和制汉字词"之前曾有一个漫长的"异变汉字词"的过程。①

日本有意识地创制汉字新词始于荷兰书翻译，1774 年出版的《解体新书》是日本学术史上一个划时代的大事件。②《解体新书》是日本人第一次体验将一种文字转变成另一种文字的真正的"翻译"。大槻玄泽在《重订解体新书》中反复强调："吾党方今以汉语。翻译异方殊域之书册。当以斯编（即《解体新书》，笔者注）为草创也"③，"本朝西洋医书翻译之业以本篇（即《解体新书》，笔者注）为权舆"④。正是在这种外语和译词的一一对应过程中，兰学家们明确地意识到了"翻译之法"，即译词创制的问题。杉田玄白在《解体新书》的凡例中写道：

> 译有三等。一曰翻译，二曰义译，三曰直译。如和兰呼曰価题验者即骨也，则译曰骨，翻译是也。又如呼曰加蜡假価者，谓骨而软者也。加蜡假者，谓如鼠啮器音然也。盖取义于脆软。価者価题验之略语也，则译曰软骨，义译是也。又如呼曰机里尔者，无语可当，无义可解，则译曰机里尔，直

---

① 我们也许可以说汉字容受的过程就是一个从异变到创造的过程。关于汉字容受的问题，日语学界有着深厚的研究积累。陈力卫著《和製漢語の形成とその展開》（东京：汲古书院，2001 年）对日制汉字词的问题有深入的讨论。

② 《解体新书》（安永三年，1774 年）正文四卷，附图一卷，德语原著书名 *Anatomische Tabellen*，1722，翻译底本荷兰语书名 *Ontleedkundige Tafelen*，1734。汉文译出，加有日语独自的阅读符号"训点"。译者为杉田玄白、前野良泽、中川淳庵、石川玄常、桂川甫三等，前野良泽未署名。

③ 《重订解体新书》卷十二，三十叶上。《解体新书》出版后，杉田玄白将该书交给自己的弟子大槻玄泽进行修订。修订工作于 1798 年初步完成，1826 年刊行，书名为《重订解体新书》。全书十二卷，包括卷首共 13 册，另附铜版画 1 册。1—4 册为翻译正文；5—10 册即卷之五至卷之十，为《名义解》，是对正文内术语加以解释的部分；11—12 册为附录，这部分记录了大槻玄泽关于东西方医学的见解、翻译的心得和杂感。此两卷应该写于正文等修订完成至全书公开刊行的 1798 年到 1826 年之间。

④ 《重订解体新书》卷十二，十九叶上。

译是也。①

《解体新书》中的“翻译”指的是这样一种语言创造行为：即使用已有的汉字词，一字词或二字词，直接去译外语的词，通过这样的工作使两者之间建立“对译关系”。所谓已有的汉字词即存在于各类中国典籍，特别是医学典籍中的词语。使用汉籍中的词语是兰学家进行翻译的基本原则，唯有如此才能保证译文的权威性及中西医学之间的（在某种意义上可以理解为传统与所处时代之间的）知识传承性。译者们常常在译文中标注出某一个译词在汉籍中的出处，由此可知，杉田玄白等的“翻译”是一个译词选择的问题，这里还不存在第一次创造，即造词的活动。

所谓“译有三等”之“等”是指次第，还是仅为种类？不管如何，首先言及的“翻译”被认为是东西方之间最基本、最理想的意义、概念转换的方式。但是，中国典籍中不存在的新概念，或中西之间相矛盾的概念，“翻译”则是无能为力的。供兰学家们选择的词语主要是中国传统的医学术语，但是中医西医是两个截然不同的医学体系，基本原理、术语都不尽相同。以中医的术语套用西方的概念无异于削足适履，相舛之处是不可避免的。即使一些表面上相同的名称，所指示的实质也有很大的差别。杉田玄白在《解体新书》的凡例中说“汉说之所可采者，则不过十之一耳”。大槻玄泽也在《重订解体新书》中写道：“我邦及汉土。古今未说及者居多。虽则有说及者。形状主用大差者。亦不鲜矣。于是不能以其物为其物。以其名为其名。遂私立种种译例以从事。所谓直译义译对译是也。”②又说“今所传译。务欲名义之妥当于原称。不能以不私造语新制字以译定。所谓朊。膣。摄护。或解体。神经。滤胞之类皆是也。”③对于这些“翻译”无能为力的西方新概念，兰学家们只能独自创造译名来表达。译名创造法有二，兰学家谦卑地称之为“私造语”和“新制字”。以下略作考察。

“私造语”就是创制汉语典籍中不存在的新的复合词。一个“私”字表示了兰学家认为创造新的词是一种非正统性的行为。这种译名创制，材料非汉字莫属，其主要方法则是“义译”。可以说，正是在掌握了“义译”这一方法后，日本的兰学

① 《解体新书》序图卷，五叶上。兰学译籍中的“直译”是今天的“音译”，是用汉字转写荷兰语的发音。此不深论。可参见沈国威著《近代中日词汇交流研究——汉字新词的创制、容受与共享》（二、新词创造编·第一章），北京：中华书局，2010年。

② 《重订解体新书》卷之五，一叶上。

③ 《重订解体新书》卷之五，一叶下。“不能以不私造语新制字以译定”似为“不能不以私造语新制字以译定”之误。

家才开始有意识并有可能用汉字创制大量的新词。

兰学家的"义译",一言以蔽之是在没有现成词语的情况下创制新的译词。从语言结构上和语义上深刻理解和掌握所译的外语是"义译"的必要条件。兰学的"义译"从其所举的例子判断,一是指逐字译,或称"语素对译法"[1],即将外语词分解为可以理解的意义单位:语素,再从自语言中找出与之相对应的语素,组成新的复合词。二是如同"神经"、"植物学"等的意译。后者的原词,一般是单纯词,至少在共时的层面无法作进一步的语素分解(理据义不明),译者只能根据自己对外语词义和所指事物的理解,给出一个新的译词。

荷兰语和德语属于同一语族,单词比较容易分解成有意义的语素,而汉语更是以语素为单位的语言。这种偶然的巧合极大地方便了兰学家们的"义译"。以下是《解体新书》及其他兰学译籍中创制的摹借法词例。[2]

引力	扁桃腺	泪囊	胸膜	坐药	骨膜	球根
延髓	鞏膜	后脑	锁骨	尺骨	小脑	盲肠
结膜	重力	前脑	视角	视線	听骨	角膜
恐水病	网膜	色素	王水	炭素	炭酸	澱粉
处女膜	乳糖	乳酸	重心	夜盲症	水素	马力
视差	间歇热	粘膜	恥骨	鼓膜	泪腺	泪管
半规三管		甲状软骨				

"义译",尤其是摹借法的熟练运用,促生了大批二字术语。语素对应的译法还使一批对应语素成为类推造词的构词成分。仅就上文所举词例而论,"-力,-腺,-囊,-膜,-药,-脑,-骨,-肠,-病,-素,-酸,-糖,-心,-症,-热,-管"等都是构词能力较强的对译语素。

还有一点需要注意的是,兰学译籍中普遍使用了一种被称之为"合符"的连字符。"合符"是日本汉文训读的一种符号,表示二字或三字合为一体。从资料上看,合符最早出现于平安朝初期(9世纪)。汉籍传入日本以后,作为读解汉籍的方法,"训读"在长期摸索后,逐渐形成。在训读法中,使用了表示汉字发音、句法规则的符号的训点。随着汉字的日本化,平安时代以后,表示发音、声调的训点急剧

---

① 王力称之为"摹借"calque。参见王力著《汉语史稿》,北京:中华书局,1980年,第517页。

② 参见斋藤静著《日本語に及ぼしたオランダ語の影響》,东京:篠崎书林,1967年。

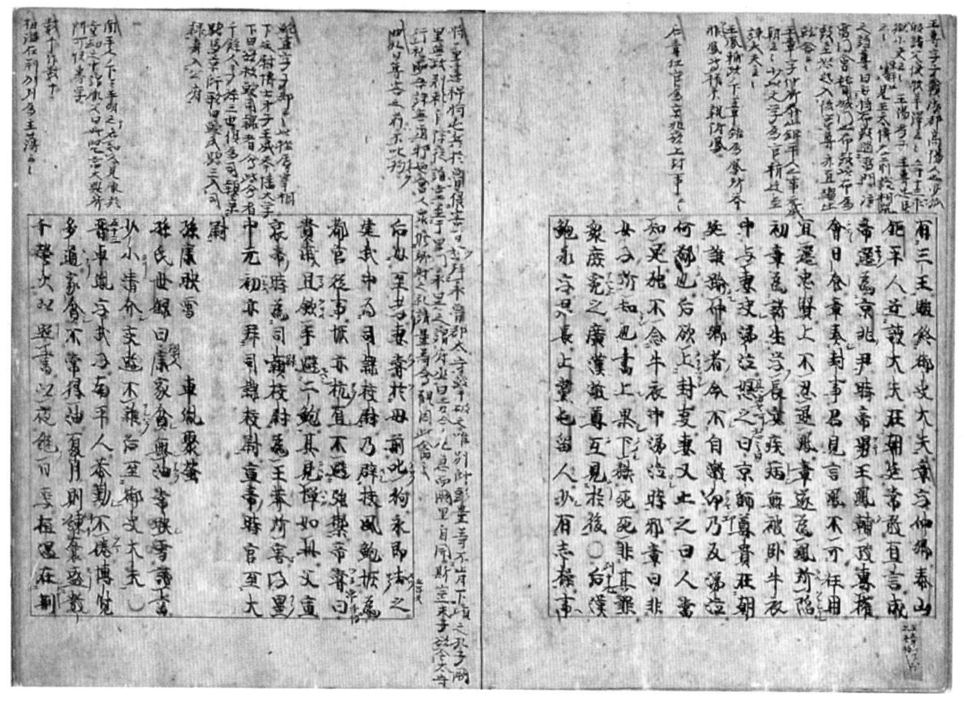

图 2－1 《蒙求》中的“合符”

减少；表示句法，即语序的“返点”和表示词语单位的“合符”的使用大幅度增加。例如，编纂于 8 世纪的《蒙求》，9 世纪下半叶传入日本，到了平安时代中期（天历年间、10 世纪中叶）的版本中，固有名词和一部分复合词都追加了“合符”。

日本著名国语学家小林芳规说：“二字の纏まりの場合には熟語であることが多い。”（译文：使用合符的二字多为熟语。）“熟语”即复合词。但这是结果，或者应该说，合符促进了日本人二字为一词的成词意识。① 江户中叶（18 世纪 30 年代）兰学兴，兰学家用汉文翻译荷兰书，这是因为汉文乃当时唯一的学术语言。但是汉文终为外国语言，对于除了汉学家以外的广大读者来说，即使是对中国医学典籍较为熟悉的日本“汉方医”们，直接阅读汉语文言文也尚有一定的困难。为此，兰学家们为其古汉语译文加注了帮助一般读者阅读的“训点”符号，除了训点以外，还有大量的“合符”。如图 2－2，2－3 所示，“翻译、义译、直译、脆软、软骨、西洋”等汉字之间都加入了合符。江户时代，合符并非训点系统的必须成分，而是兰

① 小林芳规撰《訓点における合符の変遷》，《訓点語と訓点資料》1979 年 62 号，第 126—144 页。

学书的特点。这说明了译者试图把这些字串当作一个复合词来展示。“合符”一方面保证了读者的正确理解,另一方面也促进了复合词意识的萌生。

譯有三等。一曰翻譯。二曰義譯。三曰直譯。
如和蘭呼曰偪題驗者即骨也。則譯曰骨
翻譯是也。又如呼曰加蠟假偪者。謂骨而
軟者也。加蠟假者。謂如鼠囓器音。然也。蓋
取義於脆軟。偪者偪題驗之略語也。則譯
曰軟骨。義譯是也。又如呼曰機里爾者。無
語可當。無義可解。則譯曰機里爾。直譯是
也。余之譯例皆如是也。讀者思諸
一 西洋諸國所稱支那者。即今清國也。吾邦
振古多稱曰漢若唐也。元陶元儀輟耕錄

图 2-2　《解体新书》(1774)的凡例

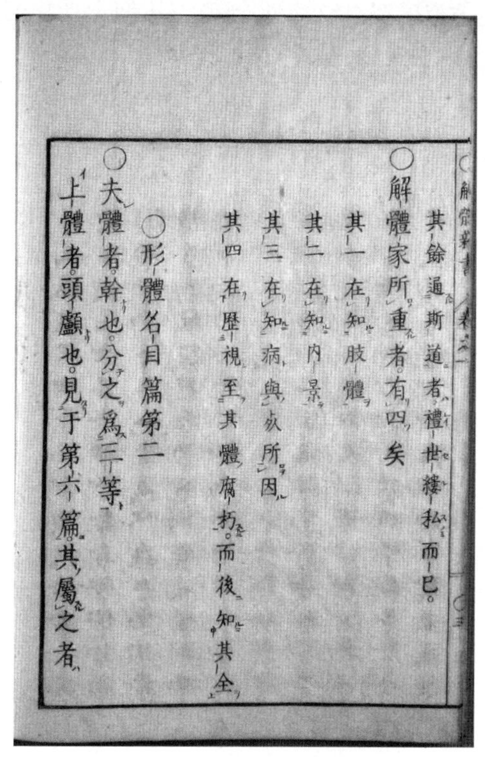
其餘通斯道者。禮世褸私而已。
○解體家所重者。有四矣
其一 在知肢體
其二 在知內景
其三 在知病與其所因
其四 在歷視至其體腐朽。而後知其全
○形體名目篇第二
○夫體者幹也。分之爲三等。
上體者頭顱也。見于第六篇。其屬之者

图 2-3　《解体新书》(1774)的书影

董秀芳在书中继“短语词汇化”之后,专门讨论了“从句法结构到双音词”和“从跨层结构到双音词”的问题(似无需分开,可作为一类处理,笔者注)。与短语成词相比,这种跨层形成词在汉语中是较为特殊的事例。母语使用者对于语言单位的语法层级是极为敏感的,填补两个成分之间的“间隙”需要意义上的动机和时间。但是在日语里,单字不成词,二字则无条件成词;对于非母语使用者的日本人来说,源自汉语语感的成分之间的层级差,并不会成为凝聚成词的障碍。对“词”的意识(或称“直感”,对于某些字串,我们不会翻词典去查,就是对词语单位直感的反映),中日完全不同。例如“最高、最低、最强、最恶”等在日语里是“词”,在汉语里只是词组。[①] 近代以后日语中大量出现的含否定辞的新词,也是日本造词者没有分层意

① 陈力卫著《近代知の翻訳と伝播》,东京:三省堂,2019 年,第 25—30 页。

识的结果(参见本书第六章及董书第二章第四节“否定结构的词汇化”)。

大槻玄泽提到的另一个译词创造法是“新制字”。“新制字”顾名思义就是造字为译词,这是《解体新书》中尚不存在的方法。大槻玄泽在《重订解体新书》卷之五《名义解》的卷首写道:①

> 今所传译。务欲名义之妥当于原称。不能以不私造语新制字以译定。所谓肫。膣。② 摄护。或解体。神经。滤胞之类皆是也。因作翻译名义解。附之本编。使览者知有其名义所由本矣。

但“新制字”实际上包括了两个内容,即:一、利用冷僻废弃的字来翻译西方医学的新概念,此种情况下这些字被赋予了新的意义;二、创造新字表示中国医学中所没有的西医新概念。关于前者,大槻列举的例子为“肫、膣”,书中实际还使用了“腘”。这三个字均见于中国的字书;后者是真正的造字。不过,兰学译籍中的“新造字”数量极少,在日语中沿用至今的除了原有的冷僻字“膣”以外,仅有“腺、膵”二字。传入汉语且仍在使用的只有“腺”(如图 2-4,2-5 所示)。

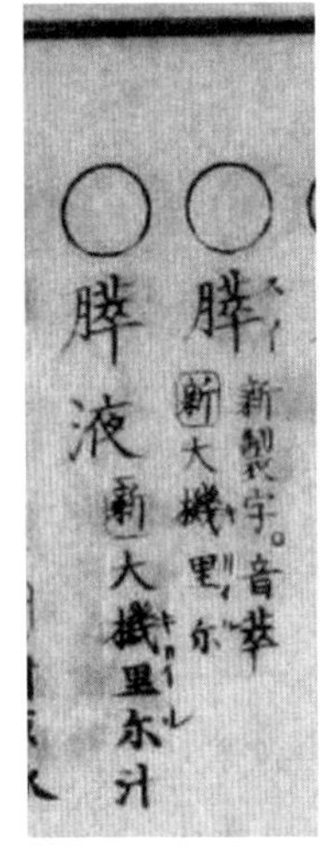

图 2-4　新制字:膵

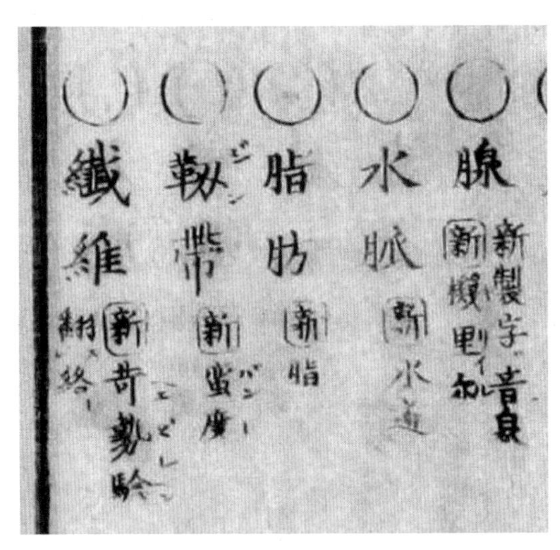

图 2-5　新制字:腺

---

① 《名义解》扉页题《翻译新定名义解》,在体例上参考了中国的《翻译名义集》。《名义解》中包含有原书的注释(书中标为“注证”)和征引其他西方医书、中国的汉译西书、中医书的内容。第 5 册的书名签上为“重订解体新书·卷一名义解上·卷之五”,从卷数重起这一点看,《名义解》很有可能是作为另外一种单行本而准备的。

② 《重订解体新书》及《和兰内景医范提纲》均为“膣”,音读 shitsu,与日语的“室”读音同。但明治初期讹变成“膣”,音读 chitsu。日本出版的汉和字典将前者作为后者的异体字处理。

“腺”字首见于1805年刊行的《和兰内景医范提纲》。该书卷首的提言中有“腺新制字，音泉”的说明（参见图2－5）。“腺”具有类词缀的性质最为重要。这种日本的自造字，在日语研究中称之为“国字”，又称“倭字”、“和俗字”、“和制汉字”，是日本人根据汉字造字的方法创造的汉字。在古文献如《古事记》、《万叶集》中已经有一些例子，但是大部分的新造字是12世纪以后发生的。造字的方法主要是会意，如“峠、辻、躾、鰯”等。这些字大多没有中国式的发音。进入明治以后，又出现了“瓩、粴、粁”等合体字。这些字是为了把西方的度量衡单位放进一个铅活字中，并不读一个音节，应该当作符号看。和字具有低俗的特点，受过正统汉学教育之人不屑为之。例如，关于腺的概念，稻田三伯《八谱》、野吕天然《生象止观》等都造奇字表示，但终没有成功。石坂宗珪批评造字乃翻古圣成案，是欺人之举。[①] 这一点与下一节将要讨论的19世纪的来华西方传教士的做法形成了鲜明的对照。

新制字形式上是单纯词，然而不论是选择古僻字，还是新造字都有类似于语素对应的理据在里面。[②]

兰学的实践为明治维新以后的西方科学体系的容受在思想上、方法论上作了准备。兰学的遗产不仅体现在具体译词的提供上，而更在译词创制的方法上。兰学的译词三法——翻译、义译、音译对明治初期的译词创造产生了深刻的影响。承担着引入西方近代学术体制重任的明治启蒙家们，一方面受过严格的兰学训练，另一方面又有着深厚的汉学素养。这使他们得以顺利地完成由“兰学”向“英学”，即以英语为传播媒介语言的知识体系的转变。

兰学家所说的“翻译”，其基本原则是在中国的古典中寻找译词。对于明治初期的启蒙家来说，“翻译”所需的词汇，即已有汉字词汇主要有两个来源：一是中国的典籍；二是近代以后来华的西方传教士的译著。所谓中国的典籍，除了四书五经、先秦诸子、唐宋诗文、宋明理学等以外，还包括佛教经典、白话小说和善书类。例如西周所使用的译词中有近70％出自中国的典籍。[③]

在信息爆炸的今天，汉字文化圈是否还有为容受域外新概念而共创、共享新

---

① 笹原宏之著《日本の漢字》，东京：岩波新书，2006年，第177—184页。

② 沈国威著《近代中日词汇交流研究——汉字新词的创制、容受与共享》（二、新词创造编·第一章），北京：中华书局，2010年，第95—98页。

③ 手岛邦夫著《日本明治初期英语日译研究——启蒙思想家西周的汉字新造词》，刘家鑫编译，北京：中央编译出版社，2013年。

词语的可能性？回顾整理江户兰学这段历史或许会为我们提供有益的启示。

第三节 造字为词：来华传教士如何创造译词？

19世纪来华的西方人士中在翻译西书方面贡献最大的非英国人傅兰雅莫属。傅兰雅于1861年7月受英国圣公会的派遣来香港任圣保罗书院的校长，1863年转赴北京出任同文馆英文教习，1868年又受聘于上海江南制造局翻译馆，直至1896年夏离开中国赴加利福尼亚大学任东方语言文学教授为止，傅兰雅在中国工作生活了35年之久。①

1871年，傅兰雅出版了自己的第一批译著：《运规约指》、《化学鉴原》、《化学分原》、《防海新论》等。至1880年，傅兰雅译完的著作近70种，还有十几种正在翻译。傅兰雅还于1876年在上海开设"格致书院"（科学普及兼图书销售），出版《格致汇编》（1876—1892年之间断续刊行），积极从事西方科学知识的引介、普及工作。1880年，傅兰雅在 *North China Herald*（《北华捷报》1880. 1. 29）上撰文向西方读者介绍江南制造局翻译馆及其译书的情况，同时根据自己的翻译实践对西文中译及译词创制等问题进行了讨论。文章刊出后，傅兰雅又感到"书为西文，华友不便披览；若仅裨益西人而不公诸华友，殊属憾事"，故"不惮劳悴，灯下译成"华文，连载在《格致汇编》1880年春季至秋季的4期上。② 应该说在1880年当时，傅是对这一问题最有发言权的人。

这篇题为《江南制造总局翻译西书事略》的文章分为：序、第一章论源流、第二章论译书之法、第三章论译书之益、第四章论译书各数目与目录。傅兰雅在第一章里，对翻译馆的缘起、译者、译书内容等作了介绍；第二章主要讨论关于译词创制的问题；第三、四章主要讨论译书与中国社会的关系及翻译馆的实际成绩。以下我们以第二章为中心考察傅兰雅的译词创制原则及方法等问题。

在第二章中，傅兰雅首先指出：当时西方人认为"中国语言文字最难为西人所

---

① 关于傅兰雅及其译书的具体情况，参见王扬宗著《傅兰雅与近代中国的科学启蒙》，北京：科学出版社，2000年。

② 傅兰雅著《江南制造总局翻译西书事略》，以下引文均据《格致汇编》，南京古旧书店，1991年复刻版，第二册，第349—354页、第381—386页；第三册，第19—24页、第51—54页。标点和波浪线为笔者所加。亦可参照张静庐辑注《中国近代出版史料初编》，上海：上杂出版社，1953年，第9—28页。日文翻译参见桥本敬造著《关西大学社会学部纪要》，1992年，第23卷第2号，第1—29页。

通,即通之亦难将西书之精奥译至中国”,这是因为“中国文字最古、最生而最硬”。“中国自古以来,最讲求教门与国政,若译泰西教门或泰西国政,则不甚难”,但是如果是翻译西方的科学技术“几成笑谈”。尤其是西方最近科学技术发展迅速,“门类甚多,名目尤繁;而中国并无其学与其名,焉能译妥,诚属不能越之难也”。① 针对这种观点,傅反驳说:“实有不然。盖明时利玛窦诸人及今各译书之人,并未遇有甚大之难,以致中止。”傅兰雅同意“无其学与其名”是翻译的最大障碍,指出“译西书第一要事为名目”。但是傅兰雅同时认为“中国语言文字与他国略同”,也是在不断地发展变化的,具有接受外来新事物的潜在可能性。“近来中西交涉事年多一年,则新名目亦必每年增广”,对于“贸易或交涉事内有新意新物,必设华字新名”始能表达,若拘泥于语词的旧义,“所用名目必为华字典内之字义,不可另有解释,则译书事永不能成”。所以在译名创制上翻译者的任务是艰巨的。傅兰雅回顾明末清初耶稣会士以来的译词创制,说“所设新名,间有文雅者,间有粗拙者,如前西人与华人所定各名,常有蠢而不能久行者”。但是这种情况在欧美也发生过,“二三百年前,英国多借希腊与罗马等国文字以作格致与制造内之新名,后则渐除不用,或换以更妥者”。“各国所设名目若甚不当,自不久必更以当者”,“西国久用之名,后知不合,则更新者,虽多有不便,亦不得已也”。中国也不例外,来自外国的译名“不能一时定准,必历年用之始能妥协”。

关于译词的创造方法,傅说“此馆译书之先,中西诸士皆知名目为难,欲设法以定之。议多时后,则略定要事有三”。傅兰雅的三要事如下:

> (一)华文已有之名　设疑(拟)一名目为华文已有者,而字典内无处可察,则有二法:一、可察中国已有之格致或工艺等书,并前在中国之天主教师,及近来耶稣教师诸人所著格致工艺等书。二、可访问中国客商或制造或工艺等应知此名目之人。
>
> (二)设立新名　若华文果无此名,必须另设新者,则有三法:一、以平常字外加偏旁而为新名,仍读其本音,如镁、钟、矽、砂等;或以字典内不常用之字释以新义而为新名,如铂、钾、钴、锌等是也。二、用数字解释其物,即以此解释为新名,而字数以少为妙,如养气、轻气、火轮船、风雨表等是也。三、用

① 江南制造局翻译馆几乎没有西方人文科学内容的翻译,对这方面的翻译,傅兰雅似乎存在着误解。后来的翻译实践证明,在人文科学领域,中西之间的差异更大。同时还需要注意的是,傅兰雅在这里讨论的是西人译西书,中国还没有外语人才,翻译工作只能以西人主导的方式进行。

华字写其西名，以官音为主，而西字各音亦代以常用相同之华字。凡前译书人已用惯者则袭之，华人可一见而知为西名；所已设之新名，不过暂为试用，若后能察得中国已有古名，或见所设者不妥，则可更易。

（三）作中西名目字汇　凡译书时所设新名，无论为事物人地等名，皆宜随时录于华英小簿，后刊书时可附书末，以便阅者核察西书或问诸西人。而各书内所有之名，宜汇成总书，制成大部，则以后译书者有所核察，可免混名之弊。

“要事”之一即利用已经存在的译名。傅兰雅提到了两种可以利用的资源，即耶稣会士们的著述和以墨海书馆为中心的新教传教士的翻译活动，尤其是对耶稣会士文化遗产的关注和利用，较之鸦片战争前的广州时期是一个进步。另一方面，贸易的自由化、江南制造局的实际生产活动使从“客商或制造或工艺等应知此名目等人”处了解术语成为可能。但是，这种情况常常不能说是“译词创新”，因为只是即物命名，并没有外语中介其间。广州时期以这种方式产生的名目也不在少数，其作为译名的特点是俗语性，有“粗拙”、“蠢而不能久行”的危险。

“要事”之二是讨论译词创制的部分。在这里，傅兰雅实际涉及了三个问题。第一个问题是以造新字的方式创造术语，具体地说，就是化学元素的命名问题。傅兰雅提出了两个方法：一是利用常用汉字作声符，加上表意的偏旁构成新汉字。声符选择与外语的第一或第二个音节相近似的字，偏旁的选择根据物质的性质，傅兰雅所示的例字是“镁、钟、硒、矽”。二是利用“不常用之字释以新义而为新名”，就是对已经废弃的古僻字给予新的意义，用作译名。傅兰雅的例字是“铂、钾、钴、锌”，均见于中国的字书。如“钾”意为铠甲，“锌”意为刚。本条目所涉及的可以说是造字和用字层次的问题。造字主要利用的是形声的方法，利用偏旁对指称对象进行某种化学上的分类，即，“金”表示金属，“石”表示非金属。[①] 用造新字的方法表示化学元素的始作俑者是德国传教士罗存德。罗存德在他的《英华字典》中对化学的术语——准确地说——元素名称显示了特殊的兴趣。[②] 他在字典 Part IV 的 Preface(1869)中专门讨论了化学元素的命名问题。罗认为汉语中表示构成世界的基本元素的字是“行”，因此绝大部分的元素名称都可以通过将某一汉

① 傅兰雅的术语表中没有使用“气”字旁的新字，“氧、氢、氮”等表气体的字是益智书会 1899 年公布的《协定化学名目》中首次出现的。参见王扬宗著《傅兰雅与近代中国的科学启蒙》，北京：科学出版社，2000 年，第 15 页。

② 参见沈国威著《近代中日词汇交流研究——汉字新词的创制、容受与共享》（五、词源考证篇），北京：中华书局，2010 年。

字插入“行”中而轻易得到。① 即把“行”分成左右两部分，在中间夹上与化学元素有关的汉字，并按照这个字发音。罗存德列举了以下的例子：

⿲彳水亍(Shwui) = hydrogen(氢)　⿲彳光亍(Kwang) = phosphorus(磷)

⿲彳炭亍(Tan) = carbon(炭)　⿲彳綠亍(Luh) = chlor(氯)

罗存德希望通过这种简单的命名法，使西方的化学知识能够在中国普及开来。罗存德在序言中写道，他相信与当时常见的化学书中使用的说明式的方法相比，他的方法更加简便易行；通过专家们的使用和推广，可以使中国学习化学的人更快、更好地理解西方的科学(western sciences)。

It now remains for us to explain the principle on which we have formed some of the words used in chemistry. The Chinese characters for element is 行. All words combined with this radical are placed between the right and left division of the figure of the character. Acting upon this principle we had no difficulty in exhibiting in the simplest form the names of most of our elements. The following examples will illustrate this principle:—

Put 水, water, in the centre of 行, the element, and you have ⿲彳水亍, hydrogen;
„ 炭, coal, do. do. 行, do. do. ⿲彳炭亍, carbon;
„ 光, light, do. do. 行, do. do. ⿲彳光亍, phosphorus;
„ 綠, green, do. do. 行, do. do. ⿲彳綠亍, chlor; &c. &c.

图 2-6　罗存德《英华字典》Part IV 序言

《英华字典》共收录化学元素名 49 种，其中采用造字法命名的为 21 种，除去上文所示的 4 种外，其余 17 种如下：②

Bromine	彳+臭+亍 Chau(溴)	Sodium (Natrium)	彳+莎/金+亍 so(钠)
Fluorine	彳+黄+亍 Hwang(氟)	Strontium	彳+白+亍 Peh(锶)
Iodine	彳+蓝+亍 Lan(碘)	Tellurium	彳+地+亍 ti(碲)
Nitrogen	彳+硝+亍 Siau(氮)③	Thorium	彳+灰+亍 Hwui(钍)
Oxygen	彳+养+亍 Yang(氧)	Titanium	彳+红+亍 hung(钛)
Potassium (Kalium)	彳+榻+亍 Kien(钾)	Uranium	彳+天+亍 Tien(铀)
Selenium	彳+红+亍 Hung(硒)	Vanadium	彳+皓+亍 Hau(钒)
Silicon	彳+火/石+亍 Shih(硅)	Yttrium	彳+白/金+亍 Kin(钇)
		Zirconium	彳+黑+亍 Heh(锆)

① 罗存德的“行”字来源于中国传统的“五行”观，但耶稣会士也把希腊的四元素译为“四元行”。感谢王扬宗教授赐教。

② “+”表示左右结构，“/”表示上下结构。

③ 罗存德同时给出了译词“淡气”。

罗存德没有对夹在中间的字的选择原则作出说明，但根据实例大致可以归纳为以下两种情况：根据原词的词根选择的字，如衚的“水”，䒷的“天”；根据该元素的形态、性质或颜色等选择的字，如衖的“养”，𧗾的“绿”等。应该指出，前者的新字所占比例极小。罗的造字法基本属于形声的范畴，新字按照夹在“行”中间的字发音。①

罗的“五行法”的缺点是只能表示新字是化学元素名，并不添加积极的分类学上的意义。傅兰雅的方法则可以表示物质的形态，显然进了一步，而且从字形上更容易为中国人所接受。傅兰雅的造字原则形成于其 1869 年着手翻译的《化学鉴原》，是否受到了罗存德的影响不得而知②，但合作者徐寿起了重要的作用是不容置疑的。③ 两人拟定的命名方法是：

> 西国质名字多音繁，翻译华文不能尽叶。今惟以一字为原质之名。杂质之名，则连书原质之名。……原质之名，中华古昔已有者仍之，如金银铜铁铅锡汞硫磷碳是也。昔人所译而合宜者仍之，如养气淡气轻气是也；……此外尚有数十品，皆为从古所未知，或虽有其物而名阙如，而西书赅备无遗，译其义殊难简括，全译其音苦于繁冗，今取罗马文之首音，译一华字，首音不合，则用次音，并加偏旁以别其类，而读仍本音。④

其中关键是“以一字为原质之名”的一字原则。一字原则解决了汉语语词特点与化学元素名之间的矛盾。⑤ 汉语的词长一般不超过四个音节，而化学元素既需要单独使用，又需要以复合的形式出现。如果元素名为双音节，在复合使用时将极为不便。采用一字原则的傅兰雅的元素名正是在这一点上大大优于丁韪良（William Alexander Parsons Martin，1827—1916）《格物入门》（1868）的译名。⑥

---

① 罗同时给出了广东方言的发音和官话的发音，前者用小写字母表示，后者用大写字母表示。“钠、碲”未标注官话的发音。

② 傅兰雅在 1890 年的文章中批评过罗存德字典的译词，可知至少在那之前使用过罗的字典。详后。

③ 王扬宗撰《关于〈化学鉴原〉和〈化学初阶〉》，《中国科技史料》第 11 卷，1990 年第 1 期，第 84—88 页。

④ 《化学鉴原》第一卷第 29 节《华字命名》。《化学材料中西名目表小序》：所有原质，多无华名，自必设立新者，而以一字为主，或按其形性大意而命之，或照西字要声而译之。

⑤ 《化学鉴原》的一字原则并不彻底，气体还保留二字词的形态。

⑥ 丁韪良在卷七《化学》的“原行总目”中共列出了 42 个元素，其中配有中文名的有 25 个。除了中国古代已知的金属元素“铁、铜、锡”等以外，其他元素名均为双音节。丁韪良的化学元素名，气体以“气”结尾（养气、淡气）；非金属元素的大部分以“精”结尾（碳精、硼精）。亦参见 F. Masini, The Formation of Modern Chinese Lexicon and its Evolution toward a National Language: The Period from 1840 to 1898, *Journal of Chinese*, 1993：第 154—156 页。中译本《现代汉语词汇的形成——十九世纪汉语外来词研究》，黄河清译，上海：汉语大词典出版社，1997 年，第 185—187 页。

新造字是"一字原则"的必然结果。因为尽管废弃古僻的汉字可供征用，既有的汉字仍然无法完全满足为那些"从古所未知，或虽有其物而名阙如"的新发现的元素命名的需要。①

第二个问题是复合词的创造。如上所述，汉语的新词创造不得不更多地依赖多音节的复合词。作为译词的复合词的创造按照其理据的实现可分为直译和意译。从傅兰雅所举的例词"养气、轻气、火轮船、风雨表"等来看，主要是意译。这是因为当时采用的翻译方法是外国人口述，中国人笔录。② 中国人不懂外语，外国人的口述常常不得不是具体的、描写性的。对于 oxygen，hydrogen，日语的译词"酸素"、"水素"是严格对应原词词素结构的直译，而汉语的"养气"、"轻气"只是现场性极强的、通俗易懂的意译。"用数字解释其物，即以此解释为新名"表明译词也正是在这种解释的过程中诞生的。但是，傅兰雅指出新的译名"以字数少为妙"(as few characters as possible)，二字是复合词的最少字数，现代汉语中三字的复合词也有了极大的增加。但是，超过这个数值就变成了短语或词组，在实际使用上极不方便。马礼逊的英华字典和合信(Benjamin Hobson，1816—1873)的《医学英华字释》(1858)等都存在着这样的问题。

第三个问题为音译词，兹不深入。

进入 19 世纪 80 年代以后，教会学校的大量增加带来了西方自然科学知识教育上的迫切需要，科技术语的创制、审定成为传教士组织的一项重要工作。1890 年，第二届新教传教士全国大会在上海召开，傅兰雅在会上宣读了关于科技术语问题的长篇论文。③ 这篇文章分为四部分：一、科技术语与汉语之关系；二、汉语科技术语体系的某些特点；三、译名混乱的现状及其原因；四、解消译名混乱之方

---

① 几乎与傅兰雅同时，在广州传教行医的传教士嘉约翰(John Glasgow Kerr，1824—1901)翻译出版了《化学初阶》(1871)，书中共列出元素名 63 个，均为单音节名称。嘉约翰也采用了造字的方法，并参考了傅兰雅的元素命名(参见王扬宗撰《关于〈化学鉴原〉和〈化学初阶〉》，1990 年)。但两者的元素名有 30 个新造字不相同(主要是声旁)，造成这种不同的原因或是方言的发音。

② 傅兰雅在《江南制造总局翻译西书事略》中指出："至于馆内译书之法，必将所欲译者，西人先熟览胸中而书理已明，则与华士同译。乃以西书之义，逐句读成华语，华士以笔述之。若有难处，则与华士斟酌何法可明，若华士有不明处，则讲明之。译后，华士将初稿改正润色，令合于中国文法。"(《格致汇编》，第二册，第 381 页)

③ *Records of the General Conference of the Protestant Missionaries of 1890*，*Shanghai*，May 15th，pp. 531 - 549。关于本文的基本情况参见王扬宗撰《清末益智书会统一科技术语工作述评》，《中国科技史料》1991 年第 12 卷第 2 期，第 1—19 页。汉语译文见孙青、海晓芳译《或问》2009 年第 16 号，第 117—135 页。

法。作者在第二部分中从7个方面对科技术语创制的原则和方法作了详尽的讨论。[①] 傅兰雅的主要论点如下：

一、尽可能译义，而不是译音。

二、如果无法译义，则要尽量用适当的汉字音译。

三、新术语应尽可能同语言的普遍结构相一致。

关于第三点，傅兰雅在文章中这样写道：偏旁构成了汉语最显著的特征之一，新的术语不应忽视这种重要的特征。成千上万的汉字被精心地按照偏旁部首排列在字典里等待着人们使用。《康熙字典》里收录的汉字超过八万，但除非是极特殊的情况，被使用过的字不到八千。有一些正统的汉字已成为化石，只有很模糊的意义。我们为什么不去发掘这样的字并赋予新义用它们作译词呢？这种努力在制定化学术语时已被尝试过，如锌、钾等。中国的学者总的说来是可以接受的。这些字的长处在于字形和发音已经存在，可以被选来作新的术语。可供选择的种类极多，并具有正统性。当我们使用“加非”转写 coffee 时，这两个常用字的字义无法消除。那么“咖啡”如何？有时我们用加口字旁的方法告诉人们，这两个字只表发音，没有意义。为什么不应该选择早已被遗忘的另外两个字：“檟樻”，而且这两个字还有表义的木字旁？这样做唯一的危险是：某些未来的汉语文献学家可能会在古籍中找出这两个字的最初意义，然后批评我们用错了字；或者某些保守的爱国者有一天写文章详尽地论证这种植物原来生于古代的中国，后来被带到西方去了，就像蒸汽机和电报一样。在那些有发生误解之虞的场合，最好的方法也许是使用适当的偏旁和声符完全重新造一个在任何一本现有的字典里都找不到的字。翻译化学元素名时，就使用了造字一法，并逐渐为中国社会所接受。

由此可知，所谓的“尽可能同语言的普遍结构相一致”主要讨论的是利用古僻汉字或新造汉字作西方语言译词的问题。

傅兰雅的两篇文章相隔十年，但主张是有一惯性的，即尽量译义或利用古僻字或新造字作译词。不得不说，傅兰雅以及翻译馆系统的译词创造具有很大的局限性；主张译义，但对复合词却很少注意，尤其是“摹借法”（直译）的译词绝无仅有。这些都与日本兰学家的译词创制形成鲜明的对照。

傅兰雅所提倡的一系列术语创制原则和方法为益智书会（School and

---

① 参见王扬宗著《傅兰雅与近代中国的科学启蒙》，北京：科学出版社，2000年，第67页。

Textbook Series Committee）和博医会（中华医学传教士联合会，China Medical Missionary Association，简称“博医会”）所接受，尤其是以造字为核心的化学元素命名法后来成为国家标准。应该承认傅兰雅在化学元素名的创制上取得了成功。但是这种成功同时也传递了一个错误的信息：新词的创造即是新字的创造。造字法尤为博医会所推崇，认为是医学术语创制的最好方法。

西方医学知识是西学的一个重要方面，传教士们最初就是利用医学传道的方法打开局面的。合信、伯驾（Peter Parker，1804—1888）、嘉约翰等在医学传道事业上都作出过巨大的贡献。1886 年博医会成立，宗旨是推进西方医学知识的引介和教育，医学术语的创制、审定也被提上了日程。高似兰（Philip Brunelleschi Cousland，1860—1930）是这样回顾这段历史的：①

1850—1858：在创制汉语医学术语方面最初作出认真尝试的是广州的传教医生合信，在上述期间合信出版了数种关于西方医学的入门书和教科书，以及一本英汉对译的术语集。②

1871—1890：合信之后，广州的嘉约翰医生为中国的医学事业奉献了 30 余年，从 1871 年到 1898 年翻译出版了多种医学著作，在医学术语的创制方面也多有建树。③ 与此同时，福州的柯为良（Dauphin William Osgood，1845—1880）、惠亨特（H. T. Whitney）医生，北京的德贞（John Hepbum Dudgeon，1837—1901）医生在解剖学、生理学领域，汉口的施维善（Frederick Porter Smith，1833—1888）医生在药物学领域，山东的洪士提反（S. A. Hunter）医生在诊断学、制药学领域都作出了自己的贡献。上海的傅兰雅、广州的桑普生（J. C. Thomson）也完成了医学某些领域的术语集。

1890 年：医学术语因译者而异，缺乏统一的状况严重地影响了中国的西方医学教育。为此，博医会在上海召开第一次大会，成立了术语委员会，着手制定标准

① *English-Chinese Lexicon of Medical Terms*，1908 卷头的 Historical Note。关于医学术语的制定问题请参见王扬宗撰《清末益智书会统一科技术语工作述评》，《中国科技史料》1991 年第 12 卷第 2 期，第 1—19 页；张大庆撰《早期医学名词统一工作：博医会的努力和影响》，《中华医史杂志》1994 年第 24 卷第 1 期，第 15—19 页；张大庆撰《高似兰：医学名词翻译标准化的推动者》，《中国科技史料》2001 年第 22 卷第 4 期，第 324—330 页。

② 即所谓合信医书五种：《全体新论》（1851）、《博物新编》（1855）、《西医略论》（1857）、《妇婴新说》（1858）、《内科新说》（1859），以及《医学英华字释》（1858）。

③ 嘉约翰自 1859 年起就开始刊刻医学宣传材料，1871 年出版《化学初阶》、《西药略释》、《割症全书》、《眼科撮要》、《炎症（论略）》等，其后也陆续有医学著述出版。

术语。

1901 年：术语委员会召开第一次会议，审定解剖学、组织学、生理学、药剂学术语，出版了术语集：*First Report of the Committee on Medical Terminology Appointed by the China Medical Missionary Association. Terms in Anatomy, Histology, Physiology, Pharmacology, Pharmacy.* （1901. 8，Shanghai：Printed at the Presbyterian Mission Press.）

1904 年：术语委员会召开第二次会议，审定病理学、内科学、外科学、产科学、妇科学术语，出版了术语集：*Second Report of the Committee on Medical Terminology Appointed by the China Medical Missionary Association. Terms in Pathology, Medicine, Surgery, Obstetrics, Gynecology.* （1904. 8，Shanghai：Printed at the Presbyterian Mission Press.）

1905 年：术语委员会召开第三次会议，审定、修改已出版的各科术语。同年博医会召开第二次大会，决定出版使用标准译词的医学教科书系列。

1908 年：术语委员会审定的术语由高似兰编辑出版，即 *An English-Chinese Lexicon of Medical Terms*，Compiled for the Terminology Committee，1908。

博医会术语委员会在 1901 年出版的术语集的导论中对术语创制原则作了如下的说明：

对于博医会的成员，阐明造词的原则也许是有益的。首先需要注意的第一个问题是骨的名称，从术语体系的建构上考虑，最理想的是尽可能为每一骨头准备一个单音节汉字的名称，动脉、静脉、神经、肌肉的名称也应该如此。

为了寻找合适的汉字，委员会对卫三畏（Samuel Wells Williams，1812—1884）、翟理斯（Herbert Allen Giles，1845—1935）的辞典，以及《康熙字典》作了长时间、全面彻底的调查，最终决定了下述原则：每一个长的或重要的骨头，应该在字旁边加"骨"字旁；手部的骨头加"手"字旁，腿、脚的骨头加"足"字旁。但是，头骨不需要特别加偏旁，因为事实上，颅骨等已经有表示头部的偏旁了。

具体的方法是采用废弃的旧汉字，或给常用的字加上偏旁，并赋予《康熙字典》所没有的新意义。这种命名体系将极大地帮助学生和教师记忆骨在身体中的位置。

为血液循环系统的各部分命名的原则是：添加血字旁，每一部分都用一个汉字表示。如表 2-1 所示（参见图 2-7）：

表 2-1 血液循环系统一部分命名例示

原 词	汉 字	发 音	理 据	今 译
Auricle	⿱穴血	*Hsüeh*	blood cave	心房
Ventricle	⿰血贲	*P'en*	blood spirter	心室
Artery	衇	*Mo*		动脉
Vein-	衁	*Huang*	blood going to heart	静脉
Capillary	⿱微血	*Wei*	minute blood vessels	毛细管

表 2-1 中⿰血贲、⿱微血是新造字，其余为《康熙字典》的收录字，但是赋予了其新的解剖学意义。其他还有：

Canal 和 Duct 等管状器官用“脜”表示；

Cell 用“胅”*Chu* 表示；①

Gland 的译名，术语委员会认为来自日语的“腺”音 *Chüuan*，会意 flesh spring，是准确的（尤其是发音与日本造词者的建议同，但是同时又建议），对于无

BLOOD CIRCULATORY SYSTEM.

In naming the parts of the blood circulatory system it was decided that every character used should have the blood radical, and that each part should be represented by a single character. The following list shows the names agreed upon:—

Auricle ⿱穴血 *Hsüeh*. A Kang Hsi character adopted to mean "blood cave."

Ventricle ⿰血賁 *P'ên*. A made-up character, intended to mean "blood spirter."

Artery 衇 *Mo*. See Giles 8,013, Williams page 584.

Vein- 衁 *Huang*. A Kang Hsi character meaning "blood going to heart."

Capillary ⿱微血 *Wei*. Made up to mean "minute blood vessels."

It was necessary in following out this rule to make two characters for ventricle and capillary respectively.

图 2-7 血液循环系统各部分命名

① 术语集编纂者拒绝使用李善兰创制的“细胞”，并认为“胅”比“珠”更能发挥汉字的表意功能。参见沈国威著《植学啓原と植物学の語彙——近代日中植物学用語の形成と交流》，大阪：关西大学出版部，2000 年。

管的 gland 使用“槲”*Hu* = 核；

前言中还对以下术语的理据作了说明：

Pancreas � *I*（胰[腺]）	Albumin 胉（白蛋白）
Lymph 盡 *Chin*（淋巴）	Proteids 脭 *Ch'eng*（蛋白质）
Globulin 腈 *Ching*（球蛋白）	Serum 盟 *Ming*（血清）
Tissue 腡 *Wang*（组织）	Uterus 疘 *Kung*（子宫）

术语集的造字原则为博医会其后的术语审定工作所遵循。在 *An English-Chinese Lexicon of Medical Terms* 前言中，高似兰对术语委员会的译词创制原则作了整理，列于卷首。具体内容如下：

一、使用中国的译名。当然在很多情况下，这样的译名是不存在的，或者作为医学术语词义模糊，过于粗俗。为此，我们的查询范围不应该局限于中国的书籍，日本的辞典、教科书也应该仔细查对。

二、意译外语的术语。这时译词应该尽可能地简洁、清晰，与原文在意义上保持一致。

三、利用《康熙字典》中废弃不用或罕用的字。很多字在构形上、字义上可以有效地用来作术语，准确地表示医学上的意义。这些单音节的表意文字在术语体系的建构，特别是表示血管、神经、骨等概念时极为有利。

四、音译外语的术语。用这种方法创造的术语不能移译原词的意义，也不能提供任何意义上的线索。所以，迄今为止尽可能地被回避了，只在药用植物或化学等领域有一些例子。音译是解决难题的不得已而为之的方法。同时，能用于音译的汉字也很少，如果用拼音记录汉语的方法得到了普及，音译词的创造可能会方便一些。

五、造新的汉字。这是一个非常有魅力的方法。像很多汉字那样，新字可以用适当的偏旁和声符构成，一看偏旁就可以知道新字的意义和科学上的分类。①

1937 年，《高氏医学辞汇》（增订第 8 版）出版，采用新造字形式的术语基本被摈除，取而代之的是日本的医学术语，博医会术语委员会的努力基本上可以说失败了。博医会的新造字为何得到了与傅兰雅的化学元素名不同的结果？首先，傅兰雅的新造字主要是“形声”，即“取罗马文之首音，译一华字，首音不合，则用次

① 但是高似兰承认他们自己并没有利用这一方法的资格。

音，并加偏旁，以别其类，而读仍本音”，而博医会的新字有了更多的“会意”的成分，更加追求新字的理据。第二，也是最重要的，博医会的“一字原则”无视汉语的发展方向，是不必要的。① 如子宫、蛋白、血清等改用一个新字后分别与“宫”、“明”发生同形冲突，反而无法上口了。博医会将傅兰雅的造字为译词的方法发挥到了极致，终于使医学，尤其是解剖学术语的制定走上了死胡同。

1904 年，益智书会主席狄考文(Calvin Wilson Mateer，1836—1908)出版了术语词典 *Technical Terms*，这部词典可以说是对传教士百年术语创制工作的总结。狄考文在序言中说道：适宜的科技术语对于科学的思维和研究都是不可或缺的。在物理科学的一些领域，英语增加了数以千计的新词和术语。为了在中国成功地进行西方科学的教育，充足的、适宜的术语是绝对必须的。但是，一些最早著书立论向中国读者介绍物理科学的人却试图尽可能地绕开新术语的问题，其结果是科学问题的准确表述受到了损害，科学的正确发展也受到了影响。如同英语那样，大量的科技术语必将使汉语更加丰富。狄考文认为：

> 一般来说，常有一个问题被提起，即，科技术语应该翻译还是音译。当能找到一个简洁、适当的词语时，答案似乎显而易见。中国学者通常喜欢这种译词。但是，对于那些冗长的、俗气的译词，或意义不清的词语，直接采用西方语言的音译可能更好。这一方法在商人中较流行。这本术语集中有很多音译词，尽管在总体上只占很小的一部分。……
>
> 读者会发现一个事实，这本术语集里包含了大量的中国的字典中找不到的新汉字。这些汉字都是由一个偏旁和一个声符组成的，按照声符发音。所有的基本元素以及一些常见的物质名称都是用这种方法命名的。这一方法还被用于那些急需单音节汉字译名的术语。造字的方法能在丰富语言词汇的同时，避免陷入混乱。我们大胆地预言：这一方法与过去相比，今后将会被更多地采用。

Technical Terms 中的造字词主要集中在医学、化学领域。回过头去看，狄考文的“大胆预见”并没有成为现实。在序言中，狄考文说，*Technical Terms* 的编纂工作大部分是由其夫人完成的，但是事过 10 年，狄考文夫人在 *New Terms for*

---

① 复合词的理据是由每一个构词成分的语音形式支撑的，而作为汉字构件的偏旁部首则没有语音形式。因此理据即使被认知也只是视觉的，与语言的本质——声音无关。

New Ideas(1913)的序言中写道：

> 有人创造新汉字来表达新概念，但是这种方法的缺点是发音不易确定。本书只采用了一个，即 microbe 的译词：穉。新造字的方法很难普及，中国人自己创造的新词有更明显的东方特色。

对于新造字或利用废弃的古僻字作译词的方法，本土的知识分子和翻译家们也各有主张。例如章太炎在《订文》中多次提到造字应对新概念的问题。① 章太炎引用荀子的话说，后王起，“必将有循于旧名，有作于新名”。所谓“新名”对于章氏而言就是造字。对于造字的正当性，章太炎先说大原则：“上世语言简寡，故文字少而足以达恉。及其分析，非孳乳则辞不戢。”接着又举例说，“父子、君臣、夫妇、朋友各有正文”，但是“兄弟、昆弟，古无其文，盖亦无其语也”。后来发生了新的概念，也就为之准备了新字。再“如火车中止，少顷即行，此宜用辍字古义。如铁路中断，济水复属，此宜特为制字。雷霆击物，昔称曰震。火山之发，上变陵谷，下迁地臧，今宜何称？釜气上烝，昔号曰融。既烝复变，既烝复凝，今宜何号？南北极半岁见日，半岁不见日，昔名之暨。赤道下昼夜平等者，今宜何名？东西半球两足相抵，昔谓之僢。正当作舛。东西背驰，终相会遇者，今宜何谓？”相对峙的两个概念，只有一方有字，另一方无字，这种情况都应该造新字。更何况中国现在“与异域互市，械器日更，志念之新者日蘖”。章氏还特别指出“有通俗之言，有科学之言，此学说与常语不能不分之由”。所以需要更多的新词。如何应对？“惟夫庶事繁兴，文字亦日孳乳”，“然苟无新造之字，则器用之新增者，其名必彼此相借矣”，势必引起混乱。当然，章太炎也认识到需要造的字“不翅千万”，“志念之曲折，不可字字而造之，然切用者不宜匮乏”。要“择其要者，为之制字，则可矣”。但是，章太炎始终没有说明应该如何造字。

章太炎还提到了另一种方法，即启用废弃字。章说：“古义有精眇翔实者，而今弗用，举而措之，亦犹修废官也。”这显然是意识到了傅兰雅利用古僻字命名化学元素的尝试。但是章氏对傅兰雅的利用法极为不满，说：“故有之字，今强借以名他物者，宜削去更定。如鎕锑，本火齐珠也，今以锑为金类元素之名。汽，本水涸也，今以汽为蒸汽之名。名实混淆，易令眩惑。”古时或有类似的事例，“然在挽

---

① 章太炎的主张在《订文》的三个版本中有较大的变化，以下均引自“重订本”。《章太炎全集·訄书初刻本、訄书重订本、检论》，上海：上海人民出版社，2015 年，第 208—233 页。

近，无容效尤。是故锑、汽等文，必当更定。”对于利用废弃字，章太炎并不反对，他说：“顷岁或需新造，寻检《苍》、《雅》，则废语多有可用为新语者，若奊、昆、辍、暨诸文是也。”但前提是必须精通小学才能化腐朽为神奇。日本学者武岛又次郎著《修辞学》（东京博文馆，1898），其中主张文章应该排除“废弃语”。对此章氏揶揄道：“东人鲜通小学，不知其可相摄代，则宜以为一瞑而不复视矣。”章太炎的原则是“废弃语之待用，亦与外来、新造无殊，特当审举而戒滥耳”。

最早明白无误地对传教士的造字法作出回应的是梁启超，梁启超说：

> 古人造一字以名之者，今其物既已无存，则其字亦为无用。其今有之物，既无其字，则不得不借古有之字而强名之，此假借之例，所以孳乳益多也。……新出之事物日多，岂能悉假古字。故为今之计，必以造新字为第一义。近译诸名，如汽字之类，假借字也；如六十四原质，锌铂钾等之类，造新字也。傅兰雅译化学书，取各原质之本名，择其第一音译成华文，而附益以偏旁。属金类者加金旁，属石类者加石旁，此法最善。他日所译名物，宜通用其例，乃至属鱼类者加鱼旁，属鸟类者加鸟旁，属木类者加木旁，属器类者加匚旁，自余一切，罔不如是。既无称名繁重之苦，又得察类辨物之益。①

对傅兰雅大加赞赏之余，还要把造字的方法扩大到所有译词创制上。黄遵宪对此也持有相同的意见，他在1902年就译名的创制、文章形式的改革给严复的信中说：四千年前产生的汉字“即以之书写中国中古以来之物之事之学，已不能敷用，况泰西各科学乎”？古文字的意义与现在的事物意义范围“已绝不相侔”，就不要说与西方文字相比较了。黄遵宪指出：“今日已为二十世纪之世界矣，东西文明，两相接合。而译书一事，以通彼我之怀，阐新旧之学，实为要务。”②译名创制上黄具体地提出了以下几个方法：造新字、假借、附会、謰语、还音、两合。

黄将新造字即造字为词列为第一项，似乎认为这是最可行的方法。黄说“中国学士视此为古圣古贤专断独行之事”，其实《仓颉》只有三千多字，至《集韵》、《广韵》增加到四五万字，这些都是后来“因事而制造”的。如“僧、塔”等字，词章家当作十三经内的文字用，其实是为翻译佛经而造的字，“晋魏以前无此事也”。黄甚至说：如同荀子所说的，新词被社会所接受需要时间，对于那些社会不理解的词要

① 《译书》，《时务报》第29册，光绪23年5月11日（1897年6月10日）。

② 王栻主编《严复集》第5册，北京：中华书局，1986年，第1571—1573页。对这封信王栻注释：此据王蘧常先生所藏抄件。原标题下注明：“壬寅（1902）年作”月份不可考。

说明词义，要对词义加以辨析。他认为只有造字方法产生的新词才能迅速地为社会所接受（荀子又言，命不喻而后期，期不喻然后说，说不喻然后辨。吾以为欲命之而喻，诚莫如造新字）。但是黄遵宪和章太炎一样，也没有具体提出如何造字。

张之洞也对“化学家制造家及一切专门之学，考有新物新法，因创为新字”的做法表示了赞同。①

而严复对传教士们的方法是有保留的，尽管他在早期的译著中大量使用了古僻字，但是 1909—1910 年在清学部审定名词馆主持科学技术词汇的审定工作时，古僻字的使用受到了一定的限制，例如，审定词中取自《康熙字典》的古僻字译词只有 Lymph 的译词“盡”等少数几个例子。② 至于新造字，严复以及其他本土的翻译家们似乎不愿意冒“坐之非圣无法之罪”（黄遵宪语）的风险去尝试。

对于新造字和使用废弃字，胡以鲁和他的老师章太炎见解并不一样。首先，胡以鲁在《国语学草创》的第九章“论国语国文之关系”中对如何将汉语改造成与口语性质相近的“质文”（即第 3 章所讨论的“应用之文”）时，指出“新事物之名称及表彰新思想之语词，勉用复合语词为之，不须作新字。外语亦勉用义译，[惟无义之名如人名地名或新发明物之以专名名者自取音]日人义译语词于汉文可通用者用之，否则改之”③。而关于废弃字，胡氏虽然也不赞成傅兰雅利用废弃字作化学译名的做法④，但他的理由是：“故有之名，国人误用为译者亦宜削去更定。误用者虽必废弃语。第文物修明之后，复见用则又淆惑矣，是宜改作者。……例如銻锑本火齐珠也，今借锑以译金类元素之名。汽本水涸也，今借汽以译蒸汽之名则不可。”就是说，“锑”本来指火珠，“汽”本来指水涸，用来翻译金属元素或水蒸气不当，因为虽然现在是废弃的字，但是当“文物修明之后复见用”时会发生误解。

如上所述，汉字的历史就是滋生繁衍的历史，“六书”的原理对西方人似乎更有魅力。但是，正如黄遵宪所说，对中国的读书人而言，造字是“古圣古贤专断独

① [清] 张百熙、荣庆、张之洞撰《学务纲要》，1903 年 9 月，转引自舒新城编《近代中国教育史料》，上海中华书局印行，1928 年，第 8—30 页。参见沈国威著《近代中日词汇交流研究——汉字新词的创制、容受与共享》（三、语言接触编·第三章），北京：中华书局，2010 年。

② 参见沈国威著《近代中日词汇交流研究——汉字新词的创制、容受与共享》（四、词汇交流编），北京：中华书局，2010 年；沈国威著《一名之立　旬月踟蹰：严复译词研究》第二章，北京：社会科学文献出版社，2018 年。

③ 胡以鲁著《国语学草创》，第 124 页。方括号内为夹注。

④ 胡以鲁撰《论译名》，《庸言》1914 年第 25，26 期。亦参见沈国威撰《译词与借词——重读胡以鲁〈论译名〉》，《或问》2005 年第 9 期，第 103—112 页。

行之事”；而从词汇学的角度看，近代以降汉语的新词增加只能采用复合词的方式，新的语音形式的创造已经成为不可重复的历史了。对有限的语音形式，仅靠增加记录语言的符号是不可能完成科技术语体系的建构的。这就是西方传教士以及章太炎等留给我们的教训。

第四节　单字抑或复辞：严复与梁启超的争论[①]

如上所述，汉字译词的创造以合成法为主。将两个以上的造词成分合成为一个词时，构词成分的选择和排列必然要按照意义表达的意图进行操作。换言之，意义与词的形式必然存在着理据性的关联。但是，实际情况是相当一部分译词，意义上的要求并不是复合词发生的唯一动机。即，译词采用某种形式和表达意图常常并不存在直接的联系。佛经翻译研究学者朱庆之曾指出：“过去在探讨佛教的外来词时，仅触及词意，鲜少论及词形。”[②]这里的词形主要是指语词的单字或复辞的形式。对于汉语来说，词形是一个非常重要的问题，而译者并未认识到这一问题的重要性。本节以严复的译词“计学”为例，讨论 20 世纪初，翻译界对这一问题的认识。

继《天演论》刊行后，严复于 1902 年出版了《原富》，原著是亚当·斯密的《国富论》。《原富》出版后，梁启超立即在《新民丛报》上撰文加以推介。[③] 梁的文章谈到了两点，即译词与文体。关于文体，梁启超批评严复译文的文体“太过渊雅”，一般读者难以受其益；但同时，对严复的译词则赞赏有加。梁说：“至其审定各种名词，按诸古义，达诸今理，往往精当不易，后有续译斯学之书者，皆不可不遵而用之也。”唯一例外的是，梁启超对严复的“计学”提出了质疑。梁启超的推介文引发了一场关于译词“计学”的争论。这场争论表面上是原词与译名是否“名实相符”的问题，即译名如何才能准确地反映原词的意义。但是实际上，复合词的直译性、语

---

① 本节的内容可以进一步参考沈国威著《近代中日词汇交流研究——汉字新词的创制、容受与共享》，北京：中华书局，2010 年；沈国威著《一名之立　旬月踟蹰：严复译词研究》，北京：社会科学文献出版社，2018 年。

② 朱庆之撰《论佛教对古代汉语词汇发展演变的影响·下》，《普门学报》2003 年第 16 期，第 3 页。

③ 梁启超撰《介绍新著·原富》，《新民丛报》第 1 号(1902 年 2 月 23 日)，第 113—115 页。亦见《与梁启超书二》，载王栻主编《严复集》第 3 册，北京：中华书局，1986 年，第 516—517 页。

言社会的可接受性(即雅训)等都是当时判断译词适当与否的重要标准。围绕"计学"展开的争辩发展成关于译词应该采用单字还是复辞的讨论。以下,根据笔者对这一问题的理解作一简单整理。

首先,梁启超对 political economy 的译名发表了意见:英文的 political economy 在中国没有与之相对应的词语;"日本人译为经济学,实属不安,严氏欲译为计学,然亦未赅括",即一方面梁启超批评日语的"经济学"不确切,另一方面说严复的"计学"无法涵盖原词的意义。梁启超认为原词包括政治和计算两个意思,提出用"政术理财学"来译,并就此征求读者的意见。①

对于梁的"政术理财学",读者"东京爱读生"来信说:把英文的 political economy 译为"政术理财学"比日本的"经济学"、严复的"计学"都更精确,但是使用四个字,未免太长,在进一步构成复合词时很不方便。如日本的书籍中有所谓的"经济界、经济社会、经济问题"等词,使用"计"字不通,"政术理财"也不通。这门学问在中国虽然没有专门的研究,但是人生所必需的,中国有数千年的文明,古籍之中怎么会没有一个名词来表示这个意思呢?"东京爱读生"希望杂志编辑全力寻找,找出一个"雅驯之名"。② "东京爱读生"首次提出了译词的长度和概念的二次复合的问题。

梁启超在回复中承认"政术理财学"确实冗长,不适于构成新的合成词。但是在古典中寻找合适的译名也不易实现。梁指出,《洪范》有"食货"二字,与经济学的内容很相近,但是"食货"只有"客体"没有"主体"(即这是一个动宾结构),无法让人满意。《管子》有《轻重》篇,讲的是经济学的内容,如果要在古典中寻找译名,"轻重"二字是最合适的,但是词义不通,容易引起混乱。《论语》中有"货殖"一词,司马迁写过《货殖列传》,这个词的意思也与经济学极为相近。但是 political economy 的意义注重公共的财富,"货殖"却强调私有的财富,而且没有政治的含义。《史记》中另有《平准书》,内容是朝廷理财的事情。汉代平准制度的目的是吸取天下的财富集中于京师,这本来不是为了社会全体利益的制度,不足以表达 political economy 的意义。不过仅以"平准"二字而论,仍然有为民均利的意思,而且此二字出于《史记》,人们一见就知道意思,又不至于和其他名词相混淆。所以

---

①《新民丛报》,第 1 号,光绪二十八年正月初一(1902 年 2 月 8 日),第 113—115 页。
②《新民丛报》,第 3 号,光绪二十八年二月一日(1902 年 3 月 10 日),第 101—102 页。

political economy 可以译为“平准学”。这样，日本的经济家、经济学者、经济界、经济社会、经济问题就可以分别译为平准家、平准学者、平准界、平准社会、平准问题等，在创造新的复合词时也不会发生困难。①

这时《新民丛报》上发表了严复反驳梁启超观点的来信。严复说，现在的英语里经济学的原词多用 economics，已经删除了 political。严复的意思是所谓“政术”云云可以不用考虑了。严复指出，中国古代有“计相、计偕”等词，“国计、家计、生计”等名词也很通行。要想创制一个译名，意义的范围和深度都需要与原词相符合。如果是这样的话，“计”是唯一的选择。经济学的道理发生于日常生活，而成为专门学科则是近二百年的事情。经济学的一些道理虽然中国古时也有，但是中国没有这种专门的学问，这是无庸讳言的。有人说中国有几千年的文明史，经济学是人类社会必需的学问，古籍中一定会有专门的名称，但是他认为在古籍中找不到专门名称的可能不止经济学一科。梁启超提出用“平准”代替“计学”，但是“平准”绝不能完全表达这门学问的内涵。“平准”原来是一个官名，便宜时收购，腾贵时卖出，平易物价。他所翻译的《原富》内容比这要广泛得多。严复认为如果为了追求通俗最好使用“理财”；如果担心定义不清，要追求雅驯，那么他所创制的“计学”还是有一日之长的。②

严复的意见在《新民丛报》上发表后，读者“驹场红柳生”（驹场为日本东京大学教养部所在地，笔者注）来信质问：从 Morbotl 氏开始，经济学原名由 political economy 转变为 economics，日本人译为“经济学”。表面上看，“经济”好像与“政治”相混淆（即经邦治国），但是“经”字含有政治的意义，“济”字有流通的意义，二字与这门学问非常相符。日本当时选定这个术语时也是经过了认真考虑的。《新民丛报》第 3 号上提议改译为“平准学”，确实如严复所说，“平准”只是一个官名，不足以表达这门学问的含义。严复认为自己所创的“计学”极为雅驯，可以用于各种情况，这是不是“自许之太过”？ statistics 是经济学的一个分支，日本人译为“统计学”，又称“计学”。如果按照严复的意见使用“计学”来翻译 economics，那么今

① 《新民丛报》，第 3 号，光绪二十八年二月一日（1902 年 3 月 10 日），第 101—102 页。

② 《与梁启超书二》，载王栻主编《严复集》第 3 册，北京：中华书局，1986 年，第 517—518 页。此信作于壬寅三月（1902 年）。严复在给张元济的信中亦写道：“《丛报》于拙作《原富》颇有微词，然甚佩其语；又于计学、名学诸名义皆不阿附，顾言者日久当自知吾说之无以易耳。其谓仆于文字刻意求古，亦未尽当；‘文无难易，惟其是’，此语所当共知也。”《严复集》第 3 册，第 551 页。

后翻译 statistics 时用什么译名呢?《新民丛报》第 7 号提议使用“生计学”。“生计”二字虽然比严复的译名稍好,但是还是范围太小,不能把政治理财的意义包括进去。西方的新知识中国自古以来不存在的有很多,如果都要使用古典中的名词,一是不可能,二是意义不一定相吻合。现在我国处于接受西方新知识的草创期,国家对译名还没有统一的规定,加上知识分子喜好标新立异,造成了很多误解。与其让后世笑话,不如暂时使用“经济”,等待更合适的译名的出现,或者使用日本的“财政学”。这个名称涵盖了 economics 的宗旨,定义也清楚。①

梁启超对“驹场红柳生”的信作了长篇回应。梁首先承认“平准”不适当,宣布放弃。“计学”与 statistics 相混,而且是一字名词,使用不便。梁启超说:计学的“计”为“单一名词,不便于用。如日本所谓经济问题、经济世界、经济革命等语,若易以计问题、计世界、计革命等,便觉不词”。② 即“计”是一字术语,在使用上有种种限制。例如日本的“经济问题、经济世界、经济革命”等都无法改为“计问题、计世界、计革命”。梁启超说就译词的字数问题曾去信询问严复,还没有得到回复。梁赞同西方的新知识无法一一用中国固有词语去翻译的意见,但是他说“惟经济二字,袭用日本,终觉不安。以此名中国太通行,易混学者之目。而谓其确切当于西文原义,鄙意究未敢附和也”。“日本所译诸学之名,多可仍用。惟经济学社会学二者,窃以为必当更求新名”。③ 对于“驹场红柳生”选用“财政”的建议,梁说,“财政者不过经济学之一部分耳。指财政为经济,无异指朝廷为国家”,因此“财政学决不可用”。对于严复“如果为了追求通俗最好使用理财”的主张,梁启超认为“专用名词,万不可以动词冠其上。若用理财,则其于用之于复杂名词时,窒碍亦滋多矣”。④ 梁启超最后的结论是暂用“生计”,“以待后贤”。⑤

对于梁启超提出的译词字数问题,终于等来了严复的回复:

来教谓佛经名义多用二字,甚有理解。以鄙意言之,则单字双字,各有所

① 《新民丛报》第 8 号,光绪二十八年四月十五日(1902 年 5 月 22 日),第 97—98 页。
② “问答”栏,《新民丛报》第 8 号,光绪二十八年四月十五日(1902 年 5 月 22 日),第 2 页。
③ 1902 年举行的科举考试第一次加入了“策论”,1903 年 7 月又举行了首次“经济特科”考试。“经济”一词在当时作“经邦治国”义解,而不是 Economics 的意思。语言的词汇系统需要避免这种同形相撞的现象。
④ 动宾结构的复合词不易转变成体词。
⑤ 《新民丛报》第 8 号,光绪二十八年四月十五日(1902 年 5 月 22 日),第 98—99 页。

宜。譬如 Economics 一宗,其见于行文者,或为名物,或为区别。自当随地斟酌,不必株守计学二字也。此如化学有时可谓物质,几何有时可翻形学,则计学有时自可称财政,可言食货,可言国计,但求名之可言而人有以喻足矣。中国九流,有以一字称家,有以二字称家,未闻行文者遂以此窘也。Economic Laws 何不可称计学公例? Economic Problems 何不可云食货问题? 即若 Economic Revolution 亦何不可言货殖变革乎? 故窃以谓非所患,在临译之剪裁已耳。至于群学,固可间用民群。①

从严复的回复中可知,梁启超其时已经注意到了佛经翻译中译词多为二字的特点。但是严复对此却不以为然。他认为:中国的三教九流,有单字的名称,也有双字的名称,并没有什么不方便的地方;译名也不必拘泥"单字双字",应该根据具体情况处理。严复提出,economics 可以译成"财政、食货、国计","化学"可以译成"质学","几何"可以译成"形学"。同理,economic laws 可称"计学公例",economic problems 可称"食货问题",economic revolution 可称"货殖变革",不过是"临译之剪裁",略作变通而已。

仅就"计学"而言,"计学"的"学"是类名词(或称新词缀),有时会对合成词的词义产生影响。如"计学改革"是计学这门学问本身的改革,还是所涉及的内容的改革,并不确定(比较"经济改革"vs."经济学改革")。然而这里还有一个更深层的问题:作为汉语的语言单位需要有"伸缩性",例如,"经济改革"→"经改",即单名的"经"和双名的"经济"可以表达相同的概念,这样在构成复合词时才能运用自如。同时,又如梁启超所指出的那样,汉语不接受"计问题、计世界、计革命"等三字形式。严复为了避免"计学"构成四字词组时可能产生的歧义,提议使用"计学公例、食货问题、货殖变革"等形式。但是"经"="经济"的意义一致性,是由形态上的相似性保障的(都含有"经"),而"计"与"财政、食货、货殖、国计"的对应由于没有形态相似性的支撑,不仅会增加记忆负担,还势必造成一事多名、一名多译的后果,徒增混乱。这是科学名词尤其应该避免的。②

1902 年 7 月以后,《新民丛报》上再没有出现关于"计学"的讨论,但是事情并

① 严复撰《尊疑先生覆简》,《新民丛报》第 12 号,光绪二十八年五月初十(1902 年 6 月 15 日),第 62 页;亦见王栻主编《严复集》第 3 册,北京:中华书局,1986 年,第 518 页。

② 严复自己也反复强调过这一点。参见王栻主编《严复集》第 3 册,北京:中华书局,1986 年,第 518 页。

没有结束。《严复集》中收有一通黄遵宪给严复的信，显然是黄遵宪看了《新民丛报》上的议论有感而发的。黄遵宪主要谈及了两个问题，即译名的创制和文章形式的改革。[①] 对于译名创制，黄具体地提了以下几个方面：造新字、假借、附会、謰语、还音、两合。"附会"就是选择那些没有意义但是发音相近的字"而附会之"，即给予新的外来义；"还音"是对那些"凡译意则遗词，译表则失里"的词采用音译方法加以表达；"两合"则是用两个汉字的合音接近外语的发音。此三者所讨论的都是音译词的问题，与佛经汉译的"五种不翻"有渊源关系，唯独"謰语"是关于复合词创造的思考，应该引起我们的注意。黄说：

> 单足以喻则单，单不足以喻则兼，故不得不用謰语。佛经中论德如慈悲，论学如因明，述事如唐捐，本系不相比附之字，今则沿习而用之，忘为强凑矣。[②]

如第一章所述，"单喻、兼喻"源于荀子，黄遵宪在此引用荀子之言主张：单字能传达意思就用单字词，否则就用双字词，即"謰语"。之所以要用"謰语"是因为单名的词语"不足以喻"。这也就是说，黄遵宪认为复合词必须有语义上的动机，即是为了"喻"。但是黄遵宪并没有明确此处的"喻"指的是口语层面的"听懂"，还是书面语层面的"看懂"。其所举的例子均采自汉译佛典[③]，这些文字串在此前的中国典籍中是不存在的(本系不相比附之字)[④]，而且并不是每个构词成分都对词义有贡献，故黄遵宪称之为"强凑"。[⑤] 严复也认为来自日本的双音节译名常常有

---

① 参见黄遵宪撰《致严复书》，载王栻主编《严复集》第5册，北京：中华书局，1986年，第1571—1573页。据《严复集》编者注，此信写于1902年，但月份不可考。关于文章体裁，黄遵宪主要提出了一些技术上的建议，如改行、使用括号、序号、图表，加注释等。但是同时针对严复"文界无革命"的主张，明确地指出：文体是需要改革的，"如《四十二章经》，旧体也。自鸠摩罗什辈出，而内典别成文体，佛教益盛行矣。本朝之文书，元明以后之演义，皆旧体所无也。而人人遵用之而乐观之。文字一道，至于人人遵用之乐观之足矣"，"倒装语，一曰自问自答，一曰附图附表，此皆公之所已知已能也"。

② 黄遵宪撰《致严复书》，载王栻主编《严复集》第5册，北京：中华书局，1986年，第1571—1573页。

③ 由此揣摩黄遵宪此处的"喻"更多地意味着"听懂"。

④ 樊增祥则说：新名词是"生造字眼，取古今从不连属之字，阄合为文"。樊增祥著《樊山政书》卷六，北京：中华书局，2007年，第24—25页。

⑤ 所谓"强凑"，是指汉语中的并列造词格，即由两个近义(同训)或反义的语素构成复合词。论者多注意到了意义的"精密性"，其实，并列格复合词中的语素并不都对词义的精密性作出贡献，也就是说之所以要用两个语素并不是词义上的要求，而是韵律、词性转换(并列格复合词可以较容易地转变为体词)以及其他原因上的必须。并列词格是现代汉语词汇体系最显著的特点之一，具有很强的能产性。

强凑的毛病：

> 按宪法二字连用，古所无有。以吾国训诂言仲尼宪章文武，注家云宪章者近守具法。可知宪即是法，二字连用，于辞为赘。今日新名词，由日本稗贩而来者，每多此病。①

然而吴稚晖（1865—1953）认为日本的新词译词并不一定都是“强凑”：

> 和训之字，本用假名。动状各词，大都不用汉文。用汉文者，惟双叠之词，有如“提挈”、“经验”、“繁华”、“简单”之类耳。（双叠之动状词，汉人习焉不察，仅目之为掉文而已。其实有时非双用不能达意。即此可见名词固不能专用单“息拉勃”矣[息拉勃即音节，笔者注]。而动状等词，亦未尝能止用单息拉勃也。）②

吴稚晖指出日语中的“双叠之词”，即二字词并不都是“掉文”（即严复的“于辞为赘”），“有时非双用不能达意”。吴稚晖的“不能达意”应该如何理解？非二字词不能喻？但吴稚晖举的例子都是并列结构的复合词，用严复的话说就是“于辞为赘”，可知单字双字的选择并非词义上的要求；吴稚晖的“不能达意”应该是口语层面上的问题，即听不懂。或者如“计革命”等不能成话的问题。吴说汉语的名词不能只用单音节形式③，同理，动词、形容词也不能只用单音节形式。吴氏敏感地意识到，正是为了配合双音节的名词（主要是科技术语），故动词、形容词也需要采用双音节的形式，尽管他没有明白地说出两者之间在韵律上有互相制约的关系。④

几乎与此同时，王国维也指出：

> （有人认为日本的译词）不如中国古语之易解，然如侯官严氏所译之《名学》，古则古矣，其如意义之不能了然何？以吾辈稍知外国语者观之，毋宁手穆勒原书之为快也。余虽不敢谓用日本已定之语，必贤于创造，然其精密，则固创造者之所不能逮[日本人多用双字，其不能通者，则更用四字以表之。中

---

① 严复撰《宪法大义》，载王栻主编《严复集》第2册，北京：中华书局，1986年，第238页。

② 燃（吴稚晖）：《书〈神州日报〉〈东学西渐〉篇后》，《新世纪》1909年第101—103期，载张枬、王忍之（编）《辛亥革命前十年间时论选集》第3卷，北京：三联书店，1960年，第473页。

③ 管见所及这是第一次用“音节”（息拉勃）的概念讨论译词的问题。另，严复也曾指出中国的字书“虽然其书释义定声，类属单行独字，而吾国名物习语，又不可以独字之名尽也，则于是有《佩文韵府》以济其穷”。《英华大辞典・序》（1908），载王栻主编《严复集》第2册，北京：中华书局，1986年，第253页。

④ 现在我们知道两者的韵律节奏是互相制约的。例如上述梁启超“计问题、计革命”的例子。这种制约不仅存在于汉语，朝鲜语、越南语中也有类似的现象。

国则习用单字，精密不精密之分，全在于此]。而创造之语之难解，其与日本已定之语，相去又几何哉。[①]

王国维1908年翻译出版了《辨学》，卷末附"辨学学语中西对照表"，表中译词主要取自日本。由于译词的原因，对于今日的读者而言，王国维的《辨学》要比严复的《穆勒名学》(1900—1902刊)易读易懂。王国维指出严复的译词在"精密"这一点上远不如日语。其原因是"日本人多用双字，其不能通者，则更用四字以表之"。而"中国(实际是指严复，笔者注)则习用单字"。王国维所批评的《穆勒名学》卷末附有一个译名对照表，其中一字译词如表2-2所示：

表2-2　严复译《穆勒名学》一字译词一览表

序号	严复译词	原　词	今　译
1	为	Actions	行为、行动、活动、作用
2	别	Species	种、种类、形式、式样
3	形	Body	身体、尸体、物体
4	志	Volitions	意志、意愿
5	词	Proposition	命题、主题
6	识	Memory，按识读去声，即记忆。	记忆
7	灵	Rational	理性、理智
8	委	Conclusion	结论、决定、推论
9	所	Patient	耐心、忍耐
10	质	Matter	物质、问题、事件
11	信	Belief，按即信念。	信念
12	品	Quality	质量、品质
13	类	Genus	种类、类型、属
14	觉	Consciousness，按即意识。	意识
15	觉	Percept	知觉(者)
16	原	Data，按亦称论料。	资料、材料、数据

① 王国维撰《论新学语之输入》，《教育世界》第96号(1905年4月)。收《国维遗书》，载王国维著《静庵文集》卷5，上海：上海古籍书店，1983年，叶97上—100下。[]中为夹注，标点为笔者所加。

续　表

序号	严复译词	原　　词	今　　译
17	能	Agent	代理人;动因
18	鬼	Superstitious	迷信
19	健	Active,按即自动。	积极、活跃、主动
20	情	Emotion,按亦称情绪。	情绪、情感
21	寓	Accidents	偶然性
22	量	Quantity	数量
23	缘	Conditions	状况、环境、条件
24	意	Feeling,按本书引论 Concept 亦译作意。	感情、感觉、知觉、情绪
25	意	Concept,按即概念。	概念
26	感	Sensation,按亦称感觉。	感觉、知觉
27	敬	Devout	虔诚、真诚
28	溴	Bromine	溴(化学元素)
29	简	Simple	简单
30	睿	Meditation	冥想、沉思、深思
31	端	Term	项、术语
32	遬	Velocity,按即速度。	速度
33	德	Property	特性、性质、属性
34	撰	Proprium	本体
35	徽	Marks	标志、符号、商标
36	繁	Complex	复杂

如本书第一章所述,由于历史上的引申派生,汉字的字义层层叠加,脱离语境的单字无法确定词义已成常态。二字词与一字词相比,一个显著特征是可以缩小意义范围。接着王国维继续展开对严复的批评:

侯官严氏,今日以创造学语名者也。严氏造语之工者固多,而其不当者亦复不少,兹笔其最著者,如 Evolution 之为“天演”也,Sympathy 之为“善相感”也。而天演之于进化,善相感之于同情,其对 Evolution 与 Sympathy 之本义,孰得孰失,孰明孰昧,凡稍有外国语之知识者,宁俟终朝而决哉！又西洋之新名，往往喜以不适当之古语表之，如译 Space（空间）为“宇”，Time（时间）为“宙”是已。夫谓 Infinite Space（无限之空间）、Infinite Time（无限之时间）曰宇曰宙可矣，至于一孔之隙，一弹指之间，何莫非空间时间乎？空间时间之概念，足以该宇宙；而宇宙之概念，不足以该空间时间。以“宇宙”表 Space Time，是举其部分而遗其全体（自概念上论）也。以外类此者，不可胜举。[①]

严复作为最有影响的本土译者创造了大量译词。但现在仅存“乌托邦、逻辑、图腾”三词。严复译词创制的得失是一个值得探讨的问题。[②] 而在此我们暂且把讨论的范围局限在译词的单字复辞区别上。严复在《穆勒名学》里将 space 译为“宇”，将 time 译为“宙”：

- 严译：宇、宙二物（谓无限之空与不尽之时）为心中之意抑心外之端，空之与物、时之与变是一是二？[③]
- 今译：时空是纯粹的心灵现象，还是心灵以外的事物？时空和处于时空之中的对象是同是异？[④]

括号中是严复加译的部分，原著并无此内容。严复似乎想用“宇、宙”特指无限之时空，而将“时、空”留给一般性的用法。王国维批评说，严复用“宇”、“宙”作为 space 和 time 的译词，这固然不能说是错，但如果同时加以“无限之空与不尽之时”的限定就不对了。因为英语的 space，既可以指无限之空间，也可以指“一孔之隙”；同理，time 既可以指无限之时间，也既可以指“一弹指之间”。严复犯了以部分概括全体的错误，而且这一类的错误在严译是“不可胜举”。王国维显然过于严厉了。实际上，以部分代表全体，在语言认知上是极为普遍的现象（如梁启超所批评的“指朝廷为国家”）。严复的问题在于“宇”、“宙”无法扩展成两个表示不同概念的二字词（“宇宙”作为对立型的联合式复合词只能表示一个概念。当然如果严复能创造“宇间”、“宙间”两个新形式则不失为一个解决办法）。而“时、空”可以分别与“时间”、“空间”相对应，这两个词是“和制汉语”，当时作为 time 和 space 的译

---

① 王国维撰《论新学语之输入》，《教育世界》1905 年第 96 号。

② 参见沈国威著《一名之立　旬月踟蹰：严复译词研究》，北京：社会科学文献出版社，2018 年。关于“天演”，笔者曾指出：“天演”并非直接译自 evolution，而是逐字译自 cosmic process。详见沈国威撰《Evolution 如何译为“天演”？》，《东西学术研究所纪要》2019 年第 52 辑，第 3—19 页。“同情”参见本书第四章的讨论。

③ 严复译《穆勒名学》，1902 年，第 7 页。卷末译名表可见：宇 Space，按即空间；宙 time，按即时间。第 423 页。

④ 穆勒著，郭武军、杨航译《逻辑体系》（一），上海：上海交通大学出版社，2014 年，第 6 页。

词已经进入汉语媒体，严复本人在《穆勒名学》中也开始频繁使用了。[①]

1914 年，在北京大学任语言学教授的胡以鲁发表了名为《论译名》的论文[②]，这是一篇讨论日本译词对汉语的影响的文章，在论文中胡以鲁也谈到了单字译名的问题：

> 科学句度以一词为术语亦疐跛不便乎。例如[爱康诺米](Economy)译为理财，固偏于财政之一部。计学之计字，独用亦病跛畸。不若生计便也。[③]

胡以鲁认为虽然“理财”的词义偏重财政的一部分，但是“计学”的“计”在单独使用时要受到很多限制(独用亦病跛畸)，至少应该使用“生计”。可见胡以鲁对单字形式的科技术语是持否定态度的。他认为汉语有向多音节发展的趋势，译词也应该尽量使用多音节词：“彼方一词，而此无相当之词者，则并集数字以译之。此土故无之术名性以一词相傅会，不惟势有所难，为用亦必不给。况国语发展有多节之倾向。”[④]在《论译名》的结尾，胡以鲁引用荀子所谓“累而成文，名之丽也”的观点，再次强调“无其名者骈集数字以成之”，即在没有可资利用的固有语词时，以多字复合词的形式创造译词。胡认为社会进步引起的新概念增加问题，汉语只能用加大词长的方法应对。

关于单字译词“不便于用”的现实，严复在翻译《穆勒名学》时仍未给予特别注意[⑤]，书中大量使用的一字节术语(参见表 2－1)其后均遭淘汰。但是 1905 年，严复为青年学生作《政治讲义》的讲演时，对这一现象似有所察觉(是否受讲演这一口头语言形式的影响不得而知)。根据戚学民的研究[⑥]，《政治讲义》是以英国历史学家约翰·西莱(John Robert Seeley，1834—1895)的著作 *Introduction to*

---

① 严复“多习用单字”与他的翻译主张相关。严复曾明言：“用汉以前字法、句法，则为达易；用近世利俗文字，则求达难。往往抑义就词，毫厘千里。审择于斯二者之间，夫固有所不得已也，岂钓奇哉！”严复著《天演论·译例言》。

② 《庸言》1914 年第 25，26 期，第 1—20 页。《论译名》后收入下引的《国语学草创》，该书 2014 年有山西人民出版社的复刻本刊行，较易查阅。关于胡以鲁论文的讨论，亦可参见沈国威撰《译词与借词——重读胡以鲁〈论译名〉》，《或问》2005 年第 9 期，第 103—112 页。

③ 胡以鲁著《国语学草创》，1913 年初版；太原：山西人民出版社，2014 年复刻版，第 136 页。

④ 胡以鲁著《国语学草创》，1913 年初版；太原：山西人民出版社，2014 年复刻版，第 136 页。

⑤ 在《穆勒名学》之前完成的《原富》中有以下的一字译词：“罽 woolen coat”、“值 value”、“权 power”、“联 corporation”、“商 wholesale merchants”、“毳 fleece”、“贾 retailers”、“田 land”、“泽 fisheries”、“铤 bar”、“息 interest”、“租 rent”、“赢 profit”、“庸 wages”、“祺 century”、“腼 butter”、“直 right”。

⑥ 戚学民著《严复〈政治讲义〉研究》，北京：人民出版社，2014 年。

Political Science(1885)为底本的翻译。[①] 原著中的 state, nation, organization, 甚至连 family 在世纪之交的汉语里都没有固定的二字译词。以 state 为例,严复先从概念上说中国"只有天下,并无国家。而所谓天下者,十八省至正大中,虽有旁国,皆在要荒诸服之列,以其无由立别,故无国家可言"。[②] 在这里,严复是用"国家"译 state 的。但是,在原著中 family 和 state 对举,是一对既互相区别又互相关联的对峙概念。用"国家"译 state,其中的"家"字似乎令严复深觉不安。[③] 但如果用单名的"国",文章的节奏和格调势将受到影响。严复在接下来的译文中试图改用"邦国"对译 state,无奈"国家"显然是更一般的词语。因此,严复在后面的译文中不得不先解释说"双称'国家',单举曰'国'",提醒读者"国"与"国家"是同一概念的不同表达形式。但是,对译词的词形可能引起的表达上的限制,严复最终也并未给予应有的关注。

① 关于西莱的生平等参见戚学民著《严复〈政治讲义〉研究》。另,笔者使用的原著为:J. R. Seeley, *Introduction To Political Science*, London: Macmillan & Co., 1896。

② 严复著《政治讲义》,载王栻主编《严复集》第 5 册,北京:中华书局,1986 年,第 1245 页。

③ "国家"、"妻子"这一类型的词,词汇学上称之为"偏义复词",即由两个意义相反的成分构成,其中后一个字并无实际意义。

第三章　近代书写语言的形成与二字词[①]

翻译所实现的语言接触总是促成语言变化的重要原因，汉译佛经是这样，19世纪以后的传教士们的翻译更是如此。如前所述，朱庆之在谈及汉译佛经对中古汉语的影响时指出，双音化是中古汉语词汇发展的重要标志，具体有二：一、新的概念主要是由双音节形式来表示；二、原来由单音节词表示的旧有概念大都有了双音节形式。[②] 这一论断同样适用于19世纪以降近代汉语词汇的发展实际。即，一、新的概念采用二字词表达；二、表示旧有概念的一字词大都有了二字词形式。而笔者想特别强调的是，如下一章所论：与旧有的一字词相对应的二字词，在更多的情况下是一组词义相同、或相近的词。[③] 上述两条，笔者简称之为"单双相通的二字词原则"。这一原则意味着现代汉语词汇体系的建构，不仅仅是学术用语的获得，还必须包括科学叙事不可或缺的谓词：二字动词、形容词及区别词。表示新概念的词多为西方近代自然科学、人文科学的术语，需要用二字词形式译出；而"单双相通"的原则同时还是针对已经存在的一字的动词、形容词及副词等提出的要求。进入20世纪以后的第一个十年是汉语二字词化迅速形成的时期。面对急剧变化的语言，荀子的《正名》成为当时译者们思考译词乃至新词问题的语言资源，其"单足以喻则单，单不足以喻则兼"等言说，除了黄遵宪以外，刘半农、傅斯年、章太炎都曾引用过，荀子的话语被反复地用来证明二字词的必要性。时代也对语文工具书提出了新的要求。本章将从文章的类别和二字词的关系这一视角，

① 关于本章更详细的论述可参见沈国威撰《"形式"与"精神"的拮抗——重读胡适"文学改良刍议"》,《東アジア文化交渉研究》2013年第6号，第43—55页；沈国威撰《旧文学的改良与新国语的建构》,《侨易》2014年第1辑，第41—55页；《近代书写语言的形成——文类之别与复音词》,《东西学术研究所纪要》2018年第52期，第21—30页；《一名之立　旬月踟蹰：严复译词研究》第9章，北京：社会科学文献出版社，2018年。

② 朱庆之著《佛典与中古汉语词汇研究》，台北：文津出版社，1992年，第124页。

③ 沈国威撰《中国語語彙体系の近代化問題——二字語化現象と日本語の影響作用を中心として》，载内田庆市编著《周縁アプローチによる東西言語文化接触の研究とアーカイヴスの構築》，大阪：关西大学东西学术研究所，2017年，第15—35页。

对汉语如何才能适用于科学叙事，以及第一部现代汉语语文工具书——《辞源》(1915)在词语方面的贡献与不足等问题作概述性的考察。

第一节 文之类别与二字词

1916年，身在大洋彼岸的胡适致信《新青年》主编陈独秀，讨论文学革命的问题。[①] 起因是《青年》第3号上刊登的谢无量所作长律，被"附有记者按语，推为'希世之音'"，"子云、相如而后，仅见斯篇，虽工部亦只有此工力，无此佳丽……吾国人伟大精神，犹未丧失也欤"。对此，胡适不以为然地反驳道，"细检谢君此诗，至少凡用古典套语一百事"，"凡人用典或用陈套语者，大抵皆因自己无才力，不能自铸新辞，故用古典套语，转一湾子，含糊过去，其避难趋易，最可鄙薄"。对于中国文学之现状，胡适接着写道："综观文学堕落之因，盖可以'文胜质'一语包之。文胜质者，有形式而无精神，貌似而神亏之谓也。""欲救此文胜质之弊"，胡适在信中对文学的革命提出了八项主张。列在第一的是"不用典"，至第五项"须讲求文法之结构"均被胡适归入"形式上之革命"一类，胡适整篇文章的主旨也是攻击陈旧套语，即(文学创作所用)语言的形式问题。

陈独秀在回应中说："承示文学革命八事，除五、八二项，其余六事，仆无不合十赞叹，以为今日中国文界之雷音。倘能详其理由，指陈得失，衍为一文，以告当世，其业尤盛。第五项所谓文法之结构者，不知足下所谓文法，将何所指？仆意中国文字，非合音无语尾变化，强律以西洋之Grammar，未免画蛇添足[日本国语，乃合音，惟只动词、形容词，有语尾变化。其他种词，亦强袭西洋文法，颇称附会无实用，况中国文乎？][②]若谓为章法语势之结构，汉文亦自有之，此当属诸修辞学，非普

① 胡适致陈独秀信，《新青年》第2卷第2号，1916年10月1日。原文是通信，无标题，但文中有"以为今日欲言文学革命，须从八事入手"等语。

② 陈文中的"合音"颇为费解，他一方面说"仆意中国文字，非合音"，另一方面又在夹注中说"日本国语乃合音"，把"中国文字"和"日本国语"放在一起讨论。令人难以判断陈氏所说的是文字学层面的问题，还是语言类型学层面的问题，抑或两者兼而有之？日语的假名和印欧语的罗马字母都是表音文字，这是共性。但前者是音节文字，后者是音素文字，性质并不相同。从语言类型学上说，日语为黏着语，只有动词、形容词有屈折变化，其他词类，如名词等则没有。陈批评(一些语法学家)勉强附会英语等的语法分析日语，其实并不实用。而汉语是孤立语，既不使用表音文字，又无屈折变化，所以更不需要套用西文的语法体系。陈独秀的回复亦载《新青年》第2卷第2号，1916年10月1日。

通文法。且文学之文与应用之文不同，上未可律以论理学，下未可律以普通文法，其必不可忽视者，修辞学耳。质之足下，以为如何？"就是说，陈独秀认为胡适的所谓"文法"定义含混，如果是西洋的 grammar，不讲也好，因为汉语和西方语言各有特点，无须画蛇添足；如果指作文章之法的话，中国古已有之，不过这样的"文法"应该归于修辞学，而不是"论理学"（即逻辑学，笔者），"修辞"这才是文学之文所"必不可忽视者"。陈独秀把文章分为文学之文和应用之文，指出两种文章须遵循不同的规则；并说"以上二事，尚望足下有以教之。"请胡适解惑。

胡适接受了陈独秀"详其理由，指陈得失，衍为一文，以告当世"的建议，遂对信中的主张加以扩充，以《文学改良刍议》为标题发表于 1917 年 1 月 1 日的《新青年》上。除了文章里不再见"革命"字样以外，八项主张的顺序和文字亦有所变动。兹列表对照如下：

表 3－1　文学革命八项主张对照表

《致陈独秀信》	《文学改良刍议》
一曰不用典。	一曰须言之有物。
二曰不用陈套语。	二曰不摹仿古人。
三曰不讲对仗（文当废骈，诗当废律）。	三曰须讲求文法。
四曰不避俗字俗语（不嫌以白话作诗词）。	四曰不作无病之呻吟。
五曰须讲求文法之结构。	五曰务去滥调套语。
六曰不作无病之呻吟。	六曰不用典。
七曰不摹仿古人语，语须有个我在。	七曰不讲对仗。
八曰须言之有物。	八曰不避俗字俗语。

如上所述，胡适在给陈独秀的信中把"八事"中的第一至五项称之为"形式上之革命"，第六至八项称之为"精神上之革命"，批评的重点乃是前者。但在《文学改良刍议》中，这种形式与内容的分类被打乱了，文章的主旨也随之变得暧昧。

胡适"文胜质"的"文"即"形式"，这个术语对胡适而言，既有文学形式（genre）的一面，又有语言形式（language form）的一面。如第三项所涉及的骈体文、旧体诗是文学形式；而典、白话、文法等项是语言形式。[①] 这样胡适的"形式上之革命"就包含了对旧文学形式的破除和新语言形式的建构两个方面。"质"又被胡适称

① 其实在当时，"文学"一词兼有 literature 和 philology 两种意义。

为“精神”，即文学的内容。20世纪第一个十年，中国社会发生了翻天覆地的变化，语言最为敏感地反映社会的变化。胡适敏锐地认识到当时的旧文学无论是形式还是精神，都无法适应新的社会生活，需要“革命”。即要想改变旧文学，除了内容上的革旧立新外，还需要创建包括语言在内的新形式。

陈独秀在给胡适的回复中首次提出了“文学之文”和“应用之文”的区别。但是他并没有详细阐述什么是文学之文，什么是应用之文，其语言形式如何。那么何谓“文学”？“文学”一词见诸中国古籍，19世纪以后，与西方的literature邂逅，引起诸多讨论。“文学”应该包括哪些内容，其语言形式有何特点？这些都是题中应有之义。章太炎说：“何以谓之文学？以有文字著于竹帛，故谓之文；论其法式，谓之文学。”又提出了“文笔”之别，“文即诗赋，笔即杂文”[①]，侧重于内容形式(genre)。章门弟子胡以鲁也在其著作《国语学草创》最后一章“九、论国语国文之关系”中提出了“质文建设”的问题。所谓“质文”就是以“应用为主”的文章。胡以鲁写道：

> (言文一致)然是既不可旦暮遇，而谋教育之普及又非从来国文所能奏其效。故吾辈权拟倡近于语言之质文，以应义务教育之实用。质文建设案，谨拟如左。合标准语音制定案，敬待同志之讨论。
>
> 一、质文应用文字约二千字已足，编为字典语法，依其发生之顺序而注六书类于其下，略说意标音标之变迁而定以今文今义，及今所用义应属之词品，与今语一般之语法，编为教科书，通行之于全国。
>
> 二、实词必求诸音义相近之文字而以标准语音讲读之。虚词亦用同音字，其不同者读之使同，务使言文接近。
>
> 三、同音异义语词酌取其一。异音同义或类义语词为语言之所无者不取。
>
> 四、假借字之非习用者省之，转注字之不见用于语言者废之，通借字之为废语者弃之，古文词之词品兼摄者以今语为标准定于一。
>
> 五、新事物之名称及表彰新思想之语词，勉用复合语词为之，不须作新字。外语亦勉用义译，[惟无义之名如人名地名或新发明物之以专名名者自取音]日人义译语词于汉文可通用者用之，否则改之。

---

① 章太炎著《文学总略》，载章太炎著《章太炎全集·国故论衡先校本、校订本》，上海：上海人民出版社，2017年，第47页，第49页。校订本作“文即诗赋，笔即公文”，第221页。另，《国故论衡》最初于1910年由日本秀光社刊行。

六、繁缛之称呼，如称人曰足下阁下曰执事等，但取语中所常用之一，崩薨卒不禄等无谓之区别，阶级制既废，自亦一死字可矣。余类推。

七、词句以达意为度，陈语古文古典不仿用。[如黾勉密勿、匍匐蒲伏，古语音通借字也，今无其语而用其字。乘舆荐绅汉制也，今且无物，而用其字。吴越秦晋古地名也，今名已更，而仍用之，以为古雅。脱帽曰免冠，就位曰就席，甚且，下第曰作刘蕡，逃亡曰作黄鹤。衒弄琐琐之古典，吾见某处告示之戒军人也，有曰此偶合之乌，难保无害群之马，果尔以有限之血蚨，养无数之飞蝗，为乌为马为蝗，实皆人也。亡清官样文章大抵如此。此吾国文字末流之弊也。用之于文章游戏固无妨。欲以之治百官察万民也则惑矣。质文以应用为主，故敢断言其不可。]①

"质文应用文字约二千字已足"显然是受到章太炎《订文》"檄移所徛，二千名而足"的影响。（详见本书第一章）如第一章所引，《新青年》在胡氏著作的书评中曾提到了胡以鲁这一写于1913年的"质文建设案"，只是胡氏本人旋即去世，实质性的讨论未能展开。作品与语言形式的关系开始成为讨论的对象是在陈独秀回复胡适之后。

1917年初，陈独秀在《文学革命论》中指出文学之文应该：推倒雕琢的阿谀的贵族文学，建设平易的抒情的国民文学；推倒陈腐的铺张的古典文学，建设新鲜的立诚的写实文学；推倒迂晦的艰涩的山林文学，建设明了的通俗的社会文学。陈说当时的情况是"文学之文，既不足观，应用之文，亦复怪诞"②。关于后者，陈独秀所举的例子是"碑铭墓志"、"寻常启事"等。

同在北大任教的钱玄同随即致信陈独秀，加入了讨论。钱说："胡君'不用典'之论最精，实足祛千年来腐臭文学之积弊。"又指出"文学之文，用典已为下乘。若普通应用之文，尤须老老实实讲话，务期老妪能解"。但具体如何实行，钱说"对于应用文，以为非做到言文一致地步不可。此论甚长，异日当本吾臆见写成一文，以求正道，兹则未遑详述"。③ 钱认为"言文一致"乃是应用之文的必须条件，而并非仅仅是必要条件。唯独这篇关于应用之文的文章钱玄同终于未写。

接着登场的是刘半农，他针对陈、钱二人的主张，撰文详论文学改良的问题。④

① 胡以鲁著《国语学草创》，第123—124页。[]中为双行夹注。
② 陈独秀撰《文学革命论》，《新青年》第2卷第6号，1917年2月1日。
③ 钱玄同致陈独秀信，《新青年》第3卷第1号，1917年3月1日。
④ 刘半农撰《我之文学改良观》，《新青年》第3卷第3号，1917年5月1日。

刘半农首先对文学的概念作了界定。他不同意“文以载道”的陈腐旧说，也反对“文章有饰美之意，当作彣彰”的主张。[①] 刘指出以上二说之外，只有章学诚的“分别文史”之说比较接近事实。但是如果将记录事件一类的文章统统归入史的范围，在文学上占有至关重要位置的小说，也就不能视为文学了；而反之，把信札文告之类非记录事件的文章归入文学的范围，也有问题。因为这样的文章原本只求辞达意适，归入文学反须下点文学的工夫，不啻蛇足。刘半农指出，“夫文学为美术之一，固已为世界文人所公认”，根据西方的原则，应将一切作品分为“文字”(Language)和“文学”(Literature)二类。Language 的定义是 Any means of conveying or communicating ideas. 即“文字”只需传达意思，而不需要附加“言外之意”。刘所意识到的似乎是孔子的“辞达而已矣”。另外，Language 和 Speech(“语言”)、Tongue(“口语”)，虽有细微的差别，但往往可以通用。即 LANGUAGE is generic denoting, in its most extended use, any mode of conveying ideas; SPEECH is the language of sounds; and TONGUE is the Anglo-Saxon term for language, especially for spoken language. 文字是“语言”，或“口语”的上位概念，二者并无本质上的区别，目的都是把自己的意思传达给其他人。如果说有不同之处，那就是，“文字”与“语言”或“口语”相比，可以不受时间和空间的限制，正如古语所说“言之无文，行而不远”。[②] 至于 Literature，西方的定义是 The class of writings distinguished for beauty of style, as poetry, essays, history, fictions, or belles-letters. 故 Literature 和作为“语言”或“口语”代表的“文字”是有区别的。章太炎也曾区分口语与文章的不同，在《订文》重订本中说“言语、文学，厥科本异，凡集录文辞者，宜无取焉。战国陈说，与宋人语录、近世演说为类，本言语、非文学也。效战国口说以为文辞者，语必伧俗，且私徇笔端，苟炫文采，浮言妨要，其伤实多。唐杜牧、宋苏轼，便其哗嚣，至今为梗。故宜沟分畛域，无使两伤。文辞则务合体要，口说则在动听闻，庶几各就部伍尔”。又说“文辞者，亦因制其律令，其巧拙则无问”。但“言语、文学”相区别这段话初刻本中没有，而在第 3 稿《检论》中又被悉数删去。[③]

---

① 即章太炎的主张。见章太炎著《文学总略》，载章太炎著《章太炎全集·国故论衡先校本、校订本》，上海：上海人民出版社，2017 年。

② 关于此点，刘的解释似已与孔子的原意有所不同，但可否理解为：文字必须能口头说出并听懂？

③《章太炎全集·訄书初刻本、訄书重订本、检论》，上海：上海人民出版社，2015 年，第 229 页，第 233 页。

“文字”和“文学”的界说既明，需要解答的问题就是：“何处当用文字、何处当用文学”，与“必如何始可称文字、如何始可称文学”了。对这两个问题，刘半农是这样回答的：

陈独秀把“文学之文”和“应用之文”对立起来，据此从逻辑上讲，文学之文就不是应用，应用之文也不能视为文学。刘说他不敢苟同陈的主张。[①] 西方对于“文学”功用的定义是：Literature often embraces all compositions except these upon the positive sciences. 这样的定义较之陈独秀的主张稍好[②]，但刘半农认为把“实质科学(positive sciences)”以外的一切文字，统统纳入文学范围之中也有问题。例如“哲学”虽然不是实证科学，但在西方是“诸种科学之一”。哲学本身，已经包含了高深玄妙的概念，行文当力求浅显，使读者一读即知其意旨所在。又如，胡适、陈独秀、钱玄同以及他本人这篇探讨文学的文章，也都应该归入“文字”的范围。因为“文学本身亦为各种科学之一”，需要客观地加以讨论，不宜“误宾为主”。刘主张凡是科学上的文章，无论是否为 positive(实证)，都应当归入“文字”一类，而不应“侵害文学之范围”，同理也不能“滥用文学，以侵害文字”。如此，刘半农对二者的范围作了如下界定：

- 文字：一切科学上的应用之文；
- 文学：必须列入文学范围者，推诗歌戏曲、小说杂文、历史传记，三种而已。(以历史传记列入文学，仅吾国及各国之惯例而言，其实此二种均为具体的科学，仍以列入文字为是。)酬世之文，(如颂辞、寿序、祭文、挽联、墓志之属。)一时虽不能尽废，将来崇实主义发达后，此种文学废物，必在自然淘汰之列。故进一步言之，凡可视为文学上有永久存在之资格与价值者，只诗歌戏曲、小说杂文二种也。

也就是说，对于应用之文，刘半农更加重视的是表达、传播上的平易性。他批评中国古代的“科学书”故意为难读者，“务使他人不能明白以为快”。中国原有学术之所以不能发展与普及，或都是因为语言难懂造成的。刘批评严复，其所撰写的《英文汉诂》，虽然内容只不过是粗浅的英文文法而已，但是使用的是古奥、生涩的文言。如果用这本书作为教材，学生首先要先学习十几年的古文才行。

对于第二个问题，即“文字”和“文学”在写作上有什么不同时，刘半农指出了

① 陈独秀在刘文的案语中说：“刘君所定文字与文学之界说，似与鄙见不甚相远。鄙意凡百文字之共名，皆谓之文。文之大别有二，一曰应用之文，一曰文学之文。刘君以诗歌戏曲小说等列入文学范围，是即余所谓文学之文也。以评论文告日记信札等列入文字范围，是即余所谓应用之文也。‘文字’与‘应用之文’名词虽不同，而实质似无差异。”

② positive sciences，即孔德的 positive stage，今译作“实证科学阶段”。

三点，即：

一、“文字”要讲语法，必要时还要讲逻辑学；“文学”要讲语法，同时也要讲逻辑学和修辞学，不过逻辑学或较轻于修辞学。

二、“文字”无关“精神”，不必矫揉造作；“文学”事关“精神”，作者必须运用语言手段，使自己的意识、情感、心怀包含在文章中。这样的文章才有真正的价值，否则，措辞再好，也只是一大番空话。

三、新时代需要新词语。虽然有一些“新名词未必尽通（如‘手续’、‘场合’之类），亦未必吾国竟无适当代用之字（如‘目的’、‘职工’之类）。若在文字范围中，取其行文便利，而又为人人所习见，固不妨酌量采用”。而“文学”中的词语，则以漂亮雅洁为要，应该避免杂入累赘费解的新名词。西方的文学中也很少使用学术名词。

接着刘半农说“此后专论文学，不论文字”，以“散文之当改革者三”为题，用了5 000余字的篇幅专门讨论了文学之文的做法。而其中有两项内容实际上是关于语言形式的。即在“散文之当改革者三”的第二项，刘指出“文言白话可暂处于对待的地位”，其理由是“二者各有所长、各有不相及处，未能偏废故”。（加重号为原文所有）所谓不能偏废，其实是不可骤然废除文言。对于胡、陈、钱等“白话为文学之正宗”、“白话为文章之进化”的主张，刘一方面表示“深信不疑，未尝稍怀疑义”，另一方面又说白话有不如文言之处。废文言而用白话无法一蹴而就，“吾辈目下应为之事”是“于文言一方面，则力求其浅显使与白话相近”，“于白话一方面，除竭力发达其固有之优点外，更当使其吸收文言所具之优点”。刘认为文言的优点在于慎密高雅的名词。① 在“散文之当改革三”的第三项，刘指出西文中，“往往以

① 章太炎说：“有农牧之言，有士大夫之言，此文言与鄙语不能不分之由。天下之士大夫少而农牧多，故农牧所言，言之粉地也。而世欲更文籍以从鄙语，冀人人可以理解，则文化易流，斯则左矣。今言道、义，其旨固殊也。农牧之言道，则曰道理；其言义，亦曰道理。今言仁人、善人，其旨亦有辨也。农牧之言仁人，则曰好人；其言善人，亦曰好人。更文籍而从之，当何以为别矣？夫里巷恒言，大体不具，以是教授，适使真意讹淆，安得理解也？昔释典言般若者，中国义曰智慧。以般若义广，而智慧不足以尽之，然又无词以摄代，为是不译其义，而箸其音。何者？超于物质之词，高文典册则愈完，递下而词递缺，缺则两义掍矣。故教者不以鄙语易文言，译者不以文言易学说，非好为诘诎也，苟取径便而淆真意，宁勿径便也。”（《章太炎全集·訄书初刻本、訄书重订本、检论》，第217—218页）为了保持区别性，反对俗语入文章。对此胡适曾给予反驳：“（章先生）这话也不是细心研究的结果。文言里有许多字的意思最含混，最纷歧。章先生所举的‘道’‘义’等字，便是最普通的例。……白话对于文言应该分别的地方，都细细分别；对于文言不必分别的地方，便不分别了。……总之，文言有含混的地方，应该细细分别的，白话都细细分别出来，比文言细密得多。章先生所举的几个例，不但不能证明白话的‘大体不具’，反可以证明白话的变繁变简都是有理由的进化。”（胡适撰《国语的进化》，《新青年》第7卷第3号，1920年2月2日，第9页）。

noun，adjective，verb，三类字互相通用”。古汉语中也有类似的用法，如“解衣衣我，推食食我”。笔者曾指出，西文具有形态变化，概念义相同，语法义不同的一组词可以构成一个词族，而汉语则需要借助上下文的帮助。[①] 刘半农则批评说：“近人某氏译西文小说，有‘其女珠，其母下之’之句。以‘珠’字代‘胞珠’，转作‘孕’字解。以‘下’字作‘堕胎’解。吾恐无论何人，必不能不观上下文而能明白其意者。”现代汉语中，词类的转换是以二字词形式实现的，刘似乎意识到了只有二字词才能摆脱对语境的依赖。不过对于应用之文，刘半农与钱玄同一样，未能顾及。

继刘半农之后，傅斯年在1918年初以北京大学文科学生的名义发表文章《文学革新申义》。[②] 对文学与政治、社会、风俗、学术等的关系，傅氏指出“同探本于一源”，也不同意将文学与其他，尤其是科学对峙起来。他在文章的结尾处写道：

> 西方学者有言，“科学盛而文学衰”。此所谓文学者，古典文学也。人之精力有限，既用其精力于科学，又焉能分神于古典？故科学盛而文学衰者，势也。今后文学既非古典主义，则不但不与科学作反比例，且可与科学作同一方向之消长焉。写实、表象诸派，每利用科学之理，以造其文学，故其精神上之价值有迥非古典文学所能望其肩背者。方今科学输入中国，违反科学之文学，势不能容；利用科学之文学，理必孳育。

一个月后，傅斯年又发表了《文言合一草议》[③]，明确提出：“与其谓废文词用白话，毋宁谓文言合一，较为惬允。”他一方面强调“废文词而用白话，余所深信而不疑也”；另一方面又展现了与胡适、钱玄同等人摒弃文言，改用白话主张的不同之处。他认为他所讲述的用白话是“以白话为本，而取文词所特有者，补苴罅漏，以成统一之器”，就是要取文词所特有的优点来补白话的不足。对于“难者曰，文言合一，自然之趋向，……故作为文言合一之词，但存心乎以白话为素质，以文词上之名词等补其阙失，斯已足矣。制为规条，诚无所用之也”的主张，傅斯年指出，要回答“文言果由何道以合一乎”这个问题，先要辨别文词与言语的特质，“取其优而弃其劣，夫然后归于合一也”。他认为文言合一需要制定若干的规定，并按照规定谨慎行事。

傅斯年罗列了十项“规条”，前四项规定代词、介词、叹词、助词等“全取白话”，

① 沈国威著《汉外词汇教学新探索》，大阪：关西大学中国语教材研究会，2014年。

② 傅斯年撰《文学革新申义》，《新青年》第4卷第1号，1918年1月15日。

③ 傅斯年撰《文言合一草议》，《新青年》第4卷第2号，1918年2月15日。

因为“此类字在白话中无不足之感”，无须使用文言的遗物。笔者倒是认为上述四项中所涉及的文言虚词实际上并不影响文章的“听懂”，只是给文体增加了一些陈旧的表面特征而已。第五项傅氏主张一切名词、形容词、动词、副词只要意义不变就用白话代替文言，如食→吃、饮→喝、嬉→玩等。傅说：“吾人聆一俗语，较之聆一同义之文言，心象中较为清楚。”所谓“心象”似可理解为索绪尔的“心理印迹”，或“音响形象”，即语言的声音在我们的头脑中所唤起的概念认知。但需要指出的是，在口语层面，至少在傅文成立的世纪之交，“食、饮、嬉”已经不是词，而是小于词的不自由语素了，故无法唤起心象。傅氏的“吾人聆一俗语”的“聆”也是如此，口语中只说“听”(有趣的是，傅斯年在 1918 年还是用文言写作的，尽管文章的内容是鼓吹白话)。所以这一项其实并无实际意义，但文白转换是汉语词汇能力的一个重要侧面①，当时的国语课本等都有这方面的训练内容②。

第六项讨论的是词语的区别性问题。傅指出了“文词所独具，白话所未有，文词能分别，白话所含混”的现状。在世纪之交，包括来华传教士在内，很多人都认为白话“大体不具”，词汇不及文言丰富。③ 关于这一问题，上文已经介绍了刘半农、章太炎的主张，再如汉语改革的急先锋钱玄同也感叹说：“白话用字过少，文法亦极不完备；欲兼采言文，造就一种国文，亦大非易事。”④汉语的文言以单纯词的形式为事物命名，如“骏、弑、暑”等，词义在白话中都需要用复合词或短语来表达。不用单纯词，采用复合词反映了语言的分析化的趋势，随着“五四”以后二字词的大量出现，口语词汇词不达意的情况才逐渐解消。⑤

第七项极为重要，傅斯年认识到为了实现言文一致，不仅名词(傅在此举的是一般名词的例子，其实学术用语更加重要)，动词、形容词、副词也严重不足。傅氏所例示的二字词，如后文所述，大都是“五四”以后逐渐普及流行起来的。傅氏提出“不足，斯以文词益之，无待踌躇也。例如状况物象之词，用文词较用俗语为有

---

① 沈国威著《汉外词汇教学新探索》，大阪：关西大学中国语教材研究会，2014 年。

② 沈国威撰《关于清学部编〈简易识字课本〉(1909)》，载《清代民国汉语研究》，韩国：学古房，2011 年，第 209—233 页。

③ 沈国威撰《西洋人记录的世纪之交的新汉语》，载《关西大学东西学术研究所纪要》，2009 年第 42 辑，第 101—111 页。

④ 钱玄同撰《中国今后之文字问题》，《新青年》第 4 卷第 4 号，1918 年 4 月 15 日，第 353 页。

⑤ 还有一种情况是，语言使用者用不同的词语表述相同或相近的概念，如爱人、妻子、拙荆，形成一个由浅及深的次第，深的一侧具有文言的色彩，提供概念义以外的周边义。口语词常常被指没有描写深度。

力者，便用文词。如‘高明’、‘博大’、‘庄严’等，倘用俗语以待之，意蕴所存，必然锐减。盖中国今日之白话，朴实已极。此类状况之词，必含美或高之德性，非素质者所蓄有。一经俗语代替，便大减色也”。俗语的“状况物象之词”太贫乏，补充是当务之急。“以文词益之”云云，可知傅斯年所意识到的补充源是古典文献。

在第七项的基础上，傅氏在第八项强调指出：“在白话用一字，而文词用二字者，从文词。在文词用一字，白话用二字者，从白话。”对自己的主张，傅斯年作了如下的解释：

> 中国文字，一字一音，一音一义，而同音之字又多，同音多者，几达百数。因同音字多之故，口说出来，每不易于领会，更加一字以助之，听者易解矣。……尽可以一字表之，乃必析为二者，独音故也。然则复词之多，单词之少，出于自然，不因人之好恶。今糅合白话文词，以为一体，因求于口说手写两方，尽属便利。易词言之，手写出来而人能解。口说出来而人能会。如此，则单词必求其少，复词必求其多，方能于诵说之时，使人分晓。故白话用一字，文词用二字者，从文词。白话用二字，文词用一字者，从白话。

也就是说，无论白话还是文词，都要尽量使用二字词。需要把一字词改为二字词，只有这样才能“手写出来而人能解，口说出来而人能会”。一字改二字，正是笔者在第一章以下反复言及的现代汉语词汇形成过程中的一个重要原则，即“单双相通的二字词原则”。这是达成言文一致的先决条件。进而言之，笔者坚持认为言文一致首先是科学叙事的问题，而不是文学的问题；小说是用来读（目治）的，而不是听的，课堂上的内容才有必要“听懂”。

傅斯年此文提出了很多重要的观点，从时间上看，某些观点甚至早于其师胡适的《建设的文学革命论》。不同的是，傅斯年谈的是语言层面上的应对，而胡适的重点在于文学的方法。

《文学改良刍议》发表后引起了巨大的反响，然而更多的讨论集中在“不用典”所代表的白话文学和“言文一致”方面。一年多以后，胡适再次在《新青年》上发表文章：《建设的文学革命论：国语的文学，文学的国语》①，将“八项主张”改为“应该做的四条”，即“一，要有话说，方才说话。这是‘不作言之无物的文字’一条的变

① 胡适撰《建设的文学革命论：国语的文学，文学的国语》，《新青年》第4卷第4号，1918年4月15日。

相。二，有什么话，说什么话；话怎么说，就怎么说。这是二、三、四、五、六诸条的变相。三，要说我自己的话，别说别人的话。这是'不摹仿古人'一条的变相。四，是什么时代的人，说什么时代的话。这是'不避俗话俗字'的变相"。在作了铺垫之后，胡适直奔主旨，说：

> 我的"建设新文学论"的唯一宗旨只有十个大字："国语的文学，文学的国语。"我们所提倡的文学革命，只是要替中国创造一种国语的文学。有了国语的文学，方才可有文学的国语。有了文学的国语，我们的国语才可算得真正的国语。国语没有文学，便没有生命，便没有价值，便不能成立，便不能发达。

文章题目中的"建设的"，意即"建设性"的。当时的"的"来自日语，是译自-tic的词缀。"国语"与"文言"相对，区别于旧有白话或官话，即新时代的白话。这句话的意思就是：文学须用国语书写，同时国语也须具有文学性。胡适讨论了文学和新时代国语之间的共存共荣关系，他本人其后的学术研究与创作实践的相当部分也正是围绕此两点进行的。

远在美国华盛顿的朱经农读了胡适的《建设的文学革命论》后，于1918年6月5日致信胡适，就新文学的载体，即语言的问题，与之商榷。[①] 关于文言与白话的关系，朱经农说：

> 我的意思，并不是反对以白话作文，不过"文学的国语"，对于"文言"、"白话"，应该并采兼收而不偏废。其重要之点，即"文学的国语"并非"白话"，亦非"文言"。须吸收文言之精华，弃却白话的糟柏，另成一种"雅俗共赏"的"活文学"。……我所以大胆说一句："主张专用文言而排斥白话，或主张专用白话而弃绝文言，都是一偏之见。"

朱也不同意"弃绝文言"，主张"并采兼收"。对于朱经农的意见，胡适回应道：

> (所谓的精华、糟粕之类)是狠(很，笔者注)含糊的话。什么叫做"文言之精华?"什么叫做"白话的糟柏?"这两个名词含混得狠(很，笔者注)，恐怕老兄自己也难下一个确当的界说。我自己的主张，可用简单的话说明如下：
>
> 我所主张的"文学的国语"，即是中国今日比较的最普通的白话。这种国语的语法、文法，全用白话的语法、文法。但随时随地不妨采用文言里两音以上的字。

① 《朱经农致胡适》，《新青年》第5卷第2号，1918年5月15日。

> 这种规定——白话的文法，白话的文字，加入文言中可变为白话的文字——可不比“精华”、“糟柏”等等字样明白得多了吗？[①]

可知，胡适的主张是全面采用白话的句型句式，在此基础上“随时随地不妨采用文言里两音以上的字”，而这样的“字”极有可能“变为白话的文字”。胡适的这段话有两层含义：一、二字词为言文一致的新国语所必须；二、文言可以提供部分二字词的资源。朱经农的信中并没有提及单字还是复辞的问题，胡适的回复貌似唐突，其实不然。胡适早已注意到这一问题了。在关于汉字改革的讨论中，胡适说：“文言中单音太多，决不能变成拼音文字。所以必须先用白话文字来代文言的文字，然后把白话的文字变成拼音的文字。”[②]在1919年12月完成的《国语的进化》一文中，胡适进一步指出：“单音字变成复音字，乃是中国语言的一大进化。……白话因为有会话的需要，故复音字也最多。……现在的白话所以能应付我们会话讲演的需要，所以能做共同生活的媒介物，全靠单音字减少，复音字加多。现在注音字母所以能有用，也只是因为这个缘故。将来中国语言所以能有采用字母的希望，也只是因为这个缘故。”[③]可知，对胡适而言，二字词是白话的本质性特征。那么，文言中哪些“两音以上的字”可以变为白话的词？名词、动词、形容词之中哪种为主？这些词可以从古典文献群中手到擒来吗？或者换个角度问，现代汉语中有多少二字词是来自文言的？这是董秀芳所说的“词汇化”的结果[④]，还是世纪之交的语言使用者们直接从文言中吸收的？近代以降，中日之间的语言接触，以及与知识移动相伴随的词汇交流，对日语、汉语都产生了重大的影响。除了科技术语以外，其他方面的词语，例如二字谓词是否也是中日语言接触、词汇交流的结果？

纵观16世纪以降的西学东渐史，汉语与近代知识的表述，即科学叙事的关系显然要比“文学”所涉及的更广泛、更深入。笔者甚至认为，先有国语的科学，后有国语的文学；同理，科学的国语也先于文学的国语。这样问题就归结于：怎样用汉语讲述科学，这在世纪之交是否可能？汉语如何确立表达的明晰性和逻

---

① 胡适与朱经农的“通信”，《新青年》第5卷第2号，1918年8月15日。着重号为笔者所加。

② 胡适撰《中国今后之文字问题》附言，《新青年》第4卷第4号，1918年4月15日，第356—357页。

③ 胡适撰《国语的进化》，《新青年》第7卷第3号，1920年2月2日，第7—8页。章太炎也说：“是皆两义和合，并为一称。苟自西方言之，亦何异一字邪？今通俗所用，虽廑跂二千，其不至甚忧困匮者，固赖此转移尔。”《章太炎全集·訄书初刻本、訄书重订本、检论》，第211页。

④ 董秀芳著《词汇化：汉语双音词的衍生和发展》（修订本），北京：商务印书馆，2011年。

辑性，并同时成为科学研究的对象？笔者曾对世纪之交的汉语能否讲述“科学”的问题作过探讨。[①] 以严复为例，对于汉语当时科学叙事的可能性，严复颇为悲观地说：

至欲以汉语课西学者，意乃谓其学虽出于西，然必以汉语课之，而后有以成吾学。此其说美矣，惜不察当前之事情，而发之过早。……

迨夫廿年以往，所学稍富，译才渐多，而后可议以中文授诸科学，而分置各国之言语为专科，盖其事诚至难，非宽为程期，不能致也。[②]

用汉语讲授科学的事情需要等二十年，然后才有议论的价值。两年后，在《英文汉诂·卮言》中，严复则说：

虽然，吾之为此言也，非谓教育之目，必取西文而加诸国文之上也，亦非谓西学之事，终不可以中文治也；特谓欲以中文治西学读西史者，此去今三十年以后之事。[③]

所需时间改为三十年。严复在1905年又感慨道：

所恨中国文字，经词章家遣用败坏，多含混闪烁之词，此乃学问发达之大阻力。诸公久后将自知之。今者不佞与诸公谈说科学，而用本国文言，正似制钟表人，而用中国旧之刀锯锤凿，制者之苦，惟个中人方能了然。然只能对付用之，一面修整改良，一面敬谨使用，无他术也。[④]

事情的起因是，1905年严复为青年讲演《政治讲义》，这种口头宣讲的形式，使他的表达受到了极大的限制，痛感汉语需要“修整改良”。如本书第二章所述，类似“国＝国家”这种同一概念的不同词形，令严复困惑。另一个问题是，如 white：whiteness；free：freedom：freedomly；liberty：liberally 等在有形态变化的语言中，可以轻而易举完成的词性转变，而汉语几乎束手无策。严复在《群己权界论》(1903)中用“自繇”翻译 freedom 和 liberty。“繇”是古僻字，他对选用“繇”的理由做了如下解释：

① 参见沈国威著《一名之立　旬月踟蹰：严复译词研究》第九章，北京：社会科学文献出版社，2018年。

② 严复撰《与〈外交报〉主人书》。原文分两次连载于《外交报》第9期(1902年5月2日)、第10期(1902年5月12日)上，刊载时文章题目为“论教育书”，署“瘉壄堂来稿”，后收入王栻主编《严复集》(第3册，第557—565页)时改为今题。

③ 王栻主编《严复集》第1册，北京：中华书局，1986年，第156页。此文作于“光绪甲辰四月”，即1904年初夏。

④ 严复撰《政治讲义》，载王栻主编《严复集》第5册，北京：中华书局，1986年，第1245页。

由、繇二字，古相通假。今此译遇自繇字，皆作自繇，不作自由者，非以为古也。视其字依西文规例，本一玄名，非虚乃实，写为自繇，欲略示区别而已。①

这段话的意思是，由、繇这两个字，在古代是通假字可以等而视之，但在译著中，严复本人把 liberty，freedom 都译作“自繇”，而不译作“自由”。严复说这并不是因为译者厚古薄今，而是按照英语的语法规则，liberty，freedom 这两个词是抽象名词，是实词而不是虚词（根据中国语言研究的传统“自由”是虚词，即副词。笔者注）。严复不过是想从形态上把名词和副词区分开来而已。但是，他的努力显然没有成功。

世纪之交的汉语为什么不能讲授科学？严复大致遇到了这样几个问题：

1. 学术用语尚未整备；
2. 科学叙事的文体还没有建立；
3. 学术用语的定义问题有待解决；
4. 汉语本身的一些问题，例如，缺少大量二字词；
5. 体词谓词之间的词性转换尚无法自由进行。

相关问题笔者都曾在拙著《一名之立　旬月踟蹰：严复译词研究》有所讨论，兹不赘述。总之，对于上述问题的解决，二字词都是关键。

第二节　《辞源》的时代：由单字到复辞

笔者认为科学叙事需要两方面的词语资源，一是学术用语；二是采用二字形式的谓词，即动词和形容词，两者缺一不可。学术用语是名词，目的是导入新的概念以及新的意义体系；但构成一个叙述，还需要谓词，即动词和形容词（包括大量的区别词）。除了“喻”与“不喻”和文体上的原因以外，由于汉语韵律节奏上的特点，二字的名词，需要同为二字的谓词与之配合。学术用语可以依据术语辞典，而谓词属于一般词语，只能看语文词典。下面让我们通过对当时语文工具书的观察来讨论“五四”前夜谓词的发育情形。

中国自古以来有“字书”而无“辞典”。1716 年《康熙字典》刊行，这是中国辞书史上的一件大事。严复评价道：“中国字书旧矣，自《尔雅》列诸群经，而考者谓为周公之作。降而中车府令之《爰历》。汉人《凡将》、《滂憙》，至于洨长《说文》、《五

① 严复撰《群己权界论》“译凡例”，王轼主编《严复集》第 1 册，北京：中华书局，1986 年，第 133 页。

雅》、《三仓》、《玉篇》、《广韵》,代有纂辑,而国朝《康熙字典》,阮氏《经籍纂诂》,集二千余年字书天演之大成,所以著神洲同文之盛。”[①]严复在写这段话时,也许还不得不对苟延残喘的清王朝说几句奉承话。数年之后,中华书局在大肆宣传中刊行《中华大字典》时,林纾已经在毫不顾忌地指陈包括《康熙字典》在内的中国字书的种种缺陷了:“古有《广韵》、《集韵》及《尔雅》、《广雅》、《说文》、《方言》诸书。皆字书也,检之殊难,而寒橱中,又不能遍购,于是(康熙)字典始出,可以按部数画而求索。然实为官书。……顾前清爱重祖烈,以为书经钦定,无敢斥驳,遂留其讹谬,以病后人。何其悖也。”[②]《康熙字典》尽管存在着种种不足和讹误之处,却“几如金科玉律一字不能改移”,至 19 世纪末 20 世纪初,中国的语文工具书停滞了几近 200 年。

新概念的导入翻译离不开辞典,16 世纪末耶稣会士一踏上中国的土地就开始为编纂辞典作准备,但是并未能实际刊行。[③] 1807 年,新教传教士马礼逊来华,他的最大贡献是在极端困难的条件下编辑出版了三部六册的《字典》(1815—1823),开创了系统对译中外概念的先河。马礼逊似乎为 dictionary 的译词颇费了一番思索,最后他选择了“字典”和“韵府”作为自己那三部六册辞典的名称(命名之由见下文)。鸦片战争战败,中国被迫打开国门,新教传教士相继来华,事态发生了根本性变化。西学的引介在知识的深度、广度,乃至受众的规模上都超越了明末清初耶稣会的传教士。到 19 世纪结束时,出自西人之手,名之为“字典”或“韵府”的双语辞典有数十种之多,中国人独自编写的也有数种。[④] 但从整体上看,19 世纪的英华华英辞典无论是术语,还是谓词,都不足以引介西方的自然科学和人文科学。

甲午战败是继鸦片战争之后对国人的第二次冲击,救亡和启蒙成了时代的最强音。经由日本的新知识的引介与普及催生了大量的新词语,即“新名词”。语言随时代的变化而变化,新学的词语、译词等在二百年前的《康熙字典》里自然无处寻觅。既然如此,编写新的辞典也就顺理成章了。20 世纪初,在日本英和辞典和

---

① 严复撰《英华大辞典序》(1908 年,上海商务印书馆),载王栻主编《严复集》第 2 册,北京:中华书局,1986 年,第 253—254 页。

② 林纾撰《中华大字典叙一》,《中华大字典》,上海:中华书局,1915 年,卷首。

③ 有关情况请参见马西尼撰《早期の宣教師による言語政策:17 世紀までの外国人の漢語学習における概況——音声、語彙、文法》,载内田庆市、沈国威编《19 世紀中国語の諸相》,东京:雄松堂,2007 年,第 17—30 页;姚小平撰《早期的汉外字典——梵蒂冈馆藏西士语文手稿十四种略述》,《当代语言学》2007 年第 9 卷第 2 期,第 97—116 页。

④ 沈国威编《近代英华华英辞典解题》,大阪:关西大学出版部,2011 年。

各种术语辞典的影响下，中国外语辞典的编纂有了质的飞跃，如《英华大辞典》（颜惠庆主编，1908年初版，商务印书馆）、《汉译日语大辞典》（1907）、《东中大辞典》（1908）、《普通专门科学日语辞典·附奇字解》（1908）等。这些借力外语的辞典也为汉语语文工具书的编纂作了准备。促成辞典编纂的另一个原因是新式教科书的大量出版，编纂新式教科书必然需要新的工具书，商务印书馆和中华书局这两家教科书的巨头几乎同时开始着手编纂大型语文工具书也恰恰说明了这一点。1912年商务印书馆出版《新字典》，1915年，中华书局推出《中华大字典》。但是“百科之学日新而月异”，“字”之典能解决问题吗？

林纾在《中华大字典》“叙一”中写道：随着新知识的传入而出现的新词语中有一些是“近日由东文输入者，前清之诏敕，民国之命令，亦往往采用，旧学者读之，又瞠目不能解。索之（康熙）字典，决不可得，则不能不舍其旧而新是谋矣”。熊希龄在“叙三”中则说：“若夫近世新增之术语，百科之名词，与夫数百年来俗语之变迁，此皆非求之康熙字典所能得者也。”王宠惠也在“叙六”中指出《康熙字典》的“文学中用字之错误，已成谬种流传，遑论凡百科学之日新月异耶”。新旧语言资源断绝的情况在新学大兴的世纪之交尤为突出。要满足社会的要求，旧有的字典形式显然力不胜任。严复指出（旧字书）“虽然其书释义定声，类属单行独字，而吾国名物习语，又不可以独字之名尽也，则于是有《佩文韵府》以济其穷”。而西方的“所谓辞典者，于吾字典、韵府二者之制得以合”①。林纾在《中华大字典》“叙一”中说：“仆尝谓外国之字典，有括一事为一字者，犹电报中之暗码，但摘一字，而包涵无尽之言。其下加以界说，审其界说，用字不烦，而无所不统，中国则一字但有一义，非联合之不能成文，故翻译西文，往往词费，由无一定之名词，故与西文左也”（着重点为笔者所加，下同）。李家驹也在“叙二”中说：“至于学术用语，虽有义可述，然对译一字，畸而不完，必合缀两文，始足一义。若斯之类，字虽固有，谊则新成，自非条举类聚，详为说解不可矣。”为了消弥这种缺陷，当时编纂字典的人首先试图在释义上作出改进，加入新的知识，例如“心”字，《新字典》（商务印书馆）和《中华大字典》（中华书局）的释义分别如下：

《新字典》【心】字条

【心】息林切侵韵。脏名。在肺下。中分四房。接动静脉管。为行血之机关

① 严复撰《英华大辞典序》，载王栻主编《严复集》第2册，北京：中华书局，第253—254页。

者也。图见【脏】。古谓心为思虑之官。凡属思虑者皆曰心。今亦以意识之现象。精神之状态。谓之心理。

《中华大字典》【心】字条

【心】思林切音新侵韵。人心土藏。在身之中。象形。博士说以为火藏。见【说文】。【按心者生之本。神之变也。其华在面。其充在血脉。其形类倒悬之椎。长三寸六分。其厚一寸八分。居肺之下。今生理学云。居横膈膜之上。左右两肺之间。形状如囊。为肌肉质。外有膜围绕。名心囊。亦曰心包络。内分上下左右四房。为行血之中枢。】（附心脏图略）

《新字典》和《中华大字典》都加入了关于心脏的生理学、解剖学的知识。但需要注意的是，字义诠释的改善并不能解决汉语所有的语词问题，因为尽管汉字是汉语的基本单位和成分，但即使是以"字"为对象的工具书也必然面对一个如何对应复辞的问题。《中华大字典》在凡例规定"以两字或重文成义者，与天象、地理、朝代、国邑、官爵、姓名、动植物及各科专门名词，均次于单文各义之后"。这较之商务印书馆《新字典》的"为单字之字典，凡两字以上之辞语，非音义有关系者，概不阑入，以免举一漏百之弊"是一个实质性的进步。我们可以说《中华大字典》作为汉语文工具书，第一次向西方的 dictionary 那样初步完成了"字典"和"韵府"的融合。《中华大字典》具体收录多少复辞尚无精确的统计，仅据笔者粗略地翻检发现，实际上所收录的新词和各科专门名词有限，不足数百条。[①] 这个数量显然太少了，还远远无法满足新学的需要。以至于熊希龄在"叙三"中不客气地指出："康熙字典，与今大字典之作，类不过供文人学士搜检考证之用。"时代更需要的是辞典。

1915 年 10 月，上海商务印书馆耗时 8 年推出中国第一部近代国语辞典——《辞源》。[②] 至 19 世纪末，每逢科举之年，《康熙字典》销路极好。但是进入 20 世纪以后，科举制废除，改为"新学取士"，报刊、翻译书籍大量出版（1903 年和 1904 年的海上译籍主要是指日书汉译），由此引发了为数众多的日语词汇流入汉语，对汉语造成了巨大的冲击。汉语发生了自翻译佛经以来的大变局，变化最明显的莫如文体和词汇，其中新词和各种科技术语的增加是最重要的部分。新语词的急遽增

---

① 其中一个原因是对是否成词的意识古今不同。即使用现在的眼光看是一个复合词的收录单位，对当时的辞典编纂者而言，常常也只不过是一个"字串"。

② 《〈辞源〉说略》说，"戊申之春遂决意编纂此书，其初同志五六人，旋增至数十人。……历八年而始竣事"。其实"迨民国初元全稿略具"，而校订等花费了更多的时间。参见陆尔奎撰《〈辞源〉说略》，《辞源》卷首，1915 年。

加给社会的口语和书面语言都带来了严重的混乱，引起了语言使用者的不安与反感。[①] 因此，能涵盖新知识的大型工具书成为全社会的急切需求。当时有数种从日本移植的法律、经济方面的新词辞典、术语辞典，但是还没有真正的国语辞典。[②]中华书局更多地强调了对《康熙字典》传统的继承，服务新学没有成为主题，而商务印书馆似乎在《新字典》编纂过程中敏锐地捕捉到了时代的先机。《辞源》开始着手编纂时，正如数年之后发生的"五四"运动所象征的那样，新旧文化处于冲撞、搏斗、交替的漩涡之中，是极不安定的过渡期。商务印书馆汉外辞典类的出版及其商业上的成功，对其作出编纂《辞源》的决定亦有良性的作用。[③]《辞源》主编陆尔奎对《辞源》的编纂目的作了如下说明：

> 癸卯甲辰之际，海上译籍初行，社会口语骤变。报纸鼓吹文明，法学哲理名辞稠叠盈幅。然行之内地，则积极消极内籀外籀皆不知为何语。由是缙绅先生摒绝勿观，率以新学相诟病。及游学少年续续返国，欲知国家之掌故，乡土之旧闻。则典籍志乘浩如烟海，征文考献，反不如寄居异国，其国之政教礼俗可以展卷即得。由是欲毁弃一切，以言革新，又竞以旧学为迂阔，新旧扞格，文化弗进……[④]

可知，《辞源》的编纂目的首先是为了广大读者学习新知识的需要，同时也是为了保证传统旧学的存续。编纂者们特别意识到了"辞书之与字书"的区别："积点画以成形体。有音有义者谓之字，用以标识事物。可名可言者谓之辞。古谓一字曰一言。辞书与字书，体用虽异，非二物也。"但是汉语已经发生了极大的变化，新的概念必须以二字词的形式接受，故有意于新学之人，"凡读书而有疑问，其所指者字也。其所问者皆辞也。……故有字书不可无辞书，有单辞不可无复辞。此书仍以《新字典》之单字提纲，下列复辞"。单字复辞都收录才是汉语工具书的发展方向。《辞源》在编排体例上也有创新。此前的辞典，从马礼逊、卫三畏到后来的《中华大字典》单字词条下所收的复合词中，该汉字有时位于词首，有时位于词尾。如"心"字条下既有"心脏"也有"中心"，司登得（George Carter Stent，1833—

---

① 沈国威撰《清末民初〈申報〉載「新名詞」史料(1)》，《或问》2013年第24号，第169—180页。

② 实藤惠秀著《中国人留学日本史》，1970年，谭汝谦等译，北京：生活·读书·新知三联书店，1983年，第203—213页。另参见沈国威撰《日汉辞典的黎明期》，《或问》2008年第15号，第75—84页。

③ 如谢洪赉编《华英音韵字典集成》(1902)、颜惠庆编《英华大辞典》(1908)等。

④ 陆尔奎撰《〈辞源〉说略》，《辞源》卷首，1915年。

1884)在《汉英合璧相连字汇》(1871)中首次采用了按字头字排列的方法。《辞源》是最先采用这一编排法的汉语词典。①

与《中华大字典》(1915)相比,《辞源》是第一部"辞"的典,这不仅仅是因为《辞源》收录了更多的复辞,而是编纂伊始就明确地有了字典、辞典分工的设想。编纂者有意识地要把《辞源》编成一部全新的辞典,《〈辞源〉说略》特地指陈了《辞源》与传统字书的不同之处:

(《辞源》)其旨一以应用为主,……凡读书而有疑问,其所指者字也,其所问者皆辞也。……故有字书不可无辞书,有单辞不可无复辞。此书仍以《新字典》之单字提纲,下列复辞。虽与《新字典》同一意向②,而于应用上或为较备,至与字书之性质,则迥乎不侔也。

而且"单字提纲,下列复辞",字辞兼收,一部《辞源》在手,同时解决了字和复辞的问题。同时,编纂者也明确地意识到了辞书和类书的区别:

(类书等)重在出处,不重在诠释。……辞书以补助知识为职志,凡成一名辞,为知识所应有,文字所能达者,皆辞书所当载也。举其出处,释其意义,辨其异同,订其讹谬;凡为检查者所欲知,皆辞书所当详也。供一般社会之用,非徒为文人学士之用。故其性质适与类书相反。

《辞源》第一次明确地认识到"字"与"辞",尤其是复合词的不同,认识"字"和知道"辞"的意义是两个不同层面的问题。因此在编纂上,《辞源》更加注重词义的诠释,特别是对那些新词和译词,定义详细,自负提供了读者想知道的全方位的知识。《辞源》将编纂、收词方针定为:语词为主,兼收百科。收词范围由成语、典故、章典制度、天文、地理、医卜、星相、人名至算学、物理、化学、数学等近代新学,极为广泛。对此,《辞源》修订版的出版说明(1979)作了如下的回顾:

《辞源》以旧有的字书、韵书、类书为基础,吸收了现代辞书的特点;以语词为主,兼收百科;以常见为主,强调实用;结合书证,重在溯源。

《辞源》续编编纂时,对正续编的侧重点作了明确的界定。续编主编方毅在《〈辞源〉续编说例》中说:

将正续两编性质比较。一则注重古言。一则广收新名。正书为研究书

---

① 沈国威编《近代英华华英辞典解题》,大阪:关西大学出版部,2011年,第153—159页。

② 《新字典》虽然比较简单,却满足了"贩竖妇女"读者层的需要,这也是一个不可忽视的群体。

学之渊薮。此编为融贯新旧之津梁。正可互救其偏。

其实方毅的这段话只不过反映了续编以新词为主的侧重点而已，正编本身就已经具有了“融贯新旧之津梁”的性质了。

《辞源》的刊行昭示了汉语的语文工具书初步完成了近代的转型，并为接踵而来的新文化运动在词汇层面作了必要的准备。考虑到另外一部国语辞典——《辞海》(1935)的出版还须等待20年之久，我们就可以知道《辞源》在现代汉语词汇体系形成过程中举足轻重的作用。《辞源》一方面上溯古语，一方面下接新词，扮演了承前启后的重要角色。

但是《辞源》有一个极为特殊的现象，就是其标榜“穷原竟委”、“举其出处，释其意义”，但事实上有大量的词，包括义项没有标明出典，没有给出书证。当然造成这种现象的原因并非完全由于考证不精。《辞源》的书证采集工作主要使用了中国的传统典籍，并不包括16世纪末来华的耶稣会士们的汉译西书，甚至那些被收录《四库全书》中的书也没有被利用。[①] 如地理学上的“热带、温带”等五带名词[②]，以及数学、几何学上的一些基本术语等都没有列出书证。至于19世纪以后来华的新教传教士的大量著作、译籍就更不在征引之列了。这不能不说是一个严重的缺陷。但是，退一步想，即使这些文献被加以利用，也无法从根本上改变无“源”之词(以下简称“无源词”)大量存在的事实。因为造成无源词的主要原因是新词和术语，在这方面来华西士的贡献是有限的。《辞源》中的无源词大致有以下几种情形：[③]

1. 西洋的人名、地名、机关名、事件名等专有名词；
2. 外语的音译词；
3. 科技词汇、术语。在《辞源》中标明：“化学名词”、“物理名词”。但是词的学科分类标注并不十分严格，随意性似乎较大；
4. 其他新词。从词义上看应为近代以后产生的新词、译词。这些词当然在古

① 但是这些书已经进入了某些编写人员的视野。如，“乾”字项下有“乾坤体义，书名。明西洋人利玛窦著。凡二卷。西法历算之入中国。自此书始”的记述。遗憾的是，《辞源》第三版(2015)依然忽略了这部分文献。

② 沈国威撰《前后期汉译西书译词的传承与发展——以〈智环启蒙塾课初步〉(1856)中的五带名词为例》，《中华文史论丛》2009年第2期，第247—276页。

③ 还有一些俗语词、常用词，如“贡生”等科举上的常用词也未明示出典。这些词不在本章的讨论范围之内。

典文献中找不到出处；

5. 日语词汇。包括日本的人名、地名、机关名等专有名词、日本的文物制度方面的传统词语和一些新词、译词。这部分词在《辞源》的释义中以“日本语”、“日本译名”、“日本所制字”等形式标明了与日语词的渊源关系。

上述后三类词，《辞源》正编为 4 659 条，续编为 5 436 条。[①] 这些词(10 095 条)为科学叙事提供了新概念上的保障。

词语的新旧隔阂和混乱是世纪之交中国语言社会的一大特点。在京师大学堂接受近代法律教育后留学日本的彭文祖，1915 年在东京出版了一本名为《盲人瞎马之新名词》的小册子，对国内译词、术语的混乱和误用大加鞭笞。在词语混乱现象始见端倪时，清政府就开始着手术语的厘定工作。1903 年，并入京师大学堂的同文馆改称译学馆，译学馆内设有文典处，负责术语选定的工作。但是由于缺乏人才，成效甚微。“专科学术名词，非精其学者不能翻译，应俟学术大兴，专家奋起，始能议及”[②]。1905 年清政府成立学部，1909 年学部下设“编订名词馆”，聘严复任总纂。至 1912 年，该馆厘定了标准科技术语 3 万条，供中国的教育机关使用。但是这些被称为“部定”的术语由于政治上和经济上的原因，并没有公之于众，而是为德国人赫美玲所编纂的 *English-Chinese Dictionary of the Standard Chinese Spoken Language and Handbook for Translators*(《英汉标准官话字典及翻译成册》，1916)所吸收。[③] 《辞源》在时间上是可以分享教育部编订名词馆的成果的，但是，实际上其词条更多的是直接取自于日语。商务印书馆毫无疑问认识到了术语的特殊性和重要性，只是基于“吾国编纂辞书，普通必急于专门”(辞源说略)的考虑，才使《辞源》为先。“当《辞源》出版时，公司当局，拟即着手编纂专门辞典二十种，相辅而行。嗣后陆续出版或将近出版者，有人名、地名、动物、植物、哲学、医学、教育、数学、矿物等各大辞典”(《〈辞源〉续编说例》)。其中一部分词语汇

① 《辞源》正编 2 974 页，无源词 4 655 条；续编 1 568 页，无源词 5 436 条。平均到每一页上，后者的无源词比率要大大超过前者。如上文所述，这反映了新词增长的迅猛。

② 《京师大学堂译学馆章程》第七章文典。张静庐辑注《中国近代出版史料》二编，上海：中华书局，1954 年，第 26 页。

③ 参见沈国威著《近代中日词汇交流研究——汉字新词的创制、容受与共享》第四章，北京：中华书局，2010 年。赫美玲，Karl E. G. Hemeling，1898 年进中国海关，后任税务司。沈国威著《近代日中語彙交流史——新漢語の生成と受容》，东京：笠间书院，1994 年，第 203 页。沈国威著《一名之立 旬月踟蹰：严复译词研究》对这一问题也有详述。

入了《〈辞源〉续编》。中国大规模地编辑出版术语集是在 1931 年以后。[①]

《辞源》出版后，有很多学者指出了其古典词语部分的缺点和错误。[②] 但是，关于《辞源》的新词部分，尤其是近代词汇的发生、流传、借用，以及与现代词汇的关系方面，尚未见有详细的考察。尽管无源词的存在使《辞源》名不副实，但不容置疑，《辞源》初步解决了术语的问题。术语是专门辞典收录的对象，《辞源》中收录了大量的人文、自然科学的新词、术语（尤其是后者，如此大规模地收录科技术语，在今天，即使是大型的语文辞典也几乎不可想象）[③]，《辞源》忠实地反映了当时新旧文化在语词上的冲突和竞争，作为近代词汇史上极为重要的资料之一，其所包含的新词问题是不容忽视的。[④]

至 1949 年，《辞源》正编、续编、正续编合订本合计销售量达到 400 万册，不但在商业上取得了巨大的成功，对现代汉语词汇体系的形成也产生了巨大的影响。[⑤] 学术用语的大量收录无疑是《辞源》对现代汉语最重要的贡献，但同时，数以千计的二字动词、形容词未被收录，也是《辞源》的一个严重缺陷。我们对《辞源》中的二字动词和形容词作了穷尽式的调查，调查结果显示，中日同形的现代汉语常用二字动词 2 277 条中，有 1 713 词，形容词 486 条中有 342 词以上没有被收进《辞源》（正编，1915）。以下是一部分例示，其中亦不乏见诸中国典籍的词语。

动　词：爱护　包括　表示　参加　创造　分配　幻想　概括　改良　进化　接触　考虑　肯定　扩张　联系　冒险　强调　确认　确立　摄影　思考　实现　体验　团结　违反　吸收　象征　消失　兴奋　压迫　延伸　占领

形容词：单调　复杂　丰富　简洁　简捷　简单　健康　健全　冷酷　冷静

---

① 沈国威撰《中国近代的科技术语辞典（1858—1949）》，《或问》2007 年第 13 号，第 137—156 页。

② 田忠侠在他的两本著作《辞源考订》（东北师范大学出版社，1988 年）、《辞源续考》（黑龙江人民出版社，1992 年）中主要针对改订版的书证、释义等方面的问题作了深入的探讨。

③《辞源》改订版的主持人刘叶秋认为：（初版《辞源》中的）有关政治、经济和自然科学的新名词，大都已经陈旧过时，或者解说不免于错误、片面，值得参考的只是字、词、文、史和百科常识等方面的条目（刘叶秋著《中国字典史略》，北京：中华书局，1992 年，第 239 页）。将《辞源》作为一种实用的工具书来看，刘氏的结论似无不可，而今天 1915 年版《辞源》的价值更多的是在于作为词汇史的资料。

④ 沈国威著《近代中日词汇交流研究——汉字新词的创制、容受与共享》，北京：中华书局，2010 年，第 403—430 页。

⑤ 沈国威撰《〈辞源〉（1915）与汉语的近代化》，《中国出版史研究》2017 年第 4 期，第 7—19 页。

冷淡　良好　明快　明确　伟大　顽固　危险　优秀　优势　优良
有力　异常　严肃　正确　重要　忠实　著名

这种情况在《辞源》(续编,1931)也没有得到根本性的改善。数以千计未收录的二字词中既有古典词[①],又有新词,其中一大部分已经在《申报》、《大公报》、《东方杂志》等国内媒体上使用了。这些词为何没有进入编纂者的视野?即使考虑到工具书的词条采录具有一定的滞后性这一因素,也很难说明其中的缘由。这是一个被我们长期忽视,而实际上极为重要的问题。

大量二字谓词的缺失,说明当时的汉语还没有为科学叙事做好最后的准备。因为,仅有名词,没有谓词还不足以完成科学叙事。现代汉语词汇体系的建构,不仅仅是学术用语的获得,还必须包括科学叙事不可或缺的谓词——二字动词、形容词及区别词。笔者坚信包括谓词在内的二字词化是科学叙事的前提。1910年,京师大学堂开办分科大学,其中法政科的政治、法学,商科的银行保险,格致科(理科)的地质、化学,工科的土木、矿冶,农科的农学等用什么语言上课一直是笔者深感兴趣的问题。1916年,蔡元培出任校长,主张"循思想自由原则、取兼容并包之义",这种教育理念的实行对语言也有极高的要求。而此时的汉语能够承担这样的重任吗?

对《申报》(1872—1949)的初步调查则显示,大量古典词虽然有零星的使用例,但是频率都不高,意义与用法也与现在不尽相同。这些二字谓词在1904年前后迎来了使用频次上升的拐点。"五四"以后逐渐达到了稳定的高频次。对《大公报》(1902—1949)、《东方杂志》(1904—1949)的调查也旁证了这一事实。那么科学叙事所需的大量二字词从哪里来?傅斯年说(词语)"不足,斯以文词益之,无待踌躇也"。[②] 可知傅斯年所意识到的补充源是古代典籍。胡适也提出"随时随地不妨采用文言里两音以上的字"[③]。关于这个问题的详细讨论将在本书第五章进行,在此只需考虑:现代汉语中有多少二字词是来自文言的?是词汇化的结果,还是语言使用者直接从文言中吸收的?抑或二者皆非?

西方新概念的翻译,自耶稣会士起就逐渐积累,新教传教士又多有贡献,而在

① 一部分被收录的见诸古典的词,词义解释也与当时实际使用的情况有差距,如"同情"等。详见本书第五章。
② 傅斯年撰《文言合一草议》,《新青年》第4卷第2号,1918年2月15日。
③ 胡适与朱经农的"通信",《新青年》第5卷第2号,1918年8月15日。

词语的二字化方面，传教士的翻译由于文体和内容上的限制，贡献不多。现代汉语中的大量双音节词来自何处？词汇的二字化是汉语发展的趋势，这一观点似乎已经为学界普遍接受。但正如朱庆之所说，缘于语言本身原因的二字词的形成必将是一个渐进的、缓慢的、长时期的过程。佛经翻译作为外因引起汉语词汇的变化用时以百年单位计，相比之下，近代翻译促成的二字化，如果以1919年“五四”新文化运动为初步达成期，时间不过十数年而已，可以推断外部因素起了更重要、更强烈的作用。近代以降，中日之间的语言接触，以及与知识移动相伴随的词汇交流，对日语、汉语都产生了重大的影响。除了科技术语以外，其他方面的词汇影响是否存在？在下一章，我们将讨论二字化引起的同义词词群的发育和基本词化的现象。

第四章　基本词汇的近代形成

在西学东渐的过程中，为了接受西方的新知识，东方的语言发生了巨大的变化。其中词汇方面的变化最为显著：大量新词的增加与旧词的退隐。著名语言学家瓦恩里希（Uriel Weinreich，1926—1967）指出："词语的增加，不能过于简单地仅仅看作是词语的借用，或者词汇项目的追加。如 Hans K. Vogt 所言，向一个系统里加进，或者删除一些要素，都伴随着这一系统中的所有已有的互相区别的对立项的重构。如果认为一个新成分对接受系统的整体不产生任何影响，就是不承认系统本身的存在。"[①]词语任何微小的增减都足以引起词汇体系的变动，而在近代，这种变动是根本性的，故又称作"词汇体系的近代重构"。词汇是词的集合，作为一个拥有数万乃至数十万要素的集合体，其成员无论是意义上还是功能上都不可能是均质的。任何集合体都存在着某种基本的或核心的成员。词汇体系中有变的部分，也有不变的部分；变是绝对的，不变是相对的。问题是：核心成员是否也必将经历某种变化？本章将聚焦"基本词汇"与"基本词汇化"，讨论在近代词汇体系重构过程中某些二字词由冷僻变为常用的机制以及东亚汉字文化圈域内以二字词为主体的语言接触与互动问题。

第一节　基本词汇与二字词

词汇研究通常将词语分为古典词、现代词；或者常用词、次常用词、一般词等，以使研究对象更加明确。20 世纪 50 年代，受苏联语言学界的影响，"基本词汇"的概念被引入汉语的词汇研究中，并最终成为一种极具影响的学说。[②] 将词汇体系中一部分要素视作中心成员，名之曰"基本词汇"这种主张，本身反映了某种朴素

---

① 瓦恩里希著，神鸟武彦译《言語間の接触：その事態と問題点》，东京：岩波书店，1976 年，第 1—2 页。

② 参见孙常叙著《汉语词汇》"第二部分词汇和基本词汇"，长春：吉林人民出版社，1956 年。

的直觉，也与现在的认知语言学的研究成果相吻合。但过多的政治因素参与其中，研究者遂放弃了分析具体语言的努力。令人尴尬的现实是，从基本词汇学说导入至今过去了半个多世纪，纵观汉语词汇学的相关论著，除了囿于旧说，照搬苏联的某些主张外，几乎找不到关于"基本词"的实质性讨论。例如，成为基本词的条件是什么？有哪些客观的筛选厘定标准？基本词有多少？包括哪些？由基本词到基本词汇体系的构成如何？管见所及，并没有谁来回答这些问题。[①] 对俄语或西方语言有效的观点，南橘北枳，对汉语不一定有效；削足适履，亦不是科学的态度。下面我们通过分析《现代汉语》（高等教育出版社，2011），讨论这一问题的实质。

《现代汉语》是这样定义"基本词汇"的：

> 词汇中最主要的部分是基本词汇，它和语法一起构成语言的基础。基本词汇是基本词的总和，它包含的词比一般词汇中的词少，但它反映了自然界和人类社会生活中的一些最基本的概念。所以它很重要，为全民所共同理解。它使用频率高，生命力强，是构成新词的基础。[②]

"基本词汇是基本词的总和"云云，但《现代汉语》全书中并没有任何关于"基本词"的记述，只是强调了基本词汇的三个特点，即"稳固性"、"能产性"和"全民常用性"。关于稳固性，编者说明如下：

> 基本词汇在千百年中为不同的社会服务，并且服务得很好，例如"一、二、牛、马、家、门、山、水、上、下、左、右、斗、高、多"等等，基本词汇远在三千多年前的甲骨文里就存在了，今后也还会继续使用下去。基本词汇之所以具有这么强的稳固性，是由于它所标志的事物和概念都是极为稳定的。
>
> 说基本词汇有稳固性，并不是说基本词汇是一成不变的，有的古代基本词不再成为现代汉语的基本词，它们已为新词所取代。有些古代的单音节基本词发展到现在复音化了，这是汉语词汇发展的一条内部规律。

词语与时俱进，为时代所用。时代的巨变使词语峻别于前朝，史上不绝其例。19 世纪和 20 世纪之交就是这样一个大变革的时代。如果科学是区别近代与前近

① 词汇研究中的另一个概念"常用词"是根据词频调查的结果确定的，第二语言词汇教学研究中的基础词汇就是经过专家干预的常用词。而各类汉语概论书中的"基本词汇"只是对苏联语言理论的说明，并没有方法论上的验证。

② 黄伯荣、廖序东主编《现代汉语》，北京：高等教育出版社，2011 年，第 246—248 页。

代的基本特征的话，那么可以大概率地断言，今天的我们无法就科学——人文科学或自然科学——的内容与世纪之交的人对话，即使是那些当时的社会精英。因为他们没有在今天被称之为“常识”的知识，也没有理解和表达现代社会常识的词语。如梁启超百年前所说：“国于今日，非使其民具有世界之常识，诚不足以图存。而今世界之学术，什九非前代所有，其表示思想之术语，则并此思想亦为前代人所未尝梦见者，比比然也。而相当之语从何而来？”①仅此一点，就说明词语并没有什么稳固性，支撑我们今天语言生活主要部分的也绝不是三千年延续至今的词语。现代汉语的词语不论在形式上，还是内容上与一百年前相比都已大不相同，遑论三千年。所谓的“形式”就是本书所指的单字复辞之别。当然《现代汉语》的编者也一笔带过地提及了单音节基本词的复音化问题，但是没有任何后续说明。

关于能产性，《现代汉语》说：“用基本词作为语素创造出来的新词，最易于让人们理解和接受，最便于流传，所以，那些千百年来流传下来的基本词，便成了构成新词的基础。它们一般有很强的构词能力。”这里所说的“基本词”应该专指一字词，因为二字词本身并不存在构词能力的问题。② 以一字词而论，现代汉语里一字词的数量在 1 200—1 500 之间，其中动词占一半以上。首先这些动词并不都是常用词，再者一字动词几乎没有构词能力。③ 所谓“字”，有的是造句成分，即词；有的是构词成分，即不自由语素。造词能力强的是那些动词性不自由语素。编者也承认“就现代汉语来讲，不能把这三个特点，特别是不能把有无能产性当作辨识基本词和非基本词的唯一条件。现代汉语词汇的双音化趋势，使得许多双音节的合成词进入了基本词汇，而双音合成词的构词能力远不如单音节词（包括由根词转化成的单音节词根）。如果单纯强调构词能力，就会把许多双音节的基本词排除在基本词汇之外”。既然是可有可无的弱势条件，作为三个特点之一加以强调的必然性何在？总之，笔者认为基本词的造词能力问题是俄语等有形态变化的西方语言的根词和 word family 上的特点，对汉语并无实际意义。

而全民常用性则忽视了语言使用者在教育上可能存在的差距，将生活层面的

① 梁启超为章士钊《论翻译名义》作的序，《国风报》1910 年 11 月 22 日。

② 在汉语中，除了成语和惯用语，二字词 + 二字词的词义是透明的，可以以词组对待；二字词 + 一字词则是词缀构成的派生词，需要以另一种视角考察。

③ 沈国威著《汉外词汇教学新探索》，大阪：关西大学中国语研究会，2014 年。

语言使用和现代社会创造性生产活动的语言混为一谈。[①] 前者可以自然习得，是生命延续的基本保证；后者必须经过有意识地学习，缺乏这部分词汇，将无法在现代社会进行生产活动。

《现代汉语》也承认“上述三个特点是就基本词汇的整体来说的，不是说所有的基本词都具备这三个特点”。那么“基本词汇”是否可以成为词汇研究中有用的术语？其词汇学上的基本性质如何？如下所述，笔者认为，所谓的基本词应该是认知范畴的中心成员，即认知语言学理论上的原型(prototype)。《现代汉语》的编者写道：“有些古代的单音节基本词发展到现在复音化了，这是汉语词汇发展的一条内部规律，……还产生了一些新的基本词：冲击、腾飞、打造、品牌。”[②]不经意中涉及了两个实质性的问题：一是词语与时俱进的特点，反映在汉语中就是单字向复辞的演化应该如何把握？二是概念范畴中的某些成员是如何在经历原型化的过程之后，占据概念范畴中心位置的？这两点正是本章需要加以探讨的。

第二节　日本的基本词汇化研究

我们在考虑现代日语“和汉混淆文体”成立这一问题时，对于日语中汉字词的发生成长史是无法忽视的。仅就词汇学的问题而论，大量的汉字词发生及在日语词汇体系中地位的变化是近代特有的事件。本节的讨论将从汉语、日语近代词汇体系的形成以及词汇体系本身的应有形态这一视角出发，对基本词汇这一问题加以考察。

在日语教学及研究中，“基本词汇”和“基础词汇”所指对象大致相同，但并不是完全等义的术语，唯在此暂且忽略两者的区别，统称为“基本词汇”。基本词汇的主要目的之一是为日语学习者选定一组高效率，即用最小的词汇量，实现最大的表达效果的词语。桦岛忠夫的研究就是从这一视角出发的。桦岛忠夫指出：

---

① “全民常用性是说它为全民族所共同理解，流行地域广，使用频率高。它的使用，不受阶级、行业、地域、文化程度等方面的限制。……不用基本词而要进行交际，是不可思议的。”《现代汉语》，第 246 页。

② 黄伯荣、廖序东主编《现代汉语》，北京：高等教育出版社，2011 年，第 247 页。

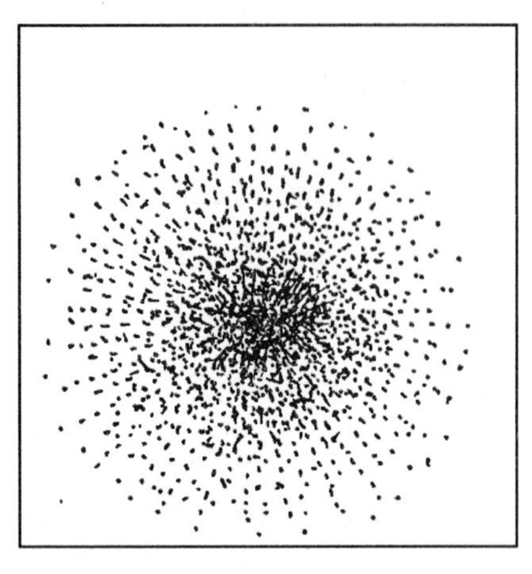

图 4－1　桦岛忠夫的星云图

我对于词汇体系的想象如图 4－1 所示，是很多星体聚集在一起，就像星云一样。词汇就是星云，形成星云的是一个一个的词语。为什么星云可以恰到好处地用作词汇的想象图景？因为这与词汇体系的结构有关。位于星云中心部的是长期以来持续使用的基本的词语，例如《万叶集》（日本最古的诗歌集，759 年以后成，收录日本古诗 4 500 余首，笔者注）中出现的“山、川、夜、烟、心、恋、人……”等现在仍然在继续使用的词就处于星云的中心部；而越靠近星云的周边，新词、生命短暂的词就越多；特别是位于边缘部分的是那些出现后又随即消失的朝露一般的词语。

位于词汇中心部的多是日本的古语、固有词语，越向边缘部，汉字词越多，同时还参杂一些来自欧美语言的外来词。①

桦岛忠夫认为日本的固有词汇，即“和语”处于词汇体系的中心。但是，桦岛所下的“位于词汇中心部的多是日本的古语、固有词语，越向边缘部，汉字词越多”的这种论断，如果仅就幕府末期、明治初期（1850—1870）的日语而言，也许反映了某种事实。明治维新以前，和汉两途，一般民众使用和语完成日常生活中的交流，武士阶层和知识界阅读汉文，使用汉文进行写作。但进入明治时代以后，情况立即发生了变化，两种文体逐渐接近融合，最后形成了“和汉混淆文体”。黄遵宪说：“维新以来，礼仪典章颇彬彬矣。然各官省之职制章程，条教号令，虽颇足征引，而概用和文[即日本文以汉字及日本字联缀而成者也。日本每自称为和国]，不可胜译。”②所说的就是这种情况。包括下述田中牧郎等人的研究在内，大量的研究成果表明，从明治中期开始，汉字词虽然在总体数量（词种）上有所减少，但是其中一部分已经逐渐向日语词汇体系的中心部移动，在桦岛作出上述论断的 20 世纪 80 年代，日语词汇体系中心部的主要区域已被汉字词占领了。桦岛忠夫试图通过使

① 桦岛忠夫著《日本語はどう変わるか——語彙と文字》，东京：岩波新书（145），1981 年，第 13—15 页。笔者译。

② 黄遵宪撰《日本国志》“日本国志凡例”。[]中为夹注。

用频率来测试词在语言生活中的重要度，认为重要词语应该首先成为外国人学习的对象，这样才能事半功倍。而笔者认为，作为客观事实，在异义同位词之间即便使用频率上存在着差距，也不能据此来判断词语的重要与否。如"饭店"和"饭庄"的重要性不一样，因为两者的使用频率不同。但是"饭店"和"厕所"，尽管在绝大多数语料中，后者的使用频率远远低于前者，但不能据此就断言后者在语言表达上不重要。根据使用频率来认定词汇的基本度，这在今天的外语教育研究界也是权威性的方法。但使用频率所测定的词语重要性，只在同义词群里才是有效的指标，关于这一点我们将在下文说明。在此需要注意的是，桦岛是在如何筛选日语学习基本词汇的语境中说的上述这番话，其目的是确定外国人学习日语时的基本词汇。桦岛认为位于词汇体系中心部的词语是基本词语，应该成为留学生学习日语时的首选词汇。那么，如桦岛所设想的把位于词汇体系中心部的词语收集在一起就可以完成基本词汇的选定吗？

最先在桦岛星云说的基础上，探讨日语基本词汇的近代形成问题的是时任日本国立国语研究所研究员的田中牧郎。在参与《日语历史语料库》的建构过程中，田中发现某些被称之为「新漢語」（日本近世近代以后新产生的汉字词）的词使用频率增加了①，这种词频的增加被解释为一部分词语由词汇体系的边缘向中心移动，最终成为日语词汇体系中的基本的成员。田中牧郎将这种现象称之为"基本词汇化"。② 田中对基本词汇化现象作了如下的说明：

> 位于词汇体系中心的是变化较少、使用频率较高的"基本词"；而在词汇体系周边的是不断变化、使用频率较低的"周边词"。有一部分词从周边逐渐

---

① 日本国立国语研究所《日本語歴史コーパス》= https：//chunagon. ninjal. ac. jp/chj/search。这个语料库包含杂志《太阳》、《明六杂志》等1887年以后（明治中期）的报刊杂志等语料。

② 田中牧郎有以下一系列研究：《漢語「優秀」の定着と語彙形成——主体を表す語の分析を通して》，国立国语研究所编《雑誌『太陽』による確立期現代語の研究——『太陽コーパス』研究論文集》（博文馆新社，2005年，第115—141页）；《「努力する」の定着と「つとめる」の意味変化》，仓岛节尚编《日本語辞書学の構築》（樱枫社，2006年，第223—238页）；《近代書き言葉はこうしてできた》（岩波书店，2013年）；《近代新漢語の基本語化における既存語との関係——雑誌コーパスによる「拡大」「援助」の事例研究》，《日本語の研究》（第11卷2号，2015年，第68—85页）；《明治後期から大正期に基本語化する語彙》，斋藤伦明、石井正彦编《日本語語彙へのアプローチ》（樱枫社，2015年，第234—250页）；《近代における「期待」の基本語化——雑誌コーパスによる記述》，《国語語彙史の研究35》（和泉书院，2016年，第1—21页）。另外，日本语学会2017年度春季大会上还举行了《近現代「基本語化」現象の記述と理論化——書きことばの叙述語を中心に》的工作坊。

移动到中心，我将这种现象称为“基本词汇化”。①

由此可知，田中牧郎的“基本词汇化”现象就是利用《日语历史语料库》捕捉到的日本近代杂志上汉字词使用频率的变化。既然如此，考察结果必将受到语料库的规模、收录语料的性质等影响（详见后文）。但即使考虑到这些因素，在明治时期一部分汉字词汇变成了日语的基本词汇这一事实也是不容置疑的。田中把发生基本词汇化的词语分为以下三类：②

A	栄養、協定、刑事、国有、手術、都市、飛行、皮膚、本能、率
B	明るい、一杯、同じ、金持ち、借りる、差し支える、更に、しっかり、直ぐ、すっかり、ずっと、大した、小さな、友達、人気、もっと、尤も……
C	圧迫、援助、解決、拡大、型、可能、期待、気分、具体、欠陥、堅実、見地、貢献、向上、興奮、合理、考慮、色彩、支持、実現、使命、信念、節約、増大、相当、促進、対抗、妥協、立場、短縮、地点、提供、徹底、特徴、努力、名前、肉体、発展、悲観、皮肉、表情、不安、復興、有利、誘惑……

对于基本词汇化发生的原因，田中作了如下的分析：

A类是反映了社会近代化的词语，即随着近代科学技术、社会制度的发展变化，出现了反映这种变化的新词。这不是语言本身的变化，而是社会变化引起的词语变动。表示新事物的词，以名词为主，而且汉字词居多；

B类是口语性质较强的词语，与明治后期（1890—）发生的“言文一致”运动带来的文体变化有着极强的相关性，是语言本身的变化，但是应该作为文体变迁史的问题来讨论。B类词以口语词为主，日语固有词居多；

C类以抽象词汇为主，且绝大部分是汉字词。导致这一类词语成为基本词汇的直接原因不能到社会或者文体的变化中去寻找，更大的可能性是缘于词汇体系本身的变化，具体原因还有待于进一步探明。③

也就是说，基本词汇化的动机，对于A、B两类词可以作出某种程度的解释，但

---

① 田中牧郎撰《近代雑誌における漢語の基本語化》，日本语学会2017年度春季大会予稿集，第226页。笔者译。田中在自己的一系列研究中并没有使用“基本语汇”，而是使用了“基本语”这一名称，但含义相近。

② 以上词例均采自田中牧郎撰《近代雑誌における漢語の基本語化》，日本语学会2017年度春季大会予稿集，第227页。有删减。

③ 田中牧郎撰《近代雑誌における漢語の基本語化》，日本语学会2017年度春季大会予稿集，第227页。

是关于C类词，田中说自己暂时还没有找出具有说服力的理由。田中认为基本词汇化就是「新漢語」融入既有词汇体系的过程，不过需要指出的是，田中一系列研究的考察对象多限于「新漢語」中的动词和形容词，即所谓的「サ変動詞語幹」和「漢語形容動詞」。这些词与表达新概念的名词等不同，在句子中主要充当谓语成分，故田中又称之为「叙述語」。那么，基本词汇化现象的实质是什么？在进一步考察之前，我们先对以下事项加以确认。

1. 时期：基本词汇化是明治后期至大正期发生的词汇现象，具体而言，是19世纪90年代至20世纪20年代这一时间段显现的词汇问题。田中谈到了现阶段《日语历史语料库》语料采集上的局限性①，但笔者认为这并不影响结论，因为基本词汇化现象是19世纪90年代以后逐渐凸显出来的，现有语料对这段语言事实是有所涵盖的。
2. 词种：日语的词种即词语来源上的区别，有「和語、漢語、洋語」之别，A、C两类以「漢語」为主，且二字词占据绝大部分。如第一章所述，具有区别性的词汇的大量增加必须依靠汉字词（二字或以上）才能实现。这一观点对日语也是有效的。
3. 词类：有一部分名词，但以动词和形容词为主。可以说基本词汇化是「サ変動詞語幹」和「漢語形容動詞」大量进入现代日语（书面语与口语）所引发的词汇现象。
4. 意义上的特征：田中认为上述的C类词具有抽象词汇的倾向，但是就日语中汉字词的整体特性而言，具有抽象性的是名词一类，动词、形容词与和语相比，如表4-1所示，词义往往更加细化、具体。

表4-1

食器	湯飲み、茶碗、皿、箸、スプーン
大きい	巨大、莫大、膨大、広大、雄大、偉大、甚大、絶大、重大
改める	改変、改革、改善、改良、改正、修正、変える、変更、訂正、刷新

以上四点都从不同的侧面反映了基本词汇化现象的特征。而这些现象背后

① 日本国立国语研究所构建的《日本語歴史コーパス》主要采集对象是《明六雑誌》(1874—1875)、《国民之友》(1887—1888)、《太陽》(1895—1928)等。前两种刊行时间短，规模小，杂志《太陽》最为重要。但由于条件等方面的限制，语料并不是全数采录，而是间隔数年采录一年。故统计结果是非连续性的。详见该语料库的说明。

的根本性原理即是笔者多次言及的日语近代词汇的“和汉相通的二字化原则”,即:

一、新的概念主要用汉字二字词表示,这就意味着新加入的成分,如译词必须以二字词形式为主;

二、日本的固有词汇「和語」,必须获得与之意义相同或相近的汉字词形式。

“和汉相通”作为近代以降的日语词汇现象,其主要动机有以下三项:

一、环绕语言社会发生的各种变化,尤其是跨文化、跨语言的接触催生了一大批以前不存在,或不需要加以区别的事物、状态、事态,对此需要用新的词进行区别,或加以更精确的表达。例如「敏感、過敏」、「駐在、滞在」、「駐車、停車」等。明治后期大量产生的带“-的”(日语读 teki,笔者注)的词,也属于这一现象。即,词汇体系需要增加大量的新词以便于区别不同的事物。

二、明治以前,汉文、和文两类文体的使用域在使用者和表达内容上有一定的分工,而明治以后两种文体汇合交融,逐渐形成了一种新的文体,即和汉混淆文体。在新文体形成的过程中,由于韵律节奏上的要求(如“访日本”、“访问英”等在日语中也都是不能接受的表达)和为了文体一致性上的目的不得不使用汉字词,即使已经存在了等义的,或近义的「和語」词语,也需要另行准备汉字形式的词。这一现象即是笔者所谓的“和汉相通”。这一时期的形容词如「簡単、優秀、正確」,动词如「考慮、思考、拡大」等都是为了满足“和汉相通”的要求而被新造出来的。(详见本书第五章)为此目的还有大量汉语古典词被改造过来。

三、随着近代学校制度的建立,教育逐渐普及,不仅是汉字,英语的知识也为一般民众所掌握。为此,人们不再满足千篇一律的老生常谈,追求表达上的多样性。这种诉求促进了同义词群的发生,如「優れる、優秀、抜群、卓越;大切、大事、重要」等。

“和汉相通的二字词”是日语词汇体系近代化所必须遵循的原则。「和語」是日本的固有词汇,是日本人语言思维的基础,而「漢語」可以提供与和语不同数量级的词形,无论是新事/物的命名,还是文章的修辞都是不可或缺的。

经历了基本词汇化过程的汉字词与日语固有词汇「和語」之间,从两者的词义关系上看,有以下三个特点:一、汉字词填补了和语在意义上的空白;二、汉字词实现了和语无法实现的精密描写,增加了区别性;三、和语与汉字词以“一对多”的方式构成了同义词群。

江户中期以后的兰学翻译，已经在词汇方面给日语带来了一定的影响。但是翻译的文体是汉文或者汉文式的，对日语本身的影响还是有限的。进入明治时期后，需要全面接受西方的近代知识，为此，在兰学翻译中取得了一定成果的自然科学的基础上，人文科学的翻译也得到了大力推进。反映到词汇体系上就是新词出现了前所未有的快速增加，所增词语以学术用语为主。根据"和汉相通二字词"的原则，明治初期，包括科学术语在内的日本近代译词不可避免地要采用汉字二字词的形式。明治 20 年(1887—)后，日本术语辞典的编辑出版告一段落，术语体系的建构基本完成。但是，仅有学术用语还不能完成科学叙事①，需要同为汉字词形式的谓词与之配合。也就是说，日语词汇体系的近代重构包括两个方面的内容，一是学术用语的获得，另一个是动词、形容词，即谓词的准备。正是汉字词形式术语的大量使用，给日本的文体带来了深刻的影响。

总之，基本词汇化是短时期内词汇体系急剧膨胀的结果，词语的大量增加促成了词汇体系的重构。具体而言，基本词汇化现象有两个部分内容，一是特定的词语，即表达新事/物、新概念的名词融入词汇体系，成为语言社会不可或缺的必需品；二是近代以后形成并日益壮大的同义词词群经历原型化(prototype)，产生了"代表词"。关于原型化和基本词汇形成的机理，我们将在下一节中从语言认知理论的视角进行探讨。

第三节　概念范畴及原型理论

笔者认为，如果要把词汇体系比拟为星云的话，这个星云应该是由恒星系构成的；所有的恒星都处于平等的地位，但星系的构成则不相同。不同的星系由不同数量、大小各异的行星和行星的卫星构成。如此，要了解一个星云的全貌，一方面需要了解星云包含了哪些恒星系，另一方面还需要探明特定恒星系的内部结构。

词汇是词的汇集，汇集的方式称之为体系性。② 一种语言的词汇成何种体系，

① 所谓"科学叙事"是指讲述科学内容的话语行为。具体是指近代教育机关的语言活动。明治 20 年以后，留学欧洲的日本人回国，取代了在日本大学执教的欧美教授，开始在日本大学的讲坛上用日语上课。

② 词汇的体系性即词与词之间的关联方式。词不可能是一盘散沙，因为大脑无法处理或检索。直接反对词汇具有体系性的学者不多，但有人怀疑对词汇体系进行科学叙述的可能性。

词与词之间关系的具体情形如何，是词汇学研究的主要内容之一。了解一种语言词汇体系的结构，对于第一语言、第二语言的词汇习得和学习都极有帮助。词汇体系是历时演变的结果，近代以后，词汇体系被重构，基本词汇是词汇体系重构的结果。以下就其中的机制作一些讨论。

在讨论词汇体系之前，我们首先需要对"词"及其相关问题作一些必要的梳理。让我们从老生常谈的"什么是词"开始。人的感官感受自然界的森罗万象，在头脑中形成影像(image)。相似的或同类的事物的影像——或许我们应该说不存在绝对相同的事物，所以影像也不完全相同——多次重复，并用固定的声音加以指代，这就是影像的概念化。人们在使用语言进行交流时，说者发出一个代表概念的声音，听者受到声音的刺激，在自己的头脑里再现影像，理解说者所欲表达的概念(即索绪尔的"听觉映象")。索绪尔把能唤起概念知觉的声音称作"能指"(Signifier)，把被声音唤起的概念成为"所指"(Signified)，即"词"。

一个语言音会在我们的脑海里再现一个影像，这是一个由相似的或同类的事物的影像重叠而成、轮廓化了的影像。这样的重叠影像我们暂且称之为"概念范畴"(即"认知范畴")。概念范畴无论在外部还是内部都没有清晰的边界，存在着一个连续的灰色区域。我们一方面需要把一个概念范畴同其他概念范畴区别开来(如"鱼"和"狗"不同)，另一方面也有把聚集在某一概念范畴内相似的或同类的事物加以区分的需要(如"鲤"和"鲫"不同)。"词"就担负了这一重要任务。人们需要把常常成连续状态的概念切分开来，这就是"范畴化"。这样就有两个问题需要我们回答：一、范畴化是如何实现的？二、"概念范畴"有没有一个大致的数量？内部结构如何？

一、概念范畴的类型

范畴化是语言对外部世界的切割，其结果是确立了概念范畴的边界。接下来的步骤是对概念范畴进行命名，也就是使概念范畴和特定的语音形式发生关联。命名的好处，一是可以指称对象物，并将其从同类的事物中区别开来。例如我们称一种喝水的器皿为"杯子"，那么"杯子"就不再是"碗"或"盘子"；二是把对象物加以抽象化。例如实际上有各种各样的杯子，我们甚至可以说，世界上没有两个完全一样的杯子，但是其间的区别在"杯子"这一名称下都被舍像。概念范畴的命名方式有以下三种，试简论之。

(一) 非命名型

“词”是对概念的命名,但并不是所有的概念都会被命名,只有该语言使用者认为重要的概念才能获得名称,其他的概念用短语或说明性的词组表达。例如双语辞典的原词和译词并不是在所有情况下都一一对应的,下文出现的 tack,baste 就是例子。索绪尔以后的现代语言学理论认为语言没有优劣之分,任何一种语言都可以表达想表达的概念,但表达的手段不同。对同一概念,有的语言用“单纯词”(或称“一次词”),有的语言是“复合词”(或称“二次词”),乃至“词组”。例如汉语的“嫂(子)”,英语译为 sister-in-law;日语译为 ani yome,意即兄之妻。同一概念,汉语是词,英语是词组,日语是复合词。

关于概念范畴的命名,荀子说:“(名之)何缘而以同异? 曰:缘天官。凡同类、同情者,其天官之意物也同,故比方之疑似而通,是所以共其约名以相期也。”[①]即,为什么会有不同的词? 因为人用“天官”(五官+心)感受自然,同类的或具有相同情感的人,他们的天官对自然界的感受也相同,这是他们约定俗成、派生引申地使用语言进行交流的心理基础。但这是否就意味着:异类的或不具有相同情感的人,他们的天官对自然界的感受不同,所以语言也不同,无法沟通?[②] 显然不是。萨丕尔-沃尔夫的“语言相对论”认为语言决定了我们对自然界的认知方式,但是,我们宁愿说:不同语言用不同的方式切分概念,所以概念范畴也就不同。所谓的“不同”就是说范畴的大小(即范畴之间的分界、范畴内所包含的成员的多寡)和内部结构不一样。范畴化的结果不但东西方不同,古今也各异。这一点甚至不需要有外文翻译的体验,只要想想中学语文课上古文今译时的困难就能首肯。但古人与今人,乃至说不同语言的人可以进行交流、互相理解,这也是俨然存在的事实。这一切说明:范畴化在共时层面具有相对的稳定性,但同时,范畴化的结果又并非一成不变,是可以,而且必须不断地加以调整,并历时地积淀成新的范畴。这一过程笔者称之为“再范畴化”。古今中外的人可以互相理解,一方面是因为人类具有生物学、社会学上的共同基础,另一方面是对社会进步,以及跨文化交流和语言接触等引入的新概念进行再范畴化的结果,而这在近代以降尤为显著。王力在谈及20世纪初急剧增加的汉语新词、译词时曾指出:

---

① [清] 王先谦撰《荀子集注》,北京:中华书局,1988年,第415页。
② 中国历来有“非我族类,其心必异”的说法。

> 现代汉语新词的大量增加，使汉语大大地丰富了它的词汇，而且使词汇走向完善的境地。我们说丰富了，是因为产生了大量新词以后，任何复杂的和高深的思想都可以用汉语来表达；我们说完善了，是因为词汇国际化，每一个新词都有了国际上的共同定义，这样就能使它的意义永远明确严密，而且非常巩固。①

汉语中原来不存在的概念被导入进来，并获得了词的形式。这本身就是对汉语固有意义体系的改造。现在“国家、政治、经济、科学”等大量被称之为近代关键词的抽象词语，都具有王力所说的“国际词”的特征：有着世界范围内大致相同的外延与内涵，且感情色彩等周边义较稀薄。

（二）一物一名型

在谈到概念范畴命名的大原则时，荀子说：“同则同之，异则异之，……知异实者之异名也，故使异实者莫不异名也，不可乱也，犹使异（同？）实者莫不同名也。”②荀子的主张是：相同的事物就用相同的名称称呼，不同的事物就用不同的名称称呼，这样才能不发生混乱。这种命名方式本文称之为“一物一名”。可以说“一物一名”更适用于科学的分类，因为科学体系要求术语具有唯一性。“一物一名”，如荀子所论自古有之，但是，近代科学的发展——动植物分类学的诞生都是18世纪科学进步的成果——强化了这种意识，甚至认为这才符合科学精神。在近代科学语境下，“一物一名”受到了特殊的，甚至过分的强调（比如作为国家语言政策的科学术语统一工作），忽视了现实语言生活中的实际情况。

“一物一名”型规定：一个词在意义上是与其他词相区别的，即如荀子所说的“同则同之，异则异之”。有人认为这是语言“经济性原则”的具现，他们认为语言不需要为同一事物准备不同的名称，所以词汇系统中没有真正意义上的同义词，充其量只有近义词而已。但是，笔者认为“一物一名”并不是词汇体系的本质性特征。在共时层面，词汇体系里的每个成员，在词形、意义用法上都区别于其他，这一点没有疑义，但这种区别性是后天获得的，即是历时演变的结果。在很多情况下我们并不是为了区别概念而造新词，而是同义词的出现引发了对概念的区别。下文我们还将讨论“一物一名”与上下位概念层级的关系。

---

① 王力著《汉语史稿》，北京：中华书局，1980年，第528页。
② ［清］王先谦撰《荀子集注》，北京：中华书局，1988年，第418页。

（三）一物多名型

一物一名是否就构成了词汇体系的全部？显然不是。一物一名，是逻辑上的理想状态，并不是词汇系统的本质性特征。人是社会性的动物，语言交流是人类社会最基本的活动，使用者需要积极地考虑如何使语言对其他社会成员产生影响。人们更倾向于用不同的名称称呼相同的事物，即“一物多名”。① 下面我们来观察一下某一概念范畴中“一物多名”的情况。

妻子	爱人、老婆、媳妇、太太、夫人、内人、内子、孩子他妈、老伴、贱内、拙荆、糟糠
大	巨大、伟大、宏大、庞大、硕大、偌大、宽大、广大、高大、魁梧、魁伟、硕大无朋
改	1. 改变、变更、更改、改换、换、变；2. 改正、纠正、更正、拨乱反正、改邪归正、迷途知返、改过自新；3. 修改、改进、改善、改良、改革、涂改、篡改、改造

如上所示，具有婚姻关系的双方，女性一方被称为“妻子”，但这不是唯一的名称，在 WIFE 这一概念范畴里（英语大写词表示相应的概念），汉语除了“妻子”以外，还有“爱人、老婆、媳妇、太太、夫人、内人、内子、孩子他妈、老伴、贱内、拙荆、糟糠”等词。“妻子、老婆、媳妇、太太、夫人……”这种同位同义词群，笔者称之为“一物多名”。形容词“大”和动词“改”的情况大致和“妻子”相同。

任何一种语言里都有同义词，或者称之为近义词，其实质就是“一物多名”。为什么会发生“一物多名”的现象？词汇学的书上常常给出这样一些理由：

1. 地域：知道、晓得；结帐、买单；
2. 古今：足、脚；走、跑；食、吃；
3. 雅俗：厕所、洗手间；剃头、理发；
4. 尊卑：赡养、抚养；
5. 褒贬：领导、统治；改变、篡改；
6. 避讳：死、去世；
7. 文白：会晤、见面；愤怒、生气；
8. 专业：开刀、手术；打针、注射。

由上可知，“一物多名”是在不同的上下文条件，即语境（时间、空间、对象、目的、媒质等）下进行语言活动的需要。但是，以往的研究没有提到两个颇为重要

① 这似乎否定了荀子“同则同之，异则异之”的主张。其实也不尽然。荀子也注意到了一字词和二字词意义相等的现象，如“妻＝妻子”、“国＝国家”等。参见本书第一章。

的原因，一个是“无可理喻”，另一个是个别语言的特点——本书就是指汉语词汇自身的特点。“无可理喻”就是并没有什么特别的理由可讲。例如“改良”和“改善”两个词，词义、构词形式、构成成分都相同，我们无法解释为什么词汇系统既需要“改良”也需要“改善”。这种情况在现代汉语的动词和形容词里不在少数。

个别语言的特点也是造成“一物多名”的重要因素。不同的语言有不同的特点。日语的特点是相同的概念可以用不同来源的词——汉字词(汉)、日语固有词(和)、西方外来语(洋)来表示，如「旅館、宿、ホテル」。名词“汉/和/洋”同义的情况居多，动词和形容词则如前一节所述，必须是“和汉相通”，即相同的概念既可以用日语的固有词汇:「和語」表示，也可以用汉字词形式的「漢語」表示。① 那么汉语词汇自身的特点是什么？笔者认为现代汉语词汇最重要的一个特点是“单双相通”，即汉语需要为同一概念准备一字和二字两个长短不同的词形。换言之就是，同一概念要既能用一字词表示，也能用二字词表示。

“无可理喻”式的同义词是进入20世纪以后词汇爆发式增长的结果，这与识字率的提高，即教育的普及有关；“单双相通”式的同义词则与“五四”时期及以后的“言文一致”运动紧密相连②，两者都是“近代”的事件。

二、概念范畴的层级与原型理论(prototype)

外部世界森罗万象，不可胜数；而人类大脑处理信息的能力则是有限的。这就需要对概念进行整理，分类分级，以方便参照、检索概念和提取所需要的词语。荀子说:“故万物虽众，有时而欲遍举之，故谓之物。物也者，大共名也。推而共之，共则有共，至于无共然后止。有时而欲遍(偏?)举之，故谓之鸟兽。鸟兽也者，大别名也。推而别之，别则有别，至于无别然后止。”③即，需要“遍举”时，就把有共同特点的事物放在一起，然后赋予一个“共名”。共名之下的事物还可以根据共同的特点，一层一层地区分下去，直到没有共性为止。将事物互相区别开来的名字叫“别名”，大的别名类中可以再分出小的别名类，直至无可分别为止。例如，世间

① 这种状况以前被认为是“古已有之”的现象，而笔者近期的研究表明，这主要是1890年以后的事。

② 本文的“言文一致”是指能听懂的科学话语，即在近代学制的教育设施中使用的语言。

③ [清]王先谦撰《荀子集解》，北京：中华书局，1988年，第419页。

的森罗万象都可以称作“物”，这是“大共名”。“物”又常常被分为，自然物、生产物、生产者。生产者主要是人类，是工具、器物的生产和使用者，自诩为“万物之灵”，所以单独从动物中分离出来。[①] 自然物又可以分为矿物、植物、动物等。对此章太炎解释为：“若则骐、骝、騧、骊为私，马为类，畜为达，兽为别，物为共也。有时而欲摄举之，丛马曰驷，丛人曰师，丛木曰林，丛绳曰纲。”句中的骐(qí)为青黑色的马，骝(liú)为红身黑鬃尾的马，騧(guā)为黑嘴的黄马，骊(lí)为纯黑色的马。[②] 如图 4－2 所示。

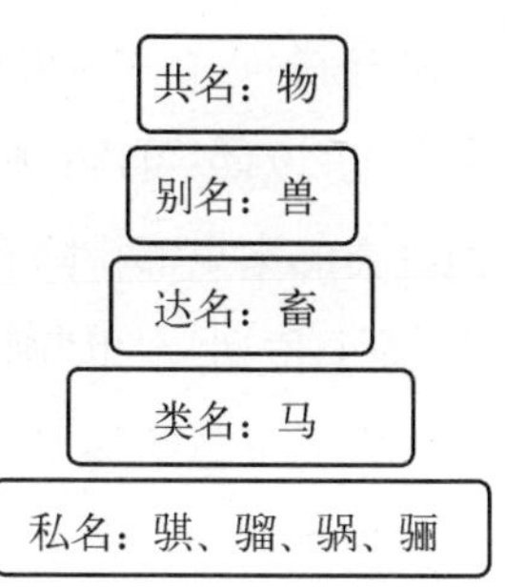

图 4－2　荀子的共名与别名：章太炎的解释

如此，荀子为我们展示了一个由上至下的纵向系统，向上方可聚敛于“物”，向下方“至于无别然后止”。荀子的言说与古希腊的范畴观有不谋而合之处。荀子的共名别名结构有两个特点：一、各个层级没有轻重之分，即不考虑对于认知活动哪一层级更为重要；二、层级的上下不表示知识获得的顺序，即荀子没有预言认知世界是从共名开始，还是从别名开始。这一点也与古希腊的范畴观相同。[③] 而今天的认知语言学所展示的范畴观认为，概念范畴的层级有两种类型，一是包摄型，一是全体部分型(也叫分节型)。前者如，果实→水果→苹果→红玉(苹果)；后者如，树→枝、叶、根、干、梢。简略如图 4－3，图 4－4 所示。[④]

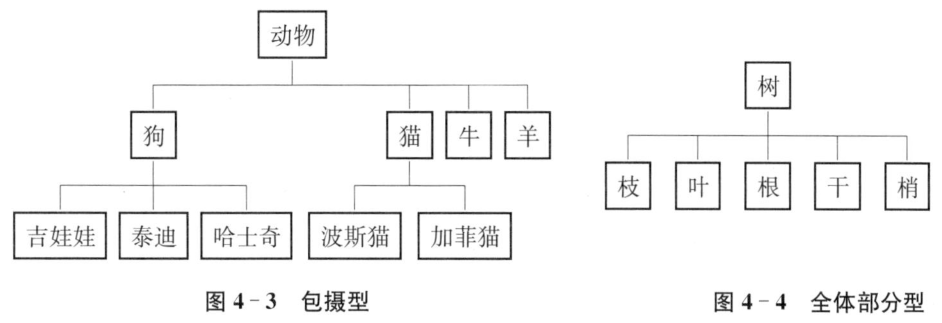

图 4－3　包摄型　　**图 4－4　全体部分型**

两种类型都是上下位结构，在这个结构里，处于上位的词，其外延大，内涵小，

① 但这似乎是西方的观点，中国从“人物”一词可知，并不将“人”和“物”截然分开，对立起来，更推崇“天人合一”。

② 章太炎著《国学概论・国学论衡》，北京：中华书局，2015 年，第 290 页。

③ 大堀寿夫著《认知语言学》，东京：东京大学出版会，2002 年，第 54—55 页。

④ 名词中包摄型要多于全体部分型。《现代汉语词汇义类》(关中研编，2018)1 361 组名词中前者，即“▽”标出的项目 457 个；后者即“∈”标出的项目仅 41 个。

也就是说词义更抽象；下位词则反之，内涵大，外延小，即词义更具体。例如“水果”是上位词，可以指所有种类的 fruits，甚至西红柿；“苹果”是下位词，可以把其他种类的水果都排除在外，让我们在脑海里浮现：圆形、红色、甜、酸等形象和味觉，而上位词“水果”则不能。

在上下位结构里，上位词常常对应一个下位的词语集合。如上位词“水果”，下位集合里有：苹果、梨、桔子、香蕉等。这些词是同位词，即是处于相同地位的词，具有一个共同的上位词。我们可以解释说：“梨是一种水果。”或者做一个陈述：“水果里包含了梨、苹果……”但是不能说“梨是苹果”，或者“梨里包含了苹果”。如本书第一章所述，汉语的词在获得记录形式，即汉字创造的过程中，被加入了民俗分类上的考虑。例如汉字中的偏旁：木、鱼、虫、氵、讠、金、石、足、口等已经对概念作了类别化的处理。

迄今为止，有关上下位系统的举例都是名词，那么动词、形容词能否从上下位的视角作出描述？英国语言学家莱昂斯(John Lyons)说：

> Honesty may be regarded as kind of virtue and also a part of virtue. So too for many verbs denoting activities. For example, the proposition “X can sew” may be held to imply a conjunction of “X can tack”, “X can hem”, “X can baste”, etc. Each of the verbs in the set {“tack”, “hem”, “baste”, etc.} is a hyponym of “sew” and may yet be said to denote an activity which is part of the activity denoted by “sew”. ①

但是，莱昂斯所说的形容词、动词的下位词显然与“苹果、梨”对应“水果”有所不同。如同世间万物可以归纳为“物”一样，动词也可以按照意义类型分为移动动词、加工动词、存在动词、打击动词、生产动词等，未尝不可以说“做”是大部分动词的“共名”。但“会做菜”(注意：“做菜”是一个动词短语)是否就意味着会“煎炒烹

---

① Lyons, John. *Semantics*, 2 vols. Cambridge: Cambridge University Press, 1977. pp. 314 - 315. [译文：诚实可以看作是一种美德，也可以看作是美德的一部分。对于许多表示活动的动词也是如此。例如，命题“X 会缝纫”可能被认为具有以下含义：“X 会 tack”、“X 会 hem”、“X 会 baste”等。在集合{“tack”，“hem”，“baste”等}中的动词都是“缝纫”的下位词，也可以说是由“缝纫”所表示的活动的一部分。]原文的 hem 可以译作“镶边、锁边”，而 tack 和 baste 则没有适当的、受到普遍认同的译词，只能解释为“tack =（为定样临时缝上的）粗缝针脚；假缝”；“baste =（在正式缝制前为固定衣片或试样）用长针脚疏缝，粗缝”(陆谷孙主编《英汉大词典》第 2 版，上海：上海译文出版社，2007 年)tack 和 baste 无法以词的形式译出，这是中英语言范畴化不同的结果，然而如果需要，汉语也一定能为之准备译词，这就是再范畴化。

炸”？动词表示的是一个沿时间轴展开的过程，有的过程一成不变，如存在类动词；而更多的动词是“与时俱进”、不断变化的。很多动词可以分析为一连串动作的连续体，如“吃”，我们先要把食物放入口中，加以咀嚼，并吞咽下去，一般意义上的“吃”就是这一连串动作的反复。[①] 某些动词的成立，在逻辑上，或联想上基于一系列准备工作。例如“炒”可以分为对食材进行加工、点火、放油、搅拌、加调味料等步骤，甚至包括用眼睛观察、用大脑判断动作成功与否。诸种因素都作为下位现象加以描述显然是不可能的，也无此必要。

至于形容词，“高低、长短、大小、贵贱”等都可以归结为某一矢量方向上的量的多寡。但是说“多”是“高、长、大、贵”的上位词有什么实际意义？

荀子的别名止于个体，但人类对自然界的认识是没有穷尽的，随着科学的进步，会不断有新发现、新产品；同时人类的社会活动也永无涯际，随着人类活动范围的扩大，新的社会现象、异域的新概念也必将不断涌现。为了应对概念的无限增长，名词必须是开放的类。人是分类的动物，上下位系统更适合对概念进行分级的管理，是人类应对层出不穷的新概念的有效方法。

认知语言学的另一个重要贡献是“基本层级”（basic level）的设定。基本层级在各个概念层级中有着特别的重要性。人的知识就是以基本层级为中心建构的，抽象化和具体化都以基本层级为起点，基本词汇也都集中在此。基本层级是语言使用者迅速地参照、检索概念，提取所需要词语的直接目标层。[②]

认知语言学的原型理论在基本层级得到最好的展示。什么是“原型理论”？认知语言学的原型理论认为：在某一概念范畴里如果有复数的成员，有的成员常常会比其他成员处于更醒目的位置，这是人类思维方式所使然。[③] 处于醒目位置上的成员就是典型的成员，被称为“好例子”，反之就是非典型的成员，被称为“坏例子”。好例子坏例子之别和语言文化有关。例如在“鸟”这一概念范畴里，对中国人来说，“麻雀”是好例子；但对美国人来说，“知更鸟”（robin）才是好例子。当然不管是中国人还是美国人，“企鹅”或者“鸵鸟”都是坏例子。我们也可以说“麻雀”处于概念范畴“鸟”的中心，“企鹅”则处于这一范畴的边缘。处于范畴中心的好例子

---

① 《认知语言学导论》第二版（弗里德里希·温格瑞尔等著，彭利贞等译，上海：复旦大学出版社，2009 年，第 112—113 页）的作者认为“吃”与“咬、嚼、咽”是部分整体的关系。

② 大堀寿夫著《认知语言学》，东京：东京大学出版会，2002 年，第 53—63 页。

③ 认知语言学还讨论类似“游戏”、“文具”这样的家族相似的范畴，在这样的范畴里很难确认“原型”。当然，原型的存在是程度的问题，也受时空的制约。

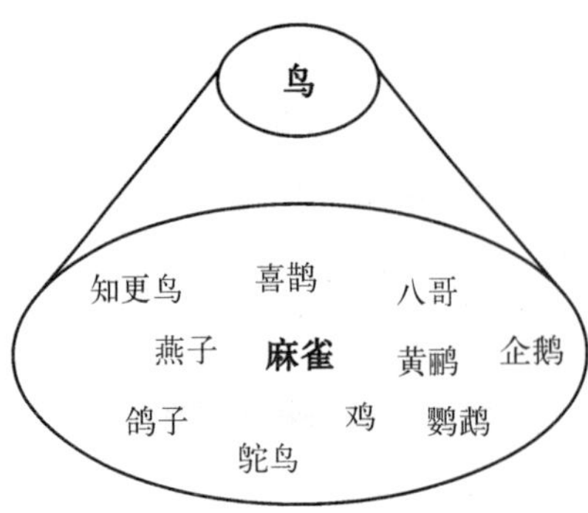

图 4－5　上下位异义结构：一物一名的异义词群

就是“原型”(prototype，或称“典型”)。如图 4－5 所示。

图 4－5 告诉我们，概念范畴“鸟”有一个下位范畴，处于这一范畴中心的成员“麻雀”就是汉语母语者所认知的概念范畴“鸟”的原型，或称之为典型；边缘的成员，如知更鸟、鸵鸟就是非典型。所谓“原型”就是更接近于我们已经形成的概念范畴的形象(image)，例如中国人认为“麻雀”更像“鸟”，而“企鹅”则与“鸟”的形象有一段距离。从意义的角度看，“麻雀、知更鸟、企鹅”等下位集合的名词都是“鸟”的下位异义词，词义互相区别，不能换说，但是可以用“××是鸟的一种”来解释。因此，我们需要注意：“麻雀”是鸟范畴的典型，但不是其他成员的代表。“鸟”可称之为“类名”。认知语言学原型理论讨论的主要是“一物一名”上下位系统中的名词，既很少涉及动词、形容词，对“一物多名”的情况也没有加以过多的考虑。

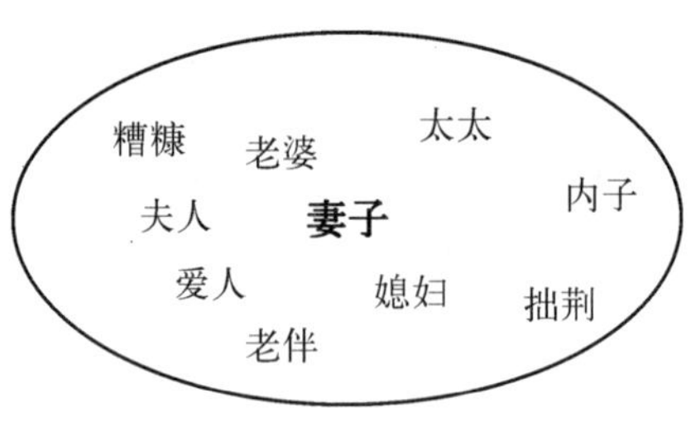

图 4－6　同位同义结构：一物多名的同义词群

那么一物多名型的概念范畴如何在基本层级上定位？如图 4－6 所示，在概念范畴 WIFE 里，“妻子”处于中心位置，最为显赫。所谓“显赫”的含义是，与其他词相比该词更常用，即使用频率更高；附加义弱，即色彩为中性。对说汉语的人来说，“妻子”的中心地位是有心理实证性的。例如在英语广为普及的今天，如果我们做一个问卷调查：“请写出 wife 的译词。”会得到什么答案？是否会有某种显著的一致性？如果问卷调查改为：“请尽量写出 wife 的译词。”不同被试者答案的词语顺序是否也有某种倾向？图 4－5 和图 4－6 的不同之处是，“麻雀”有一个上位词“鸟”，“妻子”却没有。[①] 我

① 有人可能会说“家属”或“亲属”是“妻子”的上位词，或“妻子”、“丈夫”是“家属、亲属”等的下位词。但是“家属”和“鸟”的抽象度是完全不同的。“妻子”与“老婆”以下的词语是同位同义的关系(说得严密一点是概念义相等，周边义有别)。我们不能说“老婆是一种妻子”，但是，可以说“老婆就是妻子(的口语说法)。”实际上这正是语文词典常用的释义方法，如《现代汉语词典》(第七版，商务印书馆，2016)对“老婆”的释义为：<口>妻子。即“概念义＋色彩义”的释义模式。这一点与“水果▽苹果、梨、桔子……”(▽表示下位关系)不同。

们能说：（对中国人来说）“麻雀”是典型的“鸟”，但是不能说，“妻子”是典型的“老婆”，只能说在汉语的概念范畴 WIFE 里，“妻子”是典型的说法。笔者认为，像“妻子”这样处于概念范畴中心位置的词，称之为“代表词”更好，因为在意义上可以代表同一范畴内的其他词语（即“换说”）。设置代表词的最大益处是对动词和形容词的概念范畴也具有相同的阐释力，而这正是目前的原型理论所缺乏的。如上文“大”与“改”的同义词群，我们不能说“大”、“改”分别是“巨大、伟大……”、“改变、改革……”的上位词，但是可以视作这一范畴的“代表词”。如图 4－7 所示：

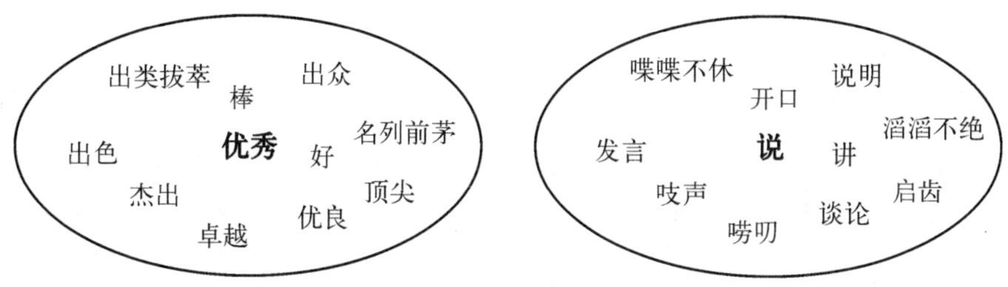

图 4－7　形容词和动词的同义词群

汉语的动词和形容词，其“代表词”往往是其他同义词的根词。

“麻雀”之所以成为概念范畴“鸟”的原型是一个文化过程，即生活在某一文化地理环境中的人所共有的认识类型。而“妻子”成为概念范畴 WIFE 的代表词则是一个语言过程，即使用某一语言（含方言变体）的人所持有的语感。对于后者，近代以降的东西方语言接触、翻译活动都发挥了重要作用。

通过上面的讨论，我们知道有两种“原型”，一种以“一物一名”型概念范畴为代表，反映的是人类的百科知识结构；另一种以“一物多名”型概念范畴为代表，反映的是人类的语言知识结构。两者互相牵连、渗透，但不可混为一谈。前者由“类名”统辖，后者由“代表词”代表，“类名”与“代表词”是概念范畴的标签（label），是词汇系统的节点（node）。两者都分布在基本层级上，如图 4－8 所示。

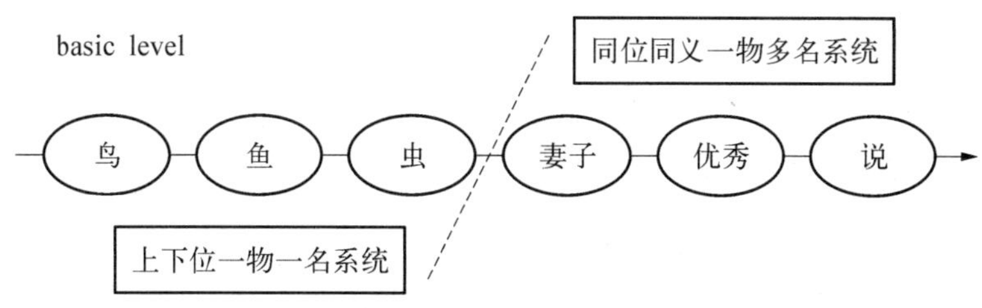

图 4－8　基本层级上的两种概念范畴

第四节　基本词汇化的研究指向

通过上一节的分析，我们知道基本词汇中有社会发展带来的新词，也有同义词群原型化的产物。前者是外部世界在语言上的反映，后者是语言内部体系化调整的结果。那么，如何筛选、确定基本词汇？为了汉外词汇教学的目的，我们采用了以下的方法：

1. 以《现代汉语常用词汇表（草案）》（商务印书馆，2008）所收的 56 008 条词为筛选母体；
2. 首先将词语按照名词、动词、形容词、副词分成四类，再分别按照词义进行归纳，意义相同、相近者汇集在一起，由此得出 3 307 个“概念范畴”；
3. 从外语教学的视角对“概念范畴”中的词语进行筛选，比如删除古语、詈言、俗语等；
4. 对“概念范畴”内的成员按照词频等进行排序，由此确定“代表词”。

笔者等按照上述方针编纂的《现代汉语词汇义系》共收录“词头”（entry）3 307 条，统辖下位词、同义词 15 461 条（名词 1 353[6 737]，动词 1 206[5 348]，形容词 561[2 897]，副词 187[462]。[]中为同义词、下位词数，去重后共收录 17 869）。[①] 成为词头的 3 307 条词是概念范畴的标签，与其他成员存在着上下位换说的关系，如“梨是一种水果”，和同义换说的关系，如“内子就是妻子”。基本词汇确定的过程包括两方面的研究内容，一是以外语词汇教育为目的的研究，特别是基本词汇的筛选、词语清单的确定以及词汇组织结构的明示；“循序渐进”、“由浅入深”等所代表的词语的难易度的确定都是需要从这一角度加以探讨的内容。二是近代词汇史的研究，特别是以二字动词、形容词的发生、形成为主要内容的词源记述。两者有着密切的关系，不应割裂开来。本书的着重点是二字词的形成，属于词汇史的研究，在此对外语词汇教学的问题只能简略述之。

一、外语词汇教学与基本词汇

在有限的时间和空间里学习外语，词汇以十数万计，其教学目标不可能在教

---

① 沈国威、杨帅可、关西大学中国语教材研究会编《现代汉语词汇义系》，大阪：关西大学中国语教材研究会，2018 年 3 月。本书经进一步修订后，2018 年 6 月以《中国語学習シソーラス》的书名由日本东方书店刊行。

室内完成。一般认为，两三年的课堂教学可能完成的词汇教学的极限是3 000词左右，这个数量能否同时达到表达力的最高值？课程设计等需要一个最小词汇量与最佳交际能力的平衡点。为此准备一个词汇清单是词汇教学大纲设计上的重要内容。迄今为止，这份清单是根据词频调查和专家干预得到的，如"HSK词汇大纲"等。近年来，随着语料库的进步，这种方法最大限度地减少了任意性，但根本原理依然如故。支撑表达能力的词汇量，笔者称之为"词汇力"，由两个指标构成。即：

1. 词汇的广度：所习得的不同事/物名称等的数量；

2. 词汇的深度：所习得的同一事物的不同名称的数量。

我们常常以"词汇丰富"或者"词汇量大"评价使用者或学习者的词汇力。这种关于词汇"数量"的表述实际上是对词的广度和深度的综合性评价。所以我们的评价在不同的情况下有不同的侧重点。简单地说，评价一个母语使用者（包括那些成功的外语学习者）"词汇丰富"，我们指的是词汇的深度；而对于外语学习者，尤其是初学者来说，我们常常从词汇的广度的视角评价其词汇能力。小说家、诗人、艺术家的词汇量要比一般人多。多在哪里呢？主要在词汇的深度上。他们知道更多的同一种事/物的不同的名称。例如，我们都知道结婚的两个人可以叫"夫妇"、"夫妻"或者"两口子"，但并不是所有人都知道"伉俪"的意思。在日常生活的范围内，除了那些比较专门的内容外（这部分词，词汇学上称为"职业词汇"），说母语的人在词的广度这一点上，词汇量是大致相同的。但在词汇深度上，即使是相同母语的使用者之间也往往有很大的差距。

那么，词汇体系的类型和二语词汇习得处于何种关系之中？

基本词汇有两种，一种是上下位结构中位于基本层级的词，即"类名"。如"水果、家具、饮料、甜品"等。近代以后逐渐发展、完成的"-品，-料，-物，-具"等一类词都属于这一类。另一种是同位同义（含近义）结构中的代表词。从习得的角度看，婴儿最先接触的是特定的物体，如"爸爸"、"妈妈"都指特定的人，杯子也指特定的杯子。当其他的杯子——不同的形状、颜色、材质——也用[bēizi]来称呼时，婴儿一定感到会很诧异。孔子就曾发出过"觚不觚，觚哉！觚哉！"的慨叹。[①] 在语言习得的过程中，婴儿学着把同类的事物归纳到一起，然后用一个共同的名字，即"**类名**"去称呼它们，这个名称所表示的就是一个被切分好的认知范畴的标签，一般是

① 语出《论语·雍也》，意即：觚（的形状）都不像先王指定的觚了，还能叫觚吗？还能叫觚吗？

位于基础层级上的概念范畴的名称。对于婴儿来说，“苹果、桔子”等种名的习得可能要先于类名“水果”。但是，学习外语的成人是已经掌握了第一语言的人，他们具有已经格式化了的知识，不需要也无法完全重复婴儿的认知过程。对于他们来说，“水果”、“家具”、“饮料”等类名，即上位层级的名称会有更高的交际效率。哪些词应该作为基本词汇，首先提供给学习者？这是汉外词汇大纲编制者首先需要考虑的。我们的具体做法是：对于上下位结构的情况，选择类名，对于同位同义结构的情况，选择代表词。3 307 条“词头”可以覆盖一般语言生活中的几乎所有概念，我们称之为“表达的广度”；代表词所代表的同义词、下位词则使我们的语言表达更加细致、华丽、深刻，我们称之为“表达的深度”，词汇的学习，不管是第一语言，还是第二语言，都是一个由广度向深度发展的过程。

孔子说“辞达而已矣”，又说“言之无文，行之不远”；荀子也有类似的言辞。古圣贤准确地道出了语言“达辞”和“行远”矛盾统一的两个侧面。为了行远，其方法之一是用不同的词语表达相同的意义内容。

学习外语，初级阶段的学习者的主要任务是扩大词汇的广度，因为没有一定的词汇广度，就没有表达上的自由。面对一个事/物，不知道怎么称呼它，也就无法说出自己想说的意思了。但是到了中高级阶段，学习者的目标就发生了变化，他们更需要增加词汇的深度。因为词汇的深度和表达的丰富程度有着密切的关系。不断提高词汇的深度不但是外语学习者的任务，也是母语使用者的努力目标。

日本国立国语研究所的《分类语汇表》(1964)其编纂目的之一是为基本词汇的设定准备基本数据，为了这一目的，《分类语汇表》将 32 600 条日语常用词汇分成 798 个词群(2003 年的增补版收词增至 79 517 条、词群数 895 个)。编者说每个词群都是同义词群，但实际上并非如此。笔者认为如果要用《分类语汇表》作为设定基本词汇的基础数据使用，还需要对表中的同义词群加以细化。

在结束本节之前，特将中心词和边缘词各自的特点总结如表 4 - 2 所示：

表 4 - 2　中心词和边缘词的特点

概念范畴中的位置	接近中心部	接近边缘部
习得上的特征	自然习得	主动学习
周边义特征	中性	个性
基本度	可以换说其他词	可以被其他词换说

续　表

基本义	可以解释其他词	可以为其他词解释
感情色彩	少	多
修辞力	弱	强

本书讨论的主要目的是二字词的近代形成，关于外语词汇教学的问题，留待其他机会深入讨论。

二、基本词汇化与近代词汇史研究

基本词汇化的本质是日语的“和汉相通”、汉语的“单双相通”在实现过程中，同位同义词群里的成员发生原型化的结果。这是一个由二字词化引发的事态，立足于这一基本认识，对于基本词汇的近代形成的问题，需要审视的内容应包括以下几个方面：

一、词源，即二字基本词的来龙去脉；

二、原型化过程，即一部分词如何脱颖而出，由周边移向中心，成为基本词的问题；

三、变异，即包括搭配在内的意义用法的形成及中日韩各语言中的异化；

四、语言近代化，即基本词汇对言文一致的贡献；

五、环流，汉字文化圈域内基本词交流及共享的过程。

以下我们分别简单讨论一下这五个方面的问题。

首先是二字词的来源。二字词来自何方这一设问关系到近代词汇形成史的核心问题。从发生上看，中日二字词的获得主要有以下几种途径：

日本：

1. 来自中国的典籍；
2. 对汉语古典词加以改造；
3. 日本独自创制。

中国：

1. 来自中国的典籍；
2. 来自传教士等的译著；
3. 借自日语。

中国的典籍是中日的共同项，具体所指就是从先秦开始到宋明为止的各种典籍，佛经、语录类、白话小说等也是二字词获得的重要资源。本书第六章调查结果显示，日语包括「サ変動詞語幹」、「漢語形容動詞」在内的大部分二字词，都有中国古典的书证。将汉语古典词改造成为翻译中使用的译词也是常用的方法。这种情况下，汉字在日语中的“训”会起到重要的作用。汉学家、兰学家熟读汉语典籍，根据需要信手拈来，在兰学翻译中，日本译者独自创造新的二字词也不鲜见。需要指出的是，日本的动词、形容词与名词不同，可以直译（摹借）的情况较少。之所以采取二字词形式也并非基于意义上的动机，而是为了凑音节，于是大量并列结构的动词和形容词就应运而生了，如“考虑、思考，优秀、简单”等。①

进入明治时期以后有一个事实需要留意，就是汉语古典词常常不是直接来自中国的典籍，而是来自传教士编纂的英华辞典。“和汉相通”即为和语准备汉字词，就是确立和汉对应关系的过程。在这一过程中，英语等外语起到了触媒，或黏着剂的作用。大航海时代以后，知识的移动更加频繁，规模和范围也愈加扩大。方言成为“国语”，并开始和其他“国语”发生关联。无论哪一种国语，其近代词汇必须取得译词的资格。就日语而言，对一个外语词，常常准备了和语和汉字词两种译词。其结果是，用于理解的和语和用于表达的汉字词各司其职，产生了分工现象。受到英华辞典强烈影响的这一时代的英和辞典以及高桥五郎编纂的一系列辞典，如《漢英対照 いろは辞典》(1888)、《和漢雅俗 いろは辞典》(1889)、《増訂二版和漢雅俗 いろは辞典》(1893)等的贡献，与其说在释义，即导入新的意义，不如说是提供了英汉、汉和词形上的对应。此后的《言海》(1891 刊行)等 19 世纪末 20 世纪初的语文工具书（参见本书第五章）也都一反江户时代语文工具书的常态，积极收录汉字词，从而极大地促进了和汉相通的实现。

转观中国，尽管古代典籍，包括英华辞典在内的传教士文献都是在中国撰写或刊行的，但是对于世纪之交的中国作者、译者来说，至少英华辞典类已经不再是可以利用的资源了。其中的大量二字词的可利用性还有赖于日本的中介。关西大学博士生杨驰对中日同形词二字动词 2 277 词进行的调查结果如下：

（1）中国古典词：解决、劝诱、违反、握手、斡旋、安心、安息、安置、维持、运动、

① 二字动词、形容词包含大量的并列结构和动补结构。这二者都是典型的汉语的造词格，在日语中动补结构更是非句法的词格。

运用……1 512 词；

（2）古典改造词：同情、同意、成立、会见、回归、改善、开放……477 词；

（3）和制汉语：对抗、考虑、促进、液化、分泌、公诉、感光、出勤、换算、竞技、座谈…288 词。

另据关西大学博士生周菁对二字形容词的调查，近代以降频繁使用的二字形容词 491 条中，以下 33 条是“和制汉语”的可能性极大：

旺盛　快速　过剩　过敏　顽强　简单　稀薄　强烈　健康　健全　高级
广泛(范)　垂直　正确　正规　正常　单一　单调　低级　低俗　低调
低能　低劣　适度　特有　浓密　敏感　膨(庞)大　优秀　优良　良好
冷酷　矮小

关于第二点，即一部分词如何得以由周边移向中心，成为基本词？根据现在通行的认知语言学原型理论，在一个概念范畴里，有位于中心的成员，也有边缘成员，前者是为原型。但现有的理论描述的只是一个静止的结果，而毫无疑问原型的形成必然是一个文化的，或语言的过程。文化的过程极为漫长，这也是认知语言学的讨论没有清醒意识到这一问题的原因。而语言的过程，如本章标题所示，基本词汇有一个近代形成的问题：短短的十余年时间里某些词从同义词群里脱颖而出，占据了中心位置。如上所述，“一物多名”型概念范畴的原型化是一个语言过程，这也意味着原型化的结果具现了个别语言的特点。例如，概念范畴 WIFE 的原型化在中日语言中分别如下：

汉语	妻子	老婆、爱人、媳妇、内人、夫人、太太
日语	妻（つま）	家内、女房、嫁、奥さん

这种现象可称之为“文化性基本词”。但动词、形容词似有不同。如果召集中日的大学生，让他们写出 think 和 excellent 的二字译词，可以预测“思考”和“优秀”会成为首选。相信将测试范围扩大到朝鲜语、越南语，结果也将是一样。这一类词，笔者称之为“文明性基本词”。之所以如此，因为使用了相同的英语双语辞典是一种合理的解释，而其背后则是汉语或日语的原型化过程在汉字文化圈的扩散。这段历史还有很多问题需要廓清。

第三点是词义、用法以及搭配关系在东亚特定语言中的异化问题。意义用法的中日互动，作为“同形词”问题一直是汉语或日语教学研究的重要内容，本文无暇详论，在此只想指出搭配上的差异常常反映了词语传播的路径，如“杀害”、“莫大”等词语的搭配——“杀害恐怖分子”、“莫大的荣幸”是否为可接受的表达？在中、日、朝、越四语中分成日韩、中越两派。而“精神异常”、“神经衰弱”在中日朝越四语中则都是可以接受的。同义词群中哪个词最终脱颖而出成为代表词，是一个语言过程，其中有一定的偶然性；搭配的异同是何种因素在起作用？这是一个值得探究的问题。

关于第四个问题，近代以降，为了接受西方的新概念，日本导入，或创造了很多学术用语。学术用语以汉字词为主，且需要统一。1882年以后，重要的英和辞典，各个专业领域的术语集大致出齐，学术用语的编制初具规模。这个时期出现了两个动向，一是言文一致的运动，另一个是二字汉字形式的谓词（サ変動詞語幹、漢字形容動詞）大量进入日语的一般文章。也就是说，明治后期开始的基本词汇化现象，是与言文一致互相呼应的。笔者认为“言文一致”并不是把有声语言变成文章，而是写出的文章可以通过声音被理解。言文一致不仅仅是文学上的要求，更是科学教育上的需要。笔者将讲述科学内容的话语行为称之为“科学叙事”，具体是指近代教育机关的语言活动。1887年以后，留学欧洲的日本人陆续回国，取代了在日本大学执教的欧美教授，开始在日本大学的讲坛上用日语上课。这时，学术用语与新的学问体系的形成就发生了关联，因为学术用语如果不与二字谓词相结合就不可能有近代的语言活动。两者都与近代知识的普及和近代教育制度的确立有着密不可分的关系。

总而言之，导入西方近代知识时，二字谓词的准备不像学术用语那样有紧迫性。学术用语的制定告一段落后，二字谓词的问题才随之而来。“和汉相通”是为已经存在的和语动词、形容词，准备一个同义的汉字词。而通常的情况是，一个和语词有一组汉字词与之对应。作为和汉相通的结果，同义词群有了极大的发展。这是为了描写的精密化和文体的统一性，当然也是为了实现表达的多样性。需要强调的是，二字汉字的谓词，在很多情况下并不一定有意义上的动机。田中牧郎所讨论的「つとめる・努力」、「優れる・優秀」、「助ける・援助」、「広げる・拡大」等的基本词汇化现象，都是和汉相通的结果。

关于第五点，笔者认为基本词汇化，不但在日语，同样在汉语、朝鲜语和越南语中也可以观察到类似的现象。日语、汉语、朝鲜语、越南语中，除了“哲学、科学、革命、人权”等学术用语以外，大量的二字同形谓词，如“考虑、思考、正确、优秀”等也都是基本词汇化的结果。在汉字文化圈，二字词是一个交汇点，先行一步完成词汇近代化的日语，反过来对汉字文化圈的其他语言施加影响。基本词汇化的问题应该在汉字文化圈这一更大的范围内加以考察。

第二语言的词汇教学和近代词汇史研究分属历时和共时两类不同的研究，在实际的研究中也呈现出分而治之、不相往来的倾向，如田中牧郎在考察"优秀"等的基本词汇化时，也没有特别提到词源的问题；再如董秀芳的研究也缺失了 19 世纪百余年间的语言事实。基本词汇化研究的近代词汇史视角是不可或缺的，只有这样才能廓清这一问题的全貌，即词语的发生、和汉相通的实现、竞争与分工、代表词的确立等。

基本词汇化研究，需要新的研究方法。发生基本词汇化的词以汉语古典词居多，其发生可以追溯到很早的时代。然而需要注意的是，尽管有较早的书证，但是使用频率并不高，是不折不扣的周边词汇。这些词是在进入明治 20 年(1887—)以后才开始活跃起来的。[①] 这也就是说，初始书证几乎没有什么意义。与初始书证相比，使用频率变化的契机与时期才是应该格外加以关注的。传统的词源调查的方法，对于使用频率的把握是无能为力的。但是大规模语料库的出现，解决了这个问题。大规模语料库，不但可以发现首见书证，还可以捕捉使用频率的变化。田中牧郎一系列的研究正是利用《杂志太阳语料库》(「太陽コーパス」,2005)的结果。这个语料库只是间隔地收录了 1895—1925 年间杂志《太阳》的语料。现在这个语料库扩充为《日语历史语料库》(「日本語歷史コーパス」2016),《明六雜誌》(1874—1875)、《国民之友》(1887—1888)等也成为收录对象。但是可观察的语言现象以杂志《太阳》为主这一点仍无变化。田中牧郎本人也指出"汉字新词特别多的明治前期语料是不足的。所以利用现有杂志语料库所能进行的基本词汇化研究是明治后期到大正期"。[②] 这也就是说，现有语料库无法正确地反映基本词汇化的全貌。不过需要指出的是，"汉字新词特别多的明治前期语料"主要是前文所述的 A 类词，基本上与基本词汇化无关；B 类是旧的汉字词，在明治后期面临逐渐被

① 上面提及的"「サ変動詞語幹」、「形容動詞」很多在《言海》(1888—1891)等 19 世纪的日语辞典中都没有收录。其时这些词还没能成为一般词汇。

② 田中牧郎撰《近代新漢語の基本語化における既存語との関係——雑誌コーパスによる「拡大」「援助」の事例研究》,《日本語の研究》2015 年第 11 卷 2 号，第 70 页。

淘汰的命运。如前所述，基本词汇化以学术用语的基本完成为前提，学术用语和谓词之间存在着时间的次第和因果关系。这是笔者的基本想法。《日语历史语料库》以现有的规模而论，只能得出粗线条的结论，还无法把握基本词汇化的全貌，为了描述基本词汇化的全过程，廓清汉字文化圈诸语言间的影响关系，进一步扩展是必不可少的。①

汉语典籍、英华字典为汉字文化圈的二字词形成提供了丰富的资源。19世纪中叶以后，日语捷足先登，完成了词汇的近代化。其后，日语又通过西方新知识的传播深刻地影响了汉语、朝鲜语和越南语。现在，汉字文化圈内存在着大量的汉字同形词。基本词汇化的现象，不但在日语，同样在汉语、朝鲜语和越南语中也可以观察到。对于同形词，外语教学中如何兴利除弊（正负迁移）是重要的研究课题；而对于词汇史而言，我们的考察需要加入近代国语建构等更加广阔的视角。

---

① 谷歌的 Ngram Viewer 界面还没有日语的功能。中国的《申报》、《大公报》、《东方杂志》等大型近代报刊语料库已经开始提供服务。随着韩国、越南相关语料库的建构、使用，这一方面的研究环境将得到质的改善。参见田野村忠温撰《Webコーパスの概念と種類，利用価値——語史研究の情報源としてのWebコーパス》，《计量国语学》2016年30卷6号，第326—343页。

第五章　近代二字词环流与日语影响

汉语近代二字词的发生可以追溯到16世纪末耶稣会士的译书，进入19世纪后，新教传教士的翻译，尤其是英华辞典的编纂，又促生了大量的二字词。但19世纪后期，以洋务运动为代表的自主西学引介日渐式微，二字新词的产生也放缓了速度。日本人自觉的汉字造词始于江户中期的兰学翻译，《解体新书》(1774)开启先河。至明治改元(1868)，在以解剖学为主的医学、植物学、化学、兵学等领域卓有建树，但在人文科学的领域中仅语言学术语一枝独秀。进入明治以后，人文科学的新词译词迅速获得了长足发展。1890年前后，各专业领域的术语创制、厘定初步完成，二字谓词的整备遂提上了日程。世纪之交，大量的二字词伴随着日本书中译和中文媒体的报道开始回流中国，同时进入朝鲜半岛并远播越南。这一过程，笔者称之为“近代词的东亚环流”。如上所述，日语词汇体系重构的基本原则是“和汉相通”，汉语是“单双相通”；具有音节语言性质的朝鲜语和越语也存在着相似的特征，二字词理所当然地成为东亚各语言词语的交汇点，是参与环流的主要部分。笔者拙著《近代中日词汇交流研究——汉字新词的创制、容受与共享》(2010)以“共创、共享”为关键词，对中日的先行者如何“创造”汉字词多有探索，而本书则更多地围绕“环流”进行讨论。所谓“环流”实则是一个互相影响的过程，中日之间的知识大移动，以及由此产生的语言接触，对日语、汉语都产生了深刻的影响。本章将立足于汉语，具体分析考察汉语受到日语影响的种种情况。笔者近年来主张应该将日语对汉语的影响细分为三种类型：借形词、借义词、激活词，统称为“日语影响词”。以下分节叙述。

第一节　日语借形词

“借形词”就是词形借自日语的词，迄今为止的研究主要涉及以下两类：一类主要是“哲学、义务、起点、神经、前提、团体、俱乐部”等学术用语(抽象词汇)；另一类是“取缔、打消、场所、场合、引渡”等法律词汇。前者是被称之为「新漢語」的新词,多为术语,是理解、表达西方新知识不可或缺的词语,读“音读”[①],是借形词的主体。后者是江户以来的传承词,是日本的固有词语,读“训读”,作名词使用时采用汉字的词形,数量较少,多用于法律领域。这部分词对汉语母语使用者来说没有或少有理据,故传入汉语之初受到了多方责难。[②] 借形词是日本人创造的新词,有的学者直接使用日本的术语:「和製漢語」。但是尽管是“和制”,在创制过程中仍然存在着汉语资源(即命名理据)的问题,因为能够用汉字造词的人,对中国的典籍,及近代以降的汉译西书都有着非常丰富的知识。

迄今为止的中日词汇交流研究的对象以上述两类词语为主,对动词、形容词考察还限于个案。为来自外域的名物准备新的词语是引发词汇增加的基本动机,尤其是新概念、新事物从科学知识发达的国家地区向欠发达的国家地区移动而产生的词语都可以据此作出合理的解释。然而,为什么我们需要借入新的动词和形容词?基于“本地无”的解释并没有足够的说明力。在这一节里,我们通过对形容词“正确”、“优秀”,以及动词“考虑”、“思考”的考察分析,来回答上述的问题。

一、“正确”[③]

迄今为止,关于“正确”的考证,仅见于松井利彦的著作。松井指出:出现于《日本外史》(赖山阳,1827)、《日本政记》(赖山阳,1845)及《国史略》(岩垣松苗,1826)的一部分汉字词,既没有被《大汉和辞典》等日语的各类辞书收录,也不见于中国的文献及《佩文韵府》、《英华字典》等中国的辞书。如果上述条件可以作为认定和制汉语标准的话,那么“正确”就属于和制汉语。[④] 松井在著作中并没有详细追溯“正确”一词的词源,但通过松井的初步考证,我们知道“正确”早在《日本外史》、《日本政记》、《国史略》中就已经出现了用例,而在20世纪以前的中国文献中并没有发现“正确”的书证。

---

① 如前所述,日语的汉字有两大类读音:一类为“音读”,即古汉语的读音被吸收进日语的结果;一类是“训读”,是用日语固有词语翻译汉字词得到的对译关系。

② 参见沈国威著《近代中日词汇交流研究——汉字新词的创制、容受与共享》(三、语言接触编),北京:中华书局,2010年。

③ 本节根据周菁2018年9月30日提交给关西大学的博士论文《日本近代二字形容词的形成——基于词汇近代化视角的考察》第六章(原文2万余字)整理。

④ 松井利彦著《近代漢語辞書の成立と展開》,东京:笠间书院,1990年,第360—361页。

如松井所述,"正确"最早出现于江户时期日本的汉文著作中,此后在兰学译著中也多次出现,但普及与定型却要等到明治时期(1868—)。"正确"是形容词,并不含有新的概念,但是却跨出了日本国门,传播到中国及朝鲜半岛、越南等使用汉字或曾经使用汉字的国家。对于"正确"的来龙去脉,包括词的发生,在汉字文化圈传播、接受与普及等问题有必要加以细致的考证。

(一) 汉语典籍中的"正确"

关于"正确",《汉语大词典》(第 5 卷,1990)的记述如下:

【正确】谓符合事实、规律、道理或某种公认的标准。与"错误"相对。

● 我们党是一个伟大的、光荣的、正确的党,这是全世界公认的。(毛泽东《增强党的团结,继承党的传统》)

● 至于正确的程度,我相信我的是最优等。(老舍《柳屯的》)

《汉语大词典》两个书证的时间分别为 1956 年和 1934 年。而汉语的第一部近代大型语文工具书《辞源》,正编 1915 年,续编 1931 年及第三版 2015 年都没有收录"正确"。①

在古籍文献方面,《中国基本古籍库》、《中国方志库》、《中国哲学书电子化计划》和《汉籍电子文献资料库》四个大型语料库的检索结果显示,19 世纪以前的用例仅有以下 1 例:

(1) 师虽为方外士而义笃君亲,每及时事,爱君忧时,见之词气,其论甚正确。② 晚自径山来秣陵,见浚垂涕言。(宋奎光撰"塔铭《大慧普觉禅师塔铭》张浚"《径山志》卷之六,明天启甲子[四年,1624]刊本)

从文意上看,句子中的"正确"与现在的"正确"意义相似,但考虑到是孤例,而且该书只是地方志,影响力有限,可以判断它与现代汉语"正确"的产生和发展没有直接关系。

在近代英华辞典和定期出版物方面,《英华字典资料库》所收 14 种辞典中,均

① 《辞源》三个版本收录与否,其在词汇史上的意义并不相同。1915 年出版的《辞源》正编,如第三章所述,其编纂目的是为了解决翻译书籍引起的语言骤变的问题,故收录了大量的"无源词",即新词和学术用语。续编是在新词和学术用语方面补充正编之不足。"正确"未被两者收录,说明编纂者没有意识到这是一个新词。《辞源》第二版(1979)以后,编纂目的被定位于阅读中国的古典文献,"删去旧《辞源》中的现代自然科学、社会科学和应用技术的词语;收词一般止于鸦片战争(公元 1840 年)"。《辞源》第三版(2015)继承了第二版的做法,不收录"正确"说明该词未被认定为汉语古典词。

② 用例中的下划线,以及汉语用例中的标点符号,如没有特别说明,均为笔者所加,下同。

未见“正确”。《中国近代报刊库》收录的1900年以前发行的刊物，如外国传教士主编的《东西洋考每月统记传》、《遐迩贯珍》、《六合丛谈》、《中西闻见录》，国人主办的《寰宇琐记》、《点石斋画报》、《中外纪闻》、《强学报》、《集成报》、《渝报》、《湘报》、《格致新报》、《昌言报》以及《益闻录》中也检索不到“正确”。根据以上的调查结果，我们可以说“正确”不见于中国古籍，也不见于19世纪包括英华辞典和中文报刊在内的各类本土出版物。由此基本可以断定，从词源来看，“正确”是非汉语造词。

(二) 日语中的「正確」

日本的《大汉和辞典》(修订版)虽然收录了该词，却未给出书证。《日本国语大辞典》(第二版，2001)给出的例子分别取自福泽谕吉的《文明论之概略》(1875)和《改正增补和英语林集成》(1886)。

图5-1 《国史略》中的“正确”

日本古籍方面，我们首先来看一下明治以前的资料，松井利彦在前揭著作中出示了江户后期刊行的《国史略》中的「正確」使用例：

(2) 松苗曰，水戸栗山愿嘗著保建大記，議論正確。(岩垣松苗编《国史略》五卷之三，28上叶，1826)

《国史略》是岩垣松苗编撰的日本历史书，用汉文撰写，但加有“训点”，即日本特有的帮助阅读和理解汉文的符号。书中“正”与“確”之间加了“合符”(参见本书第二章第二节)，由此可知，著者是将这两个字作为一个复合词使用的。

在兰学资料方面，对5部近世(明治维新1868年以前日本称“近世”)兰日辞典：《波留麻和解》(1796)、《译键》(1811)、《长崎波留麻》(1816)、《和兰字汇》(1858)及《增补改正译键》(1864)的检索都没能发现「正確」。上述辞典类虽然未见收录，但是兰学译著中有以下数例：

(3) 其最正確トスヘキニ似タル者ハ王国弟那瑪爾加（ディ子アマルカ）九百八十三箇里方(译文：其最接近正确的是王国弟那玛尔加，有九百八十三个里方圆。)(箕作阮甫译《八纮通志初编》卷三，8叶下，1851)

(4) 今ハ地球の磁石両極に就て、十分正確の説を得に至れり(译文：如今关于地球磁力两极的学说已经非常正确了。)(箕作阮甫译《大地磁石極の

發明》,《玉石志林》卷一,22 叶下,1861—1864)

(5) 其他、此諸海客の見識、一も十分正確を得る者なかりしが、有名なる佛蘭西の水師提督デュペルレイ諸説を比較し、精密に推測して、始て至精至當に真極を確定する大倖を得たり(译文：此外,诸位海客的见识无一正确,与法兰西水师提督杜培雷的诸说进行比较,经过严密推测,终于得以确定真真正正的磁极,获得大幸。)(箕作阮甫译《大地磁石極の發明》,《玉石志林》卷一,25 叶上下,1861—1864)

这 3 个例子的译者都是箕作阮甫(1799—1863)。箕作阮甫是江户后期的著名兰学家,幼年学儒学,汉文功底扎实,后习兰学,翻译了大量的兰学书籍。例(3)—例(5)显示,「正確」在箕作译著中的使用已经不是个别现象了。虽然目前只在箕作阮甫的译著中发现了「正確」,但由于他是兰学的领袖人物,其子孙中又优秀学者辈出,不难想象箕作的词语对后世产生了较大的影响。

通过以上考察可知,中国明代的古籍中虽然已有“正确”的书证,但属于孤例,此后直到晚清都未发现其他用例。而在日本,「正確」首见于江户后期的汉文史书,其后在兰学译籍中也有使用。由此我们可以得出结论:「正確」是出自日本文人之手的「和製漢語」。

进入明治时期以后,「正確」的用例逐渐增多,以下仅举 1875 年以前的数例。

(6) 故ニ巴里ニ於テハ「リイブル」街天文台ノ時計ヲ正確ノ証ト定メ商估日日来リ照シテ己ノ時ヲ正ス者アリ(译文：巴黎“里波尔”大街天文台的时钟被认定为正确的时间,商人每日来此校准自己的时间。)(栗本锄云《晓窗追录》,《匏菴十种》卷二,24 叶下,1869)

(7) 是レ天文学ハ、吾人ノ知リ得ル所ニテハ、正確ニシテ、実理ノ地ニ至レリト謂フヘシ(译文：据我所知,此天文学可谓已入正确而切实之境。)(西周《生性発蘊》,《西周全集》第 1 卷,54 页,1873)

(8) 此一事に関する公法中の真理を証するには右に引用せる証拠の外更に是より正確なるものあるべからず(译文：在这一事项上要证明公法中的真理,没有比右边引用的证据更为正确的了。)(柴田氏译《『ヒリモア』万国公法の内宗教を論ずる章(摘要)》,《明六杂志》6 号,1874)

(9) 是二由テ考レバ今ノ同権論ハ其所論或ハ正確ナルガ如クナルモ主人自カラ論ズルノ論ニ非ズシテ人ノタメニ推量臆測シタル客論ナレバ曲情

ノ緻密ヲ尽シタルモノニ非ズ(译文：由此看来，现在的平等论，尽管论点似乎是正确的，但并非根据本人的亲身体会得来，而是推测旁人的心理而立论的，所以也就不能真切细致地反映实情。)[①](福泽谕吉『文明论之概略』卷之六第十章，1875)

以下，我们对上引各例的情况略作说明。

例(6)的作者栗本锄云出身于医生家庭，幼年学习儒学，成绩优秀。他早年从事与医学相关工作，后从政，为幕府做事，明治以后成为报社主笔。《晓窗追录》记录的是他担任驻法国公使期间在法国的见闻。

例(7)是西周对 George Henry Lewes 的 *The Biographical History of Philosophy from its Origin in Greece Down to the Present Day*(1857)最后一章的翻译。原文为："Astronomy is … and this explanation we know to be correct, as far as anything can be known, … This is a positive science."(Lewes，1857)。译文一部分采用了意译的方法，因此无法一字一句对应，但是其中的 correct 被译成「正確」是确定无疑的。查阅当时主要的英和辞典，如《英和对译袖珍辞书》(初版 1862，再版 1867)、《附音插图英和字汇》(1873)、《和英语林集成》(初版 1867，再版 1872)等，correct 的译词中和语「正しい」占压倒性的优势，其他还有「改正シタル、一致ノ、よい、間違いない、相違ない、違わぬ、ちゃんと、正直な」等，唯独不见「正確」。也就是说，西周翻译该书时，correct 的译词虽然有很多选择，但他却使用了辞典并未收录的「正確」。西周本人是由兰学转入"英学"的，有深厚的兰学素养，他将兰学译籍中已经出现的「正確」用于自己的翻译作品中也是顺理成章的事。

例(8)来自《明六杂志》，也是译文，翻译者为"柴田氏"。山室信一、中野目彻指出："译者虽然只写了柴田的姓氏，但应为时任外务省权大书记官且为明六社特别社员的柴田昌吉。"[②]例(8)的原文来自英国国际法学者 Phillimore 的 *Commentaries upon International Law*(1871)，对应的英文是："The true doctrine of International Law upon this subject could not be more fairly or more correctly

① 此处的译文引用自福泽谕吉著《汉译世界学术名著丛书 · 文明论概略》，北京编译社译，北京：商务印书馆，1960 年，第 209 页。

② 山室信一、中野目彻校注《明六杂志》(上)，东京：岩波书店，1999 年，第 230 页。柴田昌吉是明治时期影响极大的《附音插图英和字汇》(1873)的编纂者之一。

expressed than in the important citation which has just been made. ”(Phillimore, 1871)。可以看出,「正確」是对应 fairly 和 correctly 的。其中 fairly 是多义词,有“明白的”、“确实的”等义,而 correctly 只有「正確」一种意思。结合上下文,「正確」应该是综合了二者,表示“正确而明白无误”之义,基本上和之前例句中的意思相同。

例(9)的作者福泽谕吉是日本家喻户晓的近代思想启蒙家、教育家。他幼时接受儒学教育,后习兰学,再后来因为深感英语的重要性而自学英文。《文明论之概略》作为他的名著,被称为明治初年启蒙思想的杰作,多次再版,极为畅销,拥有巨大的影响力。在这样的背景下,恐怕书中的「正確」一词也随之得到了广泛的传播。

通过对以上例句的分析可知,「正確」在幕末和明治初期已经有了一定程度的使用,然而例句基本集中在译书或启蒙性质的著作中,使用范围相对狭窄。下面将进一步挖掘其他文献,考察「正確」普及、定型的过程。

《明治期出版广告数据库》(明治期出版広告データベース)的检索结果显示,在明治 10 年(1877)前后,「正確」已经进入广告的语境,具体语例如下:

(10) 小冊子ト雖国語ハ勿論漢呉音等正確ニ加ヘタル書ナリ(译文:虽为小册子,国语乃至汉音吴音均加以正确标注。)(广告《小学入门书取本・全一册》,《东京日日新闻》,1876 年 10 月 27 日)

(11) 正確なる術学に基き道徳学の体裁を以て論説せる無類の珍書なり(译文:论说以正确之学术为基础,以道德学为体裁,乃无类之珍书。)(广告《妇女性理一代鉴》,《东京日日新闻》,1878 年 4 月 4 日)

例(10)和例(11)来自同一份报纸《东京日日新闻》,既然是广告用语,用词应该相对浅显易懂,由此可以推测,「正確」已逐渐成为一般词汇了。进入世纪之交,还有以下的用例:

(12) 時計のように正確に——これが座右の銘でもあり、生徒に説いて聞かせる教訓でもあり、また職員一同を指揮する時の精神でもある。(译文:如时钟般正确——这是座右铭,是说给学生听的训导,也是指挥全体职员的精神。)(島崎藤村《破戒》,1906)

(13) 芳子はその後二三日訪問した形跡もなく、学校の時間には正確に帰って来るが、学校に行くと称して恋人の許に寄りはせぬかと思う

と、胸は疑惑と嫉妬とに燃えた。（译文：芳子在此后的两三天也没去访问。虽然她准时从学校回来，但一想到她每次说去学校实际可能去见恋人，心中不禁燃起疑惑和嫉妒之火。）（田山花袋《蒲团》，1907）

（14）「時」の橇程正確に滑るものはない。（译文：没有比“时间”的雪橇走得更正确的了。）（夏目漱石《虞美人草》，1907）

（15）一番正確だとしてある数学方面で、点だの線だのと云うものがある。（译文：在被认为最正确的数学方面，有点啊线啊之类的概念。）（森鸥外《かのように》，1912）

上述例子来自不同的作家，选用的小说亦是明治时期的优秀作品，具有较大的影响力。因此，至少在明治后期，「正確」已经被广泛使用于文学作品，并在这些名作的影响下，得到了进一步的传播。这一点可以通过《日语历史语料库》加以印证。方法是调查「正確」在语料库收录的综合杂志《太阳》中1895—1925年间的词频变化。该杂志每年的语料量差别不大（但语料是非连续收集），属于较为均衡的数据，因此统计得出的特定词语的使用频率变化也应该较为客观。调查结果如图5-2所示。

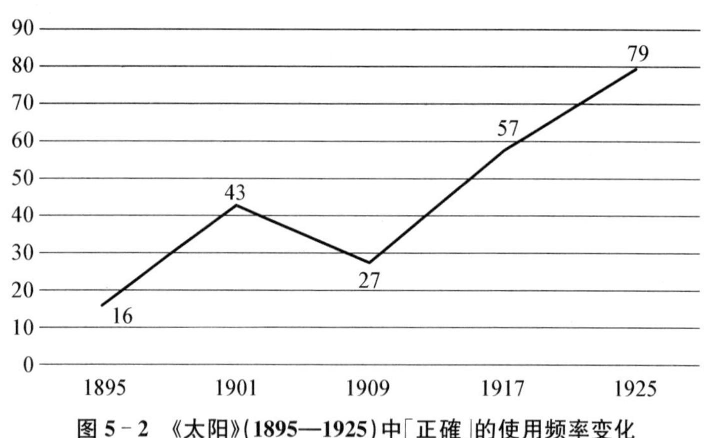

图5-2 《太阳》(1895—1925)中「正確」的使用频率变化

图5-2显示，整体上「正確」的使用频率呈现稳步上升的趋势。1895—1909年间该词的频率变化起伏较大，但此后增长迅速。

在语文工具书方面，「正確」首见于汉字词辞典《必携熟字集》(1879)，此后，如表5-1、表5-2所示，大约在明治20年(1887)前后，英和和英辞典开始收录「正確」。

表 5-1 和英辞典中的「正確」

辞典/刊年	词条(有删节)
《和英语林集成》第三版 1886	正確 certain, fixed
《漢英対照いろは辞典》1888	*n*. 正確 positive, sure
《和英大辞典》1896	正確 *a*. certain, sure, true
《新译和英辞典》1911	精確、正確 *n*. accuracy, precision; *a*. exact, accurate, precise, strict, correct

表 5-2 英和辞典中的「正確」

辞典/刊年	词条(有删节)
《附音插图和译英字汇》1888	correctness 眞正, 正確
《双解英和大辞典》1892	correctness 眞正,正確 exact 正確ナル, 綿密ナル
《新英和辞典》1901	exact 正確なる
《新译英和辞典》1902	correct 正確ナル accurate 正確ナル, 精密ナル
《详解英和辞典》第二版 1913(初版 1912)	accurate *a*. 正確ナル correct *a*. 正確ナル exact *a*. 正確ノ, 精密ノ precise *a*. 精密ノ, 正確ノ, 曖昧ナラザル

调查结果显示,最早收录「正確」的英和和英辞典是《和英语林集成》第三版(1886),该辞典在《和英の部》出现了「正確」词条,给出了发音、汉字字形及对应的英文。在此需要注意的是,对应的英文为"certain, fixed"与现代日语「正確」的意思略有不同,而与上文提及的汉字词辞典的释义一致,表示"确定的、确实的"。但是在该辞典《英和の部》,"certain"和"fixed"的译词只使用了"和语",而没有使用汉字词「正確」。《漢英対照いろは辞典》(1888)的「正確」对译英文"positive, sure"更倾向于强调"确定",而少了"对的、没错的"的语义。《和英大辞典》(1896)中的对译英文词为"certain, sure, true",表示"对"和"确实的"意义。《新译和英辞典》(1911)被认为是现代和英辞典的原型,其中「正確」所对应的英文译词更加丰富,并根据不同的词性作了区分。correct 也开始出现在"正确"的译词里了。

最早收录「正確」的国语辞典是《和漢雅俗いろは辞典》(1889),该辞典与上面提到的《漢英対照いろは辞典》同为高桥五郎编纂。而日本第一部近代国语辞典《言海》(大槻文彦,1888—1891)却没有收录「正確」。表 5-3 是 19 世纪末 20 世纪初日本国语辞典收录「正確」的情况。

表 5-3　19 世纪末 20 世纪初日本国语辞典收录「正確」情况

《漢英対照 いろは辞典》1888	正確［名］たしか，かたき，あやまりなき，positive，sure
《和漢雅俗 いろは辞典》1889	正確［形］たしか，かたき，あやまりなき
《言海》1891	未收
《日本大辞书》1893	正確＝正覈＝精覈 クハシク正シクアルコト
《増訂二版和漢雅俗いろは辞典》1893	正確［形］たしか、かたき、あやまりなき
《日本大辞林》1894	未收
《日本新辞书》1895	未收
《帝国大辞典》1896	正確，正覈，精覈 くはしく正しきをいふ
《日本新辞林》1897	正確［名］正しくしてたしかなること、(正覈、精覈)
《ことばの泉》1899	正確［名］ただしくして，たしかなること
《国语汉文・新辞典》1905	正確［名］ただしくして，たしかなること
《辞林》1907	正確［名］正しくしてたしかなること
《大辞典》1912	正確［名］タダシクタシカデアルコト。
《大言海》1935	正確［名］タダシククテ、タシカナルコト。「正確ナル時計」第三巻五

(三) 汉语"正确"的出现与普及

汉语文献最早出现"正确"用例的是梁启超在日本编辑出版的《清议报》(1898—1901)和《新民丛报》(1902—1907)等刊物及国内媒体《申报》。以下略示各刊物上的用例一二。

(16) 据正确之推算，则杜国之人民中，有服兵役之义务者，总计二万六千五百人。(《地球大事记・英国对南阿兵力》，《清议报》第 32 册，1899)

(17) 伦理学虽属于无形，然精密研究之，自有正确根据。(《论中国宜改良以图进步・录东洋报》，《清议报》第 90 册，1901)

(18) 盖通其语则能入其学校，受其讲义，接其通人，上下其议论，且读书常能正确，无或毫厘千里以失其本意。(饮冰室主人《东籍月旦》，《新民丛报》第 9 号，1902)

(19) 至于校勘讹误，悉具精心点画之疑，必期正确。(《文明书局发刊・日本早稻田讲义丛译旨趣》，《大公报》1902 年 12 月 17 日)

（20）教授事项不宜过烦，又弗流于形式，惟期各生徒解悟正确，应用自然。（《日本高等女学校教育新旨趣·译日本朝日新闻》，《大公报》1903 年 3 月 24 日）

（21）其命义在授生徒以独断之目的，当教授时必以正确临之。（传锐《汤调鼎全译"算学教授之沿革"》，《新世界学报》第 12 号，1903）

（22）然三解外，更有一最适当最正确之解，则民族帝国主义是也。（酙癸《新名词释义（续第二期）》，《浙江潮》第 6 期，1903）

（23）他生平的著述，有种实用几何学的算法，以及测量，都把正确的图式，以明其意。（洗红盦主演述《泰西历史演义卷之四第十七回》，《绣像小说》第 17 期，1904）

（24）其一则务广集正确事实，多经实验观察。（天蜕《进化论与各学科之关系》，《醒狮》第 1 期，1905）

（25）满洲之地面积广大，人口众多，其购买力之大固无待言。故谈及满洲之事者，无论人咸欲先知其需用品之消费力如何，亦自然之势也。然无一能得正确之标准者。近年由于东清铁道开通，满洲内地随之开发，其购买力之增进非昔日可比。（《满洲之输入贸易·译时事新报》，《申报》1905 年 12 月 4 日）

例（16）、例（17）、例（18）、例（22）、例（24）分别取自《清议报》、《新民丛报》、《浙江潮》和《醒狮》，这几种杂志均创办于日本，日语的影响不言而喻。而例（20）和例（25）则是直接翻译自日语。原文分别如下：

（20′）原文：教授は漫に繁多の事項に渉り又は形式に流るゝことなく生徒をして正確に理会し応用自在ならしめんことを期すべし。（『高等女学校教授要目』，『東京朝日新聞』1903 年 3 月 10 日第 2 版）

（25′）原文：抑も満州の地たるや面積広大にして人口又多きを以て購買力の多大なるべきは論を俟たず左れば苟も満州の事を談ずるものは何人と雖も先づ第一に之が需要品の消費力如何を知悉せんと欲するは自然の勢なるも一として正確なる標準を得ることなし而かも近年東清鉄道開通せしより満州内地の開発に伴ひ其購買力の増進又昔日の日にあらざるなり。（『満州の輸入貿易 総論（大蔵省調査）』，『時事新報』1905 年 10 月 30 日第 7 版）

由此可知,例(20)和例(25)中的“正确”直接来自日语的原文。

图5-3是利用《中国近代报刊库》1900—1909年的数据进行的“正确”使用频率变化的调查。如图所示,“正确”在近代报刊中呈现从无到有的趋势,这说明“正确”是一个新词。仔细分析用例,可以发现不但使用频率增加,而且越到后期,出现“正确”用例的报刊也越多。这些现象反映了“正确”从无到有,进而普及定型的过程。图5-3中将《新民丛报》单独列出,这是因为该报使用“正确”十分频繁。

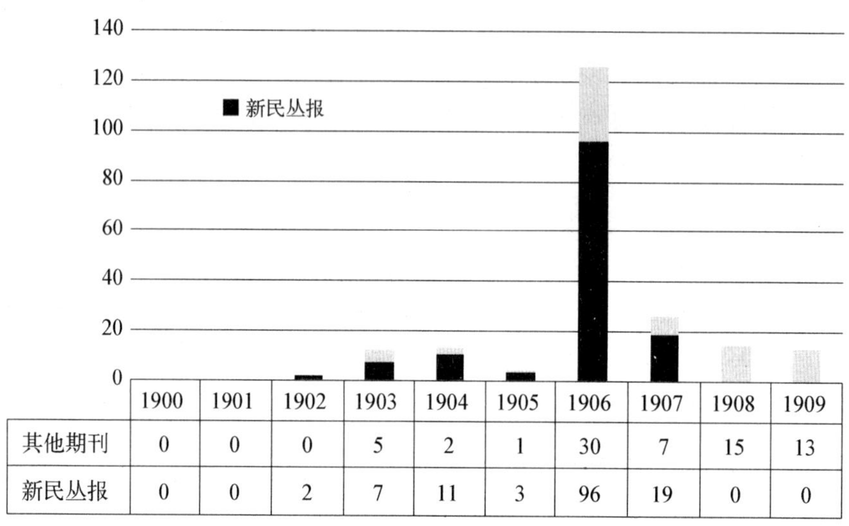

	1900	1901	1902	1903	1904	1905	1906	1907	1908	1909
其他期刊	0	0	0	5	2	1	30	7	15	13
新民丛报	0	0	2	7	11	3	96	19	0	0

图5-3 《中国近代报刊库》中“正确”的使用频率

使用频率是考察一个词普及与否的重要标准,名词的词频常常受到突发事件的影响,而动词、形容词则真实地反映了词语的流行。图5-4是近代中国刊行时间最长、影响力极大的两份报纸《申报》与《大公报》所显示的“正确”的词频变化。调查时间段的起点为相应报刊的首刊日期,终点为1925年最后一日(图中仅记最后两位数)。

由图5-4可知,“正确”一词使用频率上升的拐点在1908年至1909年之间,滞后《新民丛报》2至3年。

最早收录“正确”的辞典是颜惠庆编纂的《英华大辞典》(1908)。这部辞典在14个词条的16处出现了“正确”一词。辞典编纂必有所本,《英华大辞典》的“例言”中可见:“是编采用诸书,暨所参考,不下数十百种。有为中国教育会本者,有为江南制造局本者,有为严氏所著本者,有为英和字典本者。”除英和字典以外,颜惠庆提及的其他参考文献中都没有使用“正确”,而《英华大辞典》(1908)所参考的

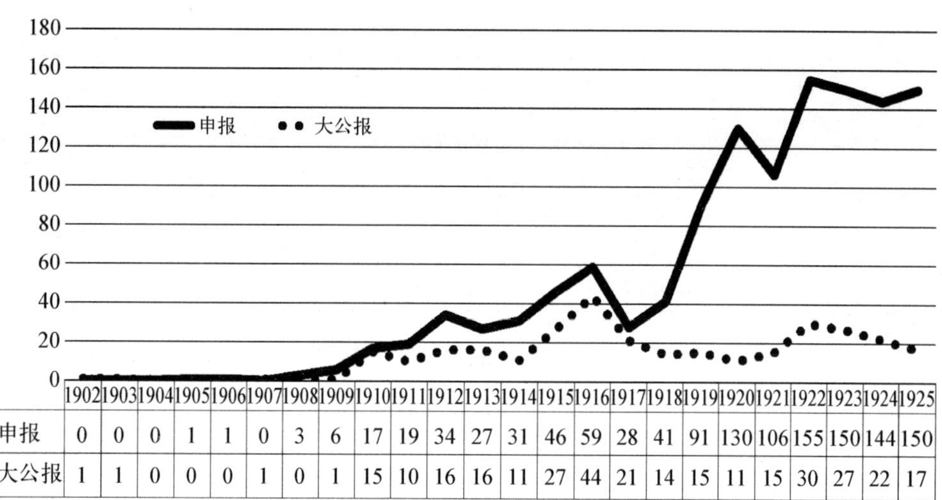

	1902	1903	1904	1905	1906	1907	1908	1909	1910	1911	1912	1913	1914	1915	1916	1917	1918	1919	1920	1921	1922	1923	1924	1925
申报	0	0	0	1	1	0	3	6	17	19	34	27	31	46	59	28	41	91	130	106	155	150	144	150
大公报	1	1	0	0	0	1	0	1	15	10	16	16	11	27	44	21	14	15	11	15	30	27	22	17

图 5－4　《申报》和《大公报》中“正确”的使用频率

《新译英和辞典》(三省堂，1902)中，accuracy，correct，exact，precise 等四个词条下都出现了“正确”。表 5－4 为进入 20 世纪后英华辞典收录“正确”的情况。

表 5－4　英华辞典中的“正确”

辞典/刊年	词　条	译词(有删减)
《英华大辞典》1908	accuracy	准，无差，正确，完密
	correct	正确的，确的
	exact	正确的，完全合符的
	precise	贴切的，准定的，正确的
	right	正确，贴正，恰好
《德英华文科学字典》1911	präcision precision	准，贴切，正确
《新式英华双解词典》1918	accuracy	正确，切当，切合
	precise	有定限，贴切，正确，精密，明显
《英华合解辞汇》1920	accuracy	无错，正确
	precise	准，有定限，明定，贴切，正确，精密
《英汉双解韦氏大学字典》1923	correctness	正当，正确
	exact	无误，正确的
	precise	正确的，确切的
	right	正确的

续 表

辞典/刊年	词 条	译词(有删减)
《综合英汉大辞典》1928	correctness	正确,无误
	exact	正确,精密,丝毫不爽,适合,精确
	precise	详细的,精密的,细密的,精确的,正确的(报告等)
	right	正确,准确

与英华辞典相比,汉英辞典对"正确"的收录略晚几年。第一次出现"正确"词条的汉英辞典为《汉英新辞典》(1918)。而语文辞典收录"正确"就更加晚了,对《辞源》(1915)、《辞源续编》(1931)、《辞通》(1934)、《中华大字典》(1935)、《辞海(合订本)》第2版(1948)、《新华字典》(1954)及《汉语词典(简本)》(1957)进行的调查显示,直到《汉语词典(简本)》(1957)才见到"正确"的踪影。参见表5-5。

表5-5 汉英辞典及国语辞典中的"正确"

辞典 刊年	词条(有删节)
《汉英新辞典》1918	正确 precise, accuracy
《汉英大辞典》1920	正确 To a day
《汉语词典(简本)》1957	正确 犹言准确

(四)关于概念范畴CORRECT(正确)

「正確」的发生并不是为了导入新的概念,而是为了满足词汇体系重构上的某种需要。「正確」的加入势必引起概念范畴CORRECT内部的调整。「正確」如何得以脱颖而出,成为这一概念范畴的"原型"?这是"基本词汇化"研究的重要内容。限于篇幅在此不拟详论,只简单归纳如下。

日语的「正確」同义词主要有「正しい」、「精密」、「正確」,其中「正しい」使用范围最广,在近代文献中用例最多,处于概念范畴的中心位置。作为「正しい」的等义汉字词,有「精密」、「正確」。「正確」是近代新词,是后来者,但逐渐取代了「精密」在明治初期的地位,与「正しい」构成"和汉相通"。① 而「精密」的词义逐渐细化,搭配上也与「正確」等形成不同的分工。图5-5从使用频率上反映了这一

① 现代日语中,「正しい」与「正確」并不完全同义,在此不深论。

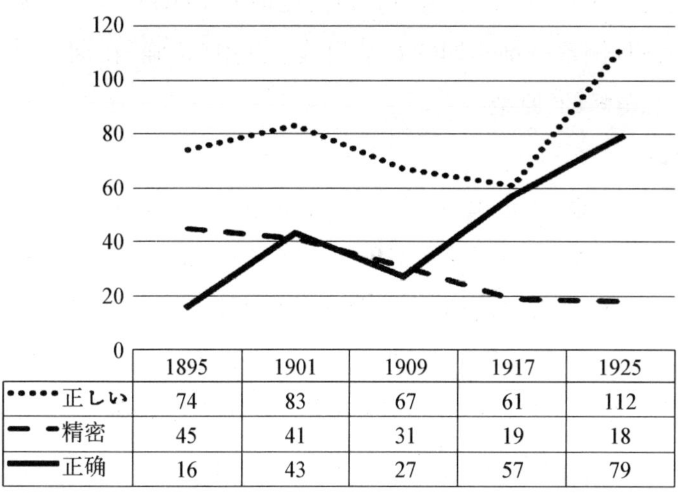

	1895	1901	1909	1917	1925
正しい	74	83	67	61	112
精密	45	41	31	19	18
正确	16	43	27	57	79

图 5－5　杂志《太阳》中「正確」同义词的使用频率变化

事实。

在汉语的概念范畴 CORRECT 中，既有的主要成员有“对、精密、准确、无误、贴切”等。“正确”是后来的外来成分，但迅速占据了概念范畴的中心位置。这是一个在外来影响下实现的“原型化”（即基本词汇化），在这一过程中，参考了英和辞典的英华辞典起了决定性作用。图 5－6 显示“精密”在 20 世纪初被“正确”反

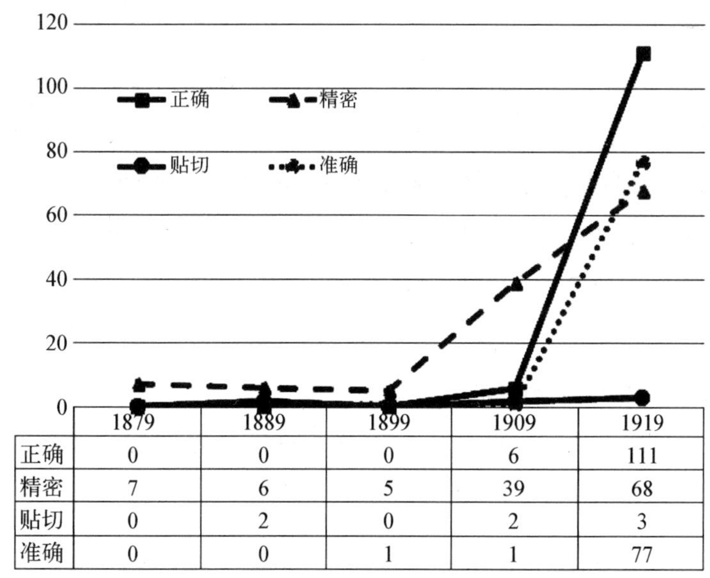

	1879	1889	1899	1909	1919
正确	0	0	0	6	111
精密	7	6	5	39	68
贴切	0	2	0	2	3
准确	0	0	1	1	77

图 5－6　《申报》中“正确”及其同义词的使用频率变化

超，与同样也是新词的“准确”一起分担概念范畴 CORRECT。“正确”、“准确”和“精密”各司其职，侧重修饰不同的意义领域。其中“正确”在词频上占据明显优势，是所在概念范畴的“原型”。

（五）小结

综上所述，「正確」/“正确”的发生发展轨迹大致可以描述如下：江户后期（1800 年以后），「正確」首见于汉文书籍，此后在 19 世纪中期（幕末）的兰学作品中也出现了若干用例；进入明治期，尤其是明治中期以后（1888 年以后），为了回应“和汉相通”的要求，「正確」作为和语「正しい」的等义汉字词使用频率逐渐增加，开始广泛出现于杂志、报纸、小说等多种媒体中。同时，「正確」还被主要的英和辞典、和英辞典及国语辞典收录，逐渐普及定型。在 19 世纪末 20 世纪初，「正確」通过汉译日本书传入中国。「正確」满足了汉语词汇体系重构过程中“单双相通”的需要，很快融入汉语并在言文一致运动中得以普及定型。「正確」同时还传入了朝鲜语和越南语中，影响遍及汉字文化圈。

汉字文化圈中的「正確」一方面与 correct 对译，是这一概念范畴的“原型”，另一方面，在汇入各自语言词汇体系时形成了独自的发展轨迹，产生了同形不同义或不同用法的现象。不过这已经是另外的问题了，在此不深入展开。

二、“优秀”①

“优秀”和“正确”一样，也属于“和制汉语”，不同的是，它的产生和普及似乎很晚，在明治时期的各类辞典中也几乎不见其踪影。“优秀”/「優秀」在中日两国的语言中均为常用词，然而关于该词的词源及传播的研究却很少，本节将在田中牧郎的研究成果基础上进行详细的考察。具体步骤为：首先弄清该词的起源，其次考察它在中日两国的传播及发展，最后对概念范畴 EXCELLENT（优秀）的形成进行探讨。

（一）汉语典籍中的“优秀”

关于“优秀”，《汉语大词典》（第 1 卷，1986）和《近现代辞源》（黄河清，2010）的记述分别如下：

---

① 本节根据周菁 2018 年 9 月 30 日提交给关西大学的博士论文《日本近代二字形容词的形成——基于词汇近代化视角的考察》第七章（原文 14 000 余字）整理。

【优秀】出色，非常好。

● 我以为印刷，装订，都要算优秀的。（鲁迅《书信集·致赵家璧》）

● 他们不愧是党和人民的优秀儿女。（胡采《在和平的日子里·序》）

【优秀】（品行、学问、成绩等）非常好。

● 凡有品行正方、学业优秀、身体健康者为特待生，减免一年之授业料。（关庚麟《日本学校图论》1903 年）

● 此阶级者，智力较优秀。（梁启超《读十月初三日上谕感言》1910 年）

● 他只是六弦琴（guitar）与银笛（flageolet）的优秀演奏者。（丰子恺《近世西洋十大音乐家故事·裴辽士》1930 年）

《汉语大词典》所列举的两例均为 20 世纪 30 年代以后的书证，《近现代辞源》把书证的时间向前推了近 30 年。但《日本学校图论》（1903）无疑是日本书汉译的例子。

对《中国基本古籍库》、《中国方志库》、《中国哲学书电子化计划》和《汉籍电子文献资料库》四个大型语料库的检索结果显示，19 世纪中叶以前汉语典籍中“优秀”仅出现 1 例：

（1）吴地本文学优秀之邦，宾有贤德。（明栾尚约撰《宣府镇志》四十二卷之卷三十七，明嘉靖四十年刻本）

例句中的“优秀”尽管从文意上看与现代汉语的“优秀”有相似之处，但由于是孤例，并不能排除仅仅是字符串，而非结合紧密的复合词的可能性。更重要的是，例句出自影响力有限的地方志，故可以推测此例与“优秀”后来的发展没有直接关系。《英华字典资料库》中所收的 14 种英华辞典，《中国近代报刊库》收录的 1900 年以前发行的刊物，也未能提供“优秀”的书证。通过以上调查，基本可以作出以下结论：“优秀”在中国古籍及传教士等本土文献中没有书证，而且直至 1900 年之前，近代汉语媒体及工具书中也未出现“优秀”的用例。而日语在 19 世纪 80 年代起已经开始使用「優秀」了，日本应该就是“优秀”一词的发生地。

（二）日语中的「優秀」

转观日语方面，《日本国语大辞典》（第 2 版）分别给出了石川啄木（1906）、《步兵操典》（1928）、大江健三郎（1957）的书证。《日本国语大辞典》给出的首例书证为 1906 年，而田中牧郎发现了 20 世纪以前的用例，更新了书证时间。① 田中通过检索《太阳语料库》(该语料库后并入“日语历史语料库”)，发现「優秀」在 1895 年已经出现少量用例，此后「優秀」的使用频率在短时间内迅速上升，并在 1917—1925 年趋于稳定。调查结果的统计如图 5－7 所示。

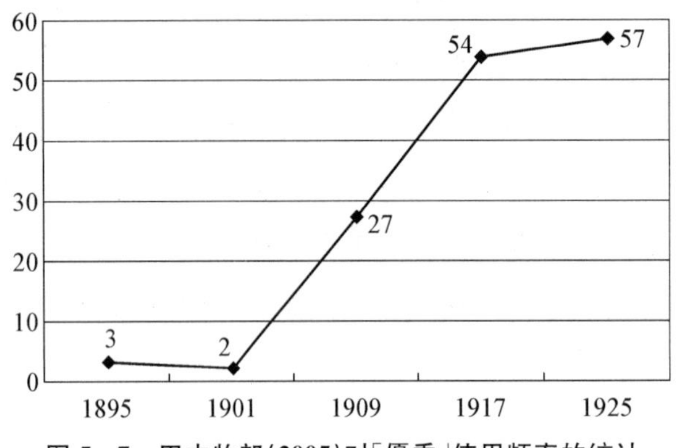

图 5－7　田中牧郎(2005)对「優秀」使用频率的统计

田中还对概念范畴 EXCELLENT 中的成员进行了分析。根据与名词的搭配关系分为 Ⅰ 群「優れる、卓越、卓絶、絶倫、抜群、卓抜、優秀、秀でる」和 Ⅱ 群「出色、傑出、有数、錚々」等。

从田中的研究成果中，我们了解到日语的「優秀」于 19 世纪末开始出现在媒体上，到 20 世纪初已经普及。「優秀」与日语等固有词语，即和语的「優れる、秀でる」构成了“和汉相通”的关系。那么，1895 年是否为「優秀」最早出现的时期？为此，我们作了更广泛的书证调查。调查结果如下：

兰学资料方面，5 部近世兰日辞典：《波留麻和解》(1796)、《译键》(1811)、《长崎波留麻》(1816)、《和兰字汇》(1858)及《增补改正译键》(1864)都没有收录「優秀」。

对 19 世纪的报刊书籍以及英和辞典为主的外文辞典、汉语辞典和国语辞典的调查结果显示：「優秀」最早的用例来自《西周全集》第 3 卷《山邊丈夫宛書翰》(致山边丈夫书)，实例如下：

① 田中牧郎撰《漢語「優秀」の定着と語彙形成——主体を表す語の分析を通して》，载国立国语研究所(编)《雑誌『太陽』による確立期現代語の研究——『太陽コーパス』研究論文集》，东京：博文馆新社，2005 年，第 115—141 页。

(2) 只今法律志林之編纂も致居少年等の内ニ而は頗優秀ニ属せし人ナリ①
(译文：如今编撰法律志林之年轻人中，你属于颇为优秀之人。)

此信署"四月二日"，没有年份。据《西周全集》的编者大久保利谦的解说，(本信函)"来自山边家族所藏的相泽氏的誊写本"。山边丈夫于"明治13年7月(1880年7月由英国留学)回国"，"想必此信函写于回国后不久"。② 由此可断定，此信写于1881年4月2日。这是目前发现的「優秀」最早的书证。以下也是早期的用例。

(3) 初等科訓導は概して優秀にして(译文：初等科训导大体优秀)(《石見国迩摩郡第五番学区教育景况》，《大日本教育会杂志》27号，1886)

(4) 社会ニ在リテ尤モ優秀ナルモノトス(译文：为社会中最为优秀者)(諏訪節《社会ノ進化ニ関スル一大勢力トハ何ソ》，《大日本教育会杂志》46号，1886)

(5) Par excellence. (佛) 卓越ニ依リ，優秀ノ為メ[译文：Par excellence. (法语)因为卓越，因为优秀](島田豊《羅典，佛蘭西，伊太利等ノ諸邦語ヨリ英語ニ慣用セル熟語，世諺，箴言，題語等ノ蒐録》，《附音插图和译英字汇》，1887)

(6) 殊更ラ優秀ノ教員ヲシテ；有為優秀ノ小学校教員；其優秀ナルモノハ；優秀ノ教員；優秀ノ教員③(译文：特别优秀的教员；有为优秀的小学教员；其优秀者；优秀的教员；优秀的教员)(生駒恭人《小学校教員ノ位置ヲ如何セン》，《大日本教育会杂志》70号，1887)

(7) 学識アリテ公益アル大著述ヲナシ、人物優秀ナレバ(译文：如具有学识，已著有利于公益之大作，且人品优秀)(《博士ノ学位授與ニ方リ文部大臣演示ノ大意》，《大日本教育会杂志》77号，1888)

(8) 焉んぞ殊更に其容貌言語挙動服装の優秀高尚なるを写すを須ゐんや(译文：为何特别描写其容貌言语举动服装之优秀高尚)(石橋忍月《藪鶯の細評》，《国民之友》25号，1888)

(9) 而して其文章の流麗にして優秀なるも世間に比類小なき所なり(译文：

---

① 大久保利谦编《西周全集》第3卷，东京：宗高书房，1966年，第678页。
② 大久保利谦编《西周全集》第3卷卷末《解说》，东京：宗高书房，1966年，第87页。山边丈夫(1851—1920)，日本明治时期的实业家，东洋纺的创始人。
③ 同一篇文章中出现了5处「優秀」，在例(6)中全部列出，用";"隔开，以下同。

而其文章之流利优秀，世间难有与之匹敌者）（《広告・簡明述義視器の保養》，《读卖新闻》1890 年 4 月 15 日）

（10）而して其文章の流麗にして優秀たるも世間に比類小なき所なり（译文：而其文章之流利优秀，世间难有与之匹敌者）（《広告・簡明述義視器の保養》，《出版月评》1890 年 5 月 9 日）

（11）大和撫子の名誉と優秀とを宇内に照遍せしめたり（译文：让大和抚子［日本女子的美称］的名誉与优秀照遍世界）（飯田旗軒《日本と欧米》，《太阳》5 号，1895）

（12）帝自身が優秀なる文学者にして（译文：皇帝本人是优秀的文学家）（中西牛郎《清朝全盛の時代》，《太阳》6 号，1895）

（13）幾多優秀の性質を有せる所以を討尋せざるべからず（译文：应该探求其拥有多种优秀性质的原因）（井上哲次郎《釈迦は如何なる種族なるか》，《太阳》10 号，1895）

上述例句中，例（3）、例（4）、例（6）和例（7）均来自《大日本教育会杂志》。该杂志于 1883 年创刊，是“大日本教育会”的机关刊物。之所以出现多处「優秀」，恐怕与杂志的内容有关，也就是说，「優秀」容易出现在教育方面的文章中。从例（3）的出处《石见国迩摩郡第五番学区教育景况》的题目来看，本篇既不是独创性的文章，也不属于外国作品的翻译，因此本文的作者不太可能特意创造「優秀」一词，而只是单纯使用了已经存在的「優秀」的可能性更大。由此可推测，在 1886 年以前，「優秀」已经普及到初等教育的现场了。例（5）比较特殊，是早期用例中唯一出现在辞典中（附录）的例子。（如图 5－8 所示）附录名为「羅典，佛蘭西，伊太利等ノ諸邦語ヨリ英語ニ慣用セル熟語，世諺，箴言，題語等ノ蒐録」（译文：来自拉丁、法兰西、意大利等国语言，而惯用于英语的熟语、谚语、箴言、题语等之辑录）及词条中的“（佛）”显示，“Par excellence”来自法语，后融入英语。根据对词义的解释可知，「優秀」与「卓越」同义，均为“excellence”的译词，这一点与现代日语一致。值得注意的是，例（5）的出处《附音插图和译英字汇》（岛田丰编，1888）在明治中期风靡日本英语界，是明治时期影响力较大的辞典之一。因为辞典本身大受欢迎，所以其中的译词也受到了使用者的关注并广为传播。只是该词条位于附录中，其中的「優秀」能否被注意到，不得而知。令人不解的是，该辞典正文词条“excellence”的日语译词中并没有出现「優秀」（如图 5－9 所示）。不仅如此，该辞典再版时，附录中“Par excellence”词条依然保留，但译词中的「優秀」却消失了（如图 5－10 所示）。该辞典第 1 版中的「优秀」究竟从何而来，再版为何删除，不得而知。

「爲メ.
Par excellence. (佛) 卓越ニ依リ, 優秀ノ

图 5－8　《附音插图和译英字汇》(1888)附录中 Par excellence 词条

Ex'çel-lençe, n. 卓超, 優等; 上質, 優等品; 閣下 (高位ノ人ニ對シテ用フル敬稱).
Ex'çel-len-çy, n. 上質, 卓越; 閣下(公使、鎭臺其他高官ニ對シテ用フル尊稱).
Exç'el-lent (ĕk'sel-lent), a. 秀デタル, 勝レタル, 卓越シタル, 優等ノ, 貴キ.

图 5－9　《附音插图和译英字汇》(1888)正文中 excellence 相关词条

Par excellence. (佛) 卓絶シテ, 秀逸ニ, 斷然, 至極, 極力優リテ.

图 5－10　《再订增补和译英字汇》第六版(1891)附录中 Par excellence 词条

例(8)出自日本早期的综合杂志《国民之友》，文艺评论家石桥忍月对小说《藪鶯》的评论中使用了「優秀高尚」这一表述，用来修饰“容貌言语举动服装”。例(9)和例(10)分别取自报纸《读卖新闻》和一份叫作《出版月评》的杂志，刊登的是同一则广告，在介绍一本名为《簡明述義視器の保養》的书籍时用到了「優秀」一词。例(11)至例(13)均来自综合杂志《太阳》，例(11)中「優秀」作名词使用，而例(12)与例(13)则是作形容词使用。根据以上例子可以推断，最晚于 19 世纪 80 年代，日语中就出现了「優秀」，并被用于报道、评论、广告等各类题材的文章中。但从整体上看，到 19 世纪末为止，「優秀」的使用频率还处于较低的状态，相比之下，同义词「優等」和「優れる」更为常见。

辞典方面，虽然《附音插图和译英字汇》(1888)在附录中用「優秀」作为“excellence”的译词，但这似乎是一个孤例。检索 19 世纪中期以后的主要的外语辞典，如英和辞典中的“distinguished，eminent，excellent，outstanding，superior”等

词条,《佛语明要》(1864)、《官许佛和辞典》(1871)以及《佛和字汇》(1893)的“excellence”词条,《增订独和字汇》(1887)、《和译独逸字汇》(1889)、《袖珍独和新辞林》(1898)的“excellence; ausgezeichnet”等词条,均未发现「優秀」。除此之外,《明治期汉语辞书大系》与《明治期国语辞书大系》所收录的各种辞典中也未能查到「優秀」。[①] 明治时期的各类辞典,无论是双语词典,还是国语辞典都未收录「優秀」。这一事实一方面说明「優秀」的发生与译词关系不大,另一方面也显示国语辞典的编纂者完全没有意识到这个新词。

我们在这一小节中对「優秀」的词源作了追踪,并将书证时间从 1895 年推至 1881 年。但现在断言这是首例书证还为时过早,期待着新的发现。

(三)汉语“优秀”的出现及普及

“优秀”作为现代汉语中的常用词,其历史却意外地很短。现在可以检索到的使用例都在 1900 年以后,以下罗列数条。

(14) 各部聘用外国人之俊异优秀者,为顾问官教师,以备咨访。(张之洞《张文襄公奏议》卷 55 奏议 55,1901)

(15) 或遴选优秀,出洋游学,以补在国所修之不足。(吴汝纶《东游丛录》,1902)

(16) 择其优秀者,令任其邑蒙小学堂之事。(刘光蕡《改设学堂私议》,1903)

(17) 其民之稍优秀者,大率流宦迁贾来自他乡。(中国之新民《中国地理大势论》,《新民丛报》第 8 号,1902 年 5 月 22 日)

(18) 如彼主张女权者,举妇女中一二优秀之人,以为妇女脑力不劣于男子之证。(中国之新民《新民议(二)一名群治改良论 禁早婚议》,《新民丛报》第 12 号,1902 年 12 月 30 日)

(19) 惟其北方之马基顿国,尚服农业,而希腊之不可及者,尤在其风景之优秀而奇丽。(观云“中国人种考(续第三十七号)西亚文明之缘起”《新民丛报》第 38 号、39 号合本,1903 年 10 月 4 日)

(20) 凡有品行方正、学业优秀、身体健康者,为特待生,减免一年之授业科。(关庚麟《日本学校图论》,1903)

---

① 即《言海》(1891)、《日本大辞书》(1893)、《增訂二版和漢雅俗いろは辞典》(1893)、《日本大辞林》(1894)、《日本新辞书》(1895)、《帝国大辞典》(1896)、《日本新辞林》(1897)、《ことばの泉》(1899)、《国语汉文 新辞典》(1905)、《辞林》(1907)、《大辞典》(1912)、《大言海》(1935)等。

（21）鸢色之眼，甚大、有神。然，含优秀不露凶恶。（冷血重译，日本抱一庵主人译，法国希和氏原著《巴黎之秘密》，《新新小说》第1年第2号，1904）

（22）兄弟均美貌，而美貌之中，其最美者在两目之优秀。弟之目，优秀而含锐利。兄之目，优秀而含慈爱。锐利在优秀中，故人不觉畏。慈爱在优秀中，故人不敢弄。然人之见之者，唯见其优秀而已。（冷血译《兄弟》，《新新小说》第1年第4号，1905）

从时间上来看，例（14）恐怕是最早的用例，内容涉及“外国”。此处的“优秀”如何能成为张之洞的使用词汇还需作进一步调查。例（15）出现于1902年出版的《东游丛录》中，这是记录吴汝纶与日本官僚田中不二麻吕笔谈的书籍，记录者是细田谦藏。例（15）中的“优秀”就是在这种语境里出现的。也就是说，这个例子来自日本人所作的汉文，因此严格地说不能作为汉语的用例。《东游丛录》被认为是“清末中国人教育考察记中影响最广的著作，它对清末的教育改革和发展产生了巨大的影响”。[①] 书中包括“优秀”在内的日语词汇都有可能由此进入汉语。同时这也成为日语词汇影响汉语词汇的一个证据。例（16）是关于教育改革的议论，日本是当时这一话题的主要信息提供者。

如果说以上3例中“优秀”的来源及使用背景尚有不明之处的话，那么，例（17）—例（22）可以确定是存在日语影响的例子。例（17）—例（19）取自梁启超创办并担任主编的《新民丛报》，文章作者“中国之新民”即为梁启超本人；“观云”则为中国近代诗人蒋智由的字。该报创办于日本横滨，是宣传君主立宪的重要刊物，报中文章的词语也深受日语的影响。例（20）出现于关庚麟的《日本学校图论》中，是对大阪府立清水谷高等女校的介绍。根据该书的“例言”，例（20）应是对该校校章的翻译。这一用例也出现在《近现代辞源》的书证中（《近现代辞源》作“品行正方”）。例（21）和例（22）均来自文学刊物《新新小说》，主编为陈景韩。陈景韩曾留学早稻田大学，一般认为笔名为“冷血”的创作或翻译都是陈的作品[②]，而例（21）和例（22）的文字正是“冷血”对日语小说的翻译。其中例（21）的原文为「鳶色の眼は大なれども優しきところあり（鸢色［暗褐色杂有棕白色］的眼睛，虽大却

① 吕顺长撰《解题》，载王宝平主编《教育考察记：晚清中国人日本考察记集成》（上），杭州：杭州大学出版社，1999年，第5页。

② 关于陈景韩的情况，参见李志梅撰《报人作家陈景韩及其小说研究》，华东师范大学博士学位论文，2005年。

带着温柔)」。[①]「優(やさ) しき」意为“和蔼、和善、温柔”,译为“优秀”显然是受“优”影响的想当然的误译。例(22)是来自同一人的翻译,“两目之优秀;弟之目优秀;优秀而含慈爱”云云,同样是误译。缘于“负迁移”的误译,说明“优秀”已经成为译者“冷血”的使用词汇了。

以上是“优秀”在汉语文章中早期的用例,从确切的6个例子来看,3个来自发行于日本的《新民丛报》,其他3个分别来自对日本学校章程和日本小说的翻译。结合当时日语词汇大量流入汉语的时代背景,可以合理地作出推测,汉语的“优秀”是借自日语的。

“优秀”首见于1902年的《新民丛报》之后,不久便出现在《申报》、《大公报》、《东方杂志》等报纸、杂志中,例(23)—例(29)是截至1907年的用例。

(23) 而其从兵二人,容貌体格亦皆为优秀之美少年。(《录件·日俄将校相见于阵前之佳话》,《大公报》,1905年3月27日)

(24) 以为斯事体大,非人民所宜及,必择其优秀者而语之故。(孟昭常《广设公民学堂议》,《东方杂志》第4卷第2号,1907年4月7日)

(25) 谓有拔群之精英,能发达其优秀智能,而具有独创之智力,为社交性者也。(《社交论·录第一号法政学交通社杂志》,《东方杂志》第4卷第4号,1907年6月5日)

(26) 国民中少数优秀者可以发挥政见;上院议员各国亦有由民选者,然大都由勅任者多,其议员皆富于学识优秀之人物;是一时优秀之人物无发挥政治能力之余地也。(《中国将来议院制度之问题·录丁未五月十五日时报》,《东方杂志》第4卷第7号,1907年9月2日)

(27) 四百余兆之优秀民族将为他人奴隶乎。(《论国民之责任·节录丁未第七期云南杂志》,《东方杂志》第4卷第8号,1907年10月2日)

(28) 除少数优秀者之外,其国家思想与政治能力尚不能充分发达者。(《专件日本东京留学生宪政会代表人熊范舆等呈请都察院代奏民选议院请愿书》,《大公报》天津版,1907年10月22日)

(29) 勿单以技能优秀为唯一条件;非独二三优秀之运动家以行其得意之技术也。(《论学校运动会》,《申报》第12478号,1907年10月23日)

---

① Eugène Sue 著《巴黎の秘密》,抱一庵主人译,东京:富山房,1904年,第9页。

在上述用例中，“优秀”几乎都出现在政论性的文章里，被用于形容人的外在或内在的美好。那么“优秀”从什么时候开始向其他题材，例如文学作品渗透的呢？通过对《中国近代报刊库》的检索，可以发现20世纪初期“优秀”已开始逐渐进入了文学作品，这与“优秀”首次出现在汉语的时间相差约10年。具体用例如下：

（30）一则必为优秀女郎，具审美之眼。（颂芄，言情小说《土窖盟心》，《中华小说界》第11期，1914）

（31）余当日觉此妇人貌至优秀，与吾母无異。（定夷，艳情小说《蜜月风光》，《小说新报》第1年第3期，1915）

（32）那两位优秀人物的礼帽便各碌碌撞将下来，像两个西瓜般在地上乱转。（叶小凤，社会小说《如此京华》卷下，《小说大观》第4集，1915）

（33）若克利尼斯、若安得尼斯两小国风景优秀，亦颇有可观。（利□[①]、廛父合著，滑稽小说《七星游》上卷，《小说季报》第1集，1918）

（34）阿秋暗想，祝生虽学问优秀、门户相当，颇可与鹤姑配为夫妇。（卓呆《嫉妒心》，《小说画报》第11期，1919）

例(30)—例(34)的题材虽然为文学，但其中“优秀”的意义用法与之前的例子基本一致，都是用来修饰人的。唯独例(33)一例，“优秀”修饰的是“风景”。

下面我们来看一下近代极具影响力的报纸《申报》和《大公报》所反映出的20世纪前20年“优秀”使用频率的变化。

从图5-11中可知，1910年以前“优秀”的使用频率很低，只是个位数，约从1910年起用例逐渐增多，而在1916年，两份报纸同时而且突然出现了一个高峰值。此后几年经过一段时间的起伏，以1919年为转折点，《申报》中“优秀”的使用频率继续上升，而《大公报》的“优秀”却呈现下降的趋势。1916年“优秀”用例猛然增加的原因尚不明确，但该年度两份报纸中均出现了大量“优秀分子”的表达，这也许与词频变化有一定的关联。

如果以使用范围与使用频率作为判断一个词，尤其是“谓词”普及与否的标准，那么我们可以认为1910年以后“优秀”已经普及了。这是因为1910年后“优秀”从最初的教育类或政论类文章，逐渐进入到文学作品等其他题材中，到1915年以后报纸中的频率也处于较高的水平。但是，如果还要加上被辞典收录这一条

---

① “□”表示该处的汉字无法识别。

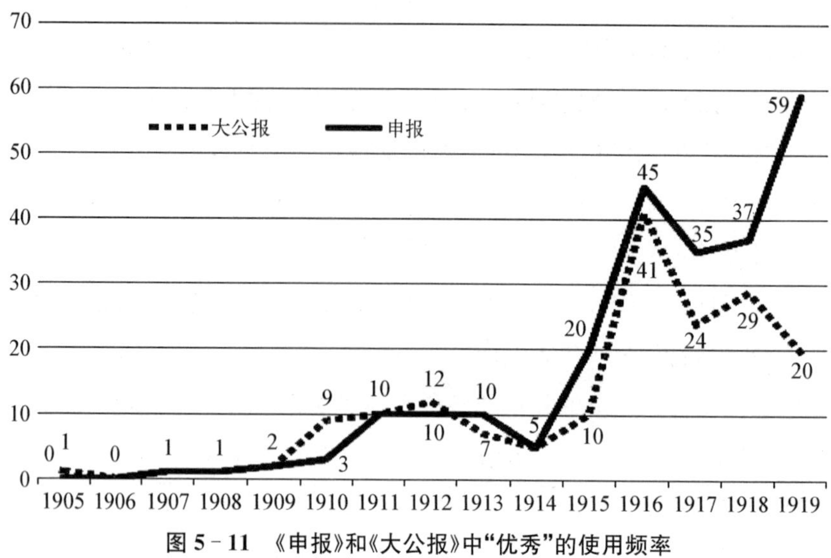

图 5－11 《申报》和《大公报》中"优秀"的使用频率

件，"优秀"距离定型则还有一段距离。

在 20 世纪的前 20 年，即使是辞典中对新词最为敏感的各种英华辞典，也没有收录"优秀"作为译词的。我们具体调查的对象包括：《汉英分解字典》（鲍康宁，1900）、《汉英韵府》（卫三畏，1903 版）、《英华大辞典》（颜惠庆，1908）、《德英华文科学字典》（卫礼贤，1911）、《华英字典》（翟理斯，1912 版）、《英华新字典》（商务书馆，1912）、《英华日用字典》（1915）、《英华字典》（富翟氏，1916）、《英汉标准官话字典及翻译手册》（赫美玲，1916）、《英华成语合璧字集》（季理斐，1918 版）、《新式英华双解词典》（1918）以及《汉英辞典》（商务书馆，1919）。一部分辞典进行了全文检索，其他的辞典只检索了"distinguished"、"eminence (eminent)"、"excellence (excellency, excellent)"、"outstanding"和"superior (superiority)"等词条。直到 1920 年，终于在同年出版的《英华合解辞汇》的"excellence"词条中出现了"优秀"。该辞典由商务印书馆出版，有一定的影响力，此后的辞典也逐渐开始收录"优秀"，详见表 5－6。①

① 除了表 5－6 所列的辞典外，我们其他还查阅了《英汉双解韦氏大学字典》（1923）、《求解作文两用英汉模范字典》（1930）、《双解标准英汉字典》（1932）和《双解实用英汉字典》（1935）。在"distinguished"、"eminence (eminent)"、"excellence (excellency, excellent)"、"outstanding"和"superior (superiority)"等词条下均未见"优秀"。而汉英辞典，包括《汉英辞典》（1913，1918，1923，1933）、《汉英新辞典》（1918）、《汉英大辞典》（1920）、《世界汉英辞典》（1931）和《中华汉英大辞典》（1936）中也都未见"优秀"。

表 5－6　英华辞典中的“优秀”

辞典/刊年	词　条	译词(有删减)
《英华合解词汇》1920	excellence	卓越,优美,杰出,优秀
《英汉习语文学大辞典》1923	excellent sense	优秀之才智
《综合英汉大辞典》1928	eminence eminent excellence	优秀,卓特,卓越 优秀,卓越 优秀,卓越,杰出,拔群,佳妙,良好
《双解标准英汉字典》1932	excellency	优越,卓越,杰出,美德,优秀
《综合英汉新辞典》1935	eminent excellence excellency superiority	高的,优秀的,卓越的,显著的;卓越,优秀,杰出 卓越,优秀,杰出 优越,卓越,优秀,优势

从表 5－6 可知,“优秀”最多是作为“excellence (excellency, excellent)”的译词,其次在“eminence (eminent)”和“superior (superiority)”词条下也可见“优秀”。从译词的排序来看,《英华合解词汇》(1920)中“优秀”被排在最后面,相信这是因为“优秀”属于新词,“资历”还不如前面几个词。但此后的几部辞典,有的把“优秀”放在最前面,有的放在中间,还有的放在最后面,并不固定。这是因为汉语里并没有和该英文单词完全对应的唯一译词,一组同义词谁前谁后,是辞典编纂者主观决定的。与英华辞典相比,国语辞典对“优秀”的收录就更晚了。《辞源》(1915)、《辞源续编》(1931)、《辞通》(1934)、《中华大字典》(1935)均未收录“优秀”,《辞海(合订本)》(第 2 版,1948)以后才逐渐被《新华字典》(1954)、《汉语词典(简本)》(1957)和《常用字汇》(1958)等语文辞典采用。调查结果参见表 5－7。

表 5－7　国语辞典中的“优秀”

辞典/刊年	词条及释义(有删减)
《辞海(合订本)》第 2 版 1948	优秀 出类拔萃之意;如云优秀分子
《新华字典》1954	秀 特别优异的:优秀的共产党员
《汉语词典(简本)》1957	优秀 超出众人之谓
《常用字汇》1958	优 他是优秀的学生

(四) 关于概念范畴 EXCELLENT(优秀)

如田中牧郎的研究所示,概念范畴 EXCELLENT 中有很多成员:「優れる、卓越、卓絶、絶倫、抜群、卓抜、優秀、秀でる、出色、傑出、有数、錚々」,但不知为什么田中没有提及「優美」。经过基本词汇化后,现代日语以「優れる：優秀」为"原型",其他都是边缘成员。那么汉语的情况如何?与日语是否有相似之处?通过上文的考察已知,在"excellence"词条下,除了"优秀"还有其他同义或近义的译词。表5-8是19世纪至20世纪初主要英华辞典中"excellence"的译词情况。

表5-8　19世纪至20世纪初主要英华辞典中"excellence"的译词

辞典/刊年	"excellence"的译词
《英华字典》,麦都思,1847—1848	德,淑,休祥
《英华字典》1866—1869	极妙者,极美者
《华英字典集成》1899	德善,大,尊贵,最佳
《英华大辞典》1908	优美,卓越,杰出,拔群,绝妙
《英华新字典》1912	极妙,优美,卓绝,优等,精良
《新式英华双解词典》1918	超越,优美,杰出,丰功
《英华合解辞汇》1920	卓越,优美,杰出,优秀
《英汉双解韦氏大学字典》1923	优美性质
《综合英汉大辞典》1928	优秀,卓越,杰出,拔群,佳妙,良好,技巧
《双解标准英汉字典》1932	优越,卓越,杰出,美德,优秀
《求解作文两用英汉模范字典》1930	优越,卓越
《双解实用英汉字典》1935	优美,卓越,美德
《综合英汉新辞典》1935	卓越,优秀,杰出
《现代英文双解字典》1948	卓越,优秀

由表5-8可知,在上述英华辞典中,"优美"、"优秀"、"杰出"、"卓越"是被当作同义词处理的。"excellence"词条下,"优秀"一词出现之前,用得最多的是"优美"。"优美"是汉籍古典词,初始书证见于《后汉书》,并在10世纪前传入日本。但是19世纪的英华辞典中无"优美"的译词使用例,《申报》在1904年之前的用例也几乎可以忽略不计。图5-12是"优秀"和"优美"在《申报》中使用频率变化的情况,统计的时间段为1872—1949年。

从图5-12中的折线可知,"优美"呈现出爆发式增长是在1904年以后,而"优秀"直至1907年才终于出现首例书证,而到了1919年突然剧增为59例,增速惊

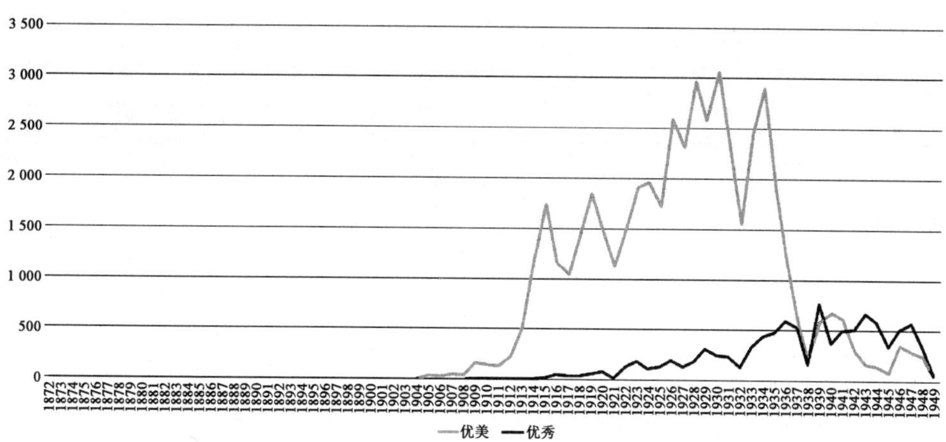

图 5 - 12　《申报》"优美"和"优秀"词频变化

人。在实际使用上，古典词"优美"的使用频率远远超过新词"优秀"（差了一个数量级），但是进入 1940 年代以后发生了逆转，"优秀"进入概念范畴 EXCELLENT 的中心。现代汉语中二者各司其职，"优秀"用于一般表达，"优美"更多地出现在美学的语境中。图 5 - 13 是北京语言大学语料库中心语料库所反映的"优秀"和"优美"的使用频率。

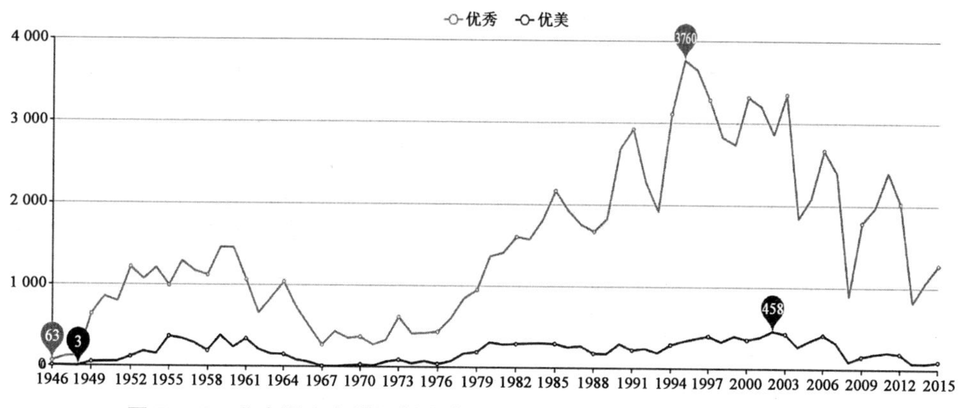

图 5 - 13　北京语言大学语料库中心语料库中"优美"和"优秀"词频变化

与"优秀"和"优美"相比，"杰出"和"卓越"的使用频率如图 5 - 14 所示，在总趋势上虽然也呈现出增长，但增长幅度较小。这两个词在概念范畴 EXCELLENT 中是边缘成分。值得注意的是，"杰出"和"卓越"在日语里同样作为「優秀」的同义词出现，它们在两国语言中的关系和往来有必要在今后的研究中作进一步探讨。此外，从整体上看，译词呈现从一字到二字的倾向，这与汉语词汇近代化的进程是一致的。

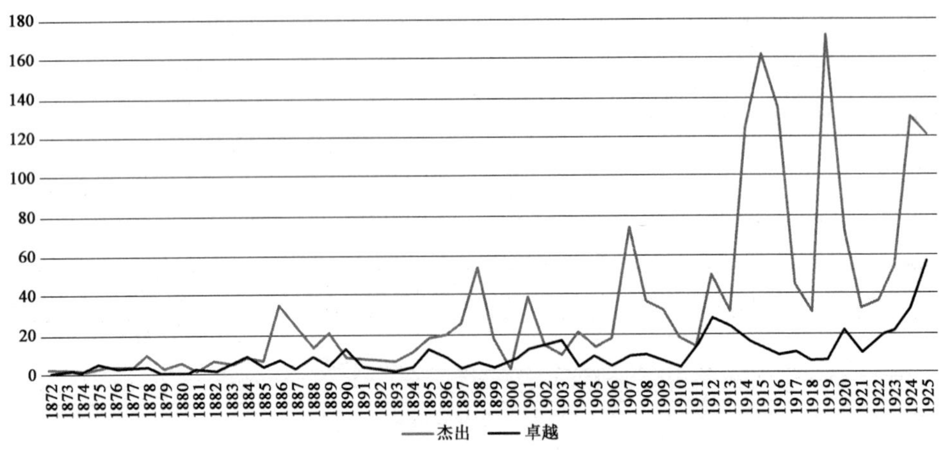

图 5－14 《申报》中“杰出”与“卓越”词频变化图

(五) 小结

通过本节的考察,我们可以得出如下结论:

第一,词源上,“优秀”/「優秀」来自日语,为“和制汉语”。根据对中日古籍及近代文献的考察,发现最早以词的形式出现于文献中,最先被辞典收录,以及较早开始广泛运用的均为日语,而汉语除了个别孤证,进入 20 世纪后才能发现用例,谁先谁后一目了然。

第二,词的传播和交流方面,「優秀」在日语中普及后,很快便传入了中国。检索用例可发现,“优秀”在汉语中的早期使用几乎都与日语文献有关,甚至大量用例直接来自对日文的翻译,由此推断它是一个日语借词。

第三,「優秀」在日语中的产生与发展方面,我们尚未明确它真正的源头,能确定的是它至晚出现于 19 世纪 80 年代,并迅速得到广泛使用,意外的是它却几乎不被明治时期的各类辞典收录。

第四,汉语“优秀”的首见书证出现于 20 世纪初,此后不到 20 年,它不但被广泛用于各类题材,还被收入影响力较大的辞典,得以迅速普及。此外,传入汉语后,该词的意义未发生较大改变,基本与日语保持一致。

第五,同义词方面,汉语中“优秀”概念范畴的成员主要包括“优秀”、“优美”、“杰出”和“卓越”。其中“优秀”和“杰出”最常用于修饰“人类活动的主体”,尤其是“优秀分子”是“优秀”作定语时最常见的搭配。

第六,就中日“优秀”作定语的用法进行比较,可发现二者相似性极高。它们均最常用于修饰人物，极少或基本不用于修饰自然物及自然现象。只是中日相比较，日语「優秀」的修饰范围更为广泛，被修饰语在各个意义领域的分布较为均匀，而汉语的修饰范围基本局限于人物。

三、"考虑"与"思考"①

"考虑"和"思考"在中国古代典籍中没有用例，《汉语大词典》的释义分别为"思索问题，以便作出决定。"②和"指进行分析、综合、推理、判断等思维活动。"③并且给出了以下今人巴金（1904—2005）、徐铸成（1907—1991）和陈登科（1919—1998）等的书证。

（1）这太突然了，我不能够马上决定。我还应该考虑。（巴金《新生·五月八日》）

（2）他说我所提出的意见很重要，关系到《国闻社》的前途，他也早考虑到了。（徐铸成《报海旧闻》二五）

（3）它跟我的其他的作品一样，缺少冷静的思考和周密的构思。（巴金《〈家〉后记》）

（4）〈韦克〉就是这样引导学生不断地动脑筋去思考。（陈登科《赤龙与丹凤》七）

《辞源》正编（1915）和续编（1931）都没有收录"考虑"和"思考"。19 世纪的英华辞典里也没有用"考虑"和"思考"作为译词使用的例子。据此可以推断，"考虑"和"思考"既不是中国古典词，也不是传教士的译词。为了解明"考虑"和"思考"的词源，需要把目光转向日语。

日本第一部近代国语辞典《言海》（大槻文彦编，1888—1891）和稍后的《ことばの泉》（1898—1899）等 20 世纪之前的日语辞典均没有收录「考慮」，但是收录了「思考」。包括在释义中的使用，用例如下：

《言海》

- 思考［名］カンガヘ。　思案。
- 思案［名］オモヒメグラス事。　カンガヘ。　フンベツ。　思考。

---

① 本节根据杨驰 2018 年 1 月 16 日提交给关西大学的硕士论文《現代中国語における動詞の二字語化現象について——日本語語彙の影響を中心に》第四章及未发表论文的内容翻译整理。

② "考虑"在《现代汉语词典》（第 7 版）的解释与《汉语大词典》完全相同，词性定为"动词"。

③《现代汉语词典》（第 7 版）中"思考"的词性定为"动词"。

- 美術[名] 工夫思考ヲ費シテ、人ノ慰ミノ爲ニスル術ノ稱、詩、歌、音樂、畫、彫刻、等コレニ屬ス。

《ことばの泉》

- 思考[名] おもひ。 かんがへ。 思案。
- 美術[名] 思考をこらして、人の心をなぐさむる術。 書、畫、詩、歌、管弦、彫刻などの類。 ……

不同的是,高桥五郎编纂的一系列英汉、和汉对照的辞典,如表 5-9 所示,在和语"考へる"项下,同时出现了「考慮」和「思考」。但需要注意的是,「考慮」作为词条收录要晚得多。

表 5-9　高桥五郎编纂辞典中的「考慮」和「思考」

辞典/词条	考へる（かんがへる）	考慮（かうりよ）	思考（しかう）
《漢英対照いろは辞典》1888	思考、考慮、To consider; to think about	未收	思考する、かんがへる。 To think of
《和漢雅俗いろは辞典》1889	熟慮、万考、思考、考慮	未收	思考する、かんがへる
《増訂二版和漢雅俗いろは辞典》1893	熟慮、万考、思考、考慮	未收	思考する、かんがへる
《大正増訂和漢雅俗いろは辞典》1913	熟慮、万考、思考、考慮	考慮する、かんがへ、かんがへる	思考する、かんがへる

进入 20 世纪以后,形势发生了变化,以下语文辞典都收录了「考慮」和「思考」。

《国语汉文 新辞典》(井上赖圀,1905)

- 思考[名]おもひ、かんがへ。 思案

《辞林》(金泽庄三郎,1907)

- 考慮[名]かんがへ。 おもんばかり
- 思考[名]1 思い考えること。 かんがへ。 思案。 2 [心] 知覚によりて意識せられたる材料の上に活動して、これが反復又は分離若しくは結合等をなす意識の作用。

《大日本国语辞典》(上田万年等,1915—1919)

- 【考慮】かんがへおもんばかること。思慮

- 【思考】一、かんがふること。かんがへ。思案。二、[心]知覚によりて得たる材料につきて反覆し、又、分離・結合等をなす意識の作用。

《大言海》(大槻文彦,1935)

- かんがへる。　考慮、思考
- カンガヘ。　オモンパカリ。「考慮ヲ費ス」
- 考慮、考慮ヲ費ヤス
- 思考、思案

明治初期比较重要的英和辞典中没有出现「考慮」,诸桥辙次编纂的《大汉和辞典》虽然收录了「考慮」但未给出书证。这一切显示「考慮」是晚近出现的新词。日本最大规模的国语辞典《日本国语大辞典》(2000—2002)中「考慮」的书证取自中江兆民的《一年有半》(1901)。本书是1901年9月刊行的中江兆民的评论随想集,其中「考慮」的用例有8例。但中江兆民的例子显然并不是最早的书证(见前出高桥五郎的一系列辞典)。对于「思考」,《日本国语大辞典》示出了加藤弘之1868年的例子「思考する所を自在に言述し」(《立宪政体略・国民公私二权》1868,译文:自由表述所思考之内容)。《日语历史语料库》中「考慮」、「思考」的使用情况如表5-10所示:

表5-10　《日语历史语料库》中「考慮」和「思考」的使用情况

品词 / 杂志名及年代		动词		名词		合计	
		考慮	思考	考慮	思考	考慮	思考
东洋学艺杂志	1881	0	4	0	0	0	4
	1882	0	8	0	1	0	9
国民之友	1887	0	5	0	0	0	5
	1888	1	32	0	8	1	46
女学杂志	1894	1	1	1	2	2	3
	1895	2	3	0	0	2	3
太　阳	1895	1	6	4	6	5	12
	1901	111	31	5	7	16	38
	1909	12	26	9	5	21	31
	1917	49	6	34	4	83	10
	1925	51	5	46	6	97	11

续 表

杂志名及年代 \ 品词		动词		名词		合计	
		考慮	思考	考慮	思考	考慮	思考
女学世界	1909	1	0	0	0	1	0
妇人俱乐部	1925	6	0	5	1	11	1
合　计		235	127	104	40	239	173

由上可知,「思考」最早见于文献是1868年,「考慮」稍晚,于1888年出现了用例。以下是「思考」、「考慮」的早期实例:

(5) 自然ノ進化モ亦此花工牧人ノ事業ニ均シキ源因作用ニ出ルこと必然ナリト思考シ遂ニ自然淘汰ノ理ヲ發揮シ以テ大ニ進化主義ノ進歩ヲ致シタリ。(译文:自然之进化亦如花匠、牧人之事业,思考必然之原因作用,最终发挥自然淘汰之原理,以此极大地促进进化主义之进步。)(加藤弘之『人為淘汰によりて人才を得るの術を論ず(一)』,『東洋学芸雜誌』1881年第1期。)

(6) 今東京の市区を改良せんには其目的とする所独り政治的に止らず、兼て商工業の便否をも深く考慮せざるべからず、是れ政府に於て東京湾築港の議起り府民に於ても築港の議を呶々し。(译文:现在之所以要改造东京的市区,其目的不仅仅是政治上的,还需同时认真考虑商业、工业上是否方便。为此政府提起了在东京湾修筑港口的提议,东京的市民们也发出了各种议论。)(芳川顕正『市区改正委員長の演説』,『国民之友』1888年32期。)

可以大致断定,「考慮」、「思考」是在1880年前后这个时间段产生的,「思考」在前,「考慮」在后。「思考」一度占据了优势,但进入20世纪后,事态发生了反转,「考慮」逐渐取代了"思考",主要作为动词使用;"思考"更多地以「思考力」和「思考作用」的形式出现,成为构词部件。日语中表达思维义的和语有「かんがえる」、「おもう」、「おもんぱかる」等,明治以后,由于本书反复强调的"和汉相通"的原因,迫切需要同义的汉字二字词的形式。用并列结构创造新的二字词是最为常见的方法,而具体选择哪些语素则不可避免地受到造词者汉字知识的影响。日本的造词者选择了"考",这是有着特殊原因的。汉语的"考"基本义为"调查、审核",并没有"思索"义。而日语

11 世纪以后就有用“考”表示“思索”的例子。江户时代以后，“考”成为和语「かんがえる」(想、思索义)的通行表记，「思考」、「考慮」就是在这种情况下诞生的。

如高桥五郎的《漢英対照いろは辞典》(1888)所示，「考慮」、「思考」被用于对译英语的 consider 和 think。但 19 世纪主要的英和和英辞典都没有使用「考慮」、「思考」作译词。《新译英和辞典》(1902)是第一种使用了这两个词的辞典：

Consideration，熟思、沈思、考慮。

Think，思考。

“思考”、“考虑”进入汉语是在 20 世纪以后，《申报》上的实例如下：

(7) 某等深察成案，考虑本末。(《社论，英藏交涉始末记(八)》，1909 年 9 月 21 日)

(8) 吾人往复于二年间详慎考虑之有种种如下。(《大借款之末路》，1913 年 3 月 28 日)

(9) 英国政府自接该答复以来亦未提出何种抗议，想尚在筹思考虑之中。(1913 年 1 月 23 日)

(10) 当食事之时思案考虑议论及其他感动精神之事项均当避之。(丁福保《医话・食事之时间》，1913 年 8 月 9 日)

“考虑”首先反复出现在《申报》1909—1907 年的广告上，但直至 1915 年“考虑”的使用例并不多，1915 年以后才有了较快的增长。《申报》上“思考”的出现要迟至 1909 年，也主要用于药品类的广告词，以“思考力”的形式为主。

同为中国近代媒体的《大公报》自 1908 年起开始出现“考虑”的使用例。

(11) 吾人一再考虑反复深思，觉此种官办之铁路实有岌岌可危之势。(《言论　论官办铁路之可危》，1908 年 10 月 28 日)

(12) 合格学生应考虑全国人民咸知海军为卫国所必需。(《核减军费案之详议》，1915 年 8 月 11 日)

(13) 日本亦将吐露意见，经已向南方忠告，谓毋感情用事宜冷静考虑中国利益以处此时局云云。(《盐款未如期交付》，1916 年 6 月 20 日)

《申报》、《大公报》等中国媒体上的“考虑”、“思考”是直接从日语的新闻报道中译出的。以《申报》1915 年为例，使用“考虑”的 18 例都是从日本的“东方通信社”的电文中译出的。图 5－15 是“考虑”、“思考”在中日媒体上使用频率的变化曲线。①

① 《日语历史语料库》与《申报》、《大公报》等数据库规模相差较大，在此为了比较同一时间段的使用频率变化，曲线图采用了 2 轴方式。

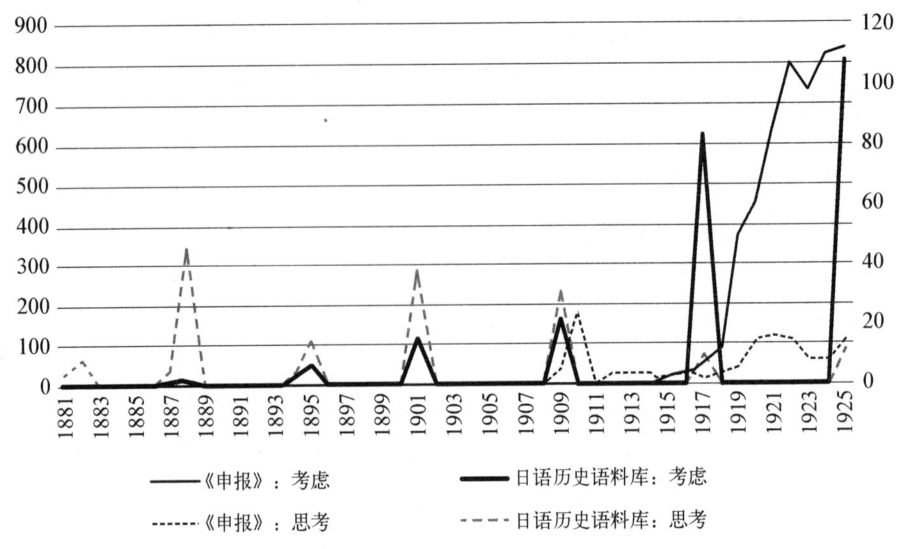

图 5－15 《日语历史语料库》与《申报》中"考虑"、"思考"的词频对比

第二节 日语借义词

"借义词"是这样一类词：在词源上是汉语的固有词语，可以在汉语的典籍以及佛教经典、禅宗语录、白话小说、善书中找到使用例；但是近代以后被日本的译者用来翻译西方书籍，在与外语形成对译关系的过程中，原有的词义发生了变化，被赋予了新的意义。如"革命、经济、共和、民主、社会"等，有人将这种情况戏称为"旧瓶装新酒"。之所以会发生这种译词偏离汉语典籍原有意义的情况，有以下几个理由：

1. 不同语言的词汇体系不可能完全对应，用汉籍古典词翻译外语必然出现意义上的偏差；

2. 日本明治前期尊崇汉学的时代风气使译者只重视译词是否有出典，而不太在意词义是否吻合；

3. "和汉相通"原则所需求的是汉字的词形，词义也是第二位的。

名词指称外界的事物，事物与时俱进，但是名称并不随之发生变化。例如"车"、"铅笔"等，词形依旧，但实指已经发生变化。另一方面，动词、形容词为何会产生新词？对事态描写的细化和区分是笔者强调的一个原因。动词词义变化常常是主语、宾语引起的；形容词的增加一是区别事物，大量新增的非谓形容词所起的都是这个作用。[①] 二是为了表达新的感觉，或者说语言的使用者追求用新的词(或词形)表达新的感觉。这时有旧词新用的现象。如“酷”、“囧”、“帅”等。任何事物都有本身的性质，当这种性质成为社会常识，即百科知识时，事物名称的本身就可以代表该事物的性质，即形容词化。有形态变化的语言通过形态变化明示这种转变，印欧语系的语言属于这一类型。原来没有形态变化的语言可以获得新的词汇手段。如日语用“-的”将名词转换成形容词，这一方法后被韩语吸收过去。汉语也进行过这种尝试，如胡适等，但最终没有成功。现代汉语名词、形容词同形，如“科学”、“民主”等。[②] 此前的研究对“革命”、“共和”、“民主”等近代关键词多有讨论，本节从词汇体系重构的视角，选取“关系”、“影响”、“传统”、“保守”、“表情”、“同情”、“同意”等一般词汇，考察日语在影响汉语词义变化的过程中发挥了何种作用的问题。词义的变化伴随着用法的变化，呈现了词汇体系近代重构的一个重要侧面。

一、“关系”[③]

笔者关于近代词汇最早的两篇论文是关于“关系”和“影响”的词源考证，后收入笔者的博士学位论文中。由于文中涉及大量的日语书证，以前没有译成汉语发表。回过头去看深感这是笔者研究的原点，有必要重新温习一下。

为外国留学生讲授汉语时，发现“关系”根据语境有两种译法：consequence；relationship。现代汉语的词语新义与旧义交织，底层义与表层义共存的情况屡见不鲜，新义往往是受到了日语的影响，“关系”即为一例。“关系”的意义变化，使“影响”受到牵动，为了填补“关系”留下的意义空白，“影响”放弃了旧义，获得了新义。

当时笔者没有意识到这样的问题：为什么有同义的“和语”词，还要新造或改造汉字词？在改造和新造时，有何规律？蹉跎三十年，现在似乎站在答案的门口了。

“关系”在汉语、日语中文体特征都比较薄弱，无论是书面语还是口语中都有

---

① 吕叔湘、饶长溶撰《试论非谓形容词》，《中国语文》1981 年第 2 期。

② 近期出现了“很中国”、“很娘”等新用法，依靠程度副词“很”表达名词的形容词用法。

③ 本小节根据沈国威著《近代日中語彙交流史：新漢語の生成と受容》(东京：笠间书院，1994 年)第五章翻译整理。

较高的使用频率。[①] 为了下文叙述方便，先列出汉英词典与日英辞典的解释。

关系 1. relation; relationship
2. bearing; impact; significance
3. concern; affect; have a bearing on; have to do with
4. credentials showing membership in or connection with an organization

《现代汉英辞典》(1988)

関係 1. relation; relationship; connection
2. concernment
3. influence; an effect
4. connection; (sexual) relation

《新和英大辞典》(1974)

"关系"一直被误认为是日语借形词，如《现代汉语外来词研究》、《现代汉语中从日语借来的词汇》、《汉语史稿》、《五四以来汉语书面语言的变迁和发展》所录的日语借词词表中都收有"关系"。[②] 对此，邵荣芬在《现代汉语外来词研究》的书评（《中国语文》，1957 年 73 期）中指出，"关系"是汉语的固有词汇，《李文忠公全书》(20 卷)中有以下的用例：

(1) 复丁稚璜宫保：此身关系至重、衰年病后、以培补元气为要。

但是 1984 年出版的《汉语外来词词典》（刘正埮等编，上海辞书出版社）不取邵说，仍认为"关系"是日语借词。该词典的记述如下：

关系 ① 事物之间相互作用、相互影响的状态。② 人和人或人和事物之间的某种性质的联系。[源]日 関係 kankei【意译英语 relation，connection】

即"关系"是日语用来译英语 relation，connection 的译词，后为汉语所借用。

那么"关系"真的是"和制汉语"吗？翻检中国的各类辞典，如《佩文韵府》、《康

① "关系"曾记作"關繫"、"關係"，以下除特殊的引用情况外，统一记为"关系"。

② 《现代汉语外来词研究》（高名凯、刘正埮，文字改革出版社，1958 年）；《现代汉语中从日语借来的词汇》（王立达，《中国语文》，1958 年 68 期）；《汉语史稿》（王力，科学出版社，1958 年）；《五四以来汉语书面语言的变迁和发展》（北京师范学院中文系汉语教研组，商务印书馆，1959 年）。

熙字典》、《辞源》、《辞海》等都不收“关系”。[①] 但是日本的辞典，如《大汉和辞典》、《日本国语大辞典》则给出了中国清代中期文献《清会典・事例》(1764)的两条书证。[②]

(2) 但此处系外国交易之地，关系紧要。

(3) 于岁入榷赋殊有关系。

日本学者佐藤喜代治早已指出了中国古籍《鹤林玉露》(1252 成立)、《福惠全书》(1694)中有“关系”的用例。[③] 笔者的调查结果显示，《鹤林玉露》的书证可能是最早的例子。笔者还系统地调查了明清以后的中国文献，在古典白话小说《金瓶梅词话》(明)、《水浒全传》(明)、《儒林外史》(清)、《儿女英雄传》(清)，以及 19 世纪以后的汉译西书《万国公法》(丁韪良，1864)、英华辞典及中国文人的舆地志、外国纪行中也有大量的“关系”使用例。“关系”不是和制汉语大致可以成为定论。

但是，文字串本身出自中国典籍并不意味着“关系”成为 relation 的译词与日语无涉。因为日语借词中既有“哲学”、“抽象”这样的借形词，也有“共和”、“民主”等借义词。实际上，邵荣芬已经指出了《李文忠公全集》的“关系”与现代汉语的词义并不相同(准确地说与作为 relation，connection 译词的“关系”不同)，“关系”不是日本人新造的，而是把汉语的词改造成为译词。邵氏的判断是正确的。下面我们将考证“关系”新义的获得过程以及在中日之间传播定型的历史。

(一) 作为汉语既有词语的“关系”

如上所述，“关系”不见于汉语的辞典，在近代以前主要用于口语体的文献。以下是《鹤林玉露》和《福惠全书》十余例中的一部分。

(4) 是褫祖龙之魂，倡群雄之心，皆子房一击之力也，其关系岂小哉！(《鹤林玉露》乙编卷三)

(5) 某县有母诉其子者，此关系风教，不可不施行。(《鹤林玉露》丙编卷二)

(6) 此虽小事，然摧坏小官气节，关系却大。(《鹤林玉露》丙编卷二)

(7) 今至堂能言之而高宗能受之，已为盛德事矣，中兴以来至堂澹庵二书关系

---

① 但是《辞源》(正编 1915)词条“关涉”下有“犹关系”的解释。《辞源》续编(1931)有“关系值”、“关系作用”；《辞海》(初版 1936)中有“关系值”、“关系词”等词条。

② 《日本国语大辞典》第一版。2002 年改订版的“语志”由笔者执笔。

③ 佐藤喜代治著《国語語彙の歴史的研究》，东京：明治书院，1971 年；《日本の漢語——その源流と変遷》，东京：角川书店，1979 年。

最大。(《鹤林玉露》丙编卷三)

(8) 孔明死,则为五胡乱中华,为六朝幅裂,其所关系大矣。(《鹤林玉露》丙编卷四)

(9) 故凡入仕当官有所关系之事,虽属细微末节,亦必指陈其要。(《福惠全书》凡例)

(10) 尚有真正人命盗贼逃人及关系地方重大事情许不时抱牌告。(《福惠全书》卷二)

(11) 城池为仓库囹圄在内,关系甚重,宜周遭详视。(《福惠全书》卷三)

《鹤林玉露》等文献中"关系"的意义用法可以整理如下:

用法一:关系+至重(紧要、岂小、却大、最大、甚重)等形容词性词组,意为:非常重要,或影响重大;

用法二:(有)关系;意为:(存在着)重要之点、重大的影响、责任;

用法三:关系+风教(事、重大事情、进取、你家三代、朝廷体统、身家性命、心间之事)等名词词组,意为:对其产生重大影响;

用法一和用法二的"关系"为名词,但表示的不是事物之间的关联性(relationship),而是一方给另一方造成的某种负面影响。用法三是动词,表达的也是施加负面影响的意思。这一时期的语料中没有发现"甲乙关系"、"甲与乙之关系"、"甲乙之关系"的用例。《申报》的用例显示,"关系"的这一意义、用法直至19世纪末遭遇日语前都没有变化。

(二) 成为 Consequences 译词的"关系"

进入19世纪以后,"关系"开始在英华辞典中作为译词使用。在这些辞典里,"关系"保持了原来的意义和用法,主要充当 consequence, effect, result 等的译词。以下是19世纪几种主要的英华辞典的情况。

《五车韵府》(马礼逊,1819—1820)

关系:consequences; the evils which follow any given proceeding; or single act.

《英华字典》(麦都思,1847—1848)

Belong,关系、干涉;This affair does not belong to me. 与我无干涉。

To Concern,…; it does concern me. 有关系于我。

Consequence,关系、干系。serious ～,大关系。the ～ are not trivial,干系

不轻。

Effect，结果。Consequence，关系。

Issue，result，干系、关系。

Result，关系、干系。

Sequel，关系。

《英华字典》(罗存德,1866—1869)

Consequence,that which follows from any act,cause,principle,or series of opinion，关系、干系……；of great consequence，大关系；of serious consequences，关系甚重。

Consequent,that which follows a cause，关系。

Dread,to be in dread of consequences，怕关系。

Effect，...；consequences,关系；no effect,无乜关系(广东方言=无关系)。

Formidable，...；tremendous，关系的。

Heinous，...；enormous，大关系。

Importance，关系。

Issue，...；result,关系、干系。

Matter，...；no matter,of no consequence,无关系；it matters much，有关系；what does it matter? 有何关系?

Result，...；to result from，关系。

Result，consequence,关系、干系。

Sequel，consequence,关系、干系。

Signify，...；to have consequence,有关系；it signifies nothing,无关系；it signifies much,好关系。

Take,to take effect,有关系。

Terribly，关系。

《汉英韵府》(卫三畏,1874)

关系 or 关繫 consequences，results；what comes of a act.

《字语汇解》(睦礼逊惠理,1876)

Consequences 关系

《广州方言汉英辞典》(欧德理,1877)

关系 or 关繫 result

《英华字典》(江德,1882)

Consequences 关系

《华英字典》(翟理斯,1892)

关系 or 关繫 to involve; to concern; consequences; results

19 世纪的英华辞典中,to connect;connection;to relate;relation 等的译词都没有使用“关系”。例如,罗存德的《英华字典》的情况如下:

to connect,接续、相连、相续。

connection,相连者、家属。

to relate,属、关、论、论及。

relation,属、关、有关、有关涉、有干涉。

英华辞典的译词选择、释义反映了编纂者对当时汉语的理解,也从侧面显示了“关系”的实际情况。除了英华辞典以外,汉译西书中也有“关系”的用例。例如丁韪良的《万国公法》(1864)中有“关系”3 例,“关涉”10 例。以下择录数条:

(12) 惟因事急地近,与国事有危险关系,徒以西(西班牙)有此国法,英即有此裨益。(《万国公法》卷二、十五上)

(13) 故国君与他国,或有关系甚重之事,而选臣以任之,非欲臣于彼国也。(《万国公法》卷二、三十一上下)

(14) 二国(英美)文字皆同,言语亦同,此事关系较他国更重,故五十年前致彼此有动干戈之事焉。(《万国公法》卷二、四十上)

(15) 或与他国之君民有关涉者,则公法中有一派专论此等权利也。(《万国公法》卷一、十七上)

(16) 以变通律法不合之争端,无论关涉人民产业之事。(《万国公法》卷二、二十下)

(17) 至人民家住某地,而写书籍,关涉动物(即不动产,引用者)者。(《万国公法》卷二、二十三上)

丁韪良译《万国公法》并不是严格的对译,原文与译文多有无法对照之处。可以确认的是:“关系” = consequence, interests, interested[例(12)、例(13)、例(14)];“关涉” = relations, in respect to, relate to[例(15)、例(16)、例(17)]。“关涉”义为“关联、牵涉”(《汉语大词典》),《史记》、《隋书》等唐以前的文献,《恒言录》、《恒言广证》、《辞源》、《辞海》、《辞通》等清代以后的文献、辞典均有收录。但现代汉语几乎不用。

继《万国公法》之后频繁使用"关系"一词的是林乐知的《中西关系略论》(1876)。林乐知(Young John Allen,1836—1907)是美国传教士,曾任《万国公报》的主笔。《中西关系略论》是一本文集,全四卷,收录了清政府要人的奏稿及总税务司赫德(Sir Robert Hart)、英国公使威妥玛(Sir Thomas Francis Wade)等人的书信。内容以中国的国际环境和外交上的应对问题为中心。本书出版后,删除一部分奏稿后在日本翻刻出版(广部精训点、东京青山清吉,1879—1880)。全书使用"关系"40余例,以下是其中的一部分:

(18) 时事艰难,日甚一日,且交涉事物,关系至重。(《中西关系略论》卷一、三下)

(19) 中外交接,关系匪轻,宜如何联络,如何维持。(《中西关系略论》卷一、五上)

(20) 通商各国中,有英俄两国,为中原接壤之国,其关系不有更重者哉。(《中西关系略论》卷一、七下)

(21) 英俄两国之在中国,所关系者,惟通商交界之事耳。(《中西关系略论》卷一、九上)

(22) 尚有传教一事,亦中西关系之最重者。(《中西关系略论》卷二、十七上)

(23) 非但揽教中之权,而于国政之权,亦大有关系。(《中西关系略论》卷二、二十三下)

(24) 终其身不改旧章,亦终其身而居人下,其关系岂曰小哉?(《中西关系略论》卷二、二十七上)

(25) 本馆历次所论中西关系,皆从源头上说起。(《中西关系略论》卷二、三十下)

(26) 兹之论回教者,缘喀什葛尔与中国大有关系。(《中西关系略论》卷二、三十下)

(27) 前总论中西关系情形矣,而关系之见于外可知,关系之蓄于中者难言也。(《中西关系略论》卷三、四十四上)

例(18)取自中国官员的奏稿,"关系"的意义用法与《鹤林玉露》、《福惠全书》及明清以来书籍上的用例完全一样。例(19)以下是林乐知撰写或翻译的文字。

总体上看是在中国典籍和英华辞典的范围内使用“关系”。即，并非现代汉语中relationship的意思，而是两者之间的“利害关系”，或由此产生的“重大影响、结果”。

以上，我们大致廓清了20世纪之前“关系”的词义和用法，而且确认了“关系”的词义和用法直至19世纪末是一以贯之的。

汉语的“关系”最晚在室町时代(1336—1573)就通过中国典籍传入日本。进入江户时代，《藤树先生文集》、《授业编》、《和名抄·笺注》等文献中[①]，赖山阳、桥本左内、吉田松阴等的信函中都出现了“关系”的用例。[②] 当时广泛刊行的“唐话”辞典中也收录了“关系”。江户中期(18世纪中叶)以后，甚至连排斥中国思想、文词的国学家平田笃胤的文章中都出现了“关系”的用例。由此可知，“关系”已经为日语所吸收，成为一般性的词语。在汉语中，“关系”是具有口语色彩的词(《佩文韵府》、《康熙字典》不予收录可能与此有关)，而在日语中则是比较艰涩的文章词语。明治维新前后，“关系”又作为译词进入翻译书籍。如，《三兵答古知儿》(1850前后)、《健全学》(1863)、《慕氏兵论》(1863)、《兵家须知》(1867)、《生理发蒙》(1866)、《万国公法》(西周译1866，大筑译1876)[③]、《泰西国法论》(1868)、《西洋事情》(1867)等翻译书、启蒙书都有频繁的使用。[④]

日本人是怎样理解“关系”的？明治初期为止的日本国语辞典都没有收录“关系”，但是江户中期以后唐话辞书广泛流行，大量的中国书也被加上了帮助一般读者理解汉文的训点，通过这些资料可以看出“关系”是怎样被读解的。唐话辞书是从中国宋明的白话小说等口语体文献中收集词语加以解释的辞典，主要目的是帮助人们学习汉语。这些辞典后来作为研究资料被汇集出版，是为《唐话辞书类集》。在唐话辞典里，“关系”、“干系”的释义情况大致如下：

一、“(大)干系”被解释为“危险”「アブナヒ」:《唐话类纂》享保年间(1716—1725);《怯里马赤》(不明，据江户末期抄本);《唐话纂要》享保元年(1716);《徒杠字汇》安政7年(1860);《俗语解》文化年间(1804—1817)。

二、“关系(大)”被解释为“相关”或“与各方相关”「カカリアイ」、「方々ニカカ

① 据《日本国语大辞典》「関係」词条。

② 参见佐藤喜代治著《国語語彙の歴史的研究》，东京：明治书院，1971年，第260页以下。

③ 承恩师松井利彦先生示教。

④ 参见佐藤亨著《幕末・明治初期語彙の研究》，东京：樱枫社，1986年。

ル」:《唐话纂要》享保元年(1716);《唐话便用》享保20年(1725);《徒杠字汇》安政7年(1860);《译通类略》享保年间(1716—1725)。

三、"关系"被解释为"关联"或"多方关联"、"互相关联"。汉语中的"重大影响"的负面词义被舍去。

二字词中收录"干系"的辞典要比收录"关系"的多,这可能是原著小说使用情况的反映。"干系"有两种理解,一是"危险",二是"相关"。这是白话小说中"干系"的基本义。[①] 在唐话辞典里,"干系"、"关系"发生分离,变成两个词。而汉语中其实是一组同义词。唐话辞典和罗存德的《英华字典》相比,词义有所不同。唐话辞典里的"大干系"、"关系大"被理解为"关乎各方",而罗存德《英华字典》中的释义为:

of great consequence, 大关系。

of serious consequences, 关系甚重。

对赖山阳著作中的"关系"的解释也显示了"互相关联"这一词义。

関係	カカリアフ	関渉也	(《外史译语》1874,大森惟中、庄原和共纂)
関係	カカリアフ	関渉也	(《日本外史字引大全》1879,岩井慎二郎)
関係	カカハリアフ		(《详解日本外史字引大全》1883,铃木政男)

这种理解和《言海》(1888—1891)、《日本大辞书》(1893)的释义也是一样的。最早将"关系"用于relation译词的是日本刊行的第一部英和辞典——《英和对译袖珍辞书》(堀达之助,1862)。该辞典中"关系"出现于以下词条。

Bearing	関係	比較	身持	形状　位置
Conjugation *	関係	動詞ノ変化		文法家ノ語
Connexion	結合	連合	関係一致	
Consequence	関係	感通	肝要	
Obligation	関係	務		
Obligingness	関係	親懇		
Reference	関係	教へ	仲人	決定
Regard	尊恭	目的	関係	

---

① 《辞源》中可见:干系:关系、责任。现代汉语的"干系"意为"牵涉到责任或能引起纠纷的关系",有方言的色彩。

Relation	談話　関係　親和　親族
Respect	尊恭　目的　関係
Irrelative	関係ナ（無）キ
Irrespective	他事ニ関係ナ（無）キ
Irrespectively	他事ニ関係ナ（無）ク

* 的译词再版第1刷(1866)以后,“关系”被删除了。

在另一部明治改元后出版的辞典,《附音插图英和字汇》(1873)中,Relate = 関係;Consequence = 関係两个译词并存,但“干系”主要用于 Sequel; Sequence; Sequent 的译词。在《哲学字汇》(1881)里,“干系”、“关系”的区别更加有意识了。

Consequence	干系,后件,余波,影响。
Relation	关系,相对属性(逻辑学),纲纪。

进入1877年(明治10年)以后,表示人与人关系的用法成为主要用法,如当时流行的小说中有如下例子:

我輩とは親友の関繫(与我辈之亲友关系)　　(《浮云》,1887—1889)

彼らの関繫は……(他们之间的关系)　　(《金色夜叉》,1897—1902)

现代日语里有「教育関係の仕事」、「繊維関係の会社」、「関係者」等汉语没有的用法,这是进入昭和(1925)以后发生的。

(四) 日语“关系”的回流

中国大量翻译日本书是在甲午战争败战之后。词义得到更新的“关系”也是在这时期回流中国的。最早的用例出现在《时务报》的“东文报译”栏,这是日本汉学家古城贞吉翻译日本报刊杂志的栏目。

(28) 如被他国侵犯时。互守中立。无所偏倚也。然则订盟之关系。不如德奥同盟约之深也。(《德国怀雄志东亚》,古城贞吉译,《时务报》第17册,1897)

(29) 如上年英国与委纳瑞拉相龃龉。英拥一万万之殖民。而临眇眇南美洲之一国。然美国倘干涉焉。则忽为英美之交涉。而非复英委之关系。(《美国新总统政策》,古城贞吉译,《时务报》第20册,1897)

(30) 英国名士维儿金逊氏。作俄国势力论。登载国民报。论及日英俄之关系。(《英美订约》,古城贞吉译,《时务报》第21册,1897)

（31）纽克独立报。采议于列国。论欧洲各邦之关系。（《德前相评俄国外务大臣》，古城贞吉译，《时务报》第25册，1897）

由中国人译出的第一本日文书，《东洋史要》（樊炳清译，1899，原书为《中等东洋史》，桑原骘藏著，1898）中"关系"被原样照搬过来，因此有了汉语原来没有的用法，如，"汉族与诸外族关系"、"南方诸国与西汉关系"、"漠南蒙古与清之关系"、"政治与宗教之关系"等。但是汉语古典义的"关系"还依然在使用，关于这一点我们将在下一节讨论。

除了日本书中译以外，报纸、刊物上也开始出现作为 relation 译词的"关系"。例如下面是《清议报》的例子。

（1）有大关系于支那者也。（《清议报》1，1898）

（2）今日我公之举动，有关系天下之大局。（《清议报》5，1899）

（3）我日本与支那同州同文之国关系最亲密。（《清议报》13，1899）

（4）中日两国之关系唇齿辅车。（《清议报》14，1899）

例（1）和例（2）是古典义，例（3）和例（4）是新用法。《清议报》主笔是中国近代著名启蒙家梁启超。他1898年亡命日本以后，一直在日语的环境下写作，利用各种日语的文献资料。文章中出现日语的用法也就不足为奇了。现代汉语中，例（1）、例（2）的用法已经不多见。

1908年的《英华大辞典》（颜惠庆）第一次在 relate，relation 的词条下收录了"关系"。无疑这是参考了英和辞典的结果。1916年出版的赫美玲的《英汉标准官话字典及翻译手册》中"关系"成为教育部审定的标准术语。其后，各类辞典均加以采用。

关系＝Consequence 系

《汉英韵府》（卫三畏，第二版，1909）

《华英字典》（翟理斯，第二版，1912）

关系＝Relation 系

《英汉标准官话字典及翻译手册》（官话）（赫美玲，1916）

Mathews' Chinese-English Dictionary 1931

《英汉双解韦氏大学字典》1923

《综合英汉大辞典》1928

二、"影响"①

朱庆之在其博士论文中对"影响"有如下记述：②

> 《现代汉语词典》(1979)对"影响"的解释是：(1) 对别人的思想或行动起作用(如影之随形，响之应声)；(2) 对人或事物所起的作用；(3) 传闻的，无根据的。其中(1)和(2)意思接近。主要是动词和名词的区别。单从字面上看，很难立刻弄明白"影响"为什么会有这样一些意义。……江蓝生(1985)讨论过"影响"诸义，指出该词"先秦典籍中已多见，很早就成为一个复合名词，本义如字，指形影声响"。……这应当就是佛教传入中土之前汉语"影响"一词的含义。

尽管江说"本义如字"，实际上对义项(1)和义项(2)还无法作出合理的解释。朱认为这两个义项来自佛教：

> 印度佛教借用影子和回声(响)等等自然现象和事物表示教义中两种特有概念，一是比喻"空"、"本无"，一是比喻"善恶业报"。……
>
> 佛教的第一义比喻"空"、"本无"导致了"影响"在现代汉语第(3)义的产生，……佛教的第二义比喻业报，里头有一种"反作用"的意思，即恶业作用于别人必将反作用于自己。由此引伸出了现代汉语第(1)、(2)两义。

受佛教影响的义项(1)和义项(2)是同时发生的，还是有先后次第？至少在进入20世纪前几年的《申报》以及同一时期的中国文人，如梁启超等的文章里，只有义项(3)的"影响"，而没有义项(1)和义项(2)的"影响"。"影响"意义变化的过程中，有外来因素参与其间可视作定论，但不是佛经，而是日语。以下简述之。

(一) "影响"的词源

《汉语外来词词典》等的日语借词一览表中并没有收录"影响"，中国的学者不认为"影响"是日语借词。但是日本的学者，如高野繁男、藤原暹、飞田良文、惣乡正明等通过考证，一致认为：中国的古典词"影响"在日本接受西方新概念的过程中，被赋予了 influence 的意思，变成了新的译词。③

---

① 本节内容主要根据沈国威著《近代日中語彙交流史：新漢語の生成と受容》(东京：笠间书院，1994)第五章翻译整理。

② 朱庆之著《佛典与中古汉语词汇研究》，台北：文津出版社，1992年，第231—234页。

③ 高野繁男撰《影響（感化）》，载《講座日本語の語彙9》，东京：明治书院，1983年；藤原暹撰《『自助論』受容に見る「感化」の思想》，《文艺研究》1984年107号；桦岛忠夫、飞田良文、米川明彦编《明治大正新语俗语辞典》，东京：东京堂，1984年；惣乡正明、飞田良文编《明治のことば辞典》，辞典协会，1986年。《明治大正新语俗语辞典》的编者认为"影响"属于旧词词义发生变化，或附加了新义的"转用"新词。(见该辞典的"附录"，第347页)

既然如此，让我们从古典词“影响”开始讨论。中国的辞典类常举以下 3 条书证：

(1) 惠迪吉，从逆凶，惟影响。(《书・大禹谟》)

(2) 三德者诚于上，则下应之如影响。(《荀子・富国》)

(3) 下之应上，犹影响也。(《汉书》)

关于“影响”的词义，《汉语大词典》(1989)给出了以下 13 个义项：

1. 影子和回声。多用以形容感应迅捷。
2. 呼应；策应。
3. 近似。
4. 仿效；模仿。
5. 影子和声响。引申为踪迹。
6. 音信，消息。
7. 印象，指事情的梗概，轮廓。
8. 恍惚，模糊。
9. 谓传闻不实或空泛无据。
10. 根据。
11. 效验。
12. 起作用；施加作用。
13. 声响。

上引例(1)—例(3)被解释为《汉语大词典》的义项 1，而义项 12 就是现代汉语中最常用的词义。两者之间有很大的距离。《汉语大词典》对于义项 12，给出了 4 条现代的书证(鲁迅、洪深、周而复、李准)，但是从古典义到现代义，新义的发生、沿革的说明都付之阙如。而日本诸桥辙次的《大汉和辞典》只列出了以下 5 项古典义，甚至没有提及新义(考虑到辞典的编纂目的是阅读中国古典，也是可以首肯的)。

1. 影子和回声。
2. 如影随形，比喻关系密切，感应迅捷。
3. 比喻疾速。
4. 比喻顺从。
5. 无形之物，妄想，虚言。

日本国语学家高野繁男指出，日本汉籍中的“影响”基本遵循中国的典籍，以上述《大汉和辞典》的义项1和义项2为主，几乎不见其他义项的例子。其实汉语“影响”词义的多样化也是发生在唐代以后，这一点从《汉语大词典》所举书证可以得到证明。笔者从《鹤林玉露》（宋）、《水浒全传》（宋）、《福惠全书》（清）中还收集到了以下例子。

（4）不如老农谚，影响捷于鬼。（《鹤林玉露》丙编卷三）

（5）次早，军士回报，鲁智深并无影响。（《水浒全传》九十五回）

（6）传问质之，众证亦茫无影响。（《福惠全书》卷十二）

（二）19世纪英华辞典中的“影响”

如前所述，“影响”的古典义一直保持到19世纪末，近代英华辞典真实地反映了这一事实。在最早的汉英辞典——马礼逊的《五车韵府》中，“影响”的释义如下：

影响 shadow and echo. 影随形响应声 shadow follows the substance, and echo corresponds to the sound — so regularly do rewards and punishments follow virtue and vice.

这一解释明显是引自《康熙字典》的。[①] 而在麦都思的《英华辞典》（1847—1848）中，“影响”被用于以下词条：

Disappear	没了影响
Evanescent	没了影响
an imaginary thing	无影响之事
to vanish	没了影响

但是罗存德并没有接受麦都思的译词，《英华字典》只有一处出现了“影响”。

Imaginary　　无影响的

麦都思使用了“影响”的词条，如disappear；evanescent中所示的其他译词分别为“不见影迹”、“忽有忽无的、空幻的”。“影响”在这一时期的英华辞典中基本是“不确定、无根据、无形”的意思，采用否定形式。罗存德以后，英华辞典上“影响”的释义有了一定扩大的倾向，如：

① 《康熙字典》“影”字项下有“影响”，列举了《书经・大禹谟》的例子和《（孔）传》的“若影之随形响之应声”的例子。

《汉英韵府》(卫三畏,1874)

影响　　shadow and echo; met. obedient, attentive to.

有一点影响　　I have some hint of it; there is a inkling of him

《华英字典》(翟理斯, 1892)

影响　　shadow and echo; tidings

影响之言　　mere rumour

有一点影响　　there are some slight trace (e. g. of a missing man); there is some prospect (e. g. of an affair being accomplished)

但基本上是在古典义的范围之内。至此,具有 influence 义的"影响"还没有出现。在上一小节,我们考察了"关系"一词。结论是,"关系"原义表示有关联的事物的一方对另一方产生影响,引起重大的结果;这种影响或结果,即主要用于 consequence 的译词。现在一般使用的 relation 义是自日语引入的,即"关系"发生了由 consequence 到 relation 的意义变化。下面我们还将看到,最早的日本书中译《东洋史要》(1899)原文中的"影响"在译文中都被置换成了"关系"或"大关系"。这一事实说明,当时汉语的"影响"还没有 consequence, influence 的词义,表达这一词义的仍旧是"关系"。这样我们的讨论就可以集中在以下三点。

1. 汉语古典词的"影响"是如何从 shadow and echo 变为 consequence, influence 译词的?
2. "影响"的变化是否与"关系"有某种因果关系?
3. 具有 consequence, influence 新义的"影响"是如何融入汉语词汇体系的?

要回答上述问题,需要了解"影响"在日语中的变化。

(三) 日语中的"影响"

与"关系"不同,《书经》、《汉书》中有出典的"影响"较早就传到了日本。只不过使用例极少,尤其是在汉文体以外的文献中,几乎找不到日本人使用"影响"的例子。《日本国语大辞典》举例的《栗山文集・进学喻》(1842)、《性灵集》(835 前后)、《本朝文粹》(1060 前后)均为汉文体的书籍。可以说"影响"止步于日本人的汉文词汇,终于没能进入和文的文章。在和文体的语境中,表达这一意义的和语词有「響き」、「響く」。那么,"影响"是如何被理解的? 唐话辞典中有以下 1 例:

影响　　ヲトヅレ(音信义)　　《徒杠字汇》　　安政 7 年(1860)

这个例子表示的是《汉语大词典》的义项 6,即音信、消息。明治前后的日本国语辞典不收“影响”，但是据惣乡正明等的调查，这一时期的汉字辞典大都有收录。① 如，《新撰字类》(1870)、《布令字弁》(1868—1872)、《广益熟字典》(1874)、《舆地志略字引》(1875，1878)、《增补汉语字引》(1876)、《音画汉语两引便览》(1877)。释义与中国的辞典相同。在这些辞典中也观察不到“影响”意义用法的变化。②

江户末期、明治初期的英和辞典均未收录“影响”，不仅《英和对译袖珍辞书》(1862)、《和英语林集成》(1867)中不见，受到罗存德《英华字典》深刻影响的《附音插图英和字汇》(1873)也没有收录。“影响”首次作为译词出现于井上哲次郎的《哲学字汇》(初版 1881)，有以下两处：

Consequence　　干系、后件、余波、影响。

Influence　　感化、风动、权威、影响。

那么“影响”是如何成为译词的？井上哲次郎在编纂《哲学字汇》时借用汉语古典词作新译词是众所周知的事实，“影响”是否为其中之一例？还是采用了其他人创造的译词？《哲学字汇》以后，“影响”逐渐取代了“感化”，成为 influence 主要的译词，具体过程如何？对这些问题，此前的研究都没有作出解答。实际上，井上只是第一次将“影响”收录对译的术语集，箕作麟祥早在 1877 年 9 月刊行的译书《佛国民法详说》中就已经使用了“影响”。共有以下 3 例。③

(7) 此三事ハ人ノ此現世ニ於テ経歴スル最重要ノモノタレハ其身分上ニ最大ノ影響ヲ及ホス可シ(3 页)(译文：此三事为人在今世所经历最重要之事，故可能给予身份上最大之影响。)

(8) 各人ノ身分上ニ多少ノ影響ヲ及ホス事アリテ(6 页)(译文：有可能给

---

① 惣乡正明、飞田良文编《明治のことば辞典》，东京：东京堂，1986 年，第 35—36 页。

② 松井利彦先生告诉笔者明治前有如下一例，“外国の交易、商法の学有りて世界産物の有無をしらべ、物価の尊下を明にし広く万国に通商し、更に又商社を結び互に相影響をなす。”横井小楠《新政に付て春獄に建言》(庆应 3 年[1867]11 月 3 日)本例也是中国古典义，与下文的例(10)—例(12)相同。

③ 松井利彦先生赐教。笔者调查了箕作麟祥的其他著作，未能发现「影響」的使用例，还需继续调查。另，在箕作的《佛兰西法律书民法》(大博士箕作麟祥口译，辻士革笔受，1871)中，「関係」被用于以下例，新义已经更新。注意汉字使用与现在有所不同。

- 傍系ノ親又ハ前婚ノ子ハ其婚姻取消ニ付キ現ニ管係アル時ニ非レハ夫婦ノ共ニ生存スル　巻二　一三上。
- 母ノ陳述及ビ承諾ナク父ノミニテ私生ノ子ヲ我子ナリト認メタル時ハ其父ノミニ付キ其關係アリトス可シ　巻二　五九上。

各人身份带来若干影响。)

(9) 之レガ為メ関係各人ノ権利上ニ大ナル影響ヲ及ボス可キガ故ニ(89页)(译文：因此将对相关各人之权利产生极大之影响。)

如上一节所述,“关系”在中国的典籍中表示的是 consequence, influence 的意思,但当“关系”开始表达 relation 的意思后,原来的意义空白就需要其他成员去填补。井上试图区分“关系 = relation”和“干系 = consequence”,但这两个词在日语里是同音,“影响”因此而被另外选作候补。译词“感化”和“影响”的更替也应该从近代词汇体系重构的角度加以审视。在《哲学字汇》里,influence 的第一位译词是“感化”,这是对麦都思、罗存德译词的继承。在明治初期的翻译实践中,influence 的译词也是“感化”而不是“影响”。藤原暹等指出：中村正直在《西国立志编》(1870—1871)中用“感化”表示 influence 的意思,而仅有的一例“影响”也是汉语的古典义。[①] 这种情况比较真实地反映了“感化”与“影响”的分布。但是“感化”在实际使用中有种种限制,例如,受到感化的必须是人,特别是人的精神方面,其结果也须是积极的,如“感化院”。而 influence 的意义则更加中性,既可以是好的结果,也可以相反。词汇体系需要为“感化”准备一个上位词,“影响”便应运而生了。

词汇体系需要新的词汇项目的情况大致如上所述。但是,为何从数以千计的古典词里偏偏选中了“影响”作 consequence, influence 的译词呢？首先需要考虑的是,当“影响”由古典词成为近代译词时,引起意义用法变化的因素中有必然的成分,还是偶然的机缘巧合？佐藤喜代治以《书经・大禹谟》为例说:“如同影随形,响应声一样,现在所用的‘影响’就是依据这个意思。”[②]也就是说,现在的词义是古典义的自然延伸。不过这种情况与其说是新义的获得,毋宁说是原有词义的扩大。类似佐藤喜代治的“影响”词源解释,以前就已经存在。以下是若干典型例。

- 影の形に従ひ、響の音に應ずるがごとくなる意。 ある事がらが他の事にまで関係を及ぼすこと。 さしひびき。(译文：如同影随形,响应声那样。某一事情关系到其他事情。)(《日本大辞典》,落合直文,1898—1899)
- 影の形に随ひ、響きの聲に應ずる如き義。関係の及ぶこと。さしひびき。

① 中村正直的用例为:「夫れ感化の速かなる事、影響の如し(译文：夫感化之速如影响)」(《西国立志编》三・三)。这里的“感化”与“影响”的连用也似乎预示了什么。

② 佐藤喜代治著《日本の漢語——その源流と変遷》,东京：角川书店,1979 年,第 166 页。

（译文：如同影随形，响应声之义。关系所及）（《大日本国语辞典》，上田万年，1915—1919）

- 原因ト、結果ト、必ズ相伴フコト。**サシヒビキ**。（译文：原因与结果一定互相伴随之义）（《大言海》，大槻文彦，1932—1935）

汉语典籍（毋宁说原出典"影随形，响应声"）中的"影响"，确实有呼应、相应的意思，《汉语大词典》所举的以下 3 例书证即是两个事件互相呼应的意思。但是，这与一方对另一方发生作用还有一段距离。

（10）奸臣王弘等窃弄威权，兴造祸乱，遂与弟华内外影响，同恶相成，忌害忠贤，图希非望。（《宋书・谢晦传》）

（11）愿陛下速勅境上，各置重兵，与臣影响，不使差互。（《资治通鉴・梁武帝太清元年》）

（12）初突厥屯兵浮图城，与高昌为影响。（《太平广记》）

上述各例的"影响"表达的都是伴随某一事件被动发生的事情。没有积极地作用于其他事物，引起某种变化的意思。只是随之发生的连续事件。"影响"的意义变化是否还存在着其他契机？

我们注意到这样一个事实，1890 年以后出版的日本语文辞典在解释"影响"的词义时，使用了与之同义的和语「**さしひびき**」。除了上述 3 例外，惣乡正明在《明治のことば辞典》（1986）中指出以下的辞典也使用了「**さしひびき**」（以下记作「**差し響き**」）解释"影响"。

《漢英対照いろは辞典》（高桥五郎，1888）、《新编汉语辞林》（山田美妙，1904）、《熟语新辞典》（1907）、《类别索引书翰辞典》（武田樱桃，1910）、《辞林》（金泽庄三郎，1907）。

而这一时代辞典对「**差し響き（く）、響き（く）**」的释义中毫无例外地使用了"影响"，甚至连词条没有收录"影响"的《言海》、《日本大辞书》也不例外。这样，1890 年以后，"影响"与「**差し響き（く）、響き（く）**」构成了完全的同义关系。例如在坪内逍遥的作品里，这两个词互训。

（13）また云々（シカジカ）の感情おこらば其余のあまたの感情にはいかなる影響（サシヒビキ）を生ずべきか。（译文：此外发生了这般如此的感情，会对其余各种感情产生何种影响？）（《小説神髄上・小説の主眼》，坪内逍遥，1885—1886）

那么,“影响”与「**差し響き（く）、響き（く）**」在发生上有什么关系？坪内逍遥把两个词利用音训连在一起,这样受“和训”的牵引,“影响”发生意义变化的可能性就出现了。也就是说,「**差し響き（く）、響き（く）**」通过汉字“響”把自己的词义投射给“影响”,后者也因此获得了新义。和训在汉字新词的产生上,发生过极大的作用。上一节讨论的“考虑”也是这样的一个例子。

原来用和语表达的意思,由于“和汉相通”的原则需要为其配置一个汉字词,同样具有“响”字的“影响”顺理成章地成为候选者。同样,“关系”的词义变化也是由于共同汉字“關”的使用。

总之,「**差し響き（く）、響き（く）**」参与了“影响”的意义变化,这就是笔者的结论。在现代日语里,「**差し響き（く）**」已经极少使用,只有「**響き（く）**」还在和文的语境使用。

(四) 汉语对新译词“影响”的接受

19 世纪 90 年代以后,“影响”在日本被收录英和辞典、日语国语辞典,逐渐普及定型。而在中国直至甲午战争为止,士子文人、官吏等的著作中,“影响”一贯以古典义出现。例如,黄遵宪写道“专书惟有《筹海图编》,然所述萨摩事,亦影响耳。”再如,日本史学家桑原隲藏 1898 年出版的《中等东洋史》,马上被东文学社的樊炳清译为《东洋史要》(1899),该书被称之为日本书中译第一种。如下所示,原文的「影響」,在译文中均被置换成“关系”。

(14) 満州地方に於ける変動は、此方面よりして、支那内地に影響するを常とす。(《中等东洋史》上编第 9 页)

译文:满洲地方变动,常于支那内地、与有关系焉。(卷上,总记第二章,二下)

(15) 仏教は……遂に支那に伝来し、東方アジアの文化に一大影響を与えたり。(《中等东洋史》上编第 106 页)

译文:佛教……次第东渐,遂入支那乃使东方亚细亚文化生一大关系焉。(卷上,中古期第三编第三章,二十三上)

(16) 諸外教の東方に伝来する者も亦多く、当時の文化上に一大影響を及ぼせり。(《中等东洋史》上编第 228 页)

译文:诸外教之伝入东方者,亦多,当时之文化上,实有大关系存焉。(卷上,中古期第八编第七章,五十下)

(17) 六朝隋唐以来流行せし仏教、殊に禅宗の影響として、文字の訓詁をすて……(《中等东洋史》下编27页)

译文：六朝隋唐以来，所流行之佛教，更讲禅宗之关系，文字之训诂……(卷下，近古期第一编第七章，六下)

汉语的"影响"最初开始发生变化是在梁启超于日本创办的旬刊杂志《清议报》上。从创刊号(1898年12月23日)至第50期(1900年7月7日)，检索得几十例，在此列示数例。

(18) 此等毫无影响之言。稍有识者皆能辨。(1899年5期)

(19) 支那之盛衰兴亡，其影响所及甚大。(1899年24期)

(20) 其影响及于古今全局者盖不甚大。(1899年26期)

(21) (西太后)其疾病及其死亡，必足以影响内政外治。(1900年37期)

(22) 法国大革命之风潮其影响所及披靡全欧者数十年。(1900年38期)

(23) 革命之运或进或退，与黄种盛衰伸缩有大关系，而与今日改革时机，尤有相为影响者。(1899年38期)

(24) 南非洲战事之结果……其影响必渐着落于欧洲列强之间。(1900年42期)

例(18)的"毫无影响之言"是古典义的用法，除此以外，均为consequence，influence译词的新义。特别是例(21)是及物动词的用法，这在中国古代典籍中是没有先例的。例(23)中"大关系"和"影响"同时使用也值得注意。那么，《清议报》中"影响"的新义和新用法是如何获得的？中国有自然引申的看法，如《辞海》(1936)对"影响"的解释是：

书·大禹谟"惠迪吉 从逆凶 惟影响"；疏"吉凶之事 惟若影之随形 响之应声 言其无不报也"今谓起于某点之事而波及周围曰影响，本此。

《现代汉语词典》(第7版，2016)似乎也赞成这种说法："对别人的思想或行动起作用(如影之随形，响之应声)。"

而近代以后的汉语文献中，"影响"一词主要以"影响之谈"、"影响之言"、"无影响之事"等形式使用，表达的是不确定、无根据、虚言的意思。例如《辞源》(1915)的释义是："今亦谓事之不实者，曰影响之谈。"更为有趣的是，日本平凡社出版的日语辞典《大辞典》(1934)在"影响"的词条下也加了这样一个附注「今、民国にて、真実でない言葉を影響之談といふ。」[译文：现在中国(当时的社会)把不真实的话叫作影响之谈。]如果没有外来因素起作用，“影响”极有可能按照这样的意义定型。对于梁启超来说，外来因素就是日语。《清议报》中使用“影响”的文章有两类，一类是《支那近事》栏，是关于中国国内局势的评论，多由梁启超执笔，另一类是《西报译编》、《东报译编》。后者主要采集翻译或改写日本报纸上的文章自不待言。其实“西报译编”也不是直接译自西文，而是转译自日文的报刊。“影响”就是在这一翻译过程中进入汉语的。

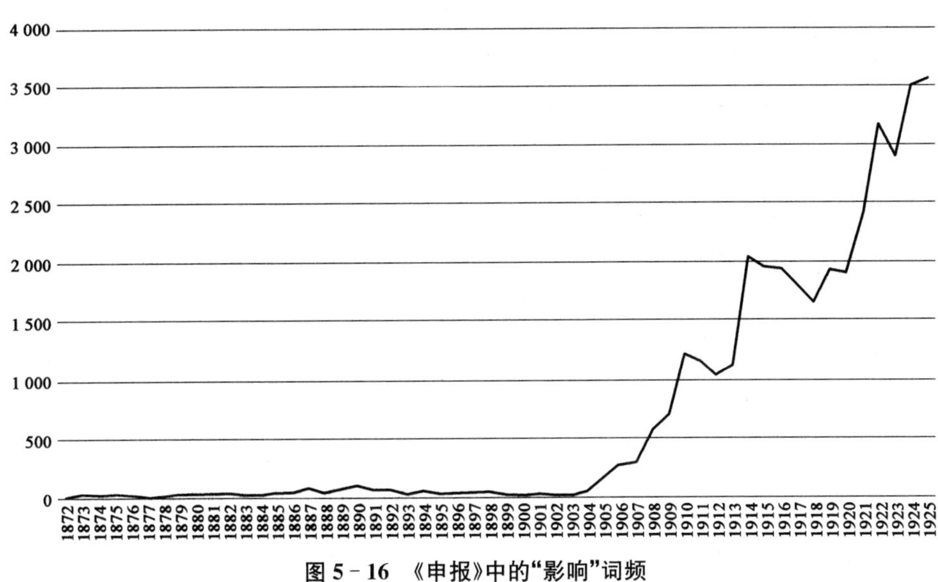

图 5－16　《申报》中的“影响”词频

除了在日本出版的《清议报》以外，国内《申报》上的“影响”也开始发生了变化。如图 5－16 所示，以 1904 年为界，“影响”的使用频率急剧攀升，词义也由 shadow and echo 变为 influence。《申报》1899 年 12 月 19 日的论说《论中国宜多派游历人员研求西法》写道：“日本东洋一小岛耳，其所以能自强者，仿行西法故也。其能仿行西法者，无非恃游历之人一一研究。非若中国之影响模糊。此其明效大验也。”例文中的“影响”还是古典义。1903 年 8 月 18 日开始登载的新书《新译法国第一次革命之风潮》的广告介绍说：“十八世纪之末欧西起绝大之风潮冲突横溢而全洲被其影响者。”这是第一例用于被动句中的“影响”。《申报》于 1904 年 4 月 15 日转载了《新订学务章程》，其中对泛滥的“影响”等日本名词提出批评。

凡通用名词，自不宜剿袭搀杂日本各种名词，其古雅确当者固多，然其与中国文字不宜者亦复不少，近日少年习气，每喜于文字间袭用外国名词谚语，如团体、国魂、膨胀、舞台、代表等字，固欠雅驯，即牺牲、社会、影响、机关、组织、冲突、运动等字，虽皆中国所习见，而取义与中国旧解迥然不同，迂曲难晓。①

当然，新"影响"的接受不能一蹴而就，有因人而异的情况。例如，前述的《东洋史要》(1899)就没有借用 influence，consequence 义的"影响"，悉数改为"关系"。1908 年《东洋史要》又出了全译本，用"关系"译原著的「影響」的例子已经没有了，主要是意译，如"波及"等。只有 1 例使用了"影响颇大"。

在翻译过程中接受新词语，这与译者的外语及母语等语言能力、翻译态度、译者所处翻译环境都有极大的关系。梁启超与《东洋史要》的译者樊炳清相比，有以下几点不同。首先梁启超是被迫置身于日语的环境的，他的日语能力不强，只能依据所谓的"和文汉读法"汲取知识。再者，繁忙的政治活动、杂志编务使他没有时间仔细推敲每一个译词的使用。尤其是当他想要创建一种新文体的时候。这些都与《清议报》中新"影响"的大量使用有关。

在进入 20 世纪以后的数年里，留日学生的使用及大量日语书的翻译出版，促使书籍里新义的"影响"逐渐增加。全面接受英和辞典译词的《英华大辞典》(颜惠庆，1908)中也可见：

Influence，*n.* 气、风、德、势、影响、感化之力。

Influence，*v.t.* 感、感化、感激、感动、风动、有影响、有势力。

有作为名词的"影响"、"感化之力"，但是动词没有给出"甲 + 影响 + 乙"这种及物动词的句式。而词条 Effect 的义项 6，例示如下：

General impression，影响，感激，效验，感应。

"影响"是第一译词，但同时还保留着例如下列的古典义。

Disappear，to disappear without leaving any traces，不留踪迹、影响全无。

值得瞩目的是，翟理斯编《华英字典》中关于"影响"释义的变化。这部辞典，初版 1892 年，改订版 1912 年，期间相隔 20 年，而这 20 年正是汉语剧烈变化的时代。译词的变化如下所示：

① 张百熙、荣庆、张之洞在《学务纲要》(1903 年 9 月)中的一节：《戒袭用无谓名词以存国文端士风》。这个纲要相当于《奏定学堂章程》(1904 年 1 月 13 日公布)的总纲，共 56 条，近 1.5 万字。舒新城说"清季新教育之设施少有出此范围者"(舒新城编《近代中国教育史料》，北京：中华书局，1928 年，第 8 页)，可见影响之大，参见沈国威著《一名之立　旬月踟蹰：严复译词研究》，北京：社会文献出版社，2018 年，第 113—118 页。

初版 1892

影响　　shadow and echo; tidings.

影响之言　mere rumour.

有一点影响 there are some slight trace (e. g. of a missing man) there is some prospect (e. g. of an affair being accomplished)

改订版 1912

影响　shadow and echo; tidings. also, results; after-effect; consequences.

影响之言 mere rumour.

有一点影响 there are some slight trace (e. g. of a missing man) there is some prospect (e. g. of an affair being accomplished)

犹影响也 are like shadow and echo, - immediate results.

势必无法筹补 于财政大有影响 not being able to devise any means for making up the financial deficit will entail very serious consequences.

其中,下划线是新增加的内容。“影响”除了 shadow and echo 义项以外,还新增了 results; after-effect; consequences。在此请特别注意“犹影响也”的英文释义。“影响”解释为 shadow and echo,紧接着加入了 immediate results。由此填补了初版和改订版的语义缝隙(gap)。理据尽管不正确,但是有助于读者理解意义的变化。

在赫美玲编的《英汉标准官话字典及翻译手册》(1916)中,教育部审定科技术语,“感力”、“同化力”作为新词(词语右上角的“新”)收录,“影响”既不是“新词”,也不是“部定词”(教育部审定词)。

Influence, *n.*　感化,感动,感力[新],同化力[新],影响。

Influence, *v. t.*　感化,感动,运动,化导。

To be　-d by,　受……影响。

动词词条中,采用的是被动形式,增加了汉语古典词“影响”所没有的被动意义。

汉语语文工具书收录“影响”要比英华辞典晚得多。1915 年出版的《辞源》正编只列出了古典义,续编(1931)也没有新的补充。直到《辞海》的出版,才有新义的释义,但没有涉及与 influence 的关联,及日语因素。

前两小节,我们对日语借义词——“关系”和“影响”作了讨论。在以下的小节中，我们将讨论伴随词性变化的“词汇化”的例证。

三、“传统”

“传统”作为一个动宾词组，在中国典籍里早有用例，《汉语大词典》有3个义项，义项1的释义为“谓帝业、学说等世代相传”。举了以下3条书证：

（1）自武帝灭朝鲜，使驿通于汉者三十许国，国皆称王，世世传统。（《后汉书·东夷传·倭》）

（2）守器传统，于斯为重。（南朝·梁·沈约《立太子恩诏》）

（3）儒主传统翼教，而硕士名贤之训附之。（明胡应麟《少室山房笔丛·九流绪论上》）

义项2的释义为“世代相传的具有特点的风俗、道德、思想、作风、艺术、制度等社会因素”。举了以下1条书证：

（4）从庄子到柳宗元，我以为是中国散文的非常重要的传统。（孙犁《秀露集·耕堂读书记（一）》）

义项3的释义为“亦指世代相传的，旧有的”。书证为：

（5）这些作品的主题全是反抗传统的道德，提倡女性的独立的。（杨沫《青春之歌》第一部第五章）

义项1的意义用法一直持续到19世纪末，在涉及皇室等的语境中有以下用例：

（6）盖言将来即以皇上传统之皇子，承继穆宗毅皇帝为嗣也。（《东华录》）

（7）人世若世际承平，大君传统守世，及之常先生虽终。（《申报》1880年8月25日）

上述义项1的三个例子中的“传统”都是动词性的词组，还不是一个结合得很紧密的复合词。在现代汉语中，“传统”的这一动词性用法已经消失。《汉语大词典》义项2和义项3中的“传统”主要作名词使用，意为文化、道德、思想、制度等社会因素的传承内容，一般被认为是英语 tradition 的译词；同时也作形容词使用，是英语 traditional 的译词，意为相沿已久的、习俗上的、囿于惯例的，并由此引申出“守旧、保守”等意义。这是进入20世纪以后发生的新的词义和用法。新义在20世纪初首先发生于日语，其后传入汉语。以下分别从汉语、日语的角度对“传统”一词新意义的发生、演变进行简单的梳理。

（一）中国

“传统”现在对译的英文是 tradition，但在 19 世纪 3 种主要英华字典中 tradition 的对译情况分别如下：

《华英字典》（马礼逊，1821）

Tradition，口授而无章句、口述的、口述遗留下来的、相传。

《英汉字典》（麦都思，1847—1848）

Tradition，传言、世传、古传、传说、谚、相传之语、口授而无章句、口述的。

《英华字典》（罗存德，1866—1869）

Tradition，传、口传、古传、传讲、传言、世传、世世传下之事、传说、口传之事、口传之语。

可以看出，从马礼逊到罗存德，tradition 的译词数量在逐渐增多，“传”是译词中的核心字。其后的英华辞典大都沿袭罗存德的译词，例如《字典集成》（邝其照，初版 1868，第二版 1875，第三版 1887）、《华英音韵字典集成》（谢洪赉，1902）、《英华大辞典》（颜惠庆，1908）等。在这些辞典中都以“传说、口传”作为主要的译词，没有使用“传统”的例子。至于国语辞典《辞源》（1915），甚至不收“传统”（《辞源》2015 年版也没有收录，原因不明）。由此可知，至 20 世纪 20 年代，“传统”还不是一个常用的词汇单位。

（二）日本

堀达之助等编纂的 3 种英和辞典曾对日本近代新词、译词产生过巨大的影响。在这些辞典中 tradition 的对译情况如下：

《英和对译袖珍辞书》（堀达之助，1862）

Tradition，古昔ヨリ言傳ヘノ話（凡ソハ怪異多シ），引渡スコト[译文：由古昔言传下来的故事（以怪异谈为多）、交付]

《和英语林集成》（平文，1867）

Tradition，传、言传、秘传。

《附音插图英和字汇》（柴田昌吉、子安峻，1873）

Tradition，*n*. 交付、传说。

《英和对译袖珍辞书》采用了说明解释性的方法，《和英语林集成》则以“言传、传说”为译词。《附音插图英和字汇》的汉字译词主要来自罗存德的《英华字典》，但是在这里编者省略了罗氏的其他译词，只采用了“传说”。19 世纪的英和辞典与中国的英华辞典一样，也没有使用“传统”。至明治中期为止，几乎找不到“传统”的使用例。西周、福泽谕吉等启蒙家的著述中亦没有用例，《明六杂志》(1874—1875)等报刊杂志上也未能检索到“传统”的踪迹。“传统”开始出现在报章上是明治中期，即19世纪90年代以后。如《太阳》杂志在创刊的1895年共出现了3例，以下是其中的2例：

(8) 能狂言は(中略)其傳統血脈右四流の家元と稱するものありて、今日尚其業に從ふと云ふ(译文：能狂言其血脉传承有以上被称之为“家元”四派，据说今日仍被尊崇。)(《太阳》1895年3号「日本の音楽」)

(9) 上田萬年氏關根正直氏が語法私見の終に書して曰く　思ふに君が所謂本支の傳統沿革を繹ね、さて後今日の語法をも確定せんの意氣なりけんといふ先進の士(译文：窃思君所谓梳理本支传承沿革，然后建构今日语法的气概，可嘉可敬。)(《太阳》1895年8号「文学」)

在上面的例句中，“传统”的词义还没有发生明显的变化。这一时期日本的国语辞典等也是依照中国的古典义解释和使用“传统”的，例如：

《日本大辞书》(山田美妙，1893)

スベテ傳来ノ旨(译文：一切传来之意)

《ことばの泉》(落合直文，1898—1899)

傳受して来れる系統(佛教)[译文：传授而来的系统(佛教用语)]

《熟语新辞典》(酒生慧眼，1907)

帝王の系統を傳へ授く(译文：传授帝王之系统)

前两种辞典的“传统”是名词，而第3种尽管标榜熟语新辞典，实际上是按照中国古典的旧词义进行解释的。作为实际用例，德富芦花的小说《黑雾》(1902)里有这样的例句：「王朝美人の傳統をひいた貴族型の顔容」(译文：具有王朝佳丽血统的贵族型容颜)，这里的“传统”还可以替换成“血统”。

“传统”的词义变化似乎开始于明治(1868—1911)向大正(1911—1925)过渡的时期。《读卖新闻》1917年2月22日起以「劳动・乡土・国语・传统」为题连载文章，2月24日的文章中可见：

(10) 今日に於いては史的研究と史的傳統とを拒むとする啓蒙思想は過ぎさって、『詩』の時代が来たり。(译文：在今日，拒绝历史研究与历史传统的启蒙思想已经逝去，“诗”的时代随之来临。)

这是现在所能检索到的较早的新意义的“传统”用例。接着，3 月 14 日该报又连载了内藤濯的书评「傳統に生ける文学——『佛蘭西文学史』の著者へ」(译文：存活于传统中的文学——致《法国文学史》著者)，文中有以下的例子：

(11) 傳統の無法なる破壊によつて築かれた十八世紀精神の継承者。(译文：在对传统的肆无忌惮的破坏基础上建构的十八世纪精神的继承者。)

《太阳》杂志上的“传统”用例同样也是如此，从 1917 年起开始剧增，1895 年全年才有 3 例，1901 年和 1909 年仅各 1 例，而 1917 年全年则达到了 36 例，并开始出现「传统的」这种形容词的用法。如：

(12) 千七百八十一年にハーシエルが天王星を發見したのは、日月五星なる幾千年來の傳統的の考を破りたる點に於て、定めし當時の欝勃たる革命的氣運に更に一段の勢を添へたものであらう(译文：1781 年威廉・赫歇尔发现天王星，打破了数千年来日月五星的传统观念，这点为当时蓬勃的革命气氛大造了声势。)(《太阳》1917 年 2 号「宇宙観と人生観」)

(13) ウイルソン大統領は上院に於て米國從來の傳統的政策を棄て、世界に於ける平和及正義保障の爲合衆國民の威嚴及權力を使用する(中略)意味の演説をなしたりと。(译文：威尔逊总统在参院演讲，声称放弃美国传统的政策，将为世界和平及伸张正义运用美国的威严和权力。)(《太阳》1917 年 3 号「日志」)

“传统”词义的变化与明治天皇的去世，大正天皇继承皇位的关系尚不明了，但存在某种相关因素是无疑的。总之，从报刊的使用情况上看，进入大正时期后，“传统”的新用法陡然增加，并迅速普及。当我们把社会因素也纳入考察视野时，会发现作为 tradition，traditional 译词的“传统”的成立与日本社会脱离“前近代”有着密切的关系。

日语的变化马上就影响到了汉语，《申报》中可见：

(14) 极力反对所谓传统的排日主义者王正廷氏亦精通英语而不晓本国大势。(《申报》1919 年 2 月 17 日)

(15) 日本扩张其政治经济的势力于朝鲜满洲蒙古及中国本部，为日本之传统的政策，而达此目的之方法，则惟武力及政治压迫是赖，远者勿论矣。……故侵略大陆者，日本之传统的政策，一切对华方针之基础也。中国国家及国民之利害，与日本不能两存之原，盖在乎此。(《申报》1919年5月9日)

这些用例均见于与日本有关的语境。梁启超也率先使用了新意义的“传统”：

(16) 政治与社会全然分离，政治恒委诸少数人之独裁也，凡此等等，深入人心，不知不觉间，形成全国民普遍共有之思想。此等思想之本质为优为劣，固属别问题，然所以能历数千年以形成“中华国民”者，必以此为根核，至易明也。因此之故，国民视其固有之传统的思想，若神圣不可侵犯，而尤以其能统一自豪，一若思想之统一一破，即民族与文化随而沦亡，对此生无限疑惧焉。(《历史中华国民事业之成败及今后革进之机运》，1920年10月，载《饮冰室文集》三十六，第31—32页)

中国的英汉辞典直到《综合英汉大辞典》(1928)，如下所示仍然没有使用“传统”作译词：

Tradition，传说、口碑、口传；(文艺、美术、学校、官衙、地方等之)遗传惯例、遗传法式、向例、因袭。

上文已说《辞源》未收“传统”，《辞源》的续编(1931)也没有收录“传统”，但是收录了“传统主义”，释义如下：

传统主义 Traditionalism　在文艺上几拘守古来之体式格律或批评论者，谓之传统主义。故在传奇主义方兴时代，奉古典主义者，即为传统主义者。以其保守过去之古典主义而抗方兴之传奇主义，迨至自然主义将兴时代，传奇主义者反变为传统主义者，因其保守传奇主义而反抗将兴之自然主义。

这里的“传统主义”是作为文艺学的专门术语来处理的。如果说日本由于明治时代的谢幕，社会蔓延着某种思古幽情、怀旧情绪，这些折射在“传统”上产生了些许正面意义的话，那么急欲摆脱旧时代的中国，“传统”几乎与“保守”、“守旧”同义，具有强烈的负面情感。这是当时中日之间明显的不同之处。

四、“保守”

“保守”作为一个动词性词组，见于中国早期典籍。让我们先来确认《汉语大词典》的词义记述与书证。词典列了四个义项：(1) 保卫守护；(2) 保护；保藏；(3) 保住，保持使不失去；(4) 特指维持旧状态，不求改变或改进。

可以推断，初始义为“保护、守护”，后派生了“保藏、保持”义。这种意义用法一直持续到19世纪末，以下为早期的书证与《申报》的例子。

(1) 燕将惧诛，遂保守聊城，不敢归。(《战国策·齐策六》)

(2) 叔陵聚兵仅得千人，欲据城保守。(《南史·陈始兴王叔陵传》)

(3) 本国必不允弃属土，且云朝廷当务尽力以保守在美利加之奸拿打国也。(《申报》1872年6月20日)

现代汉语中，“保守”的基本义是维持现状、不主动、不积极地促使事物发展，是英语 conservative 的对译词。“保守”的旧义只在“保守秘密”中残留，新义的产生及演变主要受日语影响，兹分述如下。

(一) 中国

马礼逊的《华英字典》(1821)不收 conserve 及其相关词语；麦都思的《英汉字典》(1847—1848)中，conserve 的译词是：保存、保守，作为动词使用，并无抽象意义。第一次较详细涉及这一社会学概念的是罗存德。罗存德的《英华字典》(1866—1869)中的译词情况如下：

Conservation，保守者。

Conservative，守旧之理、守旧法者。

Conservatism，存旧之理、守旧之理。

除了具体动作意义的用例“保守者”以外，罗存德还介绍了“守旧”这一抽象的意义，但在这个意义上没有使用“保守”。罗存德以后，19世纪的英华字典基本上袭用了罗的译词。

(二) 日语

日本明治初期的各类辞典中，“保守”的意义与古汉语同，为“保卫、守护”。例如《明六杂志》上有2例，均为旧义，仅示其中1例如下：

(4) 而して人民の身命を保守し、名誉を墜さず、私有を扶持するを以て政官の職務とし(译文：政府官员以保护人民生命，不使其名誉受损，维护私有为己任)(《明六杂志》1874年21号6叶上「人間公共の説（四）」杉亨二)

《哲学字汇》在初版(1881)中 conservatism 的译词为“因循论”，但是1884年的改订增补版上增加了“保守主义”。这是“保守”第一次被用于社会科学的语境。几乎与此同时，西周的哲学著作《论理新说》(1884)中也出现了“保守主义”的例子。在同一著作中还有"揽权主义、分权主义、自由主义、渐进主义、进动主义"等。[①] 应该说《哲学字汇》不失时机地反映了当时日本社会精英们译词的创制和使用。

《和英语林集成》也是如此，初版(1867)和再版(1872)都未收"保守"，但在第三版(1886)中增收了"保守"，并释义如下：

保守，conservative; opposed to change or progress. 保守党，conservative party. 保守家，a conservative. 近义词：因循。

值得注意的是，"保守"与 conservative 对译，并被当作 progress 的反义词。此后的日本国语辞典《言海》(1888—1891)、《日本大辞书》(1893)；双语辞典《和英大辞典》(1896)等都采用了"保守"这一译词。

在当时语言社会的实际使用上，1890 年以后，随着日本帝国宪法的制定、议会的开设，代表政治取向的"保守"一词开始流行。1895 年创刊的《太阳》杂志，第 1 年就有数十例"保守"，而且都是与旧义相区别的新义。例如：

(5) 進歩と保守との潮流の甄然区別されんとし、政治社会一変せんとせるも之が為めなり。(译文：为此进步与保守的潮流甄然有别，政治社会为之一变。)(《太阳》1895 年第 1 期，「改進党の宣言書」)

在现代日语中，与革新相对应的政治态度是"保守"的基本义，"维持、保持"的旧义只用于机械设备家电维修的情况下，如：

(6) エレベーターの定期保守点検をする。(译文：电梯的定期维护检修)

(三) 中日词汇交流及定型

在 19 世纪的汉语里，"保守"的意义用法并没有发生变化，例如《申报》至 1905 年为止"保守"出现了数百例，均为旧义，如"保守朝鲜、保守疆土、保守台湾"等。"保守"的新用法首先出现在受到日本媒体影响的《时务报》上，如：

(7) 如英国有自由保守二党。美国有共和合众二党。……德国下院尝有九党。或曰保守。或曰帝政。或曰国民。或曰进步。(《时务报》第十七册，1897 年 1 月 13 日，《政党论》东文报译，古城贞吉译，第 1145—1146 页)

(8) 盖中国人多保守之性。甚似英人。(《时务报》第四十四册，1897 年 11 月 5 日，《论中国人民之性质》东文报译，古城贞吉译，第 3020 页)

① 西周著，大久保利谦编《西周全集》第 1 卷，东京：日本评论社，1945 年，第 584 页。

1898年秋，戊戌维新失败，梁启超亡命日本，创办《清议报》，第3册起连载日本政治小说《佳人之奇遇》，直接移译日语的"保守党"。

(9) 绝非如保守党喜功名弄威福之比。(《清议报》第3册，1898年12月初一，第191页)

不久，梁启超又在《清议报》上发表《论支那宗教改革》，文中梁指出：

(10) 孔教乃进化主义非保守主义。(《清议报》第19册，1899年6月28日，载《饮冰室文集》第2册，第58页)

梁启超1902年开始在《新民丛报》上连载《新民说》，其中第十一节"论进步"专门讨论中国人的价值取向。梁启超发问道：

(11) 吾中国人保守性质，何以独强？(《新民丛报》第十号，1902年6月20日)

通过检索《申报》及其他大型语料库发现，1905—1906年"保守"与"进步、进化"等词语开始频繁出现在中国的报端，使用频率呈现一陡然上升的曲线，成为流行词。这种词语使用的突变或与清政府宣布预备立宪，及地方资政院的活动不无关系。

《英华大辞典》(颜惠庆，1908)如下所示同时使用了"守旧"和"保守"，但倾向于价值判断更明确的"守旧"。

Conservatism，保守古训、守旧家之主义；Conservative，守旧党、保守党。

而第一部近代国语辞典《辞源》正编(1915)不收"保守"，续编(1931)也只收"保守党"。《辞源》2015年版不收"保守"，原因不明。

赫美玲的《英汉标准官话字典及翻译手册》(1916)的译词情况如下：

Conservatism，保守主义(新)。

Conservative，*a*. 保守，守旧。

Conservative Party，保守党(部定)。

该辞典中的"保守"被标注为形容词。其中的(新)为来自日语的新词，(部定)是教育部名词审定局审定的标准译词。"保守"逐渐为汉语词汇体系所接受。现代汉语中，"保守"除了"保守秘密"的短语外，不作动词使用。"保守疗法、保守治疗"等形容词性的例子也是由政治意义引申而来的汉语独特的用法，不见于日语。

五、"表情"

"表情"作为一个动宾短语，同样见于中国早期典籍。董秀芳列举了"表情"的

6条书证，分别是：《白虎通·姓名》、《张华诗》、《王讃诗》、《隋书》、《水浒传》、《续资治通鉴》。对于班固《白虎通·姓名》的例子“人所以相拜者何，所以表情见意，屈节卑礼尊事之者也”。董分析说：

> 以上例中，“表情”是一个动宾短语，义为“表达情感，表示情意”或“表明情况”。第一例中“表情”与“见意”对举，可证“表”与“情”之间是动宾关系。以上例中的“表情”是动宾短语的另一个证据是“情”可以与其他成分并列，……以上例中，“情”与“状”组成并列结构充当“表”的宾语。我们在本章第一节讨论词的鉴定标准时提到词的组成成分不能单独与其他成分组成并列结构，由此可以判断“情”不是一个词内组成成分，“表情”应是两个分立的成分。
>
> 后来，“表情”变为一个名词，指“表现在面部或姿态上的情感”。①

班固的“表情”是动宾短语应无异议，这种状况一直持续到清中叶的《续资治通鉴》。问题是“表情”如何从“表达情感、情意”的动宾结构的动词性短语，突然变成了“表现在面部或姿态上的情感”的定中结构的名词？其中细节显然不是一个“后来”所能涵盖的。

《汉语大词典》和《辞源》(2015)关于“表情”的记述分别如下：

> 1. 表达感情、情意。
>
> 汉班固《白虎通·姓名》：人所以相拜者何，所以表情见意，屈节卑体尊事之者也。《金瓶梅词话》第三六回：(西门庆)笑道：“些须微赆，表情而已。”沙汀《代理县长》：他的动作活泼，脸孔很会表情，简直是“要哭有哭，要笑有笑”的。
>
> 2. 表现在面部或姿态上的思想感情。
>
> 洪深《电影戏剧表演术》第一章三：要完成一个表情，眉毛的一抬和手臂的一抬，同样是必要的。夏衍《走险记》：面部表情立刻和缓下来。《汉语大词典》
>
> 表达情感。汉班固《白虎通·姓名》：“人所以相拜者何？所以表情见意，屈节卑体，尊事之者也。”今指表现在外貌上的情态。②《辞源》

《汉语大词典》记述了两个义项，义项2只有20世纪30年代以后的书证。“表情”在今天被用于英语 emotion；expression；look 等的译词，但19世纪的英华辞典

① 董秀芳著《词汇化：汉语双音词的衍生和发展》(修订本)，北京：商务印书馆，2011年，第70—71页。

② “今指表现在外貌上的情态”云云其实并不符合《辞源》解读古典的编纂方针。

中不仅译词中不见踪影，其他词条及释义部分也没有使用“表情”。《申报》在 20 世纪之前，包括动宾词组在内的“表情”用例也寥寥无几。据此，可以初步断定“表情”由动宾结构的动词性短语变为定中结构的名词性成分这一过程不是在汉语中完成的。①

那么日语中的情况如何？《日本国语大辞典》（2002）同样也记述了“表情”两个义项：

① 心情を外部にあらわすこと。 また、感情によって変化する顔つき・身振り。（译文：将心情表露于外部。基于感情变化的脸色、动作。）

② ある様子、雰囲気、精神などを形にあらわすこと。 また、それらの現われた情景。（译文：某种情形、气氛、精神表现于形，或上述所表露的情景。）

义项②如“新年的表情”之类的用法，汉语还不普遍，暂且不论。而义项①所举书证是森欧外（1901）和夏目漱石（1906）的文章，同时列出了《白虎通・姓名》的出典。《汉和大辞典》只列出义项①，书证也是《白虎通・姓名》。

19 世纪的英和辞典情况大致和英华字典相同，也没有出现“表情”。专业辞典，如《哲学字汇》（井上哲次郎，第 1 版，1881）expression 词条下给出的译词是：文辞、语法、表出、面色；第 2 版（1884）相同，对教育领域术语形成极具影响的《教育心理论理术语详解》（1885）不收“表情”，但收了“表识”，定义如下：

【表識】 expression，表識トハ心意内ニ起リタル情状殊ニ感應等ヲ外面ニ表ハスノ義ニシテ喜怒ノ如キハ表識ノ最著シキ者ナリ表象ト云フモ異名同義ナリ。（166 页）（译文：表识即心意内所发生之情状，尤指感情等表露于外面义。喜怒哀乐等是表识最显著者。亦称表象，同义异名。）

现代日语里已经不再使用“表识”，“表情”成为 expression 的标准译词。《哲学字汇》至第 3 版（1912）才在 expression 词条下添加了“风貌、风检、表情、表现”，这是“表情”第一次出现在专门辞典中。

日本的语文辞典中，《言海》（1888—1891）不收“表情”，《ことばの泉》（1898—1899）第一版亦不收，但 1908 年的《大增補 ことばの泉》中增补了“表情”：

- 表情［名］心情を、外貌に表し示すこと。（译文：心情表露显示于外貌）

① 桦岛忠夫、飞田良文、米川明彦编《明治大正新语俗语辞典》（东京：东京堂，1984 年，第 261 页）指出：“表情”是由日语传入汉语的词，但除了 1909 年森鸥外的书证外，并没有详细的考证。

这一时期刊行的其他大型日语辞典也开始收录“表情”：

- 《辞林》(1907)：表情[名]心中の情を外貌にあらわし出すこと。 表情力[名]表情するちから。（译文：将心中的情表露显示于外貌。表露情感的能力。）
- 《大辞典》(山田美妙,1912)：[名]心情を発表(译文：发表心情)
- 《大日本国语辞典》(1915)：表情　心情を外貌にあらわし出すこと。 白虎通。（译文：将心情表露显示于外貌。）

除了《大日本国语辞典》外,其他辞典都是作为名词释义的。1935 年刊行的《言海》、增订版《大言海》(1935)也最终收录了“表情”,并作了最为详尽的释义：

- 表情（名）1. 心情ヲ顔貌ニ表ワスコト。 白虎通。 2. ［英語 Expression 又ハ、Emotional expression ノ訳語］心理学ノ語。 顔ニ、心ノ喜怒、哀楽ナドヲ、顕シ示スコト。 表現。（译文：1. 将心情表露显示于颜貌。如白虎通;2. 英语 expression 的译词。心理学术语,将心中的喜怒哀乐表露显示于脸。表现。）

其实“表情”并不是作为译词被创造出来的,一直到 20 世纪初的英和辞典都没有收录“表情”就说明了这一点。“表情”的频繁使用始于《太阳》杂志,主要是戏曲和艺术的语境。以下略举数例：

(1) 其の知音善歌にありしこと今の能役者に望むものの、表情の挙動も其の巧なるを望まざるにはあらざるも(译文：虽希望今日的表演者能歌善舞,其动作表情惟妙惟肖,但……)(幸田露伴《元時代の雑劇(一)》,《太阳》1895 年第 1 期)

(2) 或は身体の曲線の具合に因つて其人物の精神を現はし、主に表情の方に傾いて居る。（译文：或根据身体的曲线表现任务的精神,主要是侧重表情。)(大町桂月《文艺时评》,《太阳》1901 年第 1 期)

(3) 筆の技巧以外、一方には性格の研究者たると同時に、他方に於ては表情の技術家たらむことを要す。（译文：除了笔的技巧以外,另一方面作为有个性的研究者,同时还须是一个富于表情的艺术家。)(高山樗牛《文艺时评》,《太阳》1901 年第 10 期)

转观汉语,直至 20 世纪初叶,汉语文献中“表情”的实际用例极少,《申报》1882 年 5 月 4 日上刊载的《佩秋斋近稿》之一“霜雪寒侵甲帐春,意无旧物表情真”中的“表情”可能是 1900 年前绝无仅有的一例。句中“旧物表情真”的“表情”无疑是动宾短语。“表情”的再次出现是1906年11月9日的《申报》，介绍日本的教育内容中有“表情体操、立宪民歌”。以后“表情游戏”、“表情唱歌”等反复出现。同时也有用“表情细腻”等称赞表演内容的例子。《申报》1912年4月23日的剧评中可见“凄惨观者多泪下，盖表情有独到之处也”。

检索工具书类，《英华大辞典》（颜惠庆，1908）中仅一处使用了“表情”：Pathognomy：Expression of the passions，表情，情征；the science of their several signs，研究情发表之学，情动学。可见，是作为专业术语介绍的。第一部大型日汉词典《东中大辞典》（1908）是作为动词词组收录的，释义与词性标注并不一致。

【表情】（ヘウシヤウ）（名）表白其情也。

《辞源》（1915）也是作为专业术语收录的：

【表情】Expression of emotion，心理学名词。谓感情之表现于外貌者也。

《辞源》续编（1931）加收了“表情动作”，并作了详细的解释：

【表情动作】Bodily expressions of emotion，生理学名辞。伴情绪作用而起之身体上内外之变动，谓之表情动作。可分为三类，第一类为循环呼吸消化排泄等器官所生者。第二类为运动器官所生者。第三类为颜面肌肉所生者，如快乐时呼吸弱而速，脉动强而迟；不快乐时则呼吸强而迟，脉动弱而速。又如恐惧之时，身体战栗；羞耻之时，则面红耳赤等是。

“表情”是在引介日本学校教育的语境中传入汉语的，早期的用例集中在《教育杂志》里。其后，延伸到了戏曲表演上。如伍廷芳《美国视察记》（原文用英文写成，由陈政译述）的用例：

（4）饰人人者，当贿赂台斯求其稍缓死期时，表情极佳。①

梁启超1922年在清华学校讲授国史，讲义录《中国韵文里头所表现的情感》（《饮冰室文集》之三十八）中大量使用“表情法”、“表情方法”，但这时还是动词性的用法。至1928年的《综合英汉辞典》词条expression下有“无表情、冷淡”，而没有单独的译词“表情”。但词条bust的释义中出现了“面部表情”：

bust.［名］3，影戏，（物或人之）最近景。大景（常略作BS，为了解片中情节必须或作增强之用；其目的不在表示动作或颜面表情，故与close up有别）。

此时的“表情”已经成为一般词汇，不再有专业术语的色彩了。《现代汉语词

① 伍廷芳撰《美国视察记》，1914年，载钟叔和等编《走向世界丛书》，长沙：岳麓书社，2016年，第139页。

典》(第7版)对“表情”的解释是:

【表情】① 动 从面部或姿态的变化上表达内心的思想感情;② 名 表现在面部或姿态上的思想感情。

而实际上,现代汉语中“表情”很少作动词用,基本的用法是名词。

六、“同意”[①]

董秀芳对“同意”的词汇化问题作了如下记述:

同意

- 道者,令民与上同意也。(《孙子·计篇》)
- 乐与天地同意,得万国之欢心,故天下治也。(《史记·乐书》)
- 义已定立,决卜以筮,示不专己,明与鬼神同意共指,欲令众下信用不疑。(汉·王充《论衡·辨祟》)
- 艳、彪皆坐自杀,温宿与艳、彪同意……即罪温。(《三国志·吴志·张温传》)
- 上下同意,誓必死守。(宋·叶适《潼川府修城记》)

以上例中,“同意”为动宾短语(感谢张一舟先生和汪维辉先生指出这一点),义为“具有相同的意旨”,古汉语中的“同”在语义上相当于英文中的动词share。后来“同意”变为一个及物动词,指“对某种主张表示相同的意见;赞成、准许”。如:我同意你的看法。[②]

对于“同意”,《汉语大词典》的释义和书证如下:

1. 同心,一心。书证列举了《孙子·计》、《三国志·吴志·张温传》、宋叶適《潼川府修城记》。
2. 谓意义相同;意旨相同。书证列举了汉董仲舒《春秋繁露·天道无二》、汉王充《论衡·辨祟》、清姚衡《寒秀草堂笔记》卷二。
3. 指用意相同。书证列举了中国近代史资料丛刊《辛亥革命·四川讨满洲檄》。
4. 犹赞成。书证列举了鲁迅《集外集拾遗补编·通信(复张孟闻)》、峻青《海

① 本节根据杨驰2018年1月16日提交给关西大学的硕士论文《現代中国語における動詞の二字語化現象について——日本語語彙の影響を中心に》第四章及未发表论文的内容翻译整理。

② 董秀芳著《词汇化:汉语双音词的衍生和发展》(修订本),北京:商务印书馆,2011年,第67—68页。

啸》第三章、陈登科《风雷》第一部第五九章。

《辞源》正编(1915)对“同意”的解释是“对某人之意见无异议者。曰同意。言意见相同也”。即上述《汉语大词典》的义项4,但未列举书证。这一释义反映了20世纪初“同意”词义发生的新变化。而重新定位于阅读古典汉籍工具书的《辞源》(2015)一方面将书证限定在19世纪中叶之前,另一方面又在“同一意志,同心”的释义之后补充说“今称表示相同意见为同意”。《现代汉语词典》(第7版)则只列出了上述义项4,即“对某种主张表示相同的意见;赞成;准许”。从《汉语大词典》、《辞源》(1915,2015)等所举书证看,表示“赞成”的义项是后起的,那么我们的任务就是解明新义项——如果被称之为“词汇化”——是如何发生的?与其他义项之间是否有内在的必然性?

《中国基本古籍库》检索“同意”可得数千例,但直到《说文通训定声》(朱骏声,1848)、《太炎文录》(章太炎,1900年后)等文献中,词义并没有发生变化。这种情况可以在近代媒体《申报》上加以确认。

(1) 黄帝师大填,颛顼师柏亮,尧师善卷,舜师纪后,禹师大成挚,其姓氏不同意者,师不一师,主善为师乎。(平心居士《帝学论》,1876年2月4日)

(2) 西例之戒酒与华人之戒鸦片烟同意,盖以嗜酒为人生第一毛病,一则过饮则害及身体,一则酒醉者辄易滋事。(《戒酒大会》,1879年9月27日)

(3) 吾谓考试一法与月课同意,其于各员亦不能持平。(《考试非疏通仕途之法说》,1881年3月31日)

(4) 至于今日明知两湖同意,竭然地大物博,较之桂省边瘠兵灾,终胜数筹。(《京报全录》,1903年4月6日)

本土文献中的“同意”情况大致如上,下面我们来看一下19世纪的英华辞典中的“同意”。

《英汉字典》(麦都思,1847—1848)

CONSENT with on consent 同心协力、一心同意。

SYNONYME 二字同意、同义之字。

UNANIMOUS 合意、同心、同意、众合一心、哆然。

《英华字典》(罗存德,1866—1869)

Agree to agree in opinion,同意、投机、意气相投、情投意合。

Concord union of purpose,同心同意、一心一意、合意、同心协力。

Concur to meet，mind with mind，同心、同意、意相投。

Consent agreement of the mind to what is proposed or stated by another，同心、同意。

麦都思首先用“同意”译 consent，接着罗存德在 agree 的译词中也使用了“同意”。《英华字典》中“同意”共出现了 28 之多次，但是麦都思、罗存德的“同意”并没有被其后的英华辞典所继承。直至 19 世纪末，“同意”从大部分后续英华辞典的 agree；consent 的译词中消失了。但是被遗弃的“同意”通过《附音插图英和字汇》（柴田昌吉、子安峻，1873）、《英华和译字典》（津田仙、柳泽信大、大井镰吉，1879）、《订增英华字典》（井上哲次郎，1884）传入了日语。表 5－11 是一部分明治时期英和辞典的情况。

表 5－11　英和辞典中的“同意”

辞典/年份	词条“同意”
《英和对译袖珍辞书》1862	Sympathize，同意スル・一致スル；Sympahty，同意。
《和英语林集成》1867 初版	同意，Of the same mind，like minded.
《和英语林集成》1872 再版	同意，Of the same mind，like minded. to be of the same mind，to concur.
《和英语林集成》1886 三版	同意，Of the same mind，like-minded；concurrence；agreement；to be of the same mind，to concur，agree，accord，second.
《附音插图英和字汇》1873	Accord，譲ル、許ス、定ムル、同意スル、和合スル、符合スル。 Consent，（名）同意、一致。… Consent，（動）准ス、肯ズル、同意スル。… Consentient，（形）同意ノ、適意ノ。
《英和对译辞典》1885	Agree，同意スル、合スル、相親ム。 Accord，同意スル、和合（ナカヨク）スル、許ス、一致スル。 Consent，*n*. 一致、同意、准許。 Consent，*v*. *t*. 准ス、同意スル、肯ズル。
《英和双解字典》1886	Agree，to accord，to concur，同意スル。符合（イッチ）スル。合フ。相親。相約スル。 Consent，s. concord，agreement 同意。一致。… Consent，*v*. *n*. to be of one mind，to agree 同意スル。… Consentient，a. uniting in opinion 同意ノ。…

续　表

辞典/年份	词条“同意”
《附音插图和译英字汇》1888	Agree，同意スル，合スル，調和スル，承諾スル，訂約スル，約束スル。 Consent，(名) 同意、同心、同感。…(動) 同意スル、肯ズル。… Consentient，(形) 同意スル、同心スル。… Consentingly，(副) 同意シテ。…
《韦伯新刊大辞书和译字汇》1888	Agree，合フ、同意スル、相親ム、符合スル、相約スル。 Consent，(名) 同意、一致、同心。… Consent，(動) 同意スル、聴従スル。… Consentient，(形) 同意ノ。…
《明治英和字典》1884—1889	Agreeable, 同意ス可キ。 Consent，(名) 合同、同意、同心。… Consent，(動) 同意スル、合同スル。… Consenter，(名) 同意スル人。… Consentient，(形) 同意ノ。…

除了上述英和辞典外，“同意”还作为哲学术语被收录《哲学字汇》(1881)：

Agreement，契合、同意、投合、协和、一致。

而“同意”的早期用例来自福泽谕吉，福泽的《西洋事情》初编二(1866)中有以下5例：

(5) 各州の名代人に示せしに之に同意するもの九州、之を拒むもの二州あり。(译文：将此出示给各州代表，同意的有九个州，拒绝的有两个州。)

(6) 加之第七月四日に至て諸方より独立の論を唱うるもの蜂起雲集し、遂に十三州同意。(译文：加之至七月四日，各方鼓吹独立者云集，最终十三州同意之。)

(7) 両院の議事官総人数の内、三分の二にて同意一定するときは、仮令え大統領の免許なくとも定て法と為すべし。(译文：两院的议事官总数三分之二同意时，即使没有总统的批准也成为法律。)

(8) 大統領その案文を見て同意なれば之に調印すべきなれども。(译文：总统阅览文本如同意就用印签署。)

(9) 彼局にても再議して、同意の者総人数、三分の二なるときは、大統領の異存に関わらず定めて国法となすべし。(译文：其他部门再次审议，同

意人数达到总数的三分之二时，不管总统意见如何，都将成为法律。）

福泽的例子均为关于美国政体的介绍。福泽的“同意”来自何处还是一个谜，在此之前只有麦都思的《英汉字典》(1847—1848)中，consent 项下出现过“同意”这一译词。

日本的杂志上，自 1874 年开始出现 agree 意义的“同意”，以下是《日语历史语料库》中《明六杂志》的实例和语料库整体检索的结果(如表 5－12 所示)。

(10) 然ラハ今日諸先生僕カ論ニ万一同意シ玉ハントナラハ先アノ字ヨリ始ムヘシ。(译文：然而今日如蒙各位同意本人之论点，则应先从其字始。)(西周《洋字を以て国語を書するの論》，《明六杂志》1874 年第 1 期)

(11) トアルヲ見レハ彼ノ新聞紙発行ノ条目ハ定テ不満足ナガラモ同意シテ発セラレシ者ナル可シ。(译文：其报纸发行的条件有定款，虽不满意也应同意发行。)(森有礼《民撰議院設立建言書之評》，《明六杂志》1874 年第 3 期)

(12) 若シ其約ニ期限アリテ而モ他ノ一方同意セサル時ハ其期ノ満ルヲ待タサルヲ得サル可シ。(译文：如果该条约设有期限，其一方不同意时，也需等待至期满为止。)(森有礼《独立国権義》，《明六杂志》1874 年第 7 期)

(13) 婚姻ハ之ヲ為スニ適シタル人双方共ニ同意承諾スルヲ要ス。(译文：婚姻需要适于此行为之双方表示同意。)(森有礼《妻妾論(五)》，《明六杂志》1875 年第 27 期)

表 5－12 《日语历史语料库》中的“同意”

时期/杂志名		新义		旧义	总计
		动词	名词		
1874	明六杂志	3	0	0	3
1875		1	0	0	1
1887	国民之友	3	16	2	21
1888		22	24	1	47
1894	女学杂志	4	3	0	7
1895	女学杂志	2	2	0	4
	太阳	26	21	1	48

续　表

时期/杂志名		新　义		旧　义	总　计
		动　词	名　词		
1901	太　阳	36	83	1	120
1909	太　阳	36	35	1	72
	女学世界	1	3	0	4
1917	太　阳	33	40	3	76
1925	太　阳	19	13	2	34
	妇人俱乐部	0	2	0	2
总　计		186	242	11	439

新义的"同意"在19世纪末开始反映到日本的国语辞典中，如表5-13所示：

表5-13　日本国语辞典中的"同意"

辞典/年份	词条"同意"
《漢英対照 いろは辞典》1888	同意［動］こころをおなじうする；賛成 To agree to concur; to second (a motion).
《和漢雅俗 いろは辞典》1889	同意［動］こころをおなじうする；賛成、よしとする。
《言海》1888—1891	同意［名］1 オナジココロ。思ヒノ同ジキ事。2 同ジ意味。義理ワケノ同ジキ事。同義。
《日本大辞书》1892—1893	同意［名］漢語。(一) 同ジ心。(二) 同ジ意味。(三) 意見ヲ同ジクスル。
《増訂二版和漢雅俗いろは辞典》1892—1893	同意［動］こころをおなじうする；賛成、よしとする。
《日本大辞林》1894	同意［名］おもひのおなじきをいふ。
《日本新辞书》1895	同意［名］オナジ意見　同ジカンガへ。
《帝国大辞典》1896	同意［名］① 同じ心の意なり。② 同じ意味こともいふ。③ 意見を同じくすることもいふ。
《日本新辞林》1897	同意［名］① 同じ心。② 同じ意味。③ 意見を同じくすること、一致。——す［動］
《ことばの泉》1898—1899	同意［名］① おなじこころ。意見の同じきこと。② 同じ意味。同義。

续　表

辞典/年份	词条“同意”
《国语汉文·新辞典》1905，井上頼圀	同意［名］おなじところ。意見の同じこと。同じ意味。同義。
《辞林》1907，金泽庄三郎	同意［名］1おなじ意思。おなじ意見。2同じ意味。おなじ意義。3賛成すること、是認すること。同意証書［名］戸主又は親権を行ふものが、其人の結婚に同意したることを証する文書、結婚届に添へて差出すもの。
《大辞典》1912，山田美妙	同意［名］同一ナル意見。〇又、意見ヲトモニスルコト。(同意）名　同一ナル意味。
《大言海》1935	同意［名］1オナジココロ。思ヒノ同ジキコト。（此处举日本文献《甲陽軍鑑》和《孙子》的书证）2同ジ意味。義理ノ同ジキコト。同義。（此处举《史记》的书证）3他ノ意見ニ同ズルコト。賛成スルコト。

“同意”再次出现在英华辞典里是19世纪末，为记述简便，现将19世纪末20世纪初英华辞典中“同意”作为译词的情况列表5－14如下：

表5－14　英华辞典中的“同意”

辞典/年份	词条“同意”
《汉英词典》1892，翟理斯	同心 or 同意 of one mind.
《达辞》1897，莫若濂	Agree，合，相合，彼此投机；Consent，允肯，依从。
《华英字典汇集》1897，谭宴昌	Agree，和合，相合，和协……同心，合意；Consent，合意，同意，合心，同心。
《新增华英字典》1899，冯镜如	Agree，to agree in opinion，同意，投机；Consent，同心，准，允准，肯，批准。
《华英音韵字典集成》1902	agree，to agree in opinion，同意，投机；consension，合同，符合，同意；consensus，同意，一致；consent，同心，合意。
《商务袖珍英华字典》1904	Agree，同心，和睦，协和，合意；consensus，同意，一致；consent，合意，同心；consentient，同意的，适意的。
《英华大辞典》1908	Agree，首肯，许；consensus，同意，一致；consent，同心，合意，心合，同意；consentient，同意的，一致的。
《商务英华新字典》1912	Agree，同心，和睦，协和，合意；consensus，同意，一致；consentient，同意的，适意的。

新义的“同意”见诸《申报》的报端如图5－17所示是1904年，词频变化曲线则

显示，至 1906 年新义完全取代了旧义。

（14）欧洲诸国其视神圣同盟，表同意者莫如奥，最反对者莫如英。（《政法程材》，1904 年 9 月 25 日）

（15）夫余之为此说，环球万国谅表同意，俾中国从此以后得永免此亘古未闻之大害。（《教会善举》，1904 年 11 月 10 日）

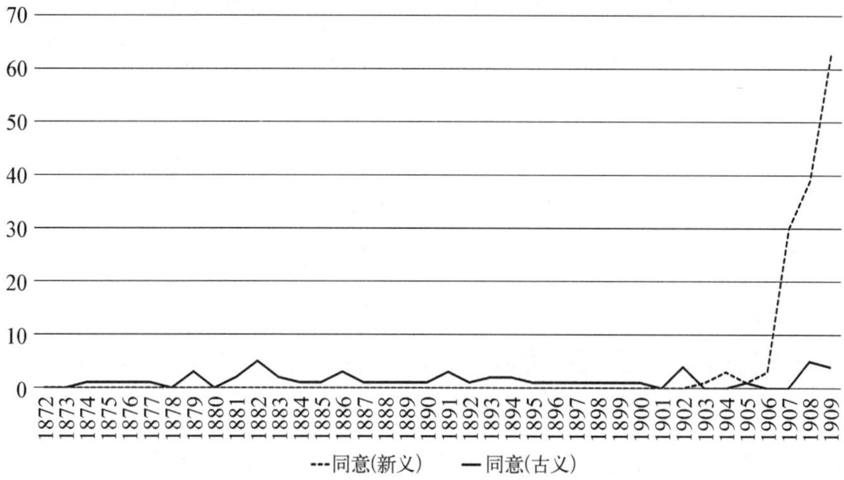

图 5－17　《申报》中“同意”新旧词义的词频变化

通过上述考证可作结论如下：“同意”原为古典词，意为“同心、意旨相同”。后被麦都思、罗存德用于 agree；consent 的译词，但未能普及。“同意”通过英华辞典引入日本后普及定型，并于 20 世纪初期回流中国。1915 年的《辞源》已经对“同意”的新义有所记述。“同意”的迅速普及与对西方的政体、经济活动方式的介绍似乎有着密切的关系。

七、“同情”①

与上一节相同，我们还是先引董秀芳对“同情”所作的记述：

同情

同恶相助，同好相留，同情相成，同欲相趋。（《史记·吴王濞列传》）

① 本节根据杨驰 2018 年 1 月 16 日提交给关西大学的硕士论文《現代中国語における動詞の二字語化現象について——日本語語彙の影響を中心に》第四章及未发表论文的内容翻译整理。

四海已定，兆民同情。（《后汉书·马援传》）

边州远守，或难听审，皆上下同情，迭相掩没。（《魏书·北海王传》）

以上例中的“同情”作为一个动宾短语，义为“具有同样的想法”。（原注：“同情”作为短语还可以表示“同一情况”。如：参名异事，通一同情。《韩非子·扬权》；凡同类、同情者，其天官之意物也同。《荀子·正名》）后来，“同情”词汇化了，指“对别人的遭遇或行动发生共鸣或表示赞成”，如：

- 至于兄等这回的大举，精神上，我们当然表同情。（清·曾朴《孽海花》第二十九回）

到现代汉语中，“同情”成为一个及物动词，其后可以带上宾语。①

对于“同情”，《汉语大词典》的释义和书证如下：

1. 谓同一性质；实质相同。书证列举了《韩非子·扬权》；
2. 犹同心，一心。书证为《后汉书·马援传》；
3. 指同心志者。书证为《史记·吴王濞列传》、清曹寅《西轩月夜有怀南洲却寄》诗。
4. 犹同谋。亦指同谋者，同伙。书证列举了宋苏轼《乞医疗病囚状》、金董解元《西厢记诸宫调》卷二、《元典章·刑部十六·违枉》《元史·世祖纪六》；
5. 犹常情。书证列举了明刘基《鱼乐轩记》、明何景明《上杨邃庵书》；
6. 对于别人的遭遇在感情上发生共鸣，或对别人的行动表示理解、赞同。书证为叶圣陶《隔膜·疑》、艾芜《人生哲学的一课》、毛泽东《中国人民站起来了》、吴晗《关于朱自清不领美国“救济粮”》。

《辞源》正编（1915）对“同情”的解释是“因他人之悲哀欢悦而引起同种类之感情者，谓之同情。如见他人之言而发欢声，悯他人之贫困而思救助，是也”。即上述《汉语大词典》的义项6，但同样未列举书证。这一释义反映了20世纪初“同情”词义发生的新变化。而《辞源》（2015）只采纳了3个义项，即1. 谓同一性质，实质相同；2. 一心，含有好恶观念相同的意思；3. 犹同谋。亦指同谋者。并将书证限定在19世纪中叶之前。《现代汉语词典》（第7版）将“同情”的词性定为“动词”，列出了两个义项：1. 对于别人的遭遇在感情上发生共鸣；2. 对于别人的行动表示赞

① 董秀芳著《词汇化：汉语双音词的衍生和发展》（修订本），北京：商务印书馆，2011年，第68页。

成。从《汉语大词典》所举书证看，《辞源》(1915)和《现代汉语词典》(第7版)的释义与古典义相比有较大的飞跃，是后起的。

下面我们按照英华辞典、汉语本土文献、英和辞典、日语文献的顺序，对"同情"的词义变化和传播的情况加以考察。

19世纪3种主要英华辞典中"同情"的情况如下：

表5-15　19世纪三种英华辞典中的"同情"

辞典/年份	词条"同情"
马礼逊《华英字典》，1822	CONGENIAL tempers 同情的
麦都思《英汉字典》，1847—1848	CONGENIAL of the same disposition 同情合意、同品格的 SAME same disposition 同情 SYMPATHY 同情、性情和合、慈悲
罗存德《英华字典》，1866—1869	Same the same disposition 同情 Sympathize to have a common feeling 同情、同受、同觉 Sympathy fellow-feeling 同情、同受、共受

1822年，马礼逊的《华英字典》中最先收录有"同情"一词，但是"同情"是作为congenial：tempers的译词来使用的。tempers意为"脾气"，用来解释congenial是为"意气相投"。可见1822年马礼逊《华英字典》中"同情"仍为中国古典的用法，并未赋予新义。麦都思的《英汉字典》中有三处使用了"同情"。congenial译词中的"同情"和马礼逊的用法一致，均为同一性情；same一词的解释中，"同"对应same，"情"对应disposition，仍可判断为中国古典中"同情"作为词组的用法。而用"同情"对译sympathy一词，则不见于麦都思之前。我们推断麦都思是基于词根sym-，syn-表示"共同，相同"；pathy表示感情，将sympathy和"同情"联系在了一起，即"同情"是语素对应翻译的结果。罗存德全面接受了麦都思的译词，并加上了动词的用法。此后如表5-16所示，汉英词典上延续了中国古典的"同情"，英华辞典则采纳了麦都思、罗存德的新义。

表5-16　英华辞典中的"同情"

辞典/年份	词条"同情"
《汉英合璧相连字汇》1871	同情的 of the same disposition.
《汉英词典》1892 翟理斯	同情的 of the same disposition.

续 表

辞典/年份	词条"同情"
《英华萃林韵府》1872	Sympathy Sympathy or pity，同情、性情和合、相怜。
《英华字典》1893 富世德夫人	Sympathy 同情。
《达辞》1897 莫若濂	Sympathy *n*. 同情同意的、怜人之苦忧。
《华英字典汇集》1897 谭宴昌	Sympathetic A. having a feeling in common with another. 同情的。 Sympathy N. fellow-feeling; compassion. 同情，怜恤。
《华英字典集成》1899 邝其照	Sympathy 同受、同情、合心、怜恤、吊慰、慈心。
《新增华英字典》1899 冯镜如	Sympathy *n*. fellow-feeling，同情，同受，共受，性情和合。
《华英音韵字典集成》1902	Sympathy *n*. fellow-feeling，同情，同受，性情和合。
《商务袖珍英华字典》1904	Sympathy *n*. 同情，同受，怜恤，慈悲。
《英华大辞典》1908	Sympathy *n*. Fellow-feeling，同气，同心，同情。
《商务英华新字典》1912	Sympathy *n*. 同情，同受，怜恤，慈悲。

由表 5－16 可以看出，至 19 世纪末，英华辞典中"Sympathy＝同情"的对译关系已经确立。只是英华辞典中的"同情"似乎并没有影响到本土文献中的使用，例如 1900 年前，《申报》上间或有"同情"的例子，但多用"今古、彼此、中外、好恶、父子、两人、中西"等词语修饰，表示两情相同的意思。例如：

（1）痛惜之心，彼此谅有同情也。夫暑症起于猝然。（《申报》，1872 年 7 月 19 日）

（2）仁慈恻隐，保全善举，中外同情，当闹事之际，在沪各国领事带队弹压。（《申报》，1874 年 5 月 8 日）

另一方面，日本的英和辞典则完全接受了英华辞典的译词，大致情形如下：

表 5－17　英和辞典中的"同情"

辞典/年份	词条"同情"
《附音插图英和字汇》1873	Sympathetic，Sympathetical; *a*. 憐恤、同情、同視、同感；Sympathist，*n*. 同情ノ人、同視ノ人；Sympathy，憐恤、慈心、同情、同視、同感、同心。
《英和对译辞典》1885	Sympathtic *a*. 怜恤、同情、同感；Sympathy *n*. 怜恤、同情、同感、同心。

续　表

辞典/年份	词条“同情”
《英和双解字典》1886	Sympathetic *a*. having mutual sensation 同情、同感、同视、怜恤
《附音插图和译英字汇》1888	Sympathy *n*. 同情，同感，同党，共受，爱怜，怜恤，合心，相合，同性。
《韦氏新刊大辞书和译字汇》1888	Sympathy *n*. 怜恤，慈心，同情，同视，同感，同心。
《明治英和字典》1884—1889	Sympathy（名）同情。同感；怜恤。怜悯。慈悲。慈心。

较早的实际用例见于福泽谕吉：

(3) 此の度本国にて同党の黜けられたるを聞て、既に同情相憐むの意を生じ。（译文：今次闻本国废黜了该党，即生同情相怜之意。）（福泽谕吉《西洋事情・初编・三》，1866）

福泽著述中的“同情”都是以「同情相憐」形式出现的。在《明六杂志》第 28 号中也有一处“同情相怜”的例子：

(4) また仏郎察などと異ひ、人気も狭隘、国も小く、兄弟喧嘩より負てはならぬのアンビツシヨンにて、愛国も同情相憐も忘れ、外國のおだてに乗り……（译文：与法国不同，人稀国小，比兄弟内斗犹有过之的功名心、爱国之同情心也通通忘却，受外国的教唆……）（阪谷素《民选议院变则论（二）》，2 叶上）

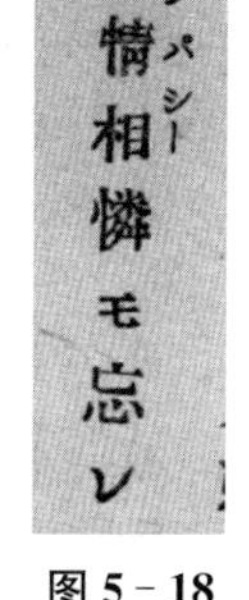

图 5－18
“同情”书影

“同情相怜”与福泽相同，但是杂志原本的“同情”上明确标注了“シンパシー＝sympathy”（参见图 5－18）。故此处的“同情”可以判断为新的意义。《日语历史语料库》的检索结果显示，进入 1890 年后，“同情”的使用频率剧增，在口语性文章里也有大量使用。几乎同时，新意义的“同情”也被记录到国语辞典上了。

表 5－18　日本国语辞典中的“同情”

辞典/年份	词条“同情”
《ことばの泉》1898—1899	同情［名］ 利害を共にし、随ひて、同感を起すところの心性の作用。
《国语汉文・新辞典》1905，井上赖圀	同情［名］利害を共にし、随ひて、同感を起すところの心性作用。

续 表

辞典/年份	词条"同情"
《辞林》1907,金泽庄三郎	同情［名］他人の境遇状態等をおもひやりてこれに情を寄すること。
《大辞典》1912,山田美妙	同情［名］心理学ノ語。スベテ、身外ノ他物、又ハ他人ナドノ境遇、状態ナドヲ推察シ、充分我ガ身ノ上ノ如ク二感ジ随ツテ利害ノ考ヘヲ捨テテソレヲアハレムバカリ二至ル、貴イ情。英語 Sympathy 二対スル訳。
《日本国语大辞典》1915—1919,上田万年	同情 他人の境遇、状態等を推しはかりて、いたはり慰むること。おもひやり。漢書呉王濞「同情相求、同欲相趨」
《大言海》1935	同情 二人、心情を同じくすること。又、己れが身に比べて、他の境遇、状態を己れに移し、情緒を共にすること。あひみたがひみに、おもひやること。史記呉王濞傳「高曰、同悪相助、同好相留、同情相成、同欲相趨、同利相死」

回观汉语,如例(5)所示,最早出现新义"同情"的是《时务报》,"得其同情"与此前的"与之同情"用法不同。进入 20 世纪以后,新义的"同情"频繁见诸《申报》等中文媒体上。

(5) 盖正义也者,真为外交之根基矣。何则? 正义之力,则天下公论所由归,而足以得其同情也。(《美国新总统政策》,古城贞古译,《东京日日报》,1897 年 2 月 17 日。《时务报》第二十册,1897)

(6) 现在日军仍坚持原定之策,无所损益,而各国对日本之同情则已日增。(《战事前途》,《申报》,1905 年 1 月 22 日)

(7) 洋务局总办许九香观察倡议开设僧学堂,绅士如杨雪渔太忠等均表同情。(《浙省开办僧学堂杭州》,1905 年 3 月 10 日)

(8) 日本政府欲得欧美各国之同情,故特主张开放满洲之说。(《清廷办理满洲之意》,1905 年 4 月 17 日)

(9) 中国二十一省绅商士民,群抱不平,集议抵制,激于公愤,咸表同情。(《寓日本华商筹拒美国华工禁约电文》,1905 年 6 月 3 日)

(10) 彼俄国云者,清国云者,小官吏有如此任侠之风,虽由其中心所主,甚愿与革命维新两党表同情。(《清俄一种之奇观》,《大公报》,1903 年 8 月 20 日译北支那每日新闻)

(11) 江西阖省士商书不用美货,以为抵制,办法文明,敝省深表同情。(《汇

录》，1905 年 8 月 10 日）

新义之"同情"则多使用"以表同情"、"均表同情"、"皆表同情"等形式，表示主体对客体给予同情、理解、赞同，这种用法和现代汉语中用法相同。

如图 5－19，直观地显示了《申报》1872—1920 年间"同情"新旧词义使用频率上的变化。

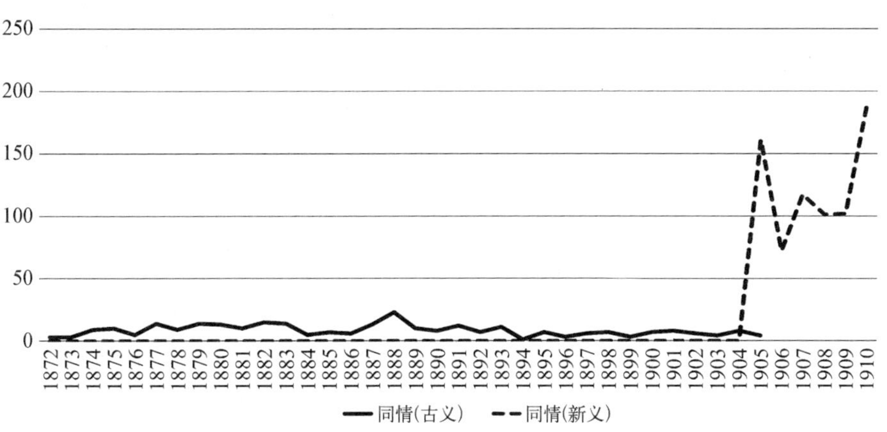

图 5－19　《申报》中"同情"新旧义更替情况

对以上的考察结果，我们可以简单整理如下：

"同情"是中国古典词，意为"一心、同心志"。这一词义直至 19 世纪末在本土文献中并没有发生变化。而来华传教士用"同情"对译 sympathy，这种译法影响了日本，但在中国却未能普及。现代汉语中的"同情"是世纪之交通过日本书汉译回流中国的。

第三节　日语激活词

"激活词"，或称"日语激活词"，是笔者提出的一个新概念。激活词作为词或文字串在中国的典籍或汉译西书中可以找到用例。在词义上，古今也有一贯性，即词源上并非"和制汉语"。但是，这些词在汉语中突然活跃起来则是在 19 世纪和 20 世纪之交。激活词有两种：一种如"望远镜、热带、寒带、细胞"等，作为译词是 16 世纪以后耶稣会士或 19 世纪以后新教传教士创造的词。① 但是这些词由于

① 关于"望远镜"一词参见谷口知子《「望遠鏡」の語誌について》，《或问》2000 年第 1 号，第 17—34 页；关于"热带"等地理名词，参见沈国威撰《前后期汉译西书译词的传承与发展——以〈智环启蒙塾课初步〉（1856 年）中的五带名词为例》，《中华文史论丛》2009 年第 2 期，第 247—276 页；关于"细胞"一词参见沈国威著《『植学启原』と『植物学』の語彙》，大阪：关西大学出版部，2000 年。

种种原因没能直接成为现代汉语词汇体系中的一员，而是先传到日本，再从日本回流到中国。就是说传教士们造的词和现代汉语之间有一个断层。另一种，如“学校、方案、程度、服装、改善、发言、薄弱、复杂”等见于古典汉语的二字词，词类也遍及名词、动词、形容词、副词。或者可以说现代汉语的二字词或多或少都受过日语的激荡。

“日语激活词”这一命名，意为在19世纪末为止的一段时期里使用频率不高，处于休眠状态的汉语词、结合得并不十分紧密的文字串等，在日书汉译过程中，受到日语高频率使用的影响被激活了。激活词的主要动机是“单双相通”。汉语词汇体系需要为一字词准备等义或近义的二字词，而借力日语就成了短时间内完成二字词准备的艰巨任务的捷径。

日语借形词和借义词被认为是日语借词的主要部分，也是迄今为止中日词汇交流史研究的主要对象。这些词的意义特征为抽象词汇、科学术语、新事物的名称；相比之下，激活词由于并不表示新的意义，在此前的研究中常常被忽略，或呈个案研究的状态。激活词伴随术语进入汉语，并不存在意义上的障碍，这也是长期以来被忽视的主要原因。

关于借形词的研究，首见书证的发现是至关重要的，而借义词则需要仔细地辨别旧词在译书及同时代其他文献中的词义变化；唯独激活词，传统的研究法，即发现书证、甄别词义变化，都不足以捕捉到词语嬗变的历史真实。所幸近年迅速发展的语料库以及大数据研究法提供了新的可能性。语料库使研究者获得了观察一定时间段内词语使用频率变化的手段。在前面的章节中，已经多次出现了词频变化曲线图。从图中的曲线可以解读出某些词语进入20世纪后突然活跃起来的事实。本书的频率变化曲线图是利用《申报》等近代报刊语料库完成的。毋庸置疑，报刊媒体上二字词词频的增加有着复杂的因素，如媒体字数总量、事件、新闻源、执笔者知识背景等，但随着语料库的逐步完善，尤其是日语历时语料库的建构，我们可以得到更精确的检索结果，并从中了解中日二字词词频增加的时间差，考察两者之间可能存在的互动关系。①

---

① 作为近代汉语语料库，《东方杂志》、《大公报》都已经完成，日本的《日语历史语料库》也于2016年公开。这些都将推动相关课题的研究。另外，谷歌的Ngram Viewer(https://books.google.com/ngrams)也可以对词语的词频变化加以考察。但谷歌Ngram Viewer没有提供日语的数据，暂时无法进行中日比较。谷歌语料库的收录内容、内部结构等均未公开，这使我们不得不对调查结果有所保留。

前文提到的"优美"就是一个典型的激活词,下面我们以"解决"和"问题"①为例,考察激活词的具体情况。

一、"解决"

《汉语大词典》所录"解决"的义项及书证如下:

1. 谓梳理清楚,作出决断。书证中的"乱丝"比喻杂乱无章的事物。

至于论,不务全疑,两传并纪,不宜明处;孰与剖破浑沌,解决乱丝,言无不可知,文无不可晓哉?(汉王充《论衡·案书》)

2. 解释,疏通。

年三十,尽明"六经"书,解决微隐,苏融雪释,郑玄至于孔颖达辈凡所为疏注,皆能短长其得失。(唐杜牧《李府君墓志铭》)

3. 处理问题,使有结果。

哪晓得这事件几天工夫便得到解决。(郭沫若《洪波曲》第九章四)

两顿饭,一个住处,解决了天大的问题。(老舍《月牙儿》十三)

《辞源》1915 年版未收录"解决",2015 年版则将《汉语大词典》义项 1 和义项 2 合并为一:排难解纷而做出决断。书证与《汉语大词典》相同。

检索《中国基本古籍库》得 20 余例,词义为:克服困难,作出决断。以下为其中数例。

(1) 愈者以为经书,则所治无不解决者矣。(东汉《太平经》钞丙部卷三)

(2) 吾今欲有所复问,非道事也。见明师言,事无不解决者,故乃敢冒惭复前,有可问疑一事,何等。(东汉《太平经》合校卷五十三丁部之二太平经卷之五十三、分别四治法第七十九)

(3) 又说诸修行符醮五方思存禳灾等法,然正是解决八会之文,而就本文理中复明理,如解真文中更明感通之理。(北宋《云笈七签》卷七三洞神符记说三元八会六书之法,玉字诀)

(4) 嘱檀郎共将系上说与解决惟锤碎玉连环赵威后事。(清张九钺《紫岘山人全集》外集卷十一解连环咏九连环)

① 本节根据杨驰 2018 年 1 月 16 日提交给关西大学的硕士论文《現代中国語における動詞の二字語化現象について——日本語語彙の影響を中心に》第五章翻译整理。

从数据库的规模看，20 例虽然并不多，但由东汉至清中叶，断断续续一直有所使用。19 世纪的英华华英辞典中没有译例，同样本土媒体《申报》从 1872 年创刊到 1904 年，也没有“解决”的用例。可以断言“解决”并非常用词语。但 1905 年以后，“解决”突然出现在《申报》上，仅 1905 年一年就有 23 例。以下列举数例。

（5）吾辈欲解决日本甲乙两派胜负之问题，当于何事断之乎。（《论女子教育宗旨续十五日稿》，《申报》1905 年 5 月 21 日）

（6）辩论选举改革事宜当归国会之问题、现在彼得霍夫地方解决。（《俄皇优待已成丁之俄民》，《申报》1905 年 8 月 9 日）

（7）英法两国照前年之协约已解决在世界各处之一切问题，当时尚未解决者即关于清国之西南境云南四川两省者是也。（《译东报论中国路矿事率书其后》，《申报》1905 年 8 月 21 日）

而《大公报》在 1902 年就已经出现了“解决”。

（8）问其何以有如此多数航度者，则实因满洲问题解决与山东饥馑故也。（《译件日本万朝报》，《大公报》1902 年 6 月 19 日）

综合以上，我们可以得到初步结论：“解决”是汉籍古典词，但用例极少，1902 年以后在中文报刊上复活，多与“问题”一起使用，而这种搭配不见于中国古典文献。

二、问题

“问题”一词《汉语大词典》和《辞源》1915 年初版不收，但《中国基本古籍库》的书证有近百条，多半与算数、科举的内容相关联。

（1）既得用数，始验问题。（宋秦九韶《数书九章》卷三天时类）

（2）若遇问题，须详取用，大概不出乘除，后人用加减归折，乃乘除之曲径也。（宋杨辉《杨辉算法》法算取用本末卷下）

（3）进士免贴经，只试墨义二十道，皆以经中正文大义为问题。（宋李焘《续资治通鉴长编》卷二十四）

（4）镐心异其事，遂取读数过。既入试，问题正出疏中。（宋曾敏行《独醒杂志》卷三）

《时务报》（1896—1898）中既没有“解决”也没有“问题”。《申报》中的“问题”，

20世纪以前同样仅限于算数和科举内容。进入20世纪以后，意义范围有所扩大，外交、政治等语境中都出现了用例，大致相当于英语 problem 的译词。这种变化缘自日文报道的翻译。

（5）华盛顿来电称，国务卿将清国中立违反问题附于列国会议，以劝告俄国。（译大阪朝日新闻《美国劝告俄人》，《申报》1905年2月9日）

（6）此事若确必又起交涉问题。（译大阪每日新闻《德兵驻屯寿光之传言》，《申报》1905年2月10日）

《大公报》也显示出相同的倾向。

（7）于韩国内治外交之重要问题，宜咨英日两国而解决，以期不至纷扰。（译万朝报，《大公报》1902年6月27日）

（8）预测此问题顾不难即日解决也。（译朝日新闻，《大公报》1902年7月1日）

（9）若欲解决此问题之吉凶须待俄国陆相之东来以定。（译朝日新闻，《大公报》1903年5月6日）

（10）委内瑞拉叛乱问题未经解决之时又酿此变故。（译朝日新闻，《大公报》1903年6月29日）

除了《申报》等报刊外，康有为、梁启超等人的文章中也出现了"问题"与"解决"的搭配用法。

（11）东亚为东亚人之东亚，只有东亚人才有权利解决东亚问题。（《与近卫笃麿的谈话，1898年11月12日》，《康有为全集》第5集，第41页）

（12）吾国中人保守性质，何以独强？是亦一未解决之问题也。（《新民说》第11节，《饮冰室专集之四》，1902年，《梁启超全集》第2集，第577页）

（13）新民子曰：吾请与普天下读史诸君一解决此问题。（《论专制政体有百害于君主而无一利》，《饮冰室文集之九》，1902年，《梁启超全集》第4集，第66页）

（14）此藩属与独立之一问题，以口舌不能解决。（《朝鲜亡国史略——外交上之经过》，《饮冰室文集之四》，1904年，《梁启超全集》第4集，第460页）

例(11)《与近卫笃麿的谈话》中"解决/问题"的搭配是较早的用例。这篇文章是康有为与近卫笃麿谈话的笔录，"解决/问题"出现在近卫笃麿应答的部分，还不能算作康有为的使用词汇。康氏的《日本书目志》(1898)、《日本变政考》(1898)中有“问题”的词例,尤其是前者包含了多种学校教育用的“问题集”或“问题解答”。但“解决/问题”连用的例子仅例(11)一处。与康有为相比,梁启超文中“解决/问题”搭配的用例可以说是不胜枚举。汉语文献中“解决”和“问题”从不连用,所以这应该是受到了日语用法的影响。以下对此加以考察。

日本国语辞典《言海》(1888—1891)不收“解决”,收有“问题”,解释是“所问事情之题”,与现在一般的理解不同。1933 年的《大言海》收录了“解决”,释义是“解开(事务纷乱),决断”,是对“解”、“决”的逐字释义。其实这时“解决问题”在日语中已经是一组极为常见的搭配了。《日本国语大辞典》(第二版,2000—2002)给出的书证是:

(15) 而して昨は改正案遂に貴族院を通過したり、輿論的宿題は解決されたり。(译文:昨日改正案终于在贵族院通过,舆论的课题解决了。)

“问题”作为 problem 的译词最早见于《英和对译袖珍辞书》(1862),后被收录《哲学字汇》(1881)中。在《日语历史语料库》中共检索得到 794 例“解决”,其中与“问题”搭配使用的有 393 例之多。频繁使用是从 19 世纪 80 年代以后开始的。

19 世纪的英和辞典都不收“解决”,solute 的译词多为和语「解く」。为了满足和汉相通的要求,20 世纪以后「解决」才开始与 solute 形成对译关系。

转观汉语,19 世纪的英华辞典,既不收“解决”,也不收“问题”。这两个词的第一次出现是《英华大辞典》(颜惠庆,1908):

A question proposed for solution, 所出之问,所设之问,问题,题。

To resolve, 解决; as, to determine a doubtful question, 决疑 To explain, 解,释,解决,剖析; to resolve, 解答,解释;to solve a difficulty, 解决疑难;to solve a problem, 解决问题。

通过以上的考察,我们可以得出以下结论:语料库检索显示“解决”和“问题”二词都是汉语古典词,但是在汉语中的使用频率非常低,而且不存在二者搭配使用的例子。进入 20 世纪以后,《申报》、《大公报》上“解决”和“问题”使用频率突然增加。使用的文章主要译自日语,可以合理地推测在使用频率和搭配上受到了日语的影响。各个语料库中频率变化曲线如图 5-20、5-21、5-22 所示。

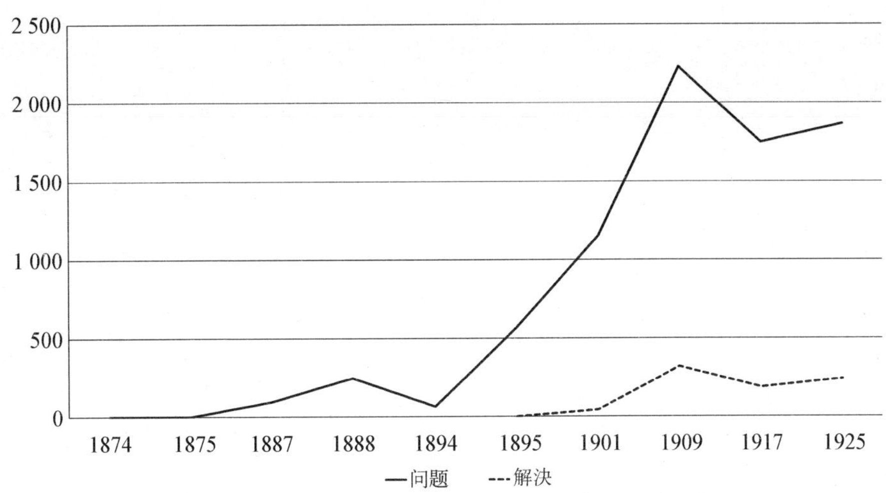

图 5－20　《日语历史语料库》中的"问题"和"解决"频率图

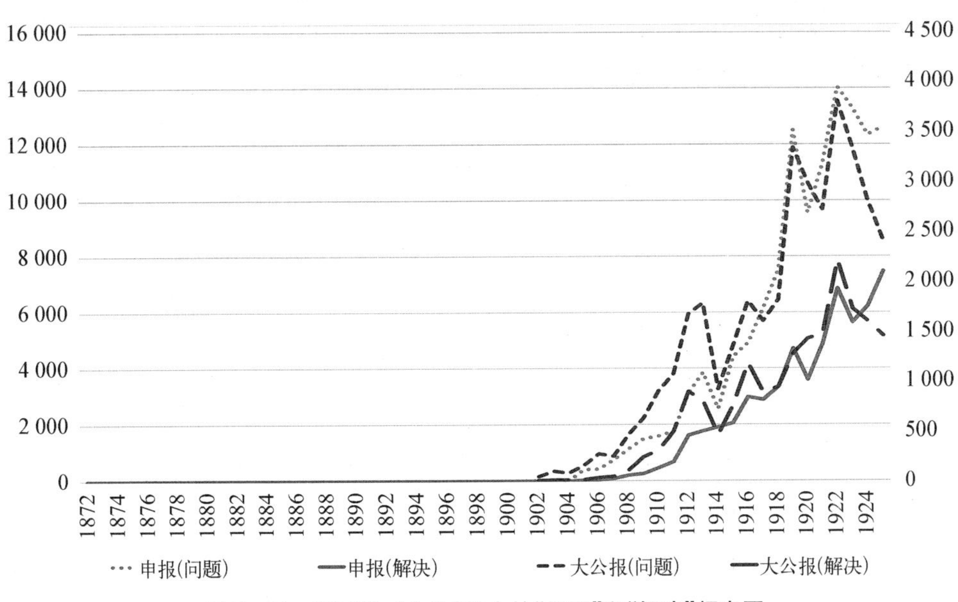

图 5－21　《申报》、《大公报》中的"问题"和"解决"频率图

图 5－22 中可以看到"问题"和"解决"在日语中频率峰值先于《申报》和《大公报》。

根据使用频率的变化，验证词语的活跃程度是大数据提供的新方法。随着大型语料库的完善，调查结果将更加接近真实。诚然，激活词与借义词有连续不断

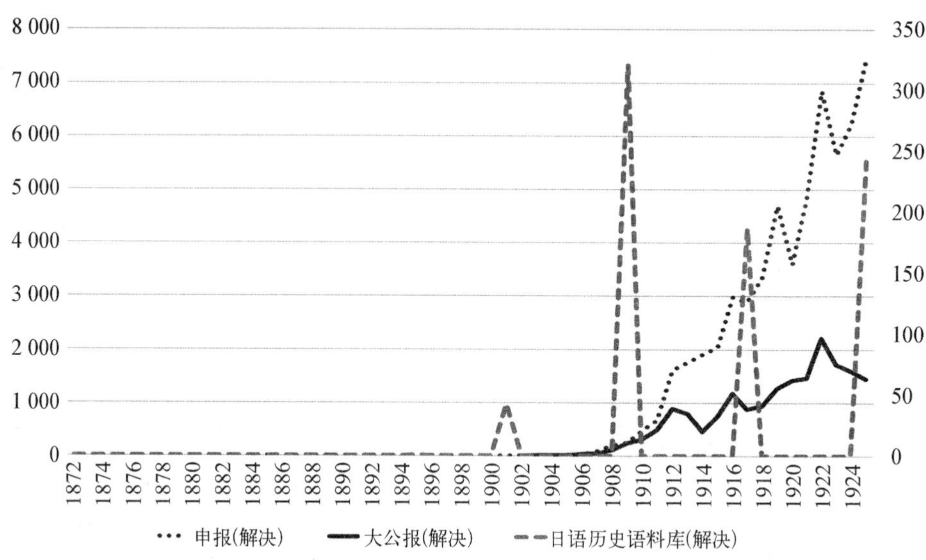

图 5－22 《日语历史语料库》、《申报》、《大公报》中的“问题”和“解决”词频

的部分，意义（包括搭配等用法）的变化，引发了词频的增加，两者常常呈现出“因果关系”，需要我们加以仔细辨别，并反映到词源记述中。

第六章　现代汉语二字词词源概览

大型语文辞典要提供词语来龙去脉的信息，*Oxford English Dictionary*（OED）即被奉为圭臬。《汉语大词典》（汉语大词典出版社，1986—1993）的成就是巨大的，但尚有改善的余地。因为《汉语大词典》几乎没有涉及近代以降的外域文献，特别是日语对汉语的种种影响完全不在编纂者的视野中。如本书第五章所述，汉语近代词汇的重构与日语有着密切的关系。为了廓清这种影响的细节，20世纪50年代开始的日语借词研究曾试图给出一个日语借词的清单，这种努力直到《汉语外来词词典》（刘正埮等编，1984）的出版才有了初步的结果。同时关于日语借词的个案研究，一直持续不断，如参考文献所示收获颇丰，一大批自然科学、人文科学的重要术语，其生成、普及的大致情况得以解明。

汉语工具书中至今还没有一部完整的日语借词辞典。黄河清编《近现代辞源》（上海辞书出版社，2010）收录了一批日源词①，以一己之力，孜孜求索，实属不易，但是在日语文献资料、英华英和辞典及大型语料库的运用方面还有欠缺。笔者数年前开始着手准备《中日近代汉字新词词源词典》（暂拟），拟收录中日近代同形词7 710条。词典内容包括中日首见书证及词源考证，最终将达到二千页左右。本章以下所列出的只是对现代汉语常用二字词6 013条所作的词源基本调查之结果。首先我们将对调查范围和选词方法加以说明。

第一节　词源调查文献群与目标词的确定

一、调查范围和选词方法

（1）首先利用日本中型国语辞典《广辞苑》（第5版）对《现代汉语常用词汇表

① 近期又有史有为编《新华外来词辞典》（商务印书馆，2019）问世，凡例称收录日源词3 000余条，但未详列日语的书证。

(草案)》(商务印书馆,2008,收词56 008)中的二字词进行中日同形确认,即《现代汉语常用词汇表(草案)》的词在《广辞苑》中有收录者确认为是中日同形词。汉字字形上的差异(繁简、日语新字体等)不予考虑。通过这样的筛选,一共得到中日同形词16 000余条。

(2) 人工删除古旧词、僻词、俗语等,如"衙门、科举、秀才"等,最后确定7 710条,为我们的考察对象。其中,1字词19条;2字词6 013条;3字词1 266条;4字以上词412条。从词性上看,名词4 500余条,动词2 800余条,形容词500余条(有兼类重复)。

选词母体决定了专业词汇被排除在外,同时,由于本书研究对象的原因,本章只收录二字词6 013条,一字词、三字词等均暂不讨论。

二、词源调查文献简介

以下对检索文献群作简要介绍。根据词语发生的源流,相关文献可以大致分为五群,即,一、汉语典籍;二、耶稣会士译著,又称前期汉译西书;三、新教传教士译著,又称后期汉译西书,包括辞典和定期出版物;四、本土近代文献,主要为《申报》等中文媒体和口岸知识分子的著述;五、20世纪以后的日本书汉译及中文媒体。以上是汉语文献类。日语文献类,可分为二群,即,一、明治以前的兰学译著;二、明治以后的各类文献。图6-1为各文献群及其传承影响关系。虚线为不确定影响。

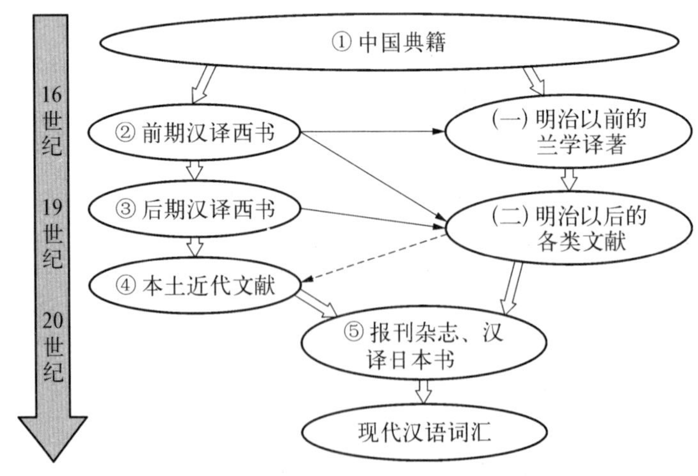

图6-1　中日文献群与词语传承示意图

以下从电子数字资源的角度对检索文献进行说明。中国典籍包括先秦两汉以来的经典,可利用的电子资源有:《中国基本古籍库》、《中国方志库》、《中国哲学书电子化计划》、《汉籍电子文献资料库》、《古籍与特藏文献资源》、《四库全书》等。佛经资源也应该纳入其中。

汉籍是汉字词汇的总源泉,中日两语的词汇都由此发生。

前期汉译西书、后期汉译西书还没有专项的电子数字资源,《中国基本古籍库》、《四库全书》等有少量收录,但不全面。近期这两类文献有大量活字本出版,可以自作 PDF 语料库。英华辞典可以利用台湾"中央研究院"近代史研究所的《英华字典》语料库。该语料库收录了 16 种 19 世纪初至 20 世纪初的主要英华字典,可以大致把握译词发生的及定型的历史。

近代媒体语料可以利用《申报》(1872—1949)、《大公报》(1902—1949)、《东方杂志》(1903—1949)以及近期出现的一系列商业语料库。关于《申报》,定位为本土语料当然没有问题,但是需格外留意其中的日语影响。因为很多新闻报道是来自当时日本媒体的。这种影响在甲午之后更为深刻、广泛。至于《大公报》、《东方杂志》从创刊初始就在日语的强烈影响下了,与其说是本土文献,不如说是日语词汇进入汉语的渠道。

语文工具书有《辞源》(正编 1915、续编 1931,及 2015 年版)、《汉语大词典》、《近现代辞源》、《近代汉语词典》、《大辞海》、《新华外语词辞典》等。关于《辞源》的版本,在此略作说明。《辞源》初版于 1915 年刊行,其时汉语正处于巨变的漩涡中。《辞源》正编、续编共收词近 10 万条,编纂目的如《辞源》名称所示要"穷原竟委"。而实际上,有 1 万条左右的词,既没有穷原,也没有竟委,即没有出示书证。这部分词主要是世纪之交受日语影响突然出现或被激活的"新词"。在词条释义上,也有一些词是新旧兼顾,分别列出"旧义"、"新义"。对"旧义"、"新义"加以整理、分析是近代词汇史研究的重要内容。《辞源》初版刊行后,多次重印,修订工作也随时进行。20 世纪 70 年代末出了一个修订本,将《辞源》定位为读解古典的工具书,为此,删去了书证在鸦片战争以后的词条。《辞源》2015 版继承了上述收词原则,故可以说《辞源》2015 年版中理论上已经没有近代新词了。同时得益于语料库的词汇研究的进展,《辞源》在书证收集上达到了新的广度(但 16 世纪末来华的耶稣会士的著述,仍没有被当作本土语料对待,这不能不说是一个重大的缺陷)。基于以上理由,《辞源》2015 年版中收录的词条,基本上可以看作是汉语古典词。

当然，还存在着词义上的更新等问题。

日语方面，主要分为两部分，明治维新前和明治维新后，分界点是1868年，但文化活动是有连贯性的。明治维新以前即兰学译籍，数量庞大，但并未电子数字化。早稻田大学、东京大学等学术机关，日本国立国会图书馆等有免费下载资源可以利用（以木刻本为主，无法利用PDF检索的方法）。明治维新以后文献汗牛充栋，且为活字本，可以制作PDF检索语料库。个别专项语料库也可以利用，如庆应义塾大学的福泽谕吉电子文档（デジタルで読む福澤諭吉，URL = http：//dcollections. lib. keio. ac. jp/ja/fukuzawa）、明治学院大学的《和英语林集成》（URL = http：//mgda. meijigakuin. ac. jp/mgda/waei/）等。日本国立国语研究所研制的《日语历史语料库》收录了《太阳》等重要近代期刊，只是收词规模尚有待进一步扩充。

三、其他说明

1. 词条的书证属性分为："汉籍古典词"、"传教士译词"、"本土文献词"、"日本影响词"四类，其中日本影响词又细分为"借形词"、"借义词"、"激活词"三小类。各类详细说明见以下章节。调查步骤也在以下各节详细说明。

2. 异形：词条的词形与现代汉语有出入者，如，"惨淡"标为"惨胆、惨澹"的情况，本书均以现代汉语词汇为准进行了归纳整理。

3. 复合型：有的词典不收基本型，而收复合型。例如《辞源》（正编、续编）不收"压榨"，收录"压榨机"、"压榨器"；不收"审判"，收录"确定审判"；不收"鉴定"，收录"鉴定人"；不收"继承"，收录"继承法"；不收"志愿"，收录"志愿兵"；不收"租借"，收录"租借地"；不收"冲积"，收录"冲积层"；不收"辐射"，收录"辐射能"等。一般情况是复合型为新概念，但本书主要讨论基本型。

第二节　现代汉语二字词中的古典词

我们现在无时无刻不在使用的现代汉语词汇来自何处？汉语典籍中的古典词无疑是一个主要来源。先秦两汉到现代，时间跨度逾二千年，即使相同的词形也不能保证是同一词语，需要查验是否有连续不断的用例，词义有没有显著的变化。例如，《辞源》（2015）对"柔道"和"神经"的释义分别如下：

【柔道】温和谦顺之道。后多指以温和安抚为主的统治方法。

【神经】神秘之书。多指道教的典籍。

一读可知，古典文献中的"文字串"并不是现代汉语中的"词"，只不过是词形上的偶然巧合而已。如果一个词（文字串）在各个历史时期的文献中都能发现用例，且词义无显著变化，就可以说这个词有较强的传承性，是"一以贯之"的词。下面来看两个例子。

爱恋

魏·曹植《鼙舞歌》：沈吟有爱恋，不忍听可之。

清《聊斋志异》六林氏：戚不以为丑，爱恋逾于平昔。曲巷之游，从此绝迹。

金《王喆重阳全真集》十二·西江月·四景词：堪叹风花雪月，世间爱恋偏酬。

马礼逊《英华字典》(1822)：Love，爱恋。

罗存德《英华字典》(1866—1869)：Love，爱恋。

颜惠庆《英华大辞典》(1908)：Dally，to fondle，爱恋，抚摩，调戏，拥抱；Amativeness，Propensity to love，慕少艾，爱恋，色欲。

《申报》1872 年 5 月 7 日：于新金福堂内眷一姝，爱恋特甚，日沉酣于销金帐底，几于累月不出。(盗因色败)

本性

《荀子·性恶》：然则礼义积伪者，岂人之本性也哉？

马礼逊《英华字典》(1822)：Instinct，Instinct of animals 禽兽之本性。

卫三畏《英汉韵府历阶》(1844)：Intuitive，本性、睿智。

麦都思《英华辞典》(1847)：Property，the properties of a thing，性、本性。

罗存德《英华字典》(1866—1869)：Natural，it is natural to him，是他之本性、是他自然之性；Property，quality of a thing，性、质、性质、本性；Naturally，自然、天然、本然、本性、原本。

《申报》1872 年 7 月 20 日：闻高子之风亦可以少愧矣。好善本性成至是而为善。(高崧生传)

在我们调查的 6 013 条词里，一以贯之的词有以下所列的 2 294 条。但是有两点需要注意。一是所谓连绵不断的用例，并不是说这个词在词汇体系中一直处于相同的位置。我们在第四章讨论了"基本词汇化"的问题，有很大一部分二字词是在近代以后由概念范畴的周边进入中心部的。这一部分词和"激活词"是一个连续统，只是在尚未完成考察之前，姑且放在这里。二是所谓词义无显著变化，并不是说完全没有变化。语言为事物命名，指示对象是不断变化的，尤其是人造物，或社会制度等，但事物的变化并不总是引起命名（词形）的变化。例如“车辆”、“兵制”等，所指示的内容古今已经完全不同，但既有的词形并没有发生变化。

阿谀	傲岸	半世	抱负	本来	编纂
哀乐	傲慢	伴侣	暴发	本领	变动
哀切	拔擢	帮助	暴风	本人	变革
哀伤	把持	包藏	卑贱	本体	变更
爱抚	把握	包括	卑屈	本土	变化
爱怜	霸气	包容	卑猥	本文	变幻
爱恋	白垩	胞衣	悲哀	本义	变换
爱慕	白金	褒贬	悲怆	本质	变节
爱惜	白描	薄利	悲鸣	崩溃	变色
爱憎	白皙	薄弱	悲酸	崩落	变体
暧昧	白夜	薄幸	悲痛	逼迫	变通
安定	白蚁	饱满	悲壮	比喻	变心
安乐	白纸	宝典	北极	笔画	变形
安眠	白昼	宝库	备考	笔迹	变异
安泰	百分	保安	备忘	笔算	变质
安稳	百货	保护	备用	笔谈	便利
安心	败北	保全	倍增	必然	辨明
安易	败退	保卫	被服	必胜	辨析
安逸	拜谒	保险	被覆	壁画	辩驳
安置	班长	保养	被告	避难	辩论
鞍马	颁行	保育	被害	边防	标榜
按摩	搬运	保障	辈出	边疆	表白
暗号	瘢痕	报复	奔走	边境	表彰
暗记	版本	报告	贲门	编集	摈斥
暗算	版图	报国	本家	编辑	兵力

兵器
兵士
兵制
屏息
并称
并存
并发
并立
并列
并吞
并用
病人
病体
病症
病状
波光
波及
波澜
波浪
波涛
波纹
玻璃
剥落
播种
伯父
伯爵
伯劳
勃发
博览
博学

补偿
补缀
补足
捕获
捕捉
哺乳
不安
不便
不服
不敬
不利
不平
不适
不正
布告
布置
步行
部落
部属
部署
部位
部下
猜忌
猜疑
才干
才能
才识
才学
才智
材料

材质
财源
裁缝
裁量
采掘
采录
采纳
采取
彩色
参拜
参谒
残暴
残酷
残忍
惨淡
惨烈
仓库
苍白
藏书
操练
草稿
测量
插入
茶会
查收
查问
差遣
缠绵
缠绕
阐明

忏悔
昌盛
常规
长久
倡导
抄本
抄录
抄写
超然
超脱
超越
朝贡
嘲弄
嘲笑
车库
车辆
车轮
车轴
彻底
掣肘
撤兵
撤回
沉静
沉沦
沉没
沉湎
沉默
沉思
沉吟
沉郁

陈列
陈情
称量
称赞
成功
成就
成熟
成长
诚实
承接
承认
乘车
惩戒
痴呆
迟延
迟疑
迟滞
持久
赤色
炽烈
冲击
充当
充满
充实
充足
崇敬
重复
宠爱
抽签
踌躇

丑恶
丑怪
出奔
出路
出没
出纳
出入
出色
出身
出世
出头
出土
出现
出血
出阵
出征
除害
除名
除去
处决
处置
穿孔
传播
传布
传达
传令
传授
传送
传闻
传言

创建
创始
创业
创造
创制
纯白
纯朴
淳良
淳朴
醇美
蠢动
辞退
辞职
慈爱
慈悲
次序
聪敏
聪明
从事
催促
脆弱
存留
存亡
忖度
挫伤
挫折
错乱
错误
错杂
错综
达观
答礼
打击
打破
打算
大肠
大赦
大众
代理
代言
待命
怠慢
耽溺
诞生
弹劾
导出
倒悬
倒置
到来
盗用
道路
得意
的确
低价
低落
敌手
抵偿
地理
地图
地震
地主
递送
典籍
典礼
典丽
点火
点检
雕刻
雕琢
调查
订正
定论
定数
动摇
冻结
恫吓
逗留
毒药
独占
独自
端正
短歌
断绝
队伍
队长
对局
对手
对阵
对质
对峙
兑换
顿悟
多情
多样
夺取
堕落
堕胎
婀娜
扼杀
恩惠
发愤
发觉
发情
发散
发送
发祥
罚金
翻弄
翻身
翻译
烦闷
烦恼
繁华
繁茂
反驳
反复
反击
反目
犯人
犯罪
饭店
泛滥
方面
方位
方言
防备
防范
防卫
防御
放浪
放逐
飞散
飞翔
飞扬
非常
非议
肥大
肥沃
诽谤
废弃
沸腾
费用
分别
分割
分类
分离
分立
分列
分娩
分派
分歧
分散
粉饰
粉碎
奋发
奋起
愤懑
丰丽
丰饶
丰润
丰沃
丰艳
风格
风光
风景
风流
风尚
缝合
缝制
奉告
奉还
奉送
佛教
否则
肤色
敷衍
扶持
扶助
服饰
服役

浮薄
浮标
浮沉
浮动
浮游
符合
福利
福祉
抚恤
抚养
抚育
俯瞰
辅佐
负载
赴任
复仇
复古
复归
复合
复旧
复命
复辟
复兴
复业
复元
复职
副本
副手
富丽
富农

富强
富饶
改窜
改订
改定
改善
改易
改造
改装
甘美
感触
感动
感恩
感怀
感激
感叹
感谢
干涉
干燥
刚强
刚毅
肛门
纲纪
纲领
纲目
港口
高贵
高调
高位
高雅

高远
睾丸
膏药
告别
告发
告诉
告知
歌唱
歌词
歌曲
格斗
格调
格致
隔离
根茎
根源
耕地
耕牛
耕耘
耕种
耕作
梗塞
更改
更生
更新
工程
工作
公库
公平
公然

公事
公文
公用
公正
攻击
共存
共生
共有
供奉
供给
供养
供应
勾引
构思
购买
孤独
孤立
古拙
骨髓
骨折
鼓吹
鼓动
鼓舞
固守
固有
固执
顾虑
雇佣
关涉
关心

观览
观赏
观望
官邸
管辖
贯通
惯用
灌溉
光荣
广阔
归还
归化
归属
规范
规制
诡辩
国家
国书
国语
过度
过激
海港
海域
涵养
行列
航海
豪胆
豪华
豪迈
豪势

豪爽
好评
号令
浩大
喝彩
合并
合欢
合计
合理
合力
合流
合算
合一
合议
合奏
合作
和风
和解
和乐
和平
和声
和谐
和约
黑暗
横暴
横断
横行
横死
横溢
衡量

宏量
后悔
后继
后退
厚生
厚遇
候补
呼吸
呼应
狐疑
护送
护卫
花坛
华丽
华美
滑稽
化育
怀柔
怀疑
欢呼
欢喜
环流
环视
幻梦
幻灭
幻视
幻术
幻影
荒诞
荒废

皇族
回避
回答
回复
回顾
回归
回流
回旋
回转
悔悟
毁伤
毁损
会馆
会合
会同
会战
彗星
昏迷
昏睡
混沌
混乱
混战
魂魄
豁达
豁然
活字
火力
火山
火星
货物

霍乱
击破
机会
机密
机器
机要
肌肉
基业
激荡
激发
激愤
激励
激怒
及第
级数
极力
极刑
疾病
集成
嫉妒
脊椎
计量
计算
记录
记事
记述
记载
纪律
纪年
技能

技术
技艺
忌讳
继承
寄生
寄语
加工
加减
家属
假借
假设
假托
假象
架空
歼灭
坚固
坚忍
坚韧
坚实
坚守
坚硬
间断
间隔
监察
监督
监护
监禁
监理
监视
监守

监修
监制
兼备
兼并
检视
检束
减免
减轻
减少
简洁
简略
简朴
简要
简约
见地
见证
建立
建言
健忘
健在
渐进
鉴别
鉴定
鉴赏
将军
将帅
疆土
疆域
讲话
讲究

讲授
奖励
降临
降旗
酱油
交错
交代
交付
交合
交欢
交接
交涉
交替
交易
交游
交杂
交战
郊外
骄傲
矫正
搅乱
校订
校勘
校阅
校正
教导
教法
教官
教化
教诲

教练
教唆
教习
教学
教训
阶梯
接待
接见
接近
接收
接受
揭示
节俭
节减
节目
节约
节制
节奏
杰出
杰作
诘问
洁白
洁癖
结构
解答
解冻
解毒
解热
解散
解释
解说
解体
解脱
介意
金币
金库
金牌
金星
津液
紧急
紧密
紧要
锦旗
尽力
进呈
进发
进攻
进击
进军
进取
进入
进退
进驻
近海
近郊
近况
近来
近似
浸润
禁锢
禁绝
禁欲
禁止
经费
经略
经营
经由
惊愕
精彩
精悍
精力
精练
精炼
精巧
精确
精锐
精神
精通
精细
精选
精液
精致
精子
景色
景物
景仰
景致
警报
敬爱
敬服
敬慕
敬虔
敬重
静谧
静肃
静养
静坐
境界
旧式
救护
救急
救济
救援
救助
就寝
就业
拘泥
居民
居住
咀嚼
龃龉
句法
狷介
角逐
觉悟
决斗
决断
决裂
决意
绝交
军法
军功
军籍
军粮
军令
军容
军士
军事
军需
军营
军职
军制
均分
君主
俊敏
峻严
开垦
开设
开始
开通
开拓
凯旋
慨叹
堪能
看守
抗拒
考查
考察
考究
考证
拷问
渴望
克服
克明
恳请
空白
空漠
空虚
恐惧
控诉
口号
口径
口授
口语
苦笑
苦战
酷似
夸示
夸张
快活
快适
会计
宽大
宽厚
宽容
宽恕
宽宥
宽裕
狂人
狂妄

矿石
溃疡
昆布
昆虫
扩充
阔步
阔达
来访
来临
来往
烂漫
滥觞
浪费
劳力
老境
老练
雷同
磊落
泪痕
类聚
类似
类同
类推
累积
冷带
冷淡
冷然
冷笑
离别
离合

离间
离任
罹患
礼拜
礼遇
理会
理解
历任
立案
立法
立论
利口
利润
利息
利益
利用
隶属
连环
连接
连续
练习
恋慕
良民
良质
良种
两翼
辽阔
辽远
林立
临场

临战
凛冽
凌驾
凌辱
零碎
领会
领事
领有
留守
留意
留置
流传
流动
流行
流离
流露
流失
流通
流星
流转
隆起
垄断
陋劣
镂刻
陆军
陆战
路程
路费
路径
露骨

沦落
轮回
轮奸
轮转
论及
论述
罗列
裸体
落成
落第
旅费
履历
麻痹
埋藏
埋没
埋葬
卖淫
满座
蔓延
盲目
茫洋
矛盾
贸易
美观
美丽
萌芽
盟约
猛烈
梦幻
梦想

迷惑
糜烂
密封
密告
密集
密谋
密谈
绵密
勉励
勉强
面貌
面目
面容
面谈
描写
灭亡
蔑视
民间
民生
民俗
敏捷
名义
明辨
明察
明快
明朗
明确
明示
明晰
鸣谢

冥想
瞑目
瞑想
命名
命中
摸索
摹写
抹杀
默契
默许
谋反
谋杀
木版
目击
目录
沐浴
牧场
牧笛
牧歌
幕府
纳入
难产
脑浆
脑髓
逆行
逆流
溺爱
年长
酿成
捏造

凝固
凝结
凝视
凝滞
农具
农民
努力
虐杀
讴歌
殴打
呕吐
偶然
排击
排列
判别
判定
判断
判事
彷徨
旁观
膀胱
咆哮
培养
赔偿
配合
配偶
喷泉
喷射
批判
批准

匹敌
偏爱
偏见
偏向
偏执
偏重
篇章
便宜
漂泊
漂流
剽窃
贫困
贫农
品格
品性
平淡
平等
平定
平分
平行
平静
评定
破格
破坏
破裂
破灭
破碎
破损
扑灭
谱系

栖息
凄惨
凄楚
凄怆
凄绝
凄凉
凄然
期限
齐唱
奇拔
奇迹
奇丽
奇异
祈祷
祈愿
企及
起伏
起立
起用
气象
契合
迁移
牵引
牵制
铅笔
前进
前科
前途
潜伏
潜行

潜入
潜心
浅薄
浅陋
谴责
强暴
强辩
强夺
强奸
强健
巧妙
切实
窃取
侵犯
侵入
亲近
亲密
寝具
寝室
轻便
轻快
轻妙
轻少
轻视
轻微
轻信
轻易
倾听
清澄
清楚

清纯
清凉
清扫
情感
情景
情态
情调
情味
情绪
情欲
请求
庆贺
庆祝
求爱
求婚
求援
区分
驱除
驱动
驱使
屈从
屈服
屈辱
趋向
曲解
取得
取舍
权威
全能
痊愈

劝告
劝诫
劝说
确实
确信
让位
扰乱
热心
人类
人民
人性
人员
忍耐
任免
任命
任用
妊娠
容易
融化
冗长
柔和
柔韧
柔弱
柔顺
蹂躏
肉食
肉体
肉眼
蠕动
入场

入队
入门
入选
入学
软弱
锐利
润色
弱小
洒脱
三角
散布
散步
散漫
丧失
骚扰
扫除
扫荡
杀害
杀戮
煽动
善良
善战
伤害
商船
商量
商谈
商议
上场
上乘
上等

上帝
上升
少年
少女
奢侈
奢糜
设问
射手
涉猎
赦免
摄取
申报
申告
申请
伸缩
伸张
身分
身份
身体
身心
呻吟
深邃
深远
深长
深重
神化
神妙
神圣
审问
审讯

升级
升降
生产
生成
生动
生还
生活
生物
生息
生硬
生育
生长
生殖
声乐
声明
声调
省察
省略
圣诞
圣地
盛行
失策
失当
失礼
失明
失望
失误
失言
失职
诗歌

诗坛
施工
施行
施设
施政
湿地
湿润
石像
石油
时刻
时限
识字
实体
实物
实证
食言
食盐
史学
使役
使用
使者
世袭
市价
事典
事迹
事物
事业
试验
适从
适合

适应
适用
释放
嗜好
誓词
誓言
收藏
收集
收监
收揽
收敛
收纳
收拾
收支
守备
首肯
首席
受戒
狩猎
授权
授受
书写
抒情
疏通
熟知
署名
束缚
树立
数学
衰弱

衰退
衰亡
衰微
率直
水雷
水力
水利
睡眠
顺当
顺应
说教
说明
思量
思慕
思念
思索
死伤
死守
死亡
饲养
怂恿
耸立
悚然
送别
搜查
搜索
俗恶
肃清
塑像
随行

损耗
损坏
损伤
损失
缩减
缩小
所属
所有
索然
锁骨
胎教
谈论
叹息
探测
探察
探究
探求
探索
探讨
逃避
逃亡
逃走
特有
提倡
提起
提携
题目
体力
体验
体制

体质
天理
天球
天然
天文
天性
天真
恬淡
恬静
填补
挑战
条款
条例
条目
条约
调合
调和
调剂
调教
调节
调理
调停
调味
眺望
跳跃
铁笔
铁矿
听讲
听取
停泊

停车
停顿
停留
停职
停止
停滞
挺身
通报
通达
通风
通货
通俗
通晓
通用
通知
同感
同居
同一
统率
统辖
统一
恸哭
痛打
痛感
痛恨
痛苦
痛快
痛惜
投降
投身

投掷
突出
突击
图画
图像
图形
涂抹
吐露
推测
推戴
推荐
推举
推论
推敲
推算
推选
推移
退避
退出
唾弃
瓦解
丸药
完结
顽固
顽健
挽歌
挽回
婉然
亡命
网罗

往复
往还
往来
妄诞
妄动
忘却
忘我
危险
威迫
微妙
违背
违反
违令
违约
围绕
伪造
尾骨
委弃
委托
畏缩
慰藉
慰劳
慰问
温厚
温泉
温柔
瘟疫
文饰
文坛
文体

文学
文艺
吻合
稳便
问答
握手
斡旋
诬告
无垢
无理
无限
无效
无用
芜杂
五官
五金
侮蔑
侮辱
舞蹈
舞曲
物价
物理
物色
物体
误解
误用
犀利
袭击
洗涤
洗濯

细心
细致
狭隘
下垂
下等
下降
下流
下落
先导
先行
先驱
先天
先哲
纤巧
纤弱
纤细
闲散
闲谈
闲雅
显示
显现
现存
现在
限定
限度
相承
相等
相反
相关
香水
详细
降服
享乐
享受
享有
想象(像)
向导
向上
消化
消灭
消磨
消散
萧杀
小农
小品
小心
小学
效力
协和
协力
协商
协同
协奏
携带
写生
写意
写照
谢绝
谢罪
邂逅
心绪
心愿
新锐
新生
新式
新鲜
信奉
信服
信赖
信任
刑具
行程
行动
行军
行李
形成
形容
形势
形体
形状
兴起
性格
性急
凶悍
凶猛
雄辩
雄大
雄劲
雄视
雄图
休假
休憩
休息
休暇
休养
休止
修补
修订
修复
修行
修理
修炼
修缮
修饰
修养
修整
修正
秀美
须知
虚无
许可
许诺
叙述
宣布
宣教
宣扬
喧哗
喧噪
玄关
悬垂
悬隔
旋转
选拔
选任
选择
绚烂
学籍
学生
学习
学校
学者
血战
熏蒸
寻常
巡察
巡回
巡检
巡礼
巡逻
巡视
循环
训诫
训练
训示
压倒
押送
哑然
雅驯
湮灭
延纳
延期
延长
严禁
严酷
严令
严命
严肃
严正
严重
言论
研究
掩蔽
厌恶
厌世
厌战
艳丽
验算
扬言
羊羹
仰视
养成
养护
养生
养育
夭折
要害
要领
揶揄
野性
夜袭

谒见
一般
一览
一瞥
医师
医学
医药
依托
仪式
移动
移民
移送
移用
移植
遗憾
遗精
遗留
遗尿
遗弃
遗失
遗赠
遗嘱
议定
议决
议论
异常
异端
异质
抑郁
意见
意匠
意味
意向
意义
因缘
阴惨
音乐
音律
音调
殷勤
淫荡
淫靡
淫猥
淫逸(佚)
引见
引用
引证
引致
饮食
饮用
隐蔽
隐避
隐遁
隐居
隐匿
隐忍
印刷
英明
英雄
迎合
迎击
迎接
营造
应变
应酬
应答
应对
应募
应诺
应用
应援
拥护
拥立
永别
永久
永逝
咏叹
用心
优待
优等
优柔
忧愁
忧郁
幽闭
幽居
悠久
悠扬
悠长
犹豫
游荡
游览
游历
游猎
游牧
游说
游戏
游学
游弋
游泳
友好
友情
有力
有利
有名
有数
有望
有为
有效
诱惑
迂阔
迂远
愉悦
愚昧
愚蒙
愚弄
宇宙
羽化
语气
语意
语音
浴衣
预备
预防
预告
预期
预习
预知
元帅
圆滑
援引
援助
远大
远望
远因
远征
约定
约束
乐律
乐谱
乐器
乐曲
阅兵
悦服
越境
云集
云散
允许
陨石
运动
运行
运河
运算
运用
运载
运转
杂居
杂文
再生
赞成
赞美
赞叹
赞助
造成
增加
增大
增设
增收
憎恶
赠答
赠与
诈取
债主
斩首
展开

占据
占用
战栗
战略
战胜
战术
掌握
召唤
召集
照顾
照射
照应
遮蔽
折衷
哲人
谪居
着色
贞洁
贞淑
侦察
珍藏
珍贵
珍重
真诚
真实
斟酌
诊疗
振动
振兴
振作
震动
镇定
镇静
镇压
争斗
争夺
争论
征伐
征服
征收
征讨
征用
整顿
整理
正统
正义
证据
证人
政权
政治
症候
支持
知悉
脂肪
执拗
直面
直视
直通
指挥
指教
指名
指示
指向
指摘
制定
制度
制造
制作
质问
治疗
致密
滞留
中等
中断
中伤
中心
中止
忠厚
忠实
终局
终止
重大
重厚
周旋
周游
主妇
主人
主宰
主张
嘱托
注解
注入
注视
注释
注意
驻留
祝福
著名
专横
专用
专有
专政
转化
转借
转卖
转身
转送
转战
庄重
壮大
壮观
壮丽
壮烈
壮美
追悼
追怀
追击
追加
追究
追求
追随
追忆
追赠
坠落
准备
准则
拙恶
拙速
卓拔
卓越
姿态
资产
资质
自爱
自白
自裁
自嘲
自称
自负
自给
自供
自荐
自觉
自尽
自决
自立
自明
自然
自杀
自省
自恃
自首
自卫
自慰
自问
自制
自足
宗派
阻塞
尊崇
尊敬
尊重
遵守
左右
作为
作文
坐禅
坐位
坐席
坐药

第三节　现代汉语二字词中的传教士译词

出自耶稣会士之手的前期汉译西书和出自新教传教士之手的后期汉译西书都收录了大量的新词，尤其是英华辞典的编纂，是一个大规模集中准备译词的过程，在此过程中产生了大批新词，旧词也因此与英语等建立了对译关系，引发了词义的变化。同时，19 世纪的英华辞典也是日语获得二字词的重要资源。

在本书调查的 6 013 条词里，传教士译词共有 1 051 条。

哀愁
爱情
案件
暗礁
暗杀
暗语
白带
白桦
白旗
白热
白糖
版式
半岛
半径
半旗
半球
扮装
薄情
保留
保释
报道
爆裂
悲惨
北纬
本籍
绷带
鼻音
比较
比例
比重
笔录
笔洗
必须
必要
庇护
编制
变数
便览
便秘
辨别
辨识
标点
表现
濒死
兵营
病情
病疫
病源
病院
补给
不等
不定
不动
不法
不觉
不良
不满
不足
部长
财产
裁断
参政
惨败
草本
草食
测定
测度
查阅
差别
差额
产出
产妇
产后
产生
产物
产业
颤动
肠炎
常备
常数
偿还
场面
超过
潮流
称呼
成果
乘法
赤道
赤裸
冲积
崇拜
出芽
初犯
初诊
除法
处分
处理
处女
处刑
畜产
畜类
畜力
传道
传票
传染
船台
船体
船员
创见
创举
创立
创设
吹奏
纯洁
纯净
纯良
纯然
纯真
纯正
磁气
磁石
雌花
次官
搭载
打倒
大会

大脑
大洋
代笔
代行
代数
代用
担保
担当
担架
单数
单位
单眼
单一
胆管
胆囊
胆汁
淡水
弹丸
弹药
蛋白
档案
灯台
登记
等级
底本
地产
地价
地壳
地雷
地球
地域
递减
典型
电报
电池
电光
电机
电极
电气
电器
电视
电线
电信
电学
店主
雕像
谍报
定额
定价
定理
定例
定期
定时
定式
东洋
冻土
毒物
独创
读者
杜撰
镀金
队员
对称
对数
对照
钝角
钝器
耳膜
发电
发端
发刊
发热
发炎
发扬
法力
法统
法则
法制
帆布
帆船
烦琐
繁密
繁盛
繁杂
繁殖
反刍
反射
反问
反响
反转
梵语
方程
方向
防火
防止
纺织
放电
放学
放置
飞跃
肥料
肺炎
肺叶
肺脏
分布
分队
分母
分数
风琴
疯狂
福音
负数
附加
附录
附属
附图
附言
附议
附注
复刊
复利
复审
复原
复制
副官
副署
富裕
腹部
改良
概况
肝炎
肝脏
感冒
感情
刚性
刚勇
钢板
钢铁
高度
割让
格式
隔绝
隔膜
根绝
更迭
更正
工厂
工场
工期
工艺
公报
公布
公称
公德
公法
公费
公害
公开
公理
公路
公判
公认
公设
公使
公式
公司
公诉
公债
公证
公职
公众
巩固
共产
共谋
供述
骨骼
鼓膜
顾客
雇用
官报

官话	合同	混杂	兼任	解放	绝佳
官立	和谈	混浊	兼职	解雇	绝妙
官僚	黑板	活动	缄默	界线	绝望
管理	黑人	活泼	检查	借款	掘进
光线	恒星	货车	检阅	金额	军纪
光学	横笛	奇数	减法	紧迫	军旗
规约	红茶	击沉	减税	近世	军装
规整	宏大	基督	简括	近视	君权
轨迹	弧度	激烈	简明	近因	峻烈
国歌	弧线	极限	建造	浸透	竣工
国会	互助	急救	建筑	景况	咖啡
国籍	花粉	急症	讲述	警钟	开放
国教	花蕊	几何	讲习	净水	开国
国界	滑车	脊髓	讲演	竞争	开化
国库	化学	记号	交换	静观	开庭
国旗	画笔	记忆	胶质	静寂	开战
国债	欢送	纪行	角度	境地	刊行
过密	欢迎	纪录	脚色	境遇	看护
海里	缓解	纪要	教皇	就任	抗战
海图	幻想	纪元	教会	就诊	抗争
海峡	回教	加法	教士	居留	课税
海洋	回想	加热	教条	局面	空洞
海运	会商	加重	教徒	举行	空气
含蓄	会议	家政	教主	巨资	空想
含有	会友	家族	酵母	拒绝	口盖
函数	绘画	价值	接吻	具有	口琴
寒带	绘图	架设	街灯	剧本	口述
航空	晦涩	尖锐	结晶	剧场	苦境
豪快	混同	坚信	结社	飓风	宽阔
合法	混淆	监查	结扎	决战	矿产

矿工
矿井
矿脉
矿山
矿物
扩大
括弧
滥用
烙印
乐天
乐园
泪管
泪囊
冷冻
冷静
罹病
立方
立体
连邦
联邦
联合
联结
联络
联盟
廉价
恋爱
恋情
列车
列岛
灵感

零度
零细
流产
流质
路面
论断
论说
落后
落马
绿茶
马力
麦酒
满足
漫笔
漫骂
漫谈
漫游
盲人
冒险
美妙
弥撒
蜜月
免除
免税
民兵
民法
民意
民政
民主
模式

摩擦
默祷
默读
默示
默想
母性
目次
牧师
募集
呐喊
纳凉
纳税
耐寒
耐用
难民
脑炎
内包
内部
内服
内阁
内科
内省
内政
年报
年度
年金
鸟类
尿道
尿酸
牛痘

浓厚
浓密
暖带
虐待
女声
欧洲
偶数
偶像
拍手
派遣
判明
判任
炮兵
炮弹
炮火
炮击
炮舰
炮口
炮手
炮台
胚胎
陪审
配送
漂白
频发
品行
品质
平凡
平方
评语

破产
齐奏
奇景
旗舰
旗手
启发
启蒙
启示
气管
气候
气球
气体
弃权
汽机
器械
前景
前哨
前卫
强固
强烈
强制
切点
切线
亲切
清算
情报
球面
球体
球形
区别

驱逐
曲线
权利
全局
全权
确认
群岛
群居
群体
燃烧
染料
热爱
热带
热度
热情
人权
人证
认证
日报
日记
融合
融和
肉欲
入会
软膏
软禁
散文
砂糖
商业
赏金

上层	首相	通电	胃炎	陷落	秀丽
上告	受理	通告	温带	献词	袖珍
上水	书记	通话	温暖	献身	虚荣
设立	舒畅	通信	温室	项目	虚弱
伸展	舒缓	同志	温顺	消毒	虚脱
绅士	输出	童谣	文法	消退	虚伪
神父	衰颓	统合	文盲	小脑	虚心
神学	水平	统计	污点	小数	需要
审查	税金	痛击	污染	小说	宣传
审美	税务	投票	物证	效果	宣告
审判	税源	投入	物质	心得	宣战
肾炎	随员	投资	误认	心境	悬念
圣书	探查	突发	误诊	心算	选定
胜诉	特权	图解	西学	欣快	选民
失业	提出	推理	西洋	新闻	学派
石版	体积	颓废	吸入	信条	学士
石笔	天才	退学	吸引	信徒	学术
石器	天使	退职	习得	信托	学说
石印	天体	妥当	洗礼	信心	学位
识别	天主	歪曲	喜悦	行使	学院
实地	添加	外观	戏曲	行政	雪崩
食用	填充	外科	系数	形式	血管
史诗	条文	外套	细胞	性质	血清
使徒	调制	外衣	下院	凶暴	血液
始发	铁道	丸剂	鲜明	凶恶	勋章
世界	铁轨	顽强	险恶	胸骨	巡查
事项	铁路	微分	现行	胸腔	殉职
视差	铁砲	纬度	现任	雄花	压力
收容	停刊	纬线	现状	雄蕊	压制
首位	停战	委员	线路	雄性	亚麻

烟草
严格
炎症
盐酸
颜料
眼镜
眼科
眼球
演剧
演练
演算
演习
阳极
洋行
洋酒
洋式
样式
摇篮
药品
药物
药箱
要旨
耶稣
冶金
野战
衣料
医科
医疗
医院
依赖

遗产
遗迹
遗体
议会
议员
议院
臆测
因果
因数
阴暗
阴极
阴险
阴性
银行
银河
银婚
银牌
印刻
影像
应诉
应战
应诊
优先
优雅
邮船
邮政
油井
油性
游艇
友爱

有理
幼儿
诱拐
鱼雷
鱼类
渔业
育儿
浴室
预报
预测
预定
预断
预见
预科
预审
预示
预选
预言
园艺
原稿
原告
原籍
原价
原理
原料
原则
原罪
远视
月球
乐音

阅读
阅览
越权
越狱
运送
韵母
杂费
杂感
杂音
栽培
再版
再婚
造船
造反
责任
增进
增派
增援
增长
炸裂
摘除
摘录
摘要
债券
债务
占有
章程
招待
真数
真正

真挚
诊察
诊断
枕木
震撼
争议
蒸发
蒸汽
整备
整合
整容
整数
整治
正数
证书
证言
政法
症状
支出
支流
知识
执行
直肠
直角
直径
直属
职位
职员
职掌
指数

指纹
制版
制表
制约
制纸
质量
治愈
中波
肿胀
种痘
种类
重力
重视
重心
重要
重用
主笔
主持
主教
主脑
主权
助手
祝贺
铸铁
铸造
专科
转换
转移
庄严
装备

装潢	资本	自发	自转	总论	作曲
装饰	资金	自律	宗教	租借	作用
装置	子房	自由	综合	阻止	作者
状态	自动	自治	总理	组成	座位
卓绝					

第四节　现代汉语二字词中的本土文献词

所谓本土文献词是指明末清初以后，中国士子的著述，或者 19 世纪中叶以后仅出现在汉语媒体上的新词(19 世纪的英华辞典上无译例)。本书以《申报》为主要检索对象。《申报》中有用例，而《汉语大词典》(1990)或《辞源》(2015)等不加收录，或虽有收录但无书证者认定为本土文献词。今后调查范围需扩大到口岸知识分子的著述中。

在本书调查的 6 013 条词里，本土文献词共有 26 条。虽然数量较小，但反映了日语影响显现前的汉语自主造词情况。

弊害	店员	史料	修女	压延	增强
冰期	国税	停电	秀逸	业绩	正常
纯情	俊秀	外径	需求	影印	职责
待机	礼赞	协调	削减	越冬	装订
单价	气态				

第五节　现代汉语二字词中的日语影响词

中日之间的语言接触，以及由此产生的知识大移动，对日语和汉语都产生了重大的影响。如第五章所述，笔者近年主张应将日语对汉语的影响分为三种类型：一、借形词；二、借义词；三、激活词，统称为“日语影响词”。对日语影响词进行全面描述是本书的重点。日语影响词的确认是利用大型汉语工具书、古籍语料库、近代英华华英字典及大量近代译著完成的。这里有两个时间点需要注意，第一，文献类的书证以 1894 年中日甲午战争前后为分界，此前汉语较少受到日语的影响[①],此后日语对汉语的影响愈演愈烈;第二,英语词典类则以颜惠庆编《英华大辞典》(1908)为分界。在此之前,双语工具书的名称为“字典”或“韵府”,几乎没有日语的影响,《英华大辞典》是第一部以“辞典”命名的外语辞典,并从英和辞典中采用了大量的译词。这一时期,直接取材日语的辞典也开始刊行,例如《新尔雅》(1903)、《汉译日本辞典》(1905)、《汉译日语大辞典》(1907)、《东中大辞典》(1908)、《普通、专门科学日语辞典》(1908)等。[②]这些辞典对日本译词进入汉语都发挥了决定性的作用。以下分述“日语影响词”的确认步骤。

一、日语借形词

如前所述,日语借形词就是词形借自日语的词,主要通过词源调查确定。汉语的书证晚于日语书证的词,都有可能是日语借形词。调查的基本步骤如图 6－2 所示。

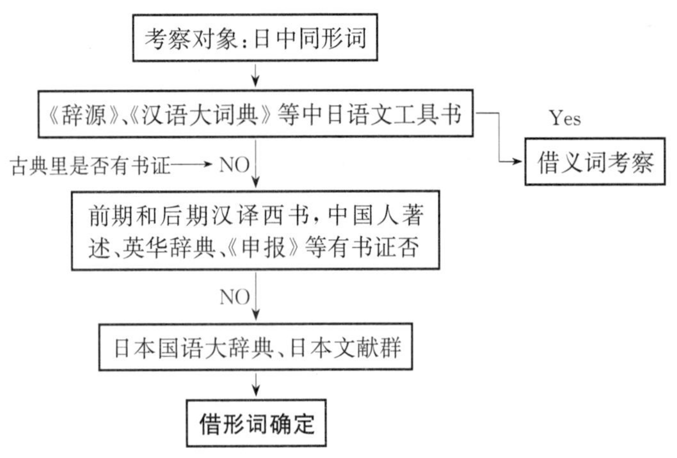

图 6－2　日语借形词调查步骤

在此需要注意的是,文字串的偶然巧合的情况要加以排除。在 6 013 条词中,经过上述步骤初步确认的“日语借形词”共 1 650 条,罗列如下。

---

① 甲午之前,除了《申报》等中文媒体以外,中国外交官员、访日士大夫、商人的视察报告、游记等也记录了少量日语词汇,但这些文字读者有限,影响也较小。参见沈国威著《近代中日词汇交流研究——汉字新词的创制、容受与共享》(三、语言接触编・第一章),北京:中华书局,2010 年。

② 沈国威撰《日汉辞典的黎明期》,《或问》2008 年第 15 号,第 75—84 页。

矮化
矮小
爱称
安打
凹版
凹面
拔丝
百科
败诉
拜金
斑马
板书
版画
版面
版权
版心
钣金
伴奏
瓣膜
棒球
包皮
包摄
包装
孢子
饱和
保健
保温
报导
暴动
暴力

暴食
暴饮
爆发
爆破
卑劣
卑怯
悲剧
北欧
备品
背景
倍率
被动
本能
鼻腔
鼻炎
彼观
笔触
笔名
笔者
币制
必修
闭幕
避孕
编者
变量
变速
变奏
便笺
标尺
标号

标语
表层
表决
表题
表土
表演
别庄
冰点
兵团
兵员
兵站
兵种
病床
病毒
病害
病菌
病历
病弱
病态
波动
波形
波长
剥离
补强
补习
哺育
步测
步哨
步调
财阀

财界
财经
财团
财务
财政
裁判
采光
采矿
采血
采油
参数
残存
残留
惨剧
曹达
草案
草图
草原
侧根
侧枝
测光
测试
层面
插画
插话
插图
茶道
查证
产道
产地

产科
产量
常识
常温
场合
场景
场所
潮位
沉淀
沉积
沉降
成虫
成品
成因
成员
承传
承诺
乘客
乘务
乘员
尺骨
耻骨
赤化
赤字
充电
充分
充血
憧憬
虫害
崇高

重唱
重婚
重奏
宠儿
抽象
丑闻
出版
出产
出超
出动
出航
出品
出勤
出生
出庭
出席
出演
出展
初步
初等
初级
初恋
除湿
除外
触角
触觉
触雷
触媒
触手
传承

传单
传动
船籍
船龄
船长
炊事
垂体
垂直
纯度
纯利
纯棉
辞典
辞书
磁场
磁化
磁极
磁力
磁铁
磁性
雌蕊
雌性
次元
刺激
从业
粗暴
粗大
促进
催化
催眠
膵脏

存续
错觉
搭乘
达成
打消
大量
大尉
大型
代表
代价
单纯
单利
单调
单叶
单元
单质
但书
弹道
弹力
弹头
当量
当选
党费
党风
党纲
党规
党籍
党纪
党派
党旗

党员
导电
导管
导尿
导体
导线
倒产
倒阁
倒叙
德育
登顶
等号
等价
等量
等式
等外
等温
等值
低层
低潮
低度
低级
低压
低劣
低能
低俗
低调
低温
低压
敌视

敌意
抵抗
底部
地表
地层
地点
地核
地貌
地热
帝国
递增
电波
电场
电车
电磁
电灯
电动
电镀
电工
电荷
电弧
电化
电话
电键
电解
电缆
电离
电力
电量
电铃

电流
电炉
电路
电热
电网
电压
电源
电子
淀粉
定量
定型
定义
东亚
冬宫
冬眠
动产
动词
动感
动画
动机
动力
动量
动乱
动脉
动态
动向
动议
动因
动员
毒素

毒腺
毒性
毒液
独白
独特
读本
读物
渎职
短波
短评
短文
断层
断想
断言
堆肥
对等
对话
对决
对抗
对谈
对象
对译
对应
钝化
钝重
多彩
多元
惰性
恶变
恶化

发车
法案
法规
法权
法人
法庭(廷)
法医
番号
反比
反抗
反省
反诉
反证
饭盒
泛称
范例
方案
方针
防潮
防尘
防弹
防毒
防空
防线
防疫
放射
放映
废品
沸点
分册

分担
分店
分泌
分蘖
分社
分子
封杀
否定
否决
否认
夫权
孵化
敷设
服务
浮雕
浮力
符号
辐射
腐蚀
付录
附表
附则
复航
复交
复式
复数
复习
复写
复员
复杂

副词
副食
副题
副业
腹膜
腹腔
改版
改组
概观
概括
概率
概略
概念
概数
概说
概算
概要
肝油
杆菌
感官
感光
感觉
感性
干部
干馏
干线
钢材
钢管
港湾
港务

高潮
高额
高级
高热
高速
高温
高校
歌剧
歌手
歌坛
革新
个别
个人
个体
个性
给水
工兵
工具
工科
工学
工业
公安
公表
公海
公立
公仆
公伤
公示
公演
公益

公有
公约
公转
巩膜
共鸣
共通
共振
构图
构想
媾和
骨膜
骨盆
骨质
固定
固化
固态
固体
故障
雇农
雇员
寡头
挂图
挂轴
观测
观点
观客
观念
观众
官能
冠词

惯性
灌肠
光度
光年
光素
光速
光源
广范
广告
广域
规定
规律
国产
国粹
国际
国立
国营
国有
过程
过敏
过剩
海拔
海军
海绵
海员
害虫
害鸟
含量
寒流
汗腺

汗液
行进
航程
航行
航路
航速
好感
好转
号外
合唱
合金
和服
和歌
和文
河床
核酸
核心
黑幕
黑潮
恒温
衡器
后脑
后天
弧光
华氏
滑翔
化肥
化合
化脓
化石
化纤
化妆
画板
画报
画布
画素
画坛
话题
缓冲
缓和
幻灯
幻觉
幻听
幻象
换气
换算
荒唐
皇军
回收
会费
会社
会谈
会员
混纺
活性
活跃
机构
机能
机长
机制
积肥
积极
积木
基层
基地
基点
基肥
基干
基金
基数
基调
基线
基因
基质
基准
畸型
激化
激增
激战
极地
极点
极度
极端
极光
极右
极左
急激
急剧
急峻
急性
急诊
集合
集结
集权
集散
集团
集约
集中
纪念
技工
技师
季风
季刊
剂量
加号
加盟
加速
加压
甲板
假定
假名
假释
假说
假死
假想
价格
架构
尖兵
尖端
坚果
间接
间脑
间作
监测
监事
检定
检疫
减产
减号
减速
减压
减员
简单
简短
简化
见习
健康
健全
舰队
舰艇
舰长
键盘
将领
讲坛
奖金
交点
胶着
焦点
角膜
角质
脚本
搅拌
觉书
教案
教本
教鞭
教材
教程
教具
教科
教派
教区
教室
教员
酵素
阶层
阶段
接触
接种
揭载
结肠
结核
结论
结膜
结石
结语
解读
解禁
解约
介入

界面
借方
金融
筋肉
紧缩
紧张
进程
进度
进化
进展
近东
近景
浸蚀
晶体
精读
精度
警察
警笛
警官
净化
痉挛
竞技
敬语
静电
静力
静脉
静态
救国
局部
局限

巨额
巨星
剧变
剧毒
剧烈
剧团
剧院
据点
决算
决心
绝版
绝对
绝缘
军部
军刀
军阀
军服
军港
军歌
军舰
军帽
军区
军犬
军医
均等
均衡
开明
开幕
抗体
抗原

考虑
苛性
科学
可决
客观
客体
课目
课题
课长
肯定
恳谈
坑木
空港
空间
空军
空调
空袭
空域
空战
空转
恐龙
口红
口腔
口译
苦力
块根
块茎
快感
矿床
矿坑

矿区
矿业
困惑
扩散
扩张
括号
滥伐
浪漫
老化
酪农
乐观
泪腺
泪液
类比
类别
类型
累计
累加
累进
冷藏
冷酷
冷却
礼帽
理工
理科
理念
力点
力学
立场
立宪

利率
例会
例题
粒子
连带
连想
连休
联动
联系
联想
炼乳
恋歌
恋人
良好
良识
良性
两栖
两性
量刑
量子
列举
列强
劣等
劣化
劣势
林业
临床
临界
淋巴
淋病

零下
领地
领海
领空
领水
领土
留鸟
流感
流量
流速
流体
硫化
榴弹
六感
录画
录音
路标
路线
卵巢
卵管
卵子
论点
论据
论坛
论调
论文
论证
裸妇
裸眼
落选

绿化
滤纸
略图
略语
麻醉
迈进
漫画
盲肠
盲从
盲点
盲动
茫漠
毛囊
没收
媒体
媒质
霉菌
美感
美术
美学
美育
魅惑
魅力
迷信
密度
密接
免疫
面积
灭菌
民权

民选
民营
民族
敏感
名词
明细
命题
模型
末梢
默剧
默认
母系
母校
母音
母语
木琴
目标
目测
目的
男性
难点
难度
蛲虫
脑干
脑膜
脑桥
脑室
内存
内定
内耳

内核
内密
内勤
内容
内需
内因
内在
内债
内战
能动
能率
拟人
拟态
逆光
年刊
年轮
黏度
黏膜
黏性
黏液
鸟瞰
尿素
狞猛
凝集
凝缩
农场
农学
农药
农艺
浓度

浓缩
女权
女性
欧化
排出
排除
排卵
排他
排泄
派生
判例
旁听
旁证
炮塔
胚芽
配备
配电
配置
盆地
盆栽
膨大
皮疹
皮脂
偏食
片面
贫血
频度
品种
评判
迫害

迫击
普通
奇袭
骑手
企图
企业
起爆
起点
起诉
起因
起源
气船
气根
气流
气密
气囊
气温
气压
汽车
汽船
汽笛
汽化
汽艇
器官
铅直
谦虚
前脑
前提
前线
潜航

强度
强攻
强化
强权
强韧
强调
切除
切腹
轻度
情操
球根
球茎
球状
取缔
取消
权限
权益
全称
确保
确立
群像
燃料
让渡
人称
人格
人选
人种
认可
任务
韧带

韧性
荣养
容积
容量
容器
溶剂
溶解
溶媒
溶体
溶血
溶液
熔化
熔剂
熔解
熔炼
熔炉
熔岩
融解
融资
冗漫
柔道
柔术
肉弹
肉感
乳癌
乳化
乳剂
乳酸
乳糖
乳腺

入超
入党
入口
入团
软骨
软化
软水
弱化
撒播
扫射
色度
色盲
色素
色调
杀菌
煽情
扇形
商标
商品
商社
商务
上陆
上限
上演
上映
少将
少尉
设备
社交
社团

社员
射程
射击
射精
射线
摄食
摄影
深度
深化
神话
神经
神权
肾脏
生态
声带
盛况
失禁
失恋
失态
失效
施策
施肥
湿度
时差
时间
时速
时效
实测
实弹
实感

实况
实权
实态
实习
实现
实战
实质
食道
食欲
示范
世纪
市况
视点
视角
视觉
视界
视力
视线
视野
适当
适度
收录
收益
手旗
手术
手续
守护
受粉
授精
书评

输血
输液
属性
术语
竖琴
数词
数值
刷新
水分
水密
税法
税制
私营
思潮
思考
死角
饲料
送达
诉求
素材
素描
素数
速记
速算
速写
酸化
酸性
随感
缩写
所长

索引
琐末
锁国
泰斗
谈判
弹性
炭化
探检
碳素
碳酸
糖化
糖类
陶醉
特别
特点
特色
特效
特写
特性
题材
体操
体罚
体检
体系
体型
体育
体重
天敌
填料
听骨

听觉
听力
听诊
听众
挺进
通勤
同化
童话
瞳孔
投产
投稿
投手
投影
投映
透视
透析
凸版
突破
图案
图版
图表
图鉴
图示
涂料
团队
团体
团员
推断
推量
退场
退化
退庭
脱臼
脱水
脱脂
瓦斯
外耳
外勤
外延
外因
顽迷
王水
网膜
微量
唯物
唯心
伪装
萎缩
卫星
味觉
味蕾
胃癌
胃镜
胃酸
胃液
尉官
慰安
温床
温度
沃素
握力
无机
无菌
无视
无线
物流
物语
物资
误差
吸盘
吸收
稀释
喜剧
系列
细菌
狭义
下水
下野
纤维
现场
现代
现金
现实
现役
宪兵
宪政
献血
腺肿
象征
消防
消极
消失
小型
校歌
校旗
校务
校训
校医
校友
校长
效率
效能
效益
效用
协定
协会
写实
心房
心肌
心理
心室
心脏
信号
刑期
刑事
幸福
性爱
性别
性病
性感
性交
性能
性腺
性欲
胸膜
胸腺
胸像
胸椎
休耕
宿主
嗅觉
须根
虚数
序幕
续航
旋律
选矿
选手
学报
学阀
学风
学会
学界
学历
学龄
学年
学期
学区
学园
血球
血栓
血糖
血压
旬刊
巡航
巡演
压迫
压缩
压榨
哑铃
亚流
亚铅
烟幕
延伸
延髓
研修
盐分
眼压
演说
演奏
扬弃
洋服
养分
养料
养殖
药液
药用
要点
要素
要因

野营
叶脉
叶酸
页岩
夜曲
液化
液晶
液态
液体
依存
疑点
义务
议案
议题
议席
异化
益虫
益鸟
意译
癔病
因子
音程
音阶
音量
音色
音素
音速
音域
音质
银幕

引渡
引航
引力
饮料
营养
映像
硬度
硬化
永续
永远
用途
优点
优良
优势
优秀
邮送
油田
游离
有机
右派
右倾
幼虫
诱发
诱因
语感
语调
语序
语义
语源
育林

育苗
育种
浴场
预感
预后
预热
愈合
元素
原点
原素
原油
原子
圆满
远足
跃动
乐句
乐坛
乐团
运营
赞歌
造型
造血
噪音
增量
榨取
债权
展览
展示
占领
战犯

战线
战役
战友
长波
长度
障害
哲理
哲学
着陆
着想
着装
真菌
真空
阵营
振幅
震度
震源
征募
蒸馏
整形
正当
正规
正确
证券
政变
政策
政党
政敌
政见
政界

政局
政客
支部
支点
支店
支队
支局
支线
支援
直感
直观
直觉
直译
职工
职能
职权
植被
植民
殖民
止扬
纸币
纸型
指标
制服
制剂
制品
制图
窒息
智齿
智育

置换
中耳
中将
中型
中性
中音
中子
终点
终审
肿瘤
仲裁
重曹
重点
重量
重水
重油
周波
周到
轴承
主导
主动
主犯
主观
主力
主流
主食
主题
主体
主演
主义

主语	转炉	追认	字幕	祖国	坐标
煮沸	转业	姿势	综称	左派	坐骨
助词	装填	资料	纵贯	作风	座标
专卖	装帧	资源	组合	作品	座谈
转嫁	状况	自传	组曲	作物	座药

二、日语借义词

日语借义词是指词义借自日语的词。关于词义的更新、变化有自然发生的，也有在外部影响下产生的。与名词相比，动词、形容词的意义变化较为隐晦，而且更多的是表现在词语搭配上。同时，辞典释义也会影响我们的判断。本书按照图6－3所示步骤加以确认。

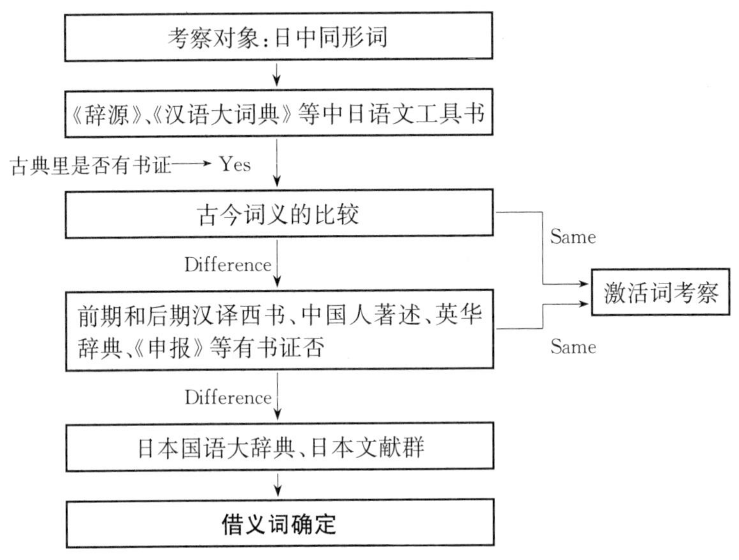

图6－3　日语借义词调查步骤

在6 013条词中，经过上述步骤确认的“日语借义词”共473条，列举如下。

爱人	暗喻	胞子	暴露	比率	变态
安静	暗转	保姆	悲观	笔记	变调
暗流	白人	保守	本部	编修	变种
暗示	半数	报偿	本科	鞭挞	便当
暗室	包围	报酬	本位	变声	便衣

辨证
辩护
辩士
标本
标准
表面
表情
冰川
冰河
冰山
兵役
并行
病变
病因
剥夺
勃起
博士
博物
部分
簿记
参观
参加
参看
参战
操纵
操作
策动
常务
超人
沉醉
成分
成绩
成立
成年
成人
冲动
出场
出力
出马
初夜
储蓄
传导
传说
传统
创刊
创意
创作
纯化
刺杀
促成
催生
存在
答辩
大陆
大使
大学
代替
代谢
代议
待遇
担任
单身
导师
倒影
道具
缔结
点滴
定点
定律
定性
定员
动物
斗争
毒品
毒气
独裁
独身
独奏
度量
短篇
短视
断交
锻炼
锻造
对比
对策
对立
多数
恶性
发表
发达
发行
发挥
发掘
发明
发起
发射
发现
发想
发音
发展
法科
法理
法学
法治
凡例
反动
反对
反感
反应
反映
范畴
方式
防水
访问
放任
放送
飞行
废止
分化
分解
分科
分裂
分流
分子
风洞
风化
封建
封锁
服用
付属
负荷
改选
盖然
概论
感受
感想
感应
感知
高等
高炉
告白
革命
工事
公民
公社
公园
共和
贡献
勾留
构成
关系
观察
观光
观照
管制
贯彻
广场
广泛
广义
归纳
规格
规划
规模
国防
过渡
还原(元)
汉学
合成
环境
唤起
挥发
回路
回游
会场
会话
会见
机动
机关
基础

激变
激动
急进
集会
给养
计画(划)
记者
寄托
加入
间歇
检索
检讨
检修
讲师
讲座
交流
交通
交响
教师
教授
教务
教养
教义
接手
结束
戒严
进步
近代
经过

经济
经验
景气
竞走
静物
就学
具体
军备
开发
抗议
科目
可能
客座
课程
恐慌
浪人
劳动
冷光
理化
理论
理事
理想
理性
理学
连锁
连载
料理
列席
领域

留任
流畅
露营
乱视
伦理
论理
论战
论争
麻药
慢性
媒介
美化
梦游
民事
铭记
母体
耐火
内幕
逆转
年表
年鉴
酿造
暖流
配给
配属
膨胀
品位
平板
普选

骑士
气化
前言
潜水
倾倒
倾向
倾注
请愿
区划
趋势
确定
热烈
人道
人工
人气
人事
人质
认识
认知
上流
上品
上诉
设定
设施
社会
摄理
升华
生理
声援

圣火
胜利
师范
时事
时态
实绩
实验
实业
实用
士官
示威
市民
市区
市长
市政
事变
视察
适正
收获
首脑
首长
司会
司令
私法
私立
私人
思想
胎动
弹奏

探险
特赦
特长
体温
体现
天职
条件
条令
调整
跳马
通牒
同情
统治
投机
推进
退步
退席
退役
妥协
外交
外界
完成
玩具
违宪
伟大
卫生
文科
武装
舞台

洗练	刑法	演技	营业	照会	专业
系统	形态	演讲	影响	照明	专制
下级	形象	演绎	硬性	着眼	转载
下马	兴奋	野蛮	优越	真理	追尾
下士	休眠	业务	右翼	正式	资材
先进	修辞	一流	迂回	正视	自我
宪法	虚构	遗传	语法	政纲	自习
宪章	序曲	遗伝	预算	政体	自重
相当	宣誓	艺术	预想	支配	组织
相对	学名	异性	原始	直流	左倾
相应	血浆	意识	跃进	制裁	左翼
斜视	训育	音节	乐章	制动	作家
写真	掩护	音响	杂志	重合	作业
信念	掩体	引退	赞同	周期	座席
信用	演出	印象	早退	注射	

三、日语激活词

激活词作为词或文字串，在中国的典籍或汉译西书中可以找到用例，在词义上，也具有古今一贯性，即词源上并非“和制汉语”。但这些词突然活跃起来是在19世纪和20世纪之交。如上所述，关于借形词的研究，首见书证的发现是至关重要的，而借义词则需要仔细地辨别旧词在译书及同时代其他文献中的词义变化；唯独对于激活词而言，传统的研究法（如发现书证、甄别词义变化等）不足以捕捉到语言现象的历史真实。但是，近年迅速发展的语料库以及大数据研究法提供了新的可能性。现在可以利用的大型语料库汉语有《申报》、《大公报》、《东方杂志》、《近代报刊库》等，日语有《日语历史语料库》等。随着更多的语料库的建立和扩充，词频调查也会更加准确。词汇使用频率会受到突发性话题、事件的影响，社会的流行也会引起某些词的频率剧增。尤其是人名、事件名、物品名等名词具有较强的流行词特征，相比之下，动词、形容词的频率增加，更主要的是崭新的表达方式的影响。激活词的调查步骤如图 6－4 所示：

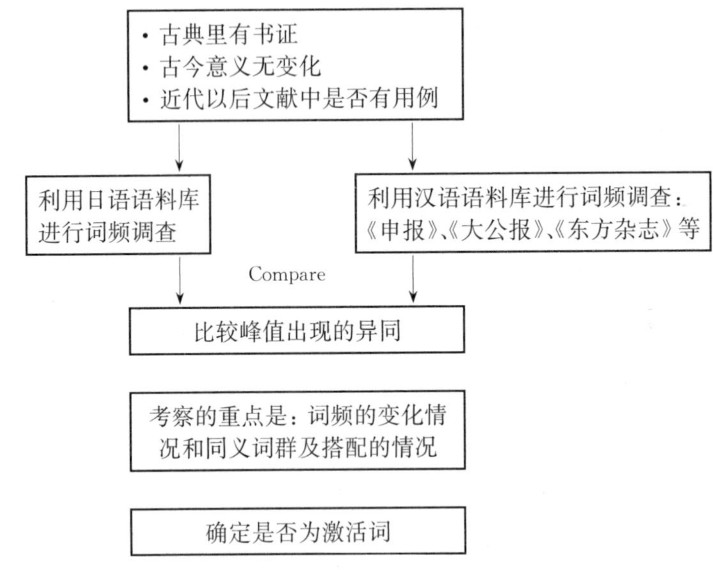

图 6－4　日语激活词调查步骤

本书暂且认定的激活词有以下 519 条。

哀悼	保有	表示	才力	测算	程度
爱国	保证	表象	财力	策略	惩罚
爱好	暴行	宾馆	裁定	差异	弛缓
爱护	暴徒	病理	裁决	产品	持论
安全	本性	驳论	采伐	常轨	持续
安息	闭塞	博爱	采访	常任	赤痢
暗淡(澹)	变迁	补充	采集	常设	赤贫
罢免	辩解	补助	采用	常态	冲突
霸权	标的	不纯	参考	撤退	充填
白痴	标高	不当	参谋	沉痛	出发
白话	标记	步兵	参议	沉着	出国
颁布	标牌	步道	参与	陈腐	出击
包含	标识	部队	参照	陈述	初期
保持	标示	部门	残余	称号	处罚
保存	表记	部族	操行	称述	触发
保管	表明	才华	侧面	乘船	触礁

船舶
纯粹
从属
丛书
粗杂
措辞
措置
大纲
大局
逮捕
代辩
代偿
单独
单色
当代
当局
到达
道德
道义
登场
登录
登载
低迷
敌对
抵触
地质
缔约
典雅
电击
凋落

顶点
顶角
定稿
定位
动作
斗志
督促
独立
端丽
短期
断定
对战
多感
儿童
发布
发动
发酵
发生
发言
发育
法官
法令
法律
繁荣
返还
范围
方法
妨碍
妨害
放弃

分配
分析
分野
纷争
奋斗
奋战
丰富
丰满
风貌
风靡
蜂起
奉献
扶植
服从
服丧
服装
俘虏
腐败
腐朽
负担
负责
复活
复位
覆灭
改变
改革
改正
感化
感染
感伤

干杯
纲要
高尚
割据
割烹
根治
公告
公共
公明
攻略
恭谦
共犯
共同
构造
构筑
怪奇
怪讶
关联
规程
规则
轨道
贵族
国交
国境
国民
国体
国土
豪壮
合格
候鸟

互换
环状
缓慢
荒漠
混合
活用
货币
获得
惑乱
机敏
机械
基本
继续
寄宿
家庭
坚持
坚强
间谍
监狱
检察
检举
减退
简捷
简劲
简易
建设
贱劣
健儿
将校
讲评

讲堂
讲义
交际
交配
交尾
狡猾
觉醒
教育
阶级
结果
结合
解除
解决
解剖
解析
金属
紧切
谨直
进行
近古
惊叹
警告
警戒
警卫
静止
就职
拘禁
拘留
拘束
狙击

巨大
决定
决议
绝美
军队
军费
军官
军乐
军人
军用
峻险
勘校
考量
苛酷
恐怖
苦斗
苦恼
快速
狂暴
困难
朗读
了解
理财
历史
良心
良知
疗养
烈士
领袖
留学

流浪
流派
论题
旅行
履行
脉动
满员
没落
密闭
敏速
命令
命运
模范
模仿
模拟
能力
狞恶
凝聚
农业
偶发
排斥
判决
批评
披露
偏狭
贫寒
贫弱
平滑
平均
平面

平明
评价
评论
评议
泼辣
普遍
普及
凄艳
期待
骑兵
起草
强力
强迫
强硬
切断
侵害
侵略
轻量
轻蔑
倾斜
情况
趣味
权力
劝诱
群众
让步
人造
认定
日程
融通

柔软
锐敏
绍介
设计
设置
射杀
深刻
审理
审议
生存
生鲜
失败
失踪
时代
时局
实行
实际
实践
实施
食品
食堂
使命
市场
市内
适宜
收缩
手段
授予
输入
输送

庶务
司法
私有
诉讼
速成
随笔
贪欲
谈话
探访
陶冶
淘汰
讨伐
讨论
特殊
特异
提供
提示
挑拨
通过
通行
同胞
同盟
同意
痛切
投射
屠杀
团结
推定
颓唐
退却

脱皮
旺盛
违法
维持
维新
委任
卫兵
文化
文具
文明
稳健
武力
武器
希求
希望
稀薄
习惯
狭长
下限
显著
现象
降伏
相扑
肖像
消沉
消费
消耗
校舍
协议
胁迫

心态	巡警	音译	原因	征集	制止
信仰	训令	隐退	援用	证明	治安
刑律	严厉	优美	乐队	政府	秩序
宿舍	严密	优遇	运输	政论	终结
宣言	研磨	友谊	杂糅	职务	主席
选举	要求	幼稚	遭遇	职业	主要
学费	疑问	诱导	战斗	植物	贮藏
学科	异议	舆论	战争	指导	传记
学力	抑止	预约	障碍	指令	资格
学制	抑制	寓言	争霸	志愿	宗旨
熏陶	意志	元首			

本节所列举的激活词从词源上看都是汉语古典词。其实传教士等在翻译过程中创造的译词，有相当一部分也是经过日语增强、放大的。对此需要进一步调查。

以下是利用语料库《申报》对上述词语中的 325 条词所作的词频调查结果。

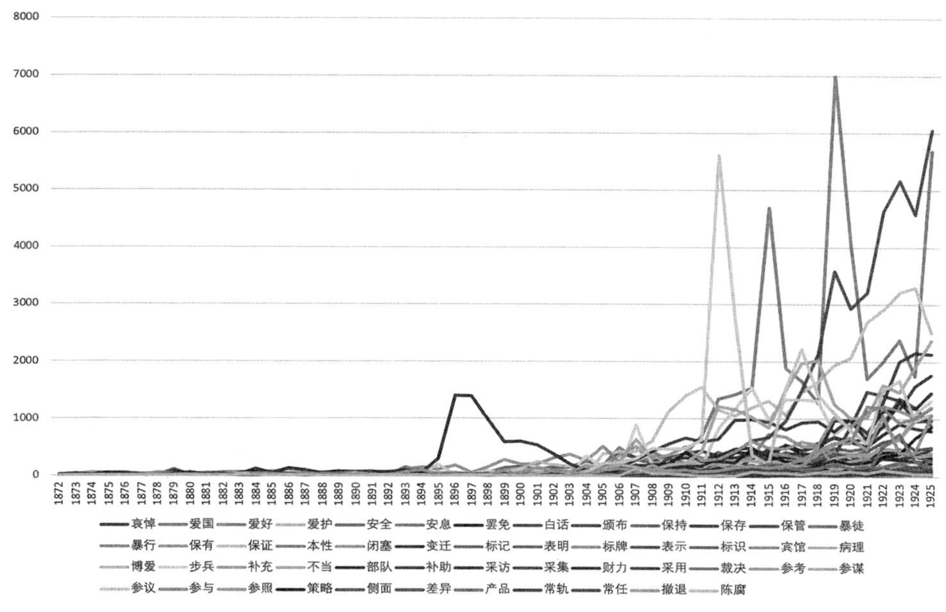

图 6－5　本书 1—50 个日语激活词词频变化示意图

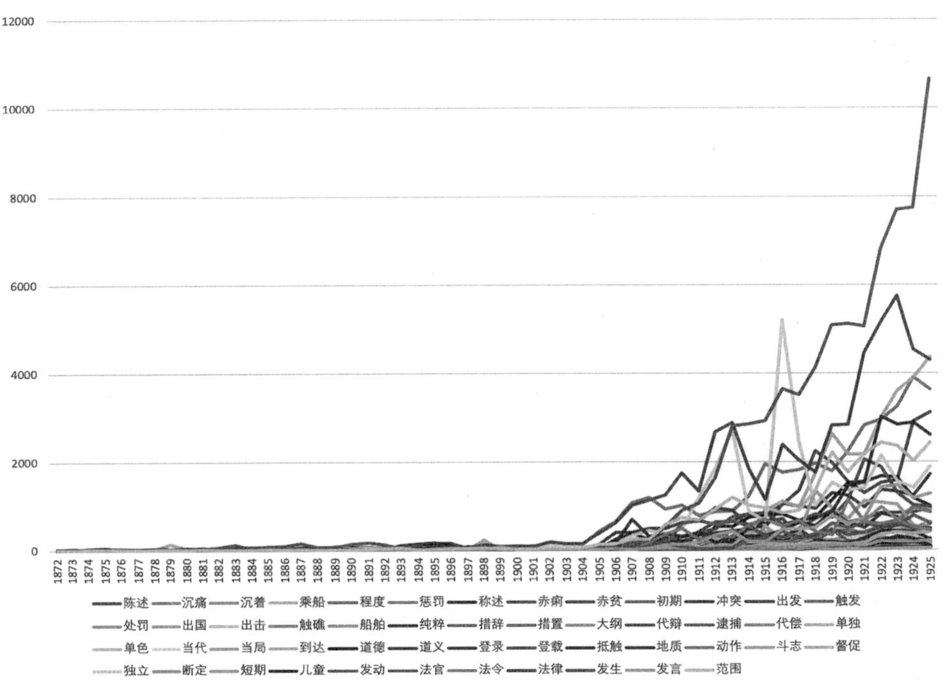

图 6-6　本书 51—100 个日语激活词词频变化示意图

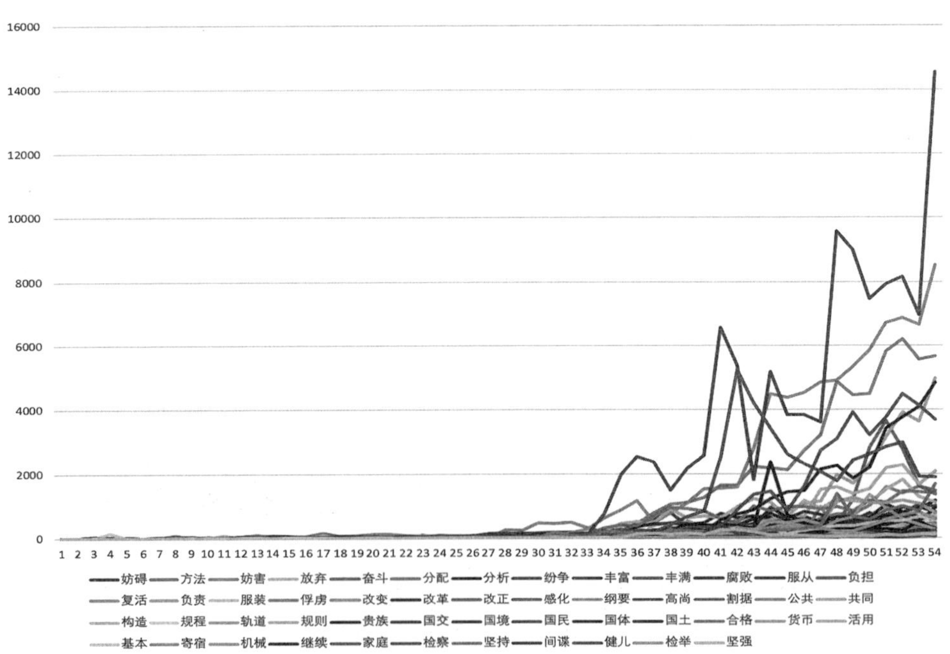

图 6-7　本书 101—150 个日语激活词词频变化示意图

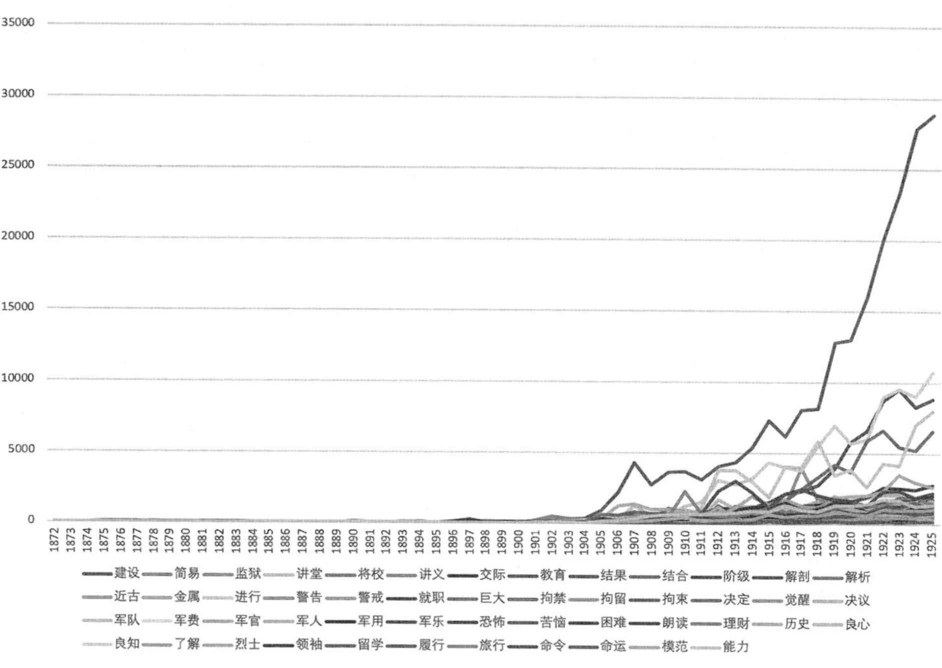

图 6-8　本书 151—200 个日语激活词词频变化示意图

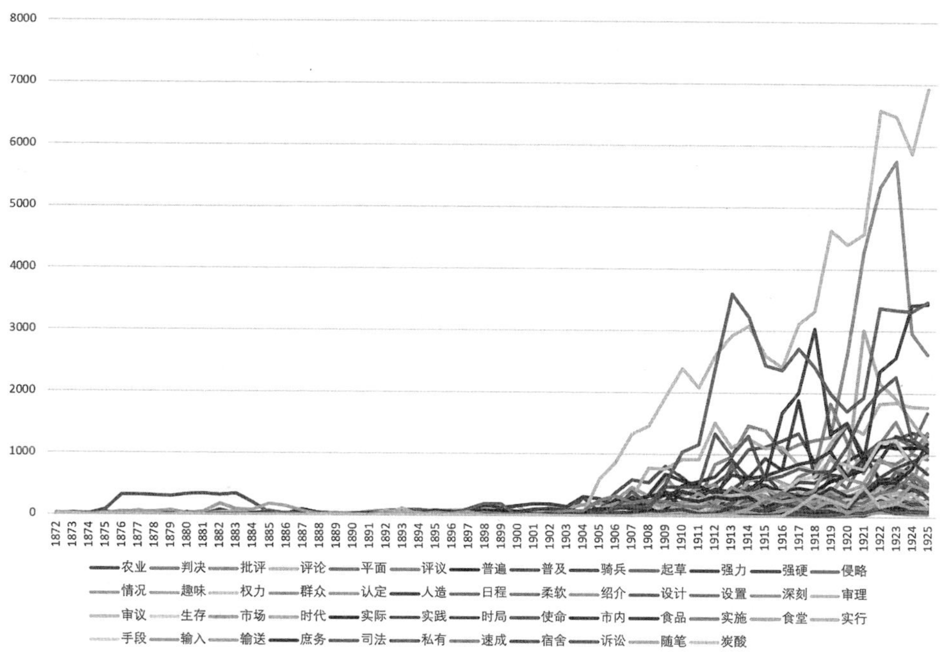

图 6-9　本书 201—250 个日语激活词词频变化示意图

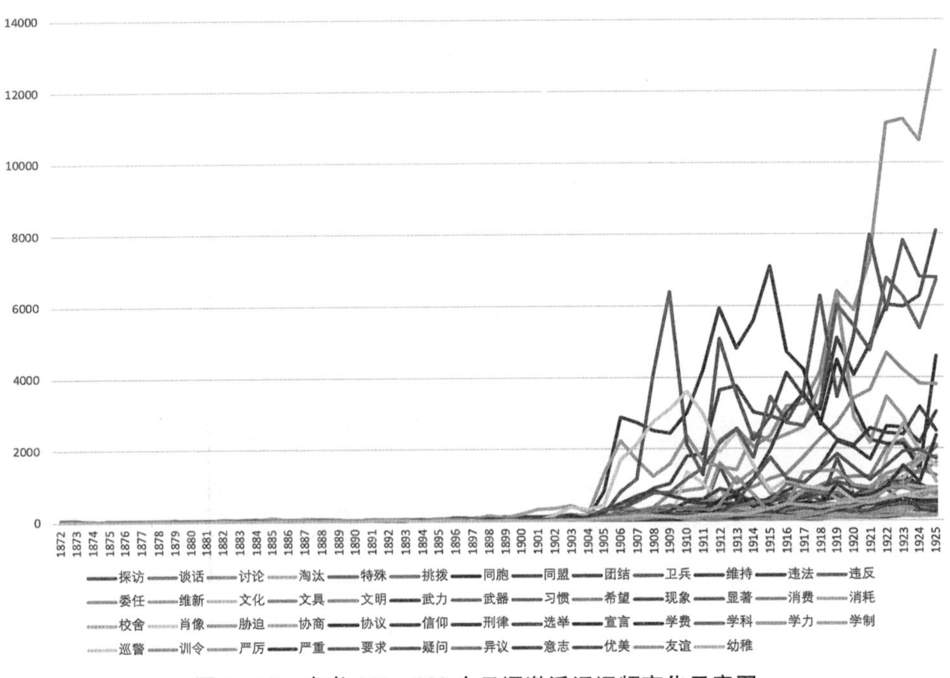

图 6 - 10　本书 251—300 个日语激活词词频变化示意图

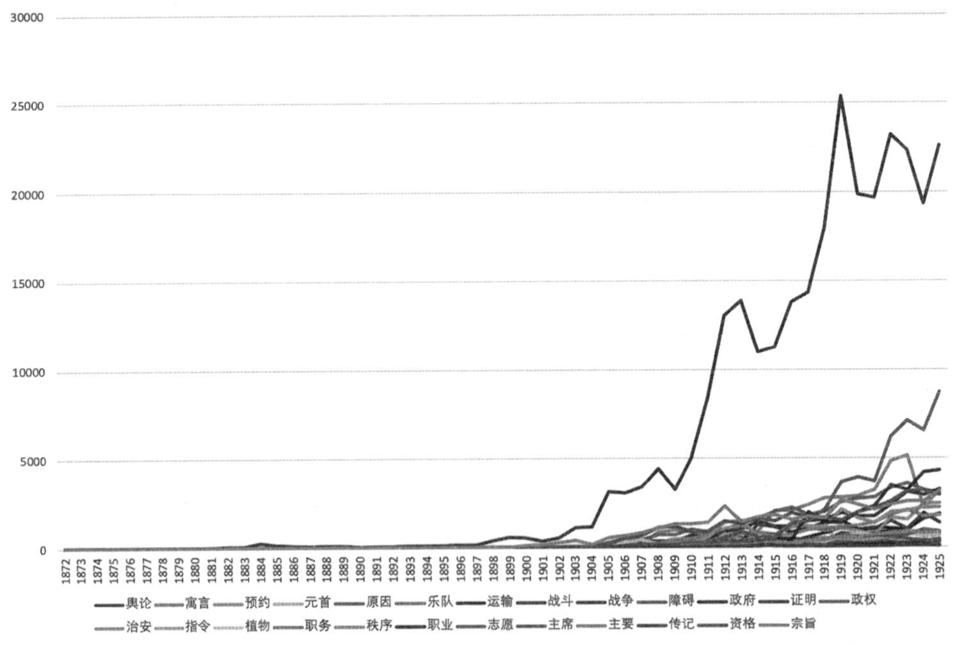

图 6 - 11　本书 301—325 个日语激活词词频变化示意图

在本章，我们对6 013条二字词的词源情况作了鸟瞰式的记述。本章展示的只是初步的调查结果，这里的结论随时都有可能因新书证的出现而不得不作修改。尽管如此，笔者相信这是推动研究进一步发展的基础，而不仅仅是“聊胜于无”。

为了最终完成东亚汉字文化圈近代新词译词的词源记述，我们建构了研究网站——“全球史视角的概念史研究：东亚近代新词译词研究平台”，共收录词条7 710项，已经上线并开始试运行，全部信息的录入预计2020年底前可以完成。欢迎访问！（检索：东亚近代新词译词研究平台）

图6－12　东亚近代新词译词研究平台

结语　二字词与汉语的近代演化

在至此为止的六个章节里，我们对汉语近代二字词的几个方面作了通盘的考察。叙述内容包括：二字词产生的原因，二字词在词汇学及修辞学上的特点，历代翻译运动中译者与受众对二字词的态度，二字词与近代的文体改革，二字词剧增引发的基本词汇化问题，尤其是在第五章、第六章里阐述了近代二字词与日语的互动关系之后，对现代汉语常用二字词的出处作了穷尽式的溯源。由此可知，现代汉语中二字词的来源可记述为：（1）中国典籍；（2）16—19 世纪来华传教士的著述及汉译西书；（3）19 世纪口岸知识分子的著述及中文媒体；（4）19 世纪末以后受日语影响而形成的词语。对于第 4 类，在迄今为止的研究中被称为"日语借词"，而本书进一步细分为：日语借形词、日语借义词、日语激活词三种。

进入 20 世纪以后，汉语的词汇系统发生了巨大的变化。这种巨变具体地表现在短时期内新的词汇单位的大量增加。王力指出，这一时期"现代汉语新词的产生，比任何时期都多得多。佛教词汇的输入中国，在历史上算是一件大事，但是，比起西洋词汇的输入，那就要差千百倍"。[①] 词汇体系新增加的成员主要有以下 5 种：

1. 二字科学技术的术语、抽象词汇（以下根据行文或称为"新名词"）；
2. 二字动词、形容词（以下根据行文或称为"新谓词"）；
3. 二字区别词，即非谓形容词；
4. 新词缀与类词缀；
5. 以新词缀、类词缀为构词成分的三字、四字名词。

第 1 种也被时人称为"新名词"，因为这些词是为了应对新概念的涌入而产生的。新的文物制度需要新的名词，如章太炎引用荀子之言："后王起，必将有循于旧名，有作于新名。"此理自明。但是如何获得新的词语则见解不同，章太炎主张

① 王力著《汉语史稿》，北京：中华书局，1980 年，第 516 页。

发掘古训或造新字[①]；严复认为“用汉以前字法、句法，则为达易；用近世利俗文字，则求达难”[②]。注意力都集中在汉语古典的词汇资源上。从结果上看，胡以鲁的“新事物之名称及表彰新思想之语词，勉用复合语词为之，不须作新字，日人义译语词于汉文可通用者用之”成为主要的应对方法。[③] 然而来自日本的词语受到了汉语语言社会广泛的、激烈的反对。[④] 第2种词语笔者称之为“新谓词”，迄今为止并不见集中的讨论，而本书的重点正是这一部分。现代汉语为何需要大量的新谓词？新谓词并不时时与新概念紧密相关。更多的情况下，新谓词提供的只是新的词形而不是新的概念，为的是达到修辞上的目的，充其量是用新词形将旧有的概念细分化。关于新谓词的获得，本书指出：除了直接借自日语外，汉语古典中大量的字串在翻译过程中受到英语，更主要是日语的影响被激活，迅速凝固成词。与此同时，由于语言多样性的要求，谓词同义词群大量形成，并由此引发了基本词汇化现象。第3、4、5三种词语对于现代汉语词汇体系的重构也极其重要，唯本书所论不多，暂且从略。[⑤]

除了第4、第5类以外，前3类的变化都以二字词的形式实现，“二字”是为语词形式上之共同项。至1919年新文化运动，短短的十余年，二字词经历了从无到有、由隐至显的过程。可以说一字词向二字词的转换是20世纪以后现代汉语词汇体系最显著的变化。为何会发生这种变化？如何描述整个变化过程，诠释引发变化的种种动因？至今为止，在涉及二字词的讨论中“进化”是一个关键词。胡适说“单音字变成复音字，乃是中国语言的一大进化。”[⑥]所谓“进化”意味着二字词化是汉语的发展方向。近年，董秀芳导入“词汇化”假说来解释这一现象，而本书的立脚点则是东西、东东的语言接触。前者主张二字词化是汉语自身性质所致，后者更加关注世纪之交的外部环境。赫胥黎(T. H. Huxley，1825—1895)的那次著名讲演以“杰克与豆秆”作开场白：一粒豆子成长为豆秆，结出果实。小小的豆子在漫长的进化过程里，积淀了开花结果的能力，严复称之为“储能”。但是豆子长

---

① 《章太炎全集·訄书初刻本、訄书重订本、检论》，上海：上海人民出版社，2015年，第40—50页；第208—233页；第498—522页。

② 严复著《天演论》，北京：商务印书馆，1981年，“译例言”，p. xi。

③ 胡以鲁著《国语学草创》，1913年；太原：山西人民出版社，2014年复刻版，第124页。

④ 沈国威著《一名之立　旬月踟蹰：严复译名研究》，北京：社会科学文献出版社，2018年。

⑤ 吕叔湘、饶长溶撰《试论非谓形容词》，《中国语文》1981年第2期。

⑥ 胡适撰《国语的进化》，《新青年》第7卷第3号，1920年2月2日，第7页。

成豆秆还需要外部环境，即土壤、水分、阳光等条件，不然只能是一粒豆子。豆子可以沉睡百千年，一旦具备了条件，就会成长。严复称之为“效实”。语言的变化也应该如此，自身具备变化的潜能，但还需要适当的外部环境。大量的二字谓词直至 19 世纪末还没有任何短语凝聚成词的先兆，突然在短短十余年中完成了二字化，我们有理由断定：外部原因起了关键性的作用。

现代汉语的词汇以二字词为主，这是由一字词向二字词发展的结果。这种情况可否套用生物进化的理论加以说明？汉语由于音节数量上的限制，需要二字连文增强区别性以便应对日益复杂的现实社会。汉语书面语以“字”为单位，长期以来字即是词，即使是联绵词在形体上也是可分的。初民以情感发声指物，以融合形式应对整体概念，如“驹、犊、羔”；联绵字的发生使表达更加生动，进而联合式词语出现并一般化。但此二者并不能应对新概念的增加，充其量只能提高消极区别性，因其可“喻”，即听懂的特点，被频繁用于口头表达。同时，为了应对社会复杂化所引起的概念增加，汉语采用句法形式增加词汇单位，汉晋以后造词格因此而有了大发展。句法形式的短语是描写单位，语词是命名单位；前者为分析，后者为融合，各擅胜场。汉语的基本单位是“字”，汉语词汇具有临时组合的特点，即不是所有词汇单位都可以在词典里找到，换言之，并不是所有单位都录入心理词典。如果说，词汇单位由一字的融合状态变为二字的分析状态，如“骏”→“快马”顺应了人思维方式的发展趋势。那么，大量的动词、形容词在 19 世纪末还是二字词组则良有以也。① 而其后十余年间弃分析而用融合，短语迅速凝结为词，其原因亦非自明。

进化说还需要说明的另一个问题是：在封闭的状态下是否也会发生二字化。从 Word-formation 的观点看，哪些类型的短语容易成词，哪些不容易成词，是一个不可或缺的视角。如第一章所述，名词性成分与形容词性成分组合成词在先秦汉语中就有大量的例子，不需要借助词汇化来解释其成词的过程；战国中期就已经形成的“道路”，甚至“国家”、“妻子”等是联合式语词，表示的是单一概念，也不需要在成词过程中设定一个词汇化的存在。也就是说，作为词汇现象的记述，毋需叠床架屋。但是其他类别的短语凝聚成词则并不一定是顺理成章了。例如“定中型短语”中 A+N 结构较易成词，而可分析为 V+N 结构的复合词，是否可以认定

① 从理论上说，名词性所指需要命名，动作、状态性质等需要命名的动机较弱。

为“短语降格”都是有疑问的。因为动词性语素参与其间的定中结构在汉语中是非句法词形式，古典中这一类词并非绝无仅有，但“表情”等显然受到了日语的影响。我们是否能为“绣花”、“炒饭”和“食盐”、“构图”找出一个共同的成词原理？二字词不都是词汇化的结果，词汇化也不仅仅作用于二字词，成语、习语化都应该放入我们的论域。就是说，我们应该考虑短语的类别和词汇化的关联性。另外一个着眼点是词性的转换，即名-形-动之间的转换以及形容词的使役用法等问题。严复、刘半农都意识到这一问题了，二字词从结果上看是词性转换的关键。考虑到汉语的词汇体系需要大量新的词汇单位，需要获得名-动-形之间词性转换的手段，需要具备驾驭长大定语的能力等近代性要求，我们的关注点应该是以下的成词类型：

1. “表情”等由语法性的动宾结构变为非语法性的定中结构，作名词使用的情况；
2. “科学”等由名词变为形容词的情况；
3. “传统”、“保守”由动词词组变为名词和形容词的情况。

这三种类型具有一定的代表性，而其中的机制我们还所知甚少。再如“我很同情他的境遇”、“他坚决不同意我的意见”等句子中“同情”、“同意”的意义用法是否可以作为形容词使动用法的获得来讨论？这些问题都有待于进一步探讨。

世纪之交的词汇变化，笔者名之为“词汇体系的近代重构”，上述种种词汇体系的近代性获得，二字词是必不可少的词汇形式。不可否认，二字词化有语言自律发展（变化）的一面。但本书刻意避开“进化”这一 20 世纪初先觉们津津乐道的术语；相反，特别强调了跨语言接触所具有的促进或改变语言自律发展的可能性。

既然外部影响如此重大，笔者想对世纪之交语言与外部社会的关系再作一次梳理。

1894 年的甲午之役及世纪之交的义和拳乱引发了深刻的民族危机，一些被称之为“改革”的补救措施也就不可避免。进入 20 世纪后，中国社会发生了巨大的变化，废除科举、预备立宪是最为显著者。《〈辞源〉说略》说：“癸卯甲辰之际，海上译籍初行，社会口语骤变。报纸鼓吹文明，法学哲理名辞稠迭盈幅。然行之内地，则积极消极内籀外籀，皆不知为何语。”点出了“缙绅先生”与“游学少年”新旧世代之间在语言上的隔阂。梁启超也说：“国于今日，非使其民具有世界之常识，诚不足以图存。而今世界之学术，什九非前代所有，其表示思想之术语，则并此思想亦为前代人所未尝梦见者,比比然也。”[①]亲历其境的王国维事后惊恐道:“泰西通商以后,西学西政之书输入中国,……光绪中叶新说渐胜,逮辛亥之变,而中国之政治学术几全为新说所统一矣。”[②]

对于汉语词汇体系的种种变化,本书的基本立场是从语言近代化的视角进行讨论。由一方之言,变为一国之语,这就是笔者的语言近代化的内涵。言文一致是打破被语言阻断的人民阶层。近代国家赖以成立的基础是,民众参与国家的政治、经济、文化等诸项活动。为此,“国语”必须要为全体国民所掌握。“五四”新文化运动倡导“言文一致”,而笔者一直认为“言文一致”有两种含义:一种是言 = 当时一般民众用于交流的语言(即白话),文 = 古典中的文辞。胡适将后者称之为“死语言”,认为其已经丧失了表情功能。胡适在《文学改良刍议》中讨论的对象是文学之文,为了消弭古今隔阂,表达真实的情感,胡适大力提倡白话文(学)。“言文一致”的另一种理解是,言 = 口语,文 = 书面语。所谓的书面语,不是汉语典籍中的文言,而是以口语为基础的书面语,或者可以说是和口语相通的书面语。这种口语与书面语尽管也存在着形式上的区别,其与文言白话最根本的不同之处是所表达的内容主要是新知识。如此,其最典型的话语活动又可以表述为:言 = 教室里的话语,文 = 教科书上的语言;或者,“言”者讲述科学的口语,“文”者为听得懂的科学文章。二者的具体化就是“言文一致”。“言文一致”所要解决的根本问题与其是文学,毋宁是如何使汉语成为新知识传播的工具,以保证全体国民在获得近代知识时语言能力上的平等。参观过北京国子监的人都会惊讶天朝的最高学府竟然没有教室!中国一向缺乏在特定的公众空间进行知识传授的传统。“教室、讲堂、礼堂”,乃至“广场”都是外来的概念和词语。即使是现在,能够在课堂上使用的语言,也只有普通话(包括各种官话区方言)和粤语。

对于教科书一类的语言,陈独秀、钱玄同等称之为“应用之文”,刘半农则提议将文章分为“文学”与“文字”两大类,主张无论何种科学皆当归入文字范围,而不当属于文学的范围。[③] 尽管他并不否定“文字”应该有“文学”性,但他所重视的是表达、传播上的平易性。刘批评中国古代的“科学书”故意为难读者,“务使他人不

① 梁启超为章士钊《论翻译名义》作的序,《国风报》1910 年 11 月 22 日。

② 王国维撰《论政学疏稿》(1924 年),载谢维扬等主编《王国维全集》第 14 卷,杭州:浙江教育出版社,广州:广东教育出版社,2009 年,第 212 页。

③ 刘半农撰《我之文学改良观》,《新青年》第 3 卷第 3 号,1917 年 5 月 1 日。

能明白以为快”。中国原有学术之所以不能发展与普及，或都是因为语言难懂造成的。虽嫌偏激，也不无道理。总之，对于陈、钱、刘等来说，言文一致是与民众启蒙的诉求连在一起的。

刘半农文学之文的作法，尚未顾及应用之文。与此相比，傅斯年则更加属意“怎样做白话文”。[①] 语言第一位的无疑是有声语言，文字是第二位的，是记录语言的符号系统。皮之不存，毛将焉附。口语被记录下来的过程中存在着各种各样的“加工”，载于书册的语言无疑有诸多方便之处，代价是丧失了逆向可复原性。而且，汉字系统又有着与西文明显的不同之处。汉字在视觉上有超强的区别性，但是听觉上极易混淆。傅斯年说：“中国文字，一字一音，一音一义，而同音之字又多，同音多者，几达百数。因同音字多之故，口说出来，每不易于领会，更加一字以助之，听者易解矣。”一字词扩展成二字词才能做到“手写出来而人能解，口说出来而人能会。如此，则单词必求其少，复词必求其多，方能于诵说之时，使人分晓”[②]。“诵说”能不能听懂，除了内容上的要素以外，还有语言形式上的原因。例如，汉语的“典”对于听懂是一种极大的障碍。胡适在《文学改良刍议》里极力提倡“不用典”，但他的着眼点是陈腐套语无法生动表情。而钱玄同等则更清醒地意识到“典”的“小众性”与民众教育之间存在着难以调和的矛盾。傅斯年最早明确地提出了：汉字的音形短小，区别功能孱弱，不适于口头上的知识传递。二字形式是弥补这一缺陷的主要手段，是听懂“应用之文”的必要条件。应用之文的词汇可以大致分为两类，名词和谓词；前者包括大量的科技术语、抽象名词，后者是支撑事件叙述的动词和形容词等。

对于近代二字词化现象，究其本质是为了实现科学述事，这是语言社会对语言功能的要求，亦是本书的基本观点。同时，这一过程是在东西、东东语言接触的背景下迅速完成的。

大航海时代的人员物品的来往引发了史称“西学东渐”的知识大迁移，极大地推动了跨文化的交流和异语言的接触，东亚社会也随之遭遇了前所未有的大变局。三百年后，今日之汉语已非昨日之汉语。傅斯年在谈及怎样做白话文时，反复强调“直用西洋词法”。诚如斯言，如同佛教东传对汉语的巨大影响一样，欧化

① 傅斯年撰《怎样做白话文》，《新潮》第1卷第2号，1919年2月1日。
② 傅斯年撰《文言合一草议》，《新青年》第4卷第2号，1918年2月15日。

是汉语近代演化的强力推手，故应成为现代汉语研究最根本的视角。但我们需要注意，欧化是通过日语实现的。1904年废除科举之后，东渡留学和随之而来的东文中译盛行，名为翻译，实为重译的情况比比皆是。1917年胡适等留美学生回国之后，直接译自西文的书籍才逐渐增多，即便如此，社会思想、文学艺术等方面的翻译大多也同时参考了日本的译本。日制译词的大量存在就暗示了这一点。

大量的二字词是作为译词产生的，译词研究有两个方面：一方面是译词史，包括造词者、首见书证、意义、传播、普及、定型及变异等内容；另一方面是译词对语言本身的影响。后者引发语言样式的变化，促成语言的转型，我们应该给予更多的关注。

新知识本身需要新的语言形式，包括学科体系的建构在内，语言的近代化与社会的近代化有着密不可分的关系，这是东亚各国共同的课题，汉语典籍和19世纪的英华辞典为日语提供了丰富的语词资源，率先完成近代词汇体系建构的日语又帮助东亚其他语言迅速完成了近代转型。笔者将这一事件称之为"东亚近代词汇环流"。

进入20世纪以后，汉字在汉字文化圈内遭遇了不同的命运，诀别者有之，如朝鲜语、越南语，尽管其词汇系统里还存在着大量汉音词；维系者有之，如日语，非但没有放弃汉字，反而还增加了字种。这段历史的廓清尚有大量工作要做。可以预言的是，只要汉字还在使用，东亚就会发生围绕汉字的词汇交流。

参考文献

专 著 类

（以出版时间为序，下同）

【中文】

胡以鲁著《国语学草创》，初版1913年；上海：商务印书馆，1923；太原：山西人民出版社，2014年复刻版

孙常叙著《汉语词汇》，长春：吉林人民出版社，1956

高名凯、刘正埮著《现代汉语外来词研究》，北京：文字改革出版社，1958

王力著《汉语史稿》，北京：中华书局，初版1958年，1980年重印版

北京师范学院中文系汉语教研组编著《五四以来汉语书面语言的变迁和发展》，北京：商务印书馆，1959

任学良著《汉语造词法》，北京：中国社会科学出版社，1981

马建忠著《马氏文通》，北京：商务印书馆，1983年新一版

刘叶秋著《中国字典史略》，北京：中华书局，1992

朱庆之著《佛典与中古汉语词汇研究》，台北：文津出版社，1992

梁晓虹著《论佛教词语的构造与汉语词汇的发展》，北京：北京语言学院出版社，1994

颜洽茂著《佛教语言阐释——中古佛经词汇研究》，杭州：杭州大学出版社，1997

史有为著《汉语外来词》，北京：商务印书馆，2000

王扬宗著《傅兰雅与近代中国的科学启蒙》，北京：科学出版社，2000

伍宗文著《先秦汉语复音词研究》，成都：巴蜀书社，2001

董秀芳著《词汇化：汉语双音词的衍生和发展》，北京：商务印书馆，初版2002，修订本2011

程湘清著《汉语史专书复音词研究》，北京：商务印书馆，2003

杨吉春著《汉语反义复词研究》，北京：中华书局，2007

黄伯荣、廖序东主编《现代汉语》，北京：高等教育出版社，2011年版

手岛邦夫著，刘家鑫编译《日本明治初期英语日译研究——启蒙思想家西周的汉字新造词》，北京：中央编译出版社，2013

海晓芳著《文法草创期中国人的汉语研究》，北京：商务印书馆，2014

戚学民著《严复〈政治讲义〉研究》，北京：人民出版社，2014

章太炎著《国学概论·国学论衡》，北京：中华书局，2015

［美］爱德华·萨丕尔著，陆卓元译《语言论》，北京：商务印书馆，1964
［日］实藤惠秀著，谭汝谦、林启彦译《中国人留学日本史》，香港：香港中文大学出版部，1982
F. Masini. The Formation of Modern Chinese Lexicon and its Evolution toward a National Language: The period from 1840 to 1898, *Journal of Chinese Linguistics*, 1993
［意］马西尼著，黄河清译《现代汉语词汇的形成——十九世纪汉语外来词研究》，上海：汉语大词典出版社，1997
［德］弗里德里希·温格瑞尔、汉斯—尤格·施密特著，彭利贞等译《认知语言学导论》（第二版），上海：复旦大学出版社，2009
［美］本杰明·李·沃尔夫著，高一虹译《论语言、思维和现实——沃尔夫文集》，北京：商务印书馆，2012

沈国威著《近代中日词汇交流研究——汉字新词的创制、容受与共享》，北京：中华书局，2010
沈国威编著《近代英华华英辞典解题》，大阪：关西大学出版社，2011
沈国威著《严复与科学》，南京：凤凰出版社，2017
沈国威、杨帅可、关西大学中国语教材研究会编《现代汉语义系》，遊文舍，2018（日文版《中国語学習シソーラス》，东京：东方书店，2018
沈国威著《一名之立　旬月踟蹰：严复译词研究》，北京：社会科学文献出版社，2018

【日文】
竹村覚著『日本英学発達史』，東京：研究社，1933
豊田実著『日本英学史の研究』，東京：岩波書店，1939
山田孝雄著『国語の中に於ける漢語の研究』，東京：宝文館，1940
実藤恵秀著『中国人日本留学史』，東京：くろしお出版，初版 1960，増補版 1970
杉本つとむ著『近代日本語の成立』，東京：桜楓社，1960
斎藤静著『日本語に及ぼしたオランダ語の影響』，東京：篠崎書林，1967
広田栄太郎著『近代訳語考』，東京：東京堂，1969
森岡健二著『近代語の成立・明治期語彙編』，東京：明治書院，初版 1969，改訂版 1991
永嶋大典著『蘭和・英和辞書発達史』，東京：講談社，1970
佐藤喜代治著『国語語彙の歴史的研究』，東京：明治書院，1971
柴田省三著『語彙論 英語学大系 7』，東京：大修館書店，1975
柳父章著『翻訳とはなにか——日本語と翻訳文化』，東京：法政大学出版局，1976

杉本つとむ著『江戸時代蘭語学の成立とその展開』全5巻，東京：早稲田大学出版部，1977
斎藤毅著『明治のことば——東から西への架け橋』，東京：講談社，1977
鈴木修次著『漢語と日本人』，東京：みすず書房，1978
佐藤喜代治著『日本の漢語——その源流と変遷』，東京：角川書店，1979
増田渉著『西学東漸と中国事情』，東京：岩波書店，1979
佐藤亨著『近世語彙の歴史的研究』，東京：桜楓社，1980
鈴木修次著『文明のことば』，東京：文化評論出版社，1981
鈴木修次著『日本漢語と中国　漢字文化圏の近代化』，東京：中央公論社，1981
樺島忠夫著『日本語はどう変わるか——語彙と文字』，東京：岩波新書（145），1981
惣郷正明著『辞書とことば』，東京：南云堂，1982
佐藤亨著『近世語彙の研究』，東京：桜楓社，1983
池上禎造著『漢語研究の構想』，東京：岩波書店，1984
樺島忠夫、飛田良文、米川明彦編『明治大正新語俗語辞典』，東京：東京堂，1984
森岡健二、山口仲美著『命名の言語学——ネーミングの諸相』，東京：東海大学出版会，1985
佐藤亨著『幕末、明治初期の語彙の研究』，東京：桜楓社，1986
柳父章著『ゴッドと上帝——歴史の中の翻訳者』，東京：筑摩書房，1986
米川明彦著『新語と流行語』，東京：南云堂，1989
松井利彦著『近代漢語辞書の成立と展開』，東京：笠間書院，1990
卓南生著『中国近代新聞成立史』，東京：ぺりかん社，1990
杉本つとむ著『国語学と蘭語学』，東京：武蔵野書院，1991
福島邦道著『日本館訳語攷』，東京：笠間書院，1993
柳父章著『一語の辞典——文化』，東京：三省堂，1995
杉本つとむ著『近代日本語の成立と発展』，東京：八坂書房，1996
中下正治著『新聞に見る日中関係史』，東京：研文出版，1996
大庭脩著『漢籍輸入の文化史』，東京：研文出版，1997
荒川清秀著『近代日中学術用語の形成と伝播』，東京：白帝社，1997
安田敏朗著『植民地の中の「国語学」』，東京：三元社，1997
安田敏朗著『帝国日本の言語編制』，東京：世織書房，1997
杉本つとむ著『杉本つとむ著作選集』全10巻，東京：八坂書房，1998
丸山真男、加藤周一著『翻訳と日本の近代』，東京：岩波書店，1998
山室信一、中野目徹校注『明六雑誌』（上中下），東京：岩波書店，1999
伊原沢周著『日本と中国における西洋文化摂取論』，東京：汲古書院，1999
小森阳一著『日本語の近代』，東京：岩波書店，2000
陳力衛著『和製漢語の形成とその展開』，東京：汲古書院，2001

内田慶市著『近代における東西言語文化接触の研究』，大阪：関西大学出版部，2001
狭間直樹著『西洋近代文明と中華世界』，京都：京都大学学術出版会，2001
山室信一著『思想課題としてのアジア』，東京：岩波書店，2001
大堀寿夫著『認知言語学』，東京：東京大学出版会，2002
朱京偉著『近代日中新語の創出と交流——人文科学と自然科学の専門語を中心に』，東京：白帝社，2002
飛田良文著『明治生まれの日本語』，京都：淡交社，2002
子安宣邦著『漢字論』，東京：岩波書店，2004
松浦章、内田慶市、沈国威編著『「遐邇貫珍」の研究』，大阪：関西大学出版部，2004
徳田武著『近世日中文人交流史の研究』，東京：研文出版，2004
柳父章著『近代日本語の思想——翻訳文体成立事情』，東京：法政大学出版局，2004
王宝平著『清代中日学術交流の研究』，東京：汲古書院，2005
劉建雲著『中国人の日本語学習史——清末の東文学堂』，東京：学術出版会，2005
笹原宏之著『日本の漢字』，東京：岩波新書，2006
内田慶市、沈国威編『19世紀中国語の諸相』，東京：雄松堂，2007
内田慶市、沈国威編著『言語接触とピジン——19世紀の東アジア（研究と復刻資料）』，東京：白帝社，2009
閻立著『清末中国の対日政策と日本語認識』，東京：東方書店，2009
朱鳳著『モリソンの華英・英華字典と東西文化交流』，東京：白帝社，2009
宮田和子著『英華辞典の総合的研究—19世紀を中心として』，東京：白帝社，2010
田中牧郎著『近代書き言葉はこうしてできた』，東京：岩波書店，2013
山本貴光著『百学連環を読む』，東京：三省堂，2016

J. Lyons. *Semantics*, *2 vols*. Cambridge: Cambridge University Press, 1977

沈国威著『近代日中語彙交流史——新漢語の生成と受容』，東京：笠間書院，1994，改訂版2008，改訂新版2017
沈国威著『「新爾雅」とその語彙』，東京：白帝社，1995
沈国威編著『「六合叢談」1857—58の学際的研究』，東京：白帝社，1999
沈国威著『「植学啓原」と「植物学」の語彙——近代日中植物学用語の形成と交流』，大阪：関西大学出版部，2000
沈国威、内田慶市編著『近代啓蒙の足迹——東西文化交流と言語接触：「智環啓蒙塾課初歩」の研究』，大阪：関西大学出版部，2002
沈国威編著『漢字文化圏諸言語の近代語彙の形成——創出と共有』，大阪：関西大

学出版部，2008
沈国威、内田慶市編著『近代東アジアにおける文体の変遷——形式と内容の相克を超えて』，東京：白帝社，2010

论 文 类

【中文】

傅兰雅撰《江南制造总局翻译西书事略》，载《格致汇编》第2、3册，南京：南京古旧书店，1991年复刻版，后载张静庐编《中国近代出版史料初编》，上海：上杂出版社，1953。原文刊载于 *North-China Herald*《北华捷报》1880年1月29日
傅兰雅撰，孙青、海晓芳译《科学术语：目前的分歧与走向统一的途径》，《或问》2009年第16号。原文为 *Records of the General Conference of the Protestant Missionaries of 1890*，Shanghai，May 15th.
王国维撰《论新学语之输入》，《教育世界》第96号(1905年4月)，载《国维遗书》，《静庵文集》卷5，上海：上海古籍书店，1983年版
燃(吴稚晖)撰《书〈神州日报〉〈东学西渐〉篇后》，《新世纪》1909年第101—103期，载张枬、王忍之(编)《辛亥革命前十年间时论选集》第3卷，北京：三联书店，1960
胡以鲁撰《论译名》，《庸言》1915年第25，26合刊号
钱玄同撰《文学改良与用典问题》，《新青年》1917年3月1日第3卷第1号
刘半农撰《我之文学改良观》，《新青年》1917年5月1日第3卷第3号
傅斯年撰《文言合一草议》，《新青年》1918年2月15日第4卷第2号
余又荪撰《日译学术名词沿革》，《文化与教育旬刊》1935
刘天行撰《漫谈声明并略诠六合释与八啭声》，《海潮音》1935年第16卷第12号
王立达撰《现代汉语从日语借来的词汇》，《中国语文》1958年第68期
马真撰《先秦复音词初探(续)》，《北京大学学报》1981年第1期
吕云生撰《论汉语并列复合词形成的条件与原因》，《古汉语研究》1990年第4期
王扬宗撰《关于〈化学鉴原〉和〈化学初阶〉》，《中国科技史料》1990年第11卷第1期
王扬宗撰《清末益智书会统一科技术语工作述评》，《中国科技史料》1991年第12卷第2期
郭锡良撰《先秦汉语构词法的发展》，载高思曼、何乐士主编《第一届国际先秦汉语语法研讨会论文集》，长沙：岳麓出版社，1994
张大庆撰《早期医学名词统一工作：博医会的努力和影响》，《中华医史杂志》1994年第24卷第1期
胡运飚撰《汉语词汇复音化原因的哲学探索——兼谈语音简化说和吸收外语词汇说的失误及语音简化的原因》，《贵州民族学院学报》1997年第1期
朱庆之撰《代前言：佛教混合汉语初论》，载朱庆之编《佛教汉语研究》，北京：商务印书

馆,2009,原载商务印书馆《语言学论丛》,2001 年第 24 辑
张大庆撰《高似兰：医学名词翻译标准化的推动者》,《中国科技史料》2001 年第 22 卷第 4 期
季家珍(Joan Judge)撰《改造国家——晚清的教科书与国民读本》,孙慧敏译《新史学》,2001 年 12 卷 2 期
朱庆之撰《论佛教对古代汉语词汇发展演变的影响·上》,《普门学报》2003 年第 15 期
朱庆之撰《论佛教对古代汉语词汇发展演变的影响·下》,《普门学报》2003 年第 16 期
殷晓明撰《〈荀子〉中的联合式复音词》,《安庆师范学院学报》2005 年第 2 期
李仕春撰《从复音词数据看早期汉语各类复音词的发展趋势》,《烟台教育学院学报》2005 年第 3 期
鲁六撰《〈荀子〉联合式复音词研究》,《郑州大学学报》2006 年第 5 期
姚小平撰《早期的汉外字典——梵蒂冈馆藏西士语文手稿十四种略述》,《当代语言学》2007 年第 2 期
章太炎撰《论语言文字之学》,载《章太炎全集·演讲集》,上海：上海人民出版社,2015
周菁撰《日本近代二字形容词的形成——基于词汇近代化视角的考察》,2018 年 9 月 30 日提交给关西大学的博士论文

沈国威撰《“译词”与“借词”：重读胡以鲁“论译名”》,《或问》2005 年第 9 号
沈国威撰《中国近代的科技术语辞典(1858—1949)》,《或问》2007 年第 13 号
沈国威撰《汉语与近代——置身于东亚语境中的思考》,《澳门语言学刊》2009 年第 1 号
沈国威撰《前后期汉译西书译词的传承与发展——以〈智环启蒙塾课初步〉(1856 年)中的五带名词为例》,《中华文史丛刊》2009 年第 2 期
沈国威撰《西洋人记录的世纪之交的新汉语》,载《关西大学东西学术研究所纪要》2009 年第 42 辑
沈国威撰《西方新概念的容受与造新字为译词：以日本兰学家与来华传教士为例》,《浙江大学学报》(人文社科版)2010 年第 1 期
沈国威撰《关于清学部编简易识字课本(1909)》,载《清末の中国語》,韓国：学古房,2011
沈国威撰《清末民初〈申报〉载“新名词”史料(1)》,《或问》2013 年第 24 号
沈国威撰《形式与精神的拮抗——重读胡适〈文学改良刍议〉》(一),《東アジア文化交渉》2013 年第 6 号
沈国威撰《〈辞源〉(1915)与汉语的近代化》,《中国出版史研究》2017 年第 4 期

【日文】

大鳥蘭三郎撰『我医学に使用せらるゝ解剖学語彙の変遷』,『中外医事新報』1932, 1933
松村明撰『翻訳、対訳、直訳、義訳——解体新書とその訳語（一）』, 京都大学『国

語研究室』1964
宮島達夫撰『現代語いの形成』，『国立国語研究所論集ことばの研究 3』1967
古田東朔撰『「智環啓蒙」と「啓蒙智慧之環」』，『近代語研究』1968
田中実撰『日中学術用語交流史の一問題』，『科学史研究』1970
鈴木英夫撰『幕末明治期における新漢語の造語法——「経国美談」を中心として』，『国語と国文学』1978 年第 5 期
小林芳規撰『訓点における合符の変遷』，『訓点語と訓点資料』1979 年 62 号
鈴木修次撰『厳復の訳語と日本の新漢語』，『国語学』1983
高野繁男撰『影響（感化）』，载『講座日本語の語彙 9』，東京：明治書院，1983
藤原暹撰『「自助論」受容に見る「感化」の思想』，『文芸研究』1984 年 107 号
坂出祥伸撰『戊戌変法期における康有為の明治維新論』，载関西大学『文学論集』，1992
坂出祥伸撰『「六合叢談」に見える化学記事』，『科学史研究』1997
内田慶市撰『ヨーロッパ発～日本経由～中国行き——「西学東漸」もう一つのみちすじ』，『浙江と日本』1997
宮田和子撰『十九世紀の英華・華英辞典目録——翻訳語研究の資料として』，『国語論究 6 近代語の研究』1997
飛田良文撰『外来語の取り入れ方の変化』，『日本語学』1998
宮島達夫撰『日本語とドイツ語の語彙史の比較』，東京大学『国語と国文学』1999
宮島達夫撰『日本語とドイツ語の語彙史の比較（続）』，载『京都橘女子大学研究紀要』，1999
谷口知子撰『「望遠鏡」の語誌について』，『或問』2000
手島邦夫撰『西周の新造語について——「百学連環」から「心理説ノ一斑」まで』，载『国語学研究 41 集別册』，2002
蘇小楠撰『近代日本語の成立が近代中国語に与えた影響』，『日本語論究 7』2003
舒志田撰『「全体新論」と「解体新書」の語彙について』，『或問』2004
陳力衛撰『新漢語の現代』，载佐藤武義編著『概説現代日本のことば』，2005
田中牧郎撰『漢語「優秀」の定着と語彙形成——主体を表す語の分析を通して』，载国立国語研究所編『雑誌「太陽」による確立期現代語の研究——「太陽コーパス」研究論文集』，東京：博文馆新社，2005
田中牧郎撰『「努力する」の定着と「つとめる」の意味変化』，载倉島節尚編『日本語辞書学の構築』，おうふう，2006
マシーニ撰『早期の宣教師による言語政策：17 世紀までの外国人の漢語学習における概況——音声、語彙、文法』，载内田慶市、沈国威編『19 世紀中国語の諸相』，東京：雄松堂，2007
宮島達夫撰『語彙史の比較（1）——日本語』，载『京都橘女子大学研究紀要』，2009
田中牧郎撰『近代新漢語の基本語化における既存語との関係——雑誌コーパスによ

る「拡大」「援助」の事例研究』，『日本語の研究』2015 年第 11 巻 2 号
田中牧郎撰『明治後期から大正期に基本語化する語彙』，載斎藤倫明、石井正彦編『日本語語彙へのアプローチ』，おうふう，2015
田中牧郎撰『近代における「期待」の基本語化——雑誌コーパスによる記述』，載『国語語彙史の研究 35』，大阪：和泉書院，2016
田野村忠温撰『Webコーパスの概念と種類，利用価値——語史研究の情報源としてのWebコーパス』，『計量国語学』2016 年 30 巻 6 号
田中牧郎撰『近代雑誌における漢語の基本語化』，日本語学会 2017 年度春季大会予稿集

沈国威撰『［V＋N］構造の二字漢語名詞について——動詞語基による装定の問題を中心に、言語交渉の観点から』，『国語学』1991 年 160 号
沈国威撰『大阪外大図書館蔵英華字典』，『国語学』1993 年
沈国威撰『中国の近代学術用語の創出と導入』，『文林』1995 年第 29 号
沈国威撰『漢語の育てた近代日本語——西学東漸と新漢語』，『国文学』1996 年 Vol. 41—11
沈国威撰『近代における漢字学術用語の生成と交流——医学用語編（1）』，『文林』1996 年第 30 号
沈国威撰『近代における漢字学術用語の生成と交流——医学用語編（2）』，『文林』1997 年第 31 号
沈国威撰『新漢語に関する思考』，『文林』1998 年第 32 号
沈国威撰『「泰西人身説概」（1623）から「全体新論」（1851）まで——西洋医学用語の成立について』，関西大学『中国文学会紀要』2000 年第 21 号
沈国威撰『近代日中語彙交流——逆転への道程』，関西大学『中国文学会紀要』2003 年第 24 号
沈国威撰『日本発近代知への接近——梁啓超の場合』，関西大学『東アジア文化交渉研究』，2009
沈国威，孙青撰『厳復と清末学部編「国民必読課本初稿」（1910）』，載『東アジアにおける文化情報の発信と受容』，東京：雄松堂，2010
沈国威撰『清末の国民必読書について——形式と内容の間』，載沈国威、内田慶市編著『近代東アジアにおける文体の変遷——形式と内容の相克を超えて』，東京：白帝社，2010
沈国威撰『近代の新語訳語と中国語の二字語化——日本語の影響作用を中心として』，載沈国威、内田慶市編『環流する東アジアの近代新語訳語』，ユニウス，2014
沈国威撰『近代漢字訳語研究について：中国語からの視点』，載沈国威、内田慶市

編著『東アジア言語接触の研究』，大阪：関西大学出版部，2016
沈国威撰『中国語語彙体系の近代化問題——二字語化現象と日本語の影響作用を中心として』，載内田慶市編著『周縁アプローチによる東西言語文化接触の研究とアーカイヴスの構築』，大阪：関西大学東西学術研究所，2017

引证、检索文献资料类

一、电子语料库

【中文】
《申报》，上海申报馆，北京爱如生数字化技术研究中心
《大公报：1902—1949》，中国国家图书馆独家授权，中国教育图书进出口有限公司、得泓咨询有限公司联合开发
《东方杂志》，北京爱如生数字化技术研究中心
《中国近代报刊库》，北京爱如生数字化技术研究中心
《中国基本古籍库》，北京爱如生数字化技术研究中心
《中国方志库》，北京爱如生数字化技术研究中心
《中国哲学书电子化计划》(http：//ctext. org)Sturgeon，Donald (ed.).
《汉籍电子文献资料库》，台湾"中央研究院"历史语言研究所
《英华字典资料库》，台湾"中央研究院"近代史研究所
《四库全书》，北京爱如生数字化技术研究中心
【日文】
《聞蔵Ⅱ》(http：//database. asahi. com/library2/main/top. php)，朝日新闻
《每索》(https：//dbs. g-search. or. jp/WMAI/IPCU/WMAI_ipcu_menu. html)，每日新闻
《ヨミダス歴史館》(https：//database. yomiuri. co. jp/rekishikan)，读卖新闻
《日语历史语料库》(日本語歴史コーパス)，国立国语研究所
《和英语林集成》(http：//mgda. meijigakuin. ac. jp/mgda/waei/)，明治学院大学
《近代化黎明期翻訳本》语料库(http：//gallery. lb. nagasaki-u. ac. jp/dawnb/economy. html)，长崎大学附属图书馆
《福泽谕吉资料数据库》(http：//dcollections. lib. keio. ac. jp/ja/fukuzawa)，庆应义塾大学

二、英华辞典/华英辞典

华英字典 *A Dictionary of the Chinese Language, in Three Parts*. (*Part The First:*

Containing Chinese and English)，Macao：Printed at the Honorable East India Company's Press，1815－1823，Morrison，R.（马礼逊）

华英字典 *A Dictionary of the Chinese Language*，*in Three Parts*.（*Part The Third: Consisting of English and Chinese*），Macao：Printed at the Honorable East India Company's Press，1822，Morrison，R.（马礼逊）

汉英字典 *Chinese and English Dictionary: Containing All the Words in the Chinese Imperial Dictionary*，Batavia：Printed at Parapattan，1842－1843，Medhurst，W. H.（麦都思）

英华韵府历阶 *An English and Chinese Vocabulary*，*in the Court Dialect*，Macao：Printed at the Office of the Chinese Repository，1844，Williams，S. W.（卫三畏）

英汉字典 *English and Chinese Dictionary*，Shanghai：Printed at the Mission Press，1847－1848，Medhurst，W. H.（麦都思）

英华分韵撮要 *A Tonic Dictionary of the Chinese Language in the Canton Dialect*，Canton：Printed at the Office of the Chinese Repository，1856，Williams，S. W.（卫三畏）

五车韵府 *A Dictionary of the Chinese Language*，Shanghai：London Mission Press；London：Trübner & Co.，1865，Morrison，R.（马礼逊）

英华字典 *English and Chinese Dictionary with the Punti and Mandarin Pronunciation*，Hong Kong：The "Daily Press" Office，1866－1869，Lobscheid，W.（罗存德）

字典集成(初版)，Hongkong：De Souz?，1868，邝其照

汉英合璧相连字汇 *A Chinese and English Vocabulary in the Pekinese Dialect*，Shanghai：The Customs Press，1871，Stent，G. C.（司登得）

英华萃林韵府 *Vocabulary and Hand-book of the Chinese Language*，Foochow：Rozario，Marcal and Company，1872，Doolittle，J.（卢公明）

字典集成(第二版)，Hongkong：The Chinese Printing and Publishing Company，1875，邝其照

英华字典 *English and Chinese Dictionary*，上海：美华书馆，1882，Condit，I. M.（江德）

英厦辞典 *English and Chinese Dictionary of the Amoy Dialect*，Amoy：A. A. Marcal；London：Trübner & Co.，1883，Macgowan，J.（麦嘉湖）

订增英华字典 *An English and Chinese Dictionary*, Tokyo: J. Fujimoto, 1884, Lobscheid, W.(罗存德原著，井上哲次郎订增)

字典集成(第三版),Hongkong: Kelly & Walsh; Shanghai: Kelly & Walsh; London: Trübner & Co.; San Francisco: Wing Fung, 1887, 邝其照

A Chinese and English Dictionary, 出版地不明: 出版社不明,1892, 翟理斯

华英字典集成 *An English and Chinese Dictionary*, Shanghai: Wah Cheung, Kelly & Walsh; London: Trübner & Co.; Hongkong: Kelly & Walsh; San Francisco: Wing Fung. 香港: 循环日报, 1899, 邝其照

汉英分解字典 *An Analytical Chinese-English Dictionary*, Shanghai: China Inland Mission and American Presbyterian Mission Press, 1900, Baller, F. W.(鲍康宁)

华英音韵字典集成 *Commercial Press English and Chinese Pronouncing Dictionary*,上海: 出版社不明,1902,企英译书馆

汉英韵府 *A Syllabic Dictionary of the Chinese Language*, Shanghai: American Presbyterian Mission, 1903, Williams, S. W.(卫三畏)

英华大辞典 *An English and Chinese Standard Dictionary*, Shanghai: Commercial Press, 1908, 颜惠庆.

德英华文科学字典 *Deutsch-Englisch-Chinesisches Fachwörterbuch*, Tsingtau: Deutsch-Chinesischen Hochschule, 1911, Wilhelm, R.(卫礼贤)

华英字典 *A Chinese-English Dictionary*, Shanghai: Kelly & Walsh; London: B. Quaritch, 1912, Giles, H. A.(翟理斯)

英华新字典 *English and Chinese Pronouncing Condensed Dictionary*, Shanghai: Commercial Press, 1913, 商务印书馆编译所.

英华字典 *An English and Chinese Pocket Dictionary, in the Mandarin Dialect*, Shanghai: Edward Evans & Sons LTD, 1916, Mrs. Arnold Foster.(富翟氏)

英汉标准官话字典及翻译手册 *English-Chinese Dictionary of the Standrd Chinese Spoken Language and Handbook for Translators*, Shanghai: Statistical Department of the Inspectorate General of Customs, 1916, Hemeling, K.(赫美玲)

英华成语合璧字集 *A Mandarin-Romanized Dictionary of Chinese*, Shanghai:

Presbyterian Mission Press，1918，MacGillivray，D.（季理斐）

三、英和辞典/和英辞典

本木正荣等『諳厄利亜語林大成』，1814
堀達之助『英和対訳袖珍辞書』，江戸：洋書調所，1862
堀越亀之助『改正増補英和対訳袖珍辞書』，江戸：開成所，1866
J. C. ヘボン（平文）『和英語林集成』初版，横浜，1867
高橋新吉、前田献吉、前田正名『改正増補和訳英辞書』，上海：American presbyterian mission press，1869
J. C. ヘボン（平文）『和英語林集成』再版，横浜，1872
柴田昌吉、子安峻『附音挿図英和字彙』初版，横浜：日就社，1873
柴田昌吉、子安峻『増補訂正英和字彙』2版，横浜：日就社，1882
尺振八『明治英和字典』，東京：六合館，1884—1889
早見純一『英和対訳辞典』，大阪：大阪国文社，1885
J. C. ヘボン（平文）『和英語林集成』第3版，東京：丸善商社書店，1886
棚橋一郎『英和双解字典』，東京：丸善商社，1886
井波他次郎『新撰英和字典』，金沢：雲根堂，1886
風祭甚三郎『増訂独和字彙』第3版，東京：後学堂，1887
柴田昌吉、子安峻『増補訂正英和字彙』第2版，東京：日就社，1887
箸尾寅之助『和英ダイヤモンドいろは字典』，大阪、東京、四日市：嵩山堂，1887
島田豊『附音挿図和訳英字彙』，東京：大倉書店，1888
イーストレーキ、棚橋一郎『ウェブスター新刊大辞書和訳字彙』，東京：三省堂，1888
棚橋一郎『新訳無双英和辞書』，東京：戸田直秀，1890
島田豊『再訂増補和訳英字彙』，東京：大倉書店，1891
島田豊『双解英和大辞典』再版，東京：共益商社書店，1892
ブリンクリー、南條文雄、岩崎行親『和英大辞典』，東京：三省堂，1896
和田垣謙三『新英和辞典』，東京：大倉書店，1901
神田乃武ほか『新訳英和辞典』，東京：三省堂，1902
井上十吉『新訳和英辞典』第8版，東京：三省堂，1911

入江祝衛『詳解英和辭典』第 2 版，東京： 博育堂，1913

四、汉语辞书

陆尔奎主编《辞源》正编，北京：商务印书馆，1915

方毅等主编《辞源》续编，北京：商务印书馆，1931

刘正埮等编《汉语外来词词典》，上海：上海辞书出版社，1984

罗竹风主编《汉语大词典》，上海：汉语大词典出版社，1986—1993

国家汉语水平考试委员会办公室考试中心编《汉语水平词汇与汉字等级大纲(改定版)》，北京：经济科学出版社，2001

《现代汉语常用词表》课题组编《现代汉语常用词表》，北京：商务印书馆，2008

国家汉语水平考试委员会办公室考试中心编《汉语国际教育用音节汉字词汇等级划分(国家标准)》，北京：北京语言大学出版社，2010

何九盈等主编《辞源》，北京：商务印书馆，2015

五、日语辞书

井上哲次郎『哲学字彙』，1881

高橋五郎『漢英対照いろは辭典』，東京： 長尾景弼，明治 21[1888]

高橋五郎『和漢雅俗いろは辞典』，東京： いろは辞典発行部，明治 26[1889]

大槻文彦『言海』第 1—4 冊，東京： 大槻文彦，明治 22—24[1889—1891]

高橋五郎『增訂二版和漢雅俗いろは辞典』，東京： いろは辞典発行部，明治 26[1893]

山田美妙『日本大辞書』，東京： 日本大辞書発行所，明治 26[1893]

物集高見『日本大辞林』，東京： 宮内省，明治 27[1894]

三田村熊之介『日本新辞書』，大阪： 松雲堂，明治 28[1895]

大和田建樹『日本大辞典』，東京： 博文館，明治 29[1896]

藤井乙男、草野清民『帝国大辞典』，東京： 三省堂，明治 29[1896]

林甕臣、棚橋一郎『日本新辞林』，東京： 三省堂，明治 30[1897]

落合直文『ことばの泉』，東京： 大倉書店，明治 31[1898]

井上頼圀『国語漢文新辞典』増補 3 版，東京： 大倉書店，明治 38[1905]

金沢庄三郎『辞林』，東京： 三省堂，明治 40[1907]

酒生慧眼『熟語新辞典』，東京：精华堂，明治 40[1907]

山田美妙『大辞典』上、下，東京：嵩山堂，明治 45[1912]

高橋五郎輯著，濱野知三郎補訂『大正增訂和漢雅俗いろは辞典』，東京：六合館，大正 2[1913]

金港堂『国語漢文新辞典』，東京：金港堂，大正 3[1914]

上田万年、松井簡治『大日本国語辞典』，東京：冨山房，金港堂書籍，大正 4—8[1915—1919]

大槻文彦『大言海』,東京：冨山房，昭和 7—10[1932—1935]

荻生徂徠『荻生徂徠全集』,東京：河出書房新社，1977

佐藤喜代治『日本の漢語』，東京：角川書店，1979

杉本つとむ『江戸時代翻訳日本語辞典』，東京：早稻田大学出版部，1982

諸橋轍次著，鎌田正修訂增補，米山寅太郎修訂增補『大漢和辞典』修訂版，東京：大修館書店，1984—2000

惣郷正明等『明治のことば辞典』,東京：東京堂出版，1986

杉本つとむ、呉美慧編『英華学芸詞林の研究——本文影印、研究、索引』，東京：早稲田大学出版部，1989

小学館国語辞典編集部『日本国語大辞典』第 2 版，東京：小学館，2000—2002

杉本つとむ『語源海』，東京：東京書籍，2005

佐藤亨『幕末・明治初期漢語辞典』，東京：明治書院，2007

六、其他参考文献

合信编《全体新论》,上海：墨海书馆版,1851

合信编《博物新编》,上海：墨海书馆版,1855

合信编《西医略论》,上海：墨海书馆版,1857

合信编《妇婴新说》,上海：墨海书馆版,1858

合信编《内科新说》,上海：墨海书馆版,1858

合信编《英华医学字释》,上海：墨海书馆版,1858

嘉约翰编《割症全书》,1871

嘉约翰编《化学初阶》,1871

嘉约翰编《西药略释》,1871

嘉约翰编《炎症(论略)》,1871

嘉约翰编《眼科撮要》,1871

樊楚才编《樊山判牍正编续编》,上海:大达图书供应社,1933

张静庐辑注《中国近代出版史料初编·二编·补编》,上海:上杂出版社,1953

《第一次中国教育年鉴》,台北:传记文学出版社,1971年影印版

张枬、王忍之编《辛亥革命前十年间时论选集》,北京:三联书店,1977

故宫博物院明清档案部编《清末筹备立宪档案史料》,北京:中华书局,1979

谭汝谦主编《中国译日本书综合目录》,香港:香港中文大学出版社,1980

舒新城编《中国近代教育史料》,北京:人民教育出版社,1981

中国社会科学院近代史研究所翻译室编《近代来华外国人名辞典》,北京:中国社会科学出版社,1981

汤志钧编《戊戌变法人物传稿》增订本,北京:中华书局,1982

丁文江、赵丰田编《梁启超年谱长编》,上海:上海人民出版社,1983

罗新璋编《翻译论集》,北京:商务印书馆,1984

钟叔河主编《走向世界丛书·郭嵩焘:伦敦与巴黎日记》,长沙:岳麓书社,1984

钟叔河主编《走向世界丛书·李圭:环游地球新录》,长沙:岳麓书社,1985

钟叔河主编《走向世界丛书·罗森:日本日记》,长沙:岳麓书社,1985

钟叔河主编《走向世界丛书·曾纪泽:出使英法俄国日记》,长沙:岳麓书社,1985

陈学恂主编《中国近代教育史教学参考资料》,北京:人民教育出版社,1986

李国俊编《梁启超著述系年》,上海:复旦大学出版社,1986

王栻主编《严复集》第1—5册,北京:中华书局,1986

刘锦藻编撰《清朝续文献通考》,台北:台湾商务印书馆,1987

王先谦编《荀子集解》新编诸子集成第一辑,北京:中华书局,1988

章伯锋等主编《近代稗海》,成都:四川人民出版社,1988

梁启超著《饮冰室文集》,北京:中华书局,1989年版

《翻译名义集》,南京:江苏广陵古籍刻印社,1990年版

陈鸿祥编《王国维年谱》,济南:齐鲁书社,1991

《中国近代期刊汇编〈时务报〉》,北京:中华书局,1991年影印版

《中国近代期刊汇刊〈昌言报〉》,北京:中华书局,1991年影印版

中国佛教文化研究所编《俗语佛源》,上海:上海人民出版社,1993

罗明等主编《清代人物传稿》,长春：辽宁人民出版社,1994
《知新报》,澳门基金会·上海社会科学院出版社,1996年影印版
黄时鉴整理《东西洋考每月统记传》,北京：中华书局影印,1997
王韬编《弢园文录外编》,郑州：中州古籍出版社版,1998
王彦威等编著《清季外交史料全书》,北京：学苑出版社,1999
黄遵宪撰《日本国志》,上海：上海古籍出版社影印本,2001
[英]麦肯齐著,李提摩太、蔡尔康译《泰西新史揽要》,上海：上海书店出版社,2002
施培毅、徐寿凯校点《吴汝纶全集》全4册,合肥：黄山书社,2002
孙应祥著《严复年谱》,福州：福建人民出版社,2003
孙应祥、皮后锋编《〈严复集〉补编》,福州：福建人民出版社,2004
松浦章、内田庆市、沈国威编著《遐迩贯珍：附解题·索引》,上海：上海辞书出版社,2005
沈国威编著《六合丛谈：附解题、索引》,上海：上海辞书出版社,2006
樊增祥撰《樊山政书》,北京：中华书局,2007
姜义华、张荣华编校《康有为全集》全12册,北京：中国人民大学出版社,2007
《中国近代期刊汇刊·第二辑〈译书公会报〉》,北京：中华书局,2007年影印版
赵德馨主编《张之洞全集》全12册,武汉：武汉出版社,2008
王扬宗编校《近代科学在中国的传播》(上下),济南：山东教育出版社,2009
谢维扬、房鑫亮主编《王国维全集》全19册,杭州：浙江教育出版社,2010
方勇、李波译注《荀子》,北京：中华书局,2011
沈国威编著《新尔雅：附解题·索引》,上海：上海辞书出版社,2011
马勇等主编《严复全集》,福州：福建教育出版社,2014
黄建军译注《荀子译注》,北京：商务印书馆,2015
沈国威、内田庆市编《邝其照字典集成·影印与解题·初版/第二版》,北京：商务印书馆,2016
章太炎著《章太炎全集》全20册,上海：上海人民出版社,2017

J. R. Seeley, *Introduction to Political Science*, London: Macmillan & Co., 1896
山雅各(James Sadler)《哲学源流考》(*The Pioneers of Science*), By Sir Oliver Lodge, Translated by J. Sadler. Amoy: Printed at Lawkang Press, 厦门鹭江报社,1904

狄考文夫人编 *New Terms and New Idea*，1913
石井研堂编『明治事物起原』，東京：日本評論社，初版 1908 年，1944 年改訂版
大槻清修『磐水存響』，自家版，1912
『文明源流叢書』，東京：国書刊行会，1915
交詢社編『宇都宮氏経歴談』，東京：汲古会，增補版 1932 年
大久保利谦编集『西周全集』全 4 册，東京：宗高书房，1960
京都市立西京商業高等学校編『京都市立西京商業高等学校図書館所蔵洋学関係資料解題Ⅱ』，京都：京都市立西京商業高等学校，1967
京都大学文学部編『纂輯日本訳語』，京都：京都大学国文学会，1968
『福沢諭吉全集』全 21 册，東京：岩波文庫，1971
『大日本古文書幕末外国関係文書』，東京：東京大学史料編纂所，1972
『通航一覧続輯』，東京：清文堂，1972
大友信一等編『日本一鑑本文と索引』，東京：笠間書院，1974
大友信一等編『遊歴日本図経本文と索引』，東京：笠間書院，1975
惣郷正明編『辞書解題辞典』，東京：東京堂出版，1977
久米邦武、田中彰著『特命全権大使 米欧回覧実記』全 5 册，東京：岩波文庫，1977
『植学啓原・植物学』，江戸科学古典叢書 24，東京：恒和出版，1980
『日本立法資料全集』，東京：信山社，1999
加藤知己等編『幕末の日本語研究 W. H. メドハースト英和・和英語彙複製と研究・索引』，東京：三省堂，2000
杉田玄白著、片桐一男全訳注『蘭学事始』，講談社学術文庫，2000
飛田良文、琴屋清香著『改訂増補哲学字彙訳語総索引』，日本：港の人，2005

索引条目

J

L

M

Q

R

后 记

1985 年有机会来日本留学，在日语词汇研究硕学田中章夫先生的指导下探究近代汉语词汇。田中师指示我阅读森冈健二的《近代語の成立 明治期語彙編》（森冈健二，1969，明治书院）。而正是这本书，影响了我其后的学术生涯。森冈的大著署“编著”，他解释说他当时任教的东京女子大学的几位才媛，在他的指导下对相关问题多有探索，并以此为研究对象撰写了毕业论文，森冈将她们的研究成果融入自己的著作，并一一列出姓名，以示谢意。这些同学此后并没有走上词汇研究的道路，但得到的学术训练对她们的人生应不无益处。

学术著作种类繁多，各成体例，如：

“专著”，由个人独立完成，具有学术价值，符合学术规范；

“合著”，由二至三人完成，超过此人数，应作共同执笔者；

“编著”，顾名思义，有编辑的部分，也有著述的部分，或应以后者为主；

“编辑”，将他人的文章汇成一册，取舍选择，统一视角；

“翻译”，将原著的内容准确地传递给跨语言的读者；

“译注”，历史的或学术的著作需要在正文之外向读者提供进一步的信息；

“复刻”，以技术手段再现历史文献。在电子文档可轻易获得的今日，复刻的意义或在于选题和“解题”。

本书之所以名之为“编著”，一是有整合旧文的部分，二是第五章收录了两位同学的研究成果，第六章更是在笔者讲座各位同学的帮助下才得以完成的。第五章的内容、文字经我统一，所有可能出现的问题也由我负责。

本书资料的基础，即中日常用同形词 16 000 条的确认由郑萍、安力完成；近代中日词汇交流研究对象 7 700 余条词的基本书证调查由浙江工业大学讲师潘德宝博士和天津外国语大学讲师郑艳博士担当；关西大学外国语教育研究科的博士生、硕士生徐克伟、杨帅可、周菁、崔惠善、仇子扬、杨驰等同学参与了补充调查，在此一并致谢（以上均为 2017 年的身份）。

本书是我研究工作的阶段性总结，其中第六章内容将继续被编纂成一部辞典，以期对汉语近代词汇有一个全面的展示。

关于二字词的一系列研究，笔者获得日本文科省以下资助，谨致谢忱。

- 2010—2012 年度日本科学研究费补助金，课题名："中国語の近代「国語」への進化に関する総合的研究：欧化文法と日本語の影響を中心に"。
- 2015—2017 年度日本科学研究费补助金，课题名："現代中国語への道程：語彙二字語化における外部誘因、特に日本語の影響に関する研究"。
- 2018—2020 年度日本科学研究费补助金，课题名："漢字文化圏における近代二字漢語動詞と形容動詞の発達と交流に関する総合的研究"。

笔者的研究同时也得到了章清教授为主任的复旦大学"中外现代化进程研究中心"多方面的帮助和资助。

在北京外国语大学历史学院李雪涛教授的支持和鼓励下，本书得以忝列"全球史与东亚文化交涉研究丛书"之一种，无任荣幸。在撰写和出版过程中得到华东师范大学出版社的大力支持，笔者特别感谢王焰社长、龚海燕副社长，以及责任编辑曾睿女士付出的辛勤劳动。审读编辑李潇潇女士订正了初稿中大量的讹误，让笔者领略了专业编辑的深厚功力。在版面设计上，日文部分不畏烦琐采用了日文字体，增加了拙著的阅读性。但愿本书的内容能从另类的视角对东亚汉学词汇研究有所推动，以回报各位于万一。

沈国威

2019 年仲夏